WEST JERSEY NEW JERSEY

DEED RECORDS
1676-1721

Compiled by
John David Davis

HERITAGE BOOKS
2005

HERITAGE BOOKS

AN IMPRINT OF HERITAGE BOOKS, INC.

Books, CDs, and more—Worldwide

For our listing of thousands of titles see our website
at
www.HeritageBooks.com

Published 2005 by
HERITAGE BOOKS, INC.
Publishing Division
65 East Main Street
Westminster, Maryland 21157-5026

Copyright © 2005 John David Davis

Other Books by The Author:
Bergen County, New Jersey Deed Records, 1689-1801
Bucks County, Pennsylvania Deed Records, 1684-1763
Frederick County, Virginia Minutes of Court Records, 1743-1745

All rights reserved. No part of this book may be reproduced or transmitted in any form or by any means, electronic or mechanical, including photocopying, recording or by any information storage and retrieval system without written permission from the author, except for the inclusion of brief quotations in a review.

International Standard Book Number: **0-7884-3553-1**

DEDICATED

to

my nephew

THOMAS JOHN DAVIS

TABLE OF CONTENTS

Preface			vii
Chapter	1 Volume B	1676-1698	1
Chapter	2 Volume AAA	1680-1719	164
Chapter	3 Volume BB	1713-1721	207
Chapter	4 Volume BBB	1713-1721	235
Index			272

PREFACE

Abstracted from Microfilm Copies
Available through the
Genealogical Library,
Salt Lake City, Utah

Settlement of New Jersey began when Puritans from Long Island and New England settled there at the invitation of Governor Richard Nicolls. Governor Nicolls was under the proprietor James, Duke of York, and New Jersey up to that time had been governed as a part of New York. Sir George Carteret was appointed New Jersey's first governor in August 1665, at the age of twenty-five. His distant cousin, Philip Carteret (1639-1683), a native of the Isle of Jersey, was sent out at the head of an expedition of thirty colonists from the Isle of Jersey, who spoke English and French. In August 1665 they arrived at Elizabethtown, in the northeast corner of New Jersey.

In July 1673, the Dutch reconquered New York and New Jersey and they remained until Britain regained the two colonies in November 1674. In March 1674, Sir George Carteret agreed to a partition of the province into East and West New Jersey. The diagonal boundary gave Sir George all the inhabited lands. The two "divisions" remained separate until 1702, when New Jersey became a royal province.

Although a handwritten deed can run several pages in a deed book, the bulk of the information is largely repetitive and can be reduced to just a few lines of interest to genealogists. The format followed in the abstraction of the deeds of West Jersey, New Jersey is:

[Date of transaction], [Name of grantor(s) (the "&" between a male and female given name means husband and wife)], [Occupation of the grantor(s)], [Place of residence of grantor(s)], [Name of grantee(s)], [Occupation of the grantee(s)], [Place of residence of grantee(s)], [Sales price], [Area of land involved], [Neighbors], [Chain of deed], [Signature of grantor(s) (an (X) between the given name and the surname, means that person could not write)], [Signature of witnesses].

If it is not in the abstract, it can be assumed that it was not in the deed. Genealogists can draw their own conclusions from the information available. For example, a large amount of land sold for a very low price to a grantee with a surname different than that of the grantor, may be an in-law; however, if this was not stated in the deed, then the genealogist must confirm this possibility with other available sources.

The deeds were recorded by the county clerk, a man of learning, but in many cases, they did not deal well with the spelling of some of the names of that era. In many cases, they make a very creative phonetic attempt to spell the names of people and places. In addition, they vary the spelling of long-standing residents of the area from transaction to transaction (and many times, within the same deed). In all cases, each name of a person, place or thing is presented as it has been deciphered, with no attempt to change spelling to conform with today's accepted interpretation. The genealogist is invited to check all possible spellings of a name of interest and may even want to personally review the deed record.

In many cases, the same name appears so often, that when it is appearing in a minor situation, it is not indexed.

Chapter 1

Deed Records
Volume B

Recorded in 1676-1698

27 Feb 1676, William **Penn**, Gawen **Lawry**, Nicholas **Lucas** & Edward **Byllings** to William **Peachee**, £150. Wit: Thomas **Poynett**, John **Burley**, Benjamin **Griffith** & Harb **Springett**.

13 Apr 1677, Thomas **Hooton** to Bernard **Devonish**, £18.75, 1/8 of said **Horton** property. Wit: Thomas **Poynett**, John **Burley** & Harb **Springett**.

1 Mar 1676, William **Penn**, Gursen **Lasory**, Nicholas **Lucas** & Edward **Byllings** to John **Kinsley**, £350.25. Wit: Harb **Springett**, Benjamin **Griffith**, Thomas **Poynett** & John **Burley**.

27 Jan 1677, George **Hutchinson** to Robert **Murfin**, £6.15. Wit: Robert **Siholey** & Robert **Woddall**.

5 Apr 1677, Thomas Hooton to John **Woolman**. Wit: Harb **Springett**, Walter **Humphrey**, Benjamin **Griffith** & John **Burley**.

Thomas **Budd** to John **Long**, £9, in Burlington between the lands of William **Brightwell**, (north) & Thomas **Gardner**, (south)...Mill Creek. Wit: John **Cripps** & William **Emley**.

1 Jun 1679, Thomas **Hooton** to Walter **Humphrey**, of Powell, £9.35, 1/16 of said **Hooton** property.

14 Feb 1680, John **Smith** to William **Brightwell**, £8, 9 acres...Burlington adjacent to Thomas **Budd** on the east & Delaware River on the north. Wit: Abraham **Man** & Bernard **Lo**.

16 Sep 1678, George **Hutchinson** to Samuel **Jennings** £37.45, 1/4 of said **Hutchinson** property. Wit: Joseph **Downs**, Samuel **Coole** & James **Curtis**.

22 Feb 1678, Thomas **Hooton** to John **Stokes**, £4.65, 1/30 property of said **Hooton**. Wit: Jeremiah **Howes**, Simon **Knight** & Benjamin **Gladman**.

3 May 1681, John **Lambert** to Anne **Butcher**, £7, 100 acres. Wit: John **Butcher**, William **Butler** & Thomas **Revell**.

26 Jul 1681, George **Hutchinson** to Anthony **Woodhouse**, £9, 3/90. Wit: Mahlon **Stacy**, Peter **Frotwell** & Thomas **Revell**.

27 Jul, George **Hutchinson** to William **Lasswell** £9.25, 3/90. Wit: Peter **Frotwell**, John **Lambert** & Thomas **Revell**.

p. 3, 27 Sep 1677, Indians to John **Kinsley**, Thomas **Olive**, Daniel **Wills**, John **Ponnford**, Benjamin **Sioff**, Joseph **Holmsley**, Robert **Stacy**, William **Emley** & Thomas **Folks**... between Oldmans Creek & Timber Creek, guns, plows & etc. Wit: Robert **Wade**, James **Saunderland**, James **Yestoven**, Samuel **Lovett** & Henry **Reynolds**.

10 Sep 1677, Indians to Thomas **Olive**, Daniel **Wills**, John **Ponnford**, Benjamin **Sioff**, Joseph **Holmsley**, Robert **Stacy**, William **Emley** & Thomas **Folks**, trade goods... Delaware River...Rancocas Creek & Timber Creek. Wit: Thomas **Watson**, Andrew **Swanson**, Swan **Swanson** & Lassey **Swanson**.

10 Oct 1677, Indians to Joseph **Holmsley**, Robert **Stacy**, William **Emley**, Thomas **Folks**, Thomas **Olive**, Daniel **Wills**, John **Ponnford** & Benjamin **Scott**, trade goods... Delaware River...between Rancocas Creek & Saint Pinck Creek. Wit: Homious **Jacobs**, Marmaduke **Roundals**, Mathew **Smith** & Abraham **Walts**.

28 Jan 1677, Mahlon **Stacy** to Thomas **Farnsworth**, £10, 1/15. Wit: Thomas **Simhart**, G. **Haslohie** & Thomas **Revell**.

10 May 1681, Thomas **Hutchinson**, Thomas **Benson**, Joseph **Holmsley**, George **Hutchinson** & Mahlon **Stacy** to Thomas **Wright**, £47.5. Wit: Daniel **Leeds**, Nathaniel **Sykes** & Thomas **Revell**.

28 Sep 1681, Bernard **Devonish** to Richard **Fennimore**, £2.5, small lot...Burlington...Delaware River...within Thomas **Hooton**'s water lot. Wit: Robert **Scholey** & Thomas **Revell**.

27 Sep 1681, George **Hutchinson** to William **Black**, £7, 1/30...Samuel **Taylor**. Wit: Samuel **Darbe**, William **Lasswell** & Thomas **Revell**.

24 Sep 1681, John **Kinsley** to Thomas **Budd**, ...purchased 1 Mar 1676 of William **Penn**, Gawen **Lawry**, Nicholas **Livar** & Edward **Byllings** by John **Kinsley** deceased father of said John, £86, 150 acres... Burlington. Wit: Thomas **Tharker**, John **Dewsbury** & Thomas **Revell**.

29 Sep 1681, Thomas **Budd** to Arthur **Cooke**, Walter **Clarke** & Walter **Newberry**, £100. Wit: John **Gosling**, Frank **Stephens** & Thomas **Revell**.

1 Mar 1676, William **Penn**, Gursen **Lasory**, Nicholas **Lucas** & Edward **Byllings** to Thomas **Budd**, £350.25. Wit: Harb **Springett**, Benjamin **Griffith** & Joseph **Burley**.

20 Jan 1681, Francis **Boswick** to Daniel **Gardner**, £7, 1 acre, Island of Burlington. Wit: John **Cornish**, John **Salk** & Thomas **Revell**.

27 Jan 1681, Francis **Boswick** to Thomas **Williams**, £7, 1 acre, Island of Burlington. Wit: John **Potty**, John **Salk** & Thomas **Revell**.

5 Apr 1677, Thomas **Pearson**, of Bonwick & Joseph **Holmsley**, of Great Kolk, county of York, England to Henry **Salter**, £25, 1/6...purchased of William **Penn**, Gursen **Lasory**, Nicholas **Lucas** & Edward **Byllings**. Wit: Joseph **Helmsley**, Marmaduke **Salt** & William **Salterthwaite**.

3 Feb 1681, Hannah **Salter** to John **Hooton**, 1/6 ...purchased by Henry **Salter**, (her late husband), of Joseph **Helmsley**. Wit: Robert **Story**, John **Cripps**, John **Stanbunk** & Thomas **Revell**.

3 Feb 1681, John **Hooton** to Hannah **Salter**, purchased by said **Hooton** & William **Snowden**, deceased, 6 Jul 1677. Wit: Robert **Story**, John **Cripps**, John **Stanbunk** & Thomas **Revell**.

5 Feb 1681, Hannah **Salter**, John **Hooton** & John **Snowden** to John **Cripps**, £25...formerly purchased by William **Snowden** & John **Hooton** of Richard **Meo**, 6 Jul 1677. Wit: Robert **Story**, John **Stanbawk** & Thomas **Revell**...John **Salter**, son of said Hannah, when he reaches age of 21.

17 Nov 1681, Francis **Boswick** to Elias **Farre**, £20, 200 acres... Red Hill near Burlington...corner Samuel **Hawes**. Wit: Godfrey **Hawerk**, Onesiphorus **Austwick** & Thomas **Revell**.

2 Jan 1681, Thomas **Olive** & Daniel **Wills** to Henry **Jacobs**, 200 acres...south side of Rancocas Creek...consent of Robert **Story**, Thomas **Budd**, Samuel **Jennings**, Thomas **Lambert** & Mahlon **Stacy**. Wit: Benjamin **Scott**, William **Biddle**, Thomas **Gardner**, John **Lambert** & Thomas **Revell**.

14 Apr 1682, Anne(Hannah) **Salter** to William **Haige**, for 300 acres belonging too said **Haige**, two cottages in Burlington...George **Bartholomew**...house of John **Cripps**. Wit: George **Foreman** & Thomas **Revell**...John **Salter**, son of said **Salter**, when 21 years of age.

30 Apr 1682, John **Hooton** to Robert **Murfin**, £13, ...Yorkshire...West New Jersey. Wit: John **Rogers**, William **Lasswell** & Thomas **Revell**.

2 May 1682, John **Lambert** to Thomas **Revell**, lot, Island of Burlington...Thomas **Grass**. Wit: Thomas **Lambert**, Mordecai **Bowden** & Thomas **Dungan**.

30 Apr 1682, Francis **Boswick** to John **Browne**, £15, 100 acres. Wit:

Robert **Stacy**, John **Lambert** & Thomas **Revell**.

22 Nov 1681, (33 year of the reign of Charles King of England), Edward **Byllings** of Westminster, Nicholas **Lucas**, gentleman, of Hartford, county of Hartford & Gawen **Lawry**, merchant, of London to James **Wasse**, 5000 acres... judgement from William **Showen**, Southwick, county of Surry ...bounded by Richard **Hancock**...purchased of John **Fenwick**, late of Bristol, county of Berks...Kohanzoo Creek...Edmund **Warner** & John **Etheridge**. Signed Edward **Byllings**, Nicholas **Lucas** & Gawen **Lawry**. Wit: Thomas **Giffett**, Hath **Irvin**, Benjamin **Hill** & James **Wills**.

27 Oct 1677, John **Pennford** to Mary **Perkins**, widow of William **Perkins**, late of England, £20, 1/100 part of land purchased of William **Penn**, Gawen **Lawry**, Nicholas **Lucas** & Edward **Byllings**...after natural life of said Mary then to the children of her and said William, Thomas, Mary & Abigail **Perkins**. Signed John **Pennford**. Wit: John **Edridge**, Benjamin **Scott**, Samuel **Cliffe** & Samuel **Lovett**.

31 Aug 1682, Anne **Salter** to William **Fleetwood**, £30, 112 acres...Delaware River...purchased of Anthony **Woodhouse**, Jun 1682. Wit: Henry **Stacy**, John **Cripps** & Thomas **Revell**.

20 Nov 1680, John **Woolston**, yeomen, of Burlington, West New Jersey to Thomas **French**, cooper, of same, £25, 50 acres...purchased 20 Feb 1676 of Thomas **Olive**, of Haberdasher. Signed John (X) **Woolston**. Wit: Thomas **Curtis**, Abraham **Howlings** & Thomas **Eves**.

7 Sep 1682, John **Kinsley** to Thomas **Olive**, 3 acres ...adjacent William **Penehoe**. Wit: John **Cripps**, Daniel **Wills**, Thomas **Revell**, Samuel **Jennings**, Robert **Stacy**, Thomas **Gardner**, Thomas **Budd**, James **Nevill** & Mark **Newbis** & William **Cooper**.

27 Sep 1682, Thomas **Olive** to Oliver **Hooton**, £84, 3 acres...cottage in Burlington...William **Biddle** & Robert **Hudson**...purchased of John **Kinsley**...Broad Street... William **Barnes**. Thomas **Saunders** attorney for said **Hooton**. Wit: Thomas **Wright**, John **White**, Thomas **Revell**, Robert **Stacy**, Thomas **Gardner**, Thomas **Budd**, James **Nevill** & Mark **Newbis** & William **Cooper**.

15 Jul 1677, Thomas **Hutchinson**, Thomas **Penson**, Joseph **Holmsley**, George **Hutchinson** & Mahlon **Stacy** to Joshua Wright, £25. Signed George **Hutchinson** & Mahlon **Stacy**. Wit: Thomas **Lambert**, William **Emley** & Peter **Frotwell**.

2 Mar 1676, William **Ogle**, William **Royden** & Nicholas **Lap** to Henry **Stacy** & Richard **Mathews**...Joseph **Helmsley**, Thomas **Olive**, Daniel **Wills**, Robert

Stacy, William **Clark**. Wit: Edward **Byllings** & William **Penn** by copy from John **Collett**. Signed William **Royden**. Wit: Richard **Wall** & Thomas **Baxter**.

23 Jul 1681, William **Royden**, brewer, of Christ Church, Surrey County, has purchased land in West New Jersey with William **Ogle** and Nicholas **Lap** and has sold to Henry **Stacy** & Richard **Mathews**, £100, 50 acres...purchased of Indians by E. **Byllings** & William **Penn** 28 Aug 1678...unto Edward **Everett**. Signed William **Royden**. Wit: George **Everett**, Richard **Wall** & Thomas **Baxter**, gentleman.

26 Aug 1678, George **Porter**, late of Burlington, West New Jersey to John **Yeo**, gentleman, of Wharekill County, 1200 pounds of tobacco, 300 acres...purchased of Thomas **Hutchinson**, Thomas **Pearson**, Joseph **Holmsley**, George **Hutchinson** & Mahlon **Stacy**, of Yorkshire, England, 10 Jul 1677, who had purchased from William **Penn**, Gawen **Lawry**, Nicholas **Lucas** Edward **Byllings**, 7 Mar 1676. Signed George **Porter**. Wit: John **Roades** & James **Wells**.

11 Oct 1682, John & Somilia **Yeo** to Robert **Young**, £15, 300 acres...purchased of George **Porter**. Wit: Thomas **Budd**, Thomas **Gardner** & John **Barkley**.

10 Jul 1677, Thomas **Hutchinson**, yeoman, of Beverby, Thomas **Pearson**, yeoman, of Benwick, Joseph **Holmsley**, yeoman, of Kolks, George **Hutchinson**, distiller, of Chesterfield & Mahlon **Stacy**, farmer, of Dordhouse, all of York county to George **Porter**, silk weaver, of York county, £25, 300 acres. Signed Thomas **Hutchinson**, Thomas **Pearson**, George **Hutchinson** & Mahlon **Stacy**. Wit: William **Mathews**, Jonathan **Humphrey** & William **Loar**. George **Porter** power of attorney to John **Yeo**, 20 Dec 1678. Signed George **Porter**. Wit: John **Roades** & James **Wells**.

9 Oct 1682, Thomas **Wright** to Robert **Hopper**, £50, 3 acres in Burlington. Wit: Robert **Wilson**, Robert **Durham** & Thomas **Revell**.

10 Feb 1681, Mahlon **Stacy** to James **Pharoe**, £8, 104 acres. Wit: Thomas **Lambert**, John **Snowden** & Thomas **Revell**.

14 Apr 1682, William **Haige** to Anna **Salter**, 300 acres. Wit: George **Foreman** & Thomas **Revell**.

7 Aug 1682, Anna **Salter** to Casper **Fisk**, 300 acres. Wit: Hendrick **Rawson**, Arian **Autson** & Thomas **Revell**.

7 Aug 1682, Anna **Salter** to Marcus **Lawrence**, 100 acres...purchased of William **Hugh**. Wit: Hendrick **Rawson**, Arian **Autson** Thomas **Revell**.

1 Mar 1670, William **Penn**, Gawen **Lawry**, Nicholas **Lucas** Edward **Byllings** to Samuel **Cole** & Benjamin **Bardett**.

15 Sep 1682, Samuel **Cole** to Samuel **Jennings**... purchased 1 Mar 1670. Wit: Thomas **Allen**, Anthony **Varman** & Thomas **Revell**.

6 Oct 1682, Anthony **Woodhouse** to William **Fleetwood**, £5, 95 acres. Wit: Henry **Stacy**, Thomas **Revell** & Benjamin **Scott**.

30 Apr 1682, John **Hooton** to Robert **Murfin**, £13, lot in Burlington. Wit: John **Rogers**, William **Lasswell** & Thomas **Revell**.

21 Oct 1681, George **Hutchinson** to John **Snowden**, £7, island in town of Burlington. Wit: Mahlon **Stacy**, Peter **Frotwell**, Joshua **Wright** & William **Quiley**.

28 Aug 1682, John **Snowden** to Benjamin **Scott** & John **Hooton**, 100 acres, for love and affection said **Snowden** has for his wife Anna...purchased of George **Hutchinson**, 12 Oct 1681

10 Feb 1681. Mahlon **Stacy** to James **Pharoe**, £8, 104 acres. Wit: Thomas **Lambert**, John **Snowden** & Thomas **Revell**.

14 Apr 1682, William **Haige** to Anna **Salter**, 300 acres. Wit: George **Foreman** & Thomas **Revell**.

7 Aug 1682, Anna **Salter** to Casper **Fisk**, 300 acres. Wit: Hendrick **Rawson**, Arian **Autson** Thomas **Revell**.

7 Aug 1682, Anna **Salter** to Marcus **Lawrence**, 100 acres. Wit: Hendrick **Rawson**, Arian **Autson** Thomas **Revell**.

1 Mar 1670, William **Penn**, Gawen **Lawry**, Nicholas **Lucas** Edward **Byllings** to Samuel **Cole** & Benjamin **Bardett**, £175.

9 Sep 1682, Samuel **Cole** to Samuel **Jennings**, £30, purchased 5 Mar 1670. Wit: Thomas **Allen**, Anthony **Varman** & Thomas **Revell**.

6 Oct 1682, Anthony **Woodhouse** to William **Fleetwood**, £, 95 acres. Wit: Henry **Stacy** & Thomas **Revell**.

30 Apr 1682, John **Hooton** to Robert **Murfin**, £13. Wit: John **Rogers**, William **Lasswell** & Thomas **Revell**.

21 Oct 1681, George **Hutchinson** to John **Snowden**, £7, island in town of Burlington. Wit: Mahlon **Stacy**, Peter **Frotwell**, Joshua **Wright** & William

Emley.

28 Aug 1682, John **Snowden** to Benjamin **Scott** & John **Hooton**, for marriage to Anne, wife to said **Snowden**, purchased 21 Oct 1681 of George **Hutchinson**. Wit: Elizabeth **Bretton**, of the falls, Elizabeth **Revell** & Thomas **Revell**.

28 Aug 1682, John **Snowden** to his wife, Anne **Snowden**, purchased by John **Hooton** of George **Hutchinson** 11 Aug 1678. Wit: Elizabeth **Bretton**, of the falls, Elizabeth **Revell** & Thomas **Revell**.

17 Oct 1682, John **Snowden** to Henry **Stacy**, £8, 100 acres, purchased of George **Hutchinson** 20 Oct 1681. Wit: Samuel **Oldale**, Elizabeth **Revell** & Thomas **Revell**.

24 Oct 1682, John **Cripps** to Henry **Stacy**, £6.5, 50 acres. Wit: Thomas **Allen** & Thomas **Revell**.

1 Nov 1682, Thomas **Bowman** to Peter **Fambo**, £30, 1/8. Wit: Richard **Coates**, Woolly **Dalboe** Thomas **Revell** & Thomas **Gardner**.

1 Nov 1682, Samuel **Jennings** to Jonas **Keene**, £10, 100 acres...west to Thomas **Fauseman**. Wit: Thomas **Gardner**, Henry **Stacy** & Thomas **Revell**.

8 Nov 1681, Edward **Everett** to Richard **Wall**, £3, 50 acres...of William **Royden** 23 Jul 1681. Wit: Elizabeth **Revell**, Thomas **Revell** & Benjamin **Scott**.

17 Nov 1682, John **Bronston** to Edward **Reade**, £5, 60 acres, purchased of Edward **Byllings**, 24 May 1682. Wit: William **Moore** & Thomas **Revell**.

18 Dec 1682, Thomas **Budd** to John **Day**, £7, 100 acres...Assiscunk Creek. purchased of John **Yeo**.

28 Oct 1680, Thomas **Wright** to John **Pancoast**, £7, Island of Burlington. Wit: John **Cripps**, William **Emley**, William **Biddle**, Thomas **Budd** & Thomas **Revell** 19 Dec 1682.

19 Dec 1682, John **Bronston** to John & Margaret **Pattison**, £11, 140 acres...purchased of Edward **Byllings** 24 May 1682. Wit: Roger **Parke**, John **Eyre**, Elizabeth **Revell** Thomas **Budd**.

2 Nov 1682, John **Smith**, of Christeene Creek to Thomas **Olive**, of Rainskustale, Northampton River, £30, 300 acres. Wit: Edward **Brooks**, Elizabeth **Revell**, Thomas **Revell** & Robert **Stacy**.

12 Oct 1682, John & Somilia **Yeo**, of Maryland to Thomas **Budd**, of Burlington, West New Jersey, £29, 500 acres, purchased of George **Porter** 10 Dec 1678. Wit: Benjamin **Wheat**, Sarah **Starbrough**, Thomas **Revell** & Robert **Stacy**.

5 Nov 1682, Mahlon **Stacy** to Samuel **Oldale**, £15.65, 50 acres. Wit: John **Clowes**, Shadrack **Walley**, Thomas **Revell** Robert **Stacy**.

22 Dec 1682, John & Joan **Dewsbury**, of Burlington to John **Woolston**, of same, £27, 100 acres. Wit: John **Budd**, Thomas **Revell** & Robert **Stacy**.

23 Dec 1680, John **Woolston** to Thomas **Potts**, £5, lot in Burlington. Wit: Elizabeth **Biswerton**, Thomas **Revell** & Robert **Stacy**.

4 Apr 1677, Thomas **Olive** to William **Biddle**, of London, England, 300 acres...George **Carterett**, William **Penn**, merchant of London, England, Nicholas **Lucas**, Edward **Byllings**, Gawen **Lawry**...24 Jun 1664...Thomas **Harding**, of Ramokus, Northampton River, 100 acres...Robert **Drumsdale**, of Bishop Starford, Hartford Co...500 acres...William **Evans**, of Ramokus, Northampton River, 150 acres...Daniel **Wills**. Signed Daniel **Wills** & Thomas **Olive**. Wit: William **Coasher**, Joseph **Holmsley**, James **Wills** & James **Browne**.

1 Apr 1677, Thomas **Pearson**, of Bonwick & Joseph **Holmsley**, Great Kothem, County of York to William **Biddle**, of London, England, £30.5, purchased of William **Penn**, Gawen **Lawry**, Nicholas **Lucas** & Edward **Byllings**. Signed Thomas **Pearson** & Joseph **Holmsley**. Wit: Samuel **Clay**, John **Hommer** & Thomas **Hutchinson**.

7 Feb 1682, Godfrey **Hancock**, of Assiscunk Creek, West New Jersey to Samuel **Jenkins**, of Crosswick Creek, West New Jersey, £9.5, 100 acres...John **Marshall** to Daniel **Stanton** to Ralph **Trenoweth**. Wit: Thomas **Wright**, Thomas **Revell** & Robert **Stacy**.

28 Feb 1676, William **Penn**, merchant of London, England, Nicholas **Lucas**, Edward **Byllings**, gentleman, Gawen **Lawry**, merchant to William **Clark**, merchant, of Dublin, Ireland, Anthony **Sharp**, merchant, of same, Mathias **Bronston**, Roger **Roberts**, freeholder, of same, Robert **Hunter**, of same, Thomas **Atherton**, shoemaker, of same, Thomas **Starkey**, of Abby, Ireland, £87. Signed William **Penn**, Gawen **Lawry** & Nicholas **Lucas**. Wit: Harb **Springett**, John **Birby** & Ben **Griffith**.

29 Mar 1683, William **Clark**, late of Dublin, Ireland, now of Sussex, Pennsylvania to James **Graham**, £0.25. Signed William **Clark**. Wit: William **Haige**, Pat **Robinson** William **Penn**...to Robert **Turner**.

20 Mar 1682, John **Cripps** to Lawrence **Morris**, £15, 50 acres for 100 acres. Wit: Thomas **Revell** & Robert **Stacy**.

20 Feb 1682, John & Joan **Dewsbury** to Jacob **Cuzens**, £26,, 50 acres. Wit: Richard **Londy**, Thomas **Revell** & Robert **Stacy**.

12 May 1683, John **Smyth**, of Christeene Creek, Pennsylvania to Thomas **Wallis**, of Burlington, West New Jersey, £8.8, 100 acres. Wit: Arthur **Bowyer** & Thomas **Revell**.

13 Mar 1682, John **Cripps** to Walter **Clarke**, £16.5, 112 acres...east side of Samuel **Jennings**...northeast side of Edmond **Stuart**. Wit: Henry **Stacy**, Thomas **Revell**, John **Gosling** & Thomas **Gardner**.

26 May 1683, George **Guest**, of Assisnimk deed of trust to Thomas **Revell**, of Burlington & Godfrey **Hancock**, for love and affection said **Guest** has for his sister, Mary **Willis**, wife of Samuel **Willis**, of Assisnimk, 100 acres...rents to James **Duke**, of York. Wit: John **Gosling**, Thomas **Budd** & Francis **Collins**.

5 Mar 1682, Samuel **Willis** to George **Guest**, £5, purchased of Godfrey **Hancock**, 28 Oct 1680...Alice **Guest**, wife of said George...Mary, Elizabeth, George & John, children of said George & Alice **Guest**...George & Mary **Guest**, (father). Wit: Joseph **Knight**, Luke **Busnett**, John **Gosling** & Thomas **Budd**.

10 Apr 1683, Samuel **Willis** to George **Guest**, £9. Wit: Richard **Love**, Thomas **Revell**, John **Gosling** & Thomas **Budd**.

18 Apr 1683, John **White** to Henry **Stacy**, £12.5, 50 acres, south side of London Bridge, Burlington, West New Jersey ...purchased of John **Woolston**, who purchased of Thomas **Collins**. Wit: John **Gosling**, Richard **Bassnett** & Thomas **Budd**.

8 Jun 1683, Jacob **Cuzens** to Godfrey **Hancock**, £20, 112.5 acres...bounded on east by John **Woolston**...purchased of John & Joan **Dewsbury**, 20 Feb 1682. Wit: Thomas **Budd** & Thomas **Revell**.

15 Jan 1678, Godfrey **Newbole**, yeoman, of Hadsworth Woodhouse, York, England to William **Lee**, of Burlington, 40 acres. Signed Godfrey **Newbole**. Wit: Thomas **Potts**, Thomas **Revell**, Thomas **Budd** & Thomas **Gardner**, 6 Aug 1683.

11 Aug 1683, John **Hollinshead** to Richard **Bassnett**, £120, lot in Burlington...Thomas **Olive**, John **Roberts**, Thomas **Eves** & Robert **Powell**. Wit: Thomas **Budd**, John **Gosling** & Thomas **Revell**.

17 Apr 1682, John **Murfin**, of Crosswick Creek to James **Pharoe**, of Drapton House, £3, purchased of George **Hutchinson**. Wit: Robert **Glover**, Charles Brigham & William **Emley**.

5 Sep 1683, Mahlon **Stacy** to Peter **Frotwell**, for love and affection, 100 acres. Wit: Thomas **Lambert**, William **Emley** & Thomas **Revell**.

17 Sep 1683, Henry **Stacy** to Jeremiah **Richards**, £0, 300 acres, purchased by said **Stacy** & Richard **Mathews** of Nicholas **Lay**. Wit: Joseph **Blowers**, Thomas **Revell**, Thomas **Gardner** & John **Gosling**.

11 Sep 1683, Richard **Bassnett**, of Burlington, West New Jersey to Henry **Stacy**, merchant, of Stepney, Middlesex, England, £100. Wit: John **Brigham** & Thomas **Revell**.

11 Sep 1683, Eleazer **Fonton** to Nathaniel **West**, £20, 100 acres. Wit: Onesiphorus **Austwick**, John **Renshaws**, Thomas **Revell**, William **Emley** & Mahlon **Stacy**.

18 Jun 1683, Richard **Mew**, merchant, of Stepney, Middlesex, England to Robert **Hopper**, mariner, of Searbrough, York, England, purchased of Peter **Hayley**, Thomas **Martson**, Nicholas **Bell** & Richard **Clayton**, of William **Penn**, Gawen **Lawry** & Nicholas **Lucas** & Edward **Byllings**. Wit: Harb **Springett**, Thomas **Cope** & Samuel **Craft**.

23 Feb 1683, Thomas **Budd** & Thomas **Gardner** to Hanes **Monseur**, Jonas **Koone** & Fredick **Fredrickson**, £50, 500 acres. Wit: Thomas **Lambert** & Robert **Drumsdale**.

8 Feb 1683, Mathew **Allen** to Hannah **Kimball**, £10, 100 acres, Burlington...purchased of John **Smith**, yeoman, of Christeene Creek, 13 Aug 1680. Wit: William **Biddle**, John **Gosling** & Francis **Collins**.

25 Dec 1683, Martin **Hoult** to Thomas **Budd**, £50, house in Burlington. Wit: Jonathan **Beers**, Thomas **Revell** & Thomas **Hardner**.

Thomas **Budd** to William **Budd**, £90, purchased from William **Penn**, Gawen **Laurie**, Nicholas **Lucas** & Edward **Byllings**, 1 Mar 1676. Wit: Jonathan **Beers**, John **Kinsley**, Martin **Hoult** & Thomas **Revell**.

8 Mar 1683, Thomas **Budd** to Jonathan **Beers**, £10, 1/16... adjoining William **Brightman**. Wit: Thomas **Gardner**, William **Budd**, John **Kinsley** & Thomas **Revell**.

5 Feb 1683, Anthony **Morris** to John **Budd**, £5, island of Burlington. Wit: Nathaniel **Ible**, Edward **Winell** & Jonathan **Beers**.

30 Dec 1681, Thomas **Budd**, merchant, of Burlington, West New Jersey to Arthur **Cooke**, Walter **Clarke** & Walter **Newberry**, merchants, of Rhode Island, £100...John **Kinsley**, yeoman, of Burlington...James **Duke**, of York. Signed Thomas **Budd**. Wit: John **Gosling**, Francis **Stephens** & Thomas **Revell**.

5 Sep 1683, Edward **Searson**, late of White Lacy, Dorbyshire, England, but now of Arundell Co., Maryland to Samuel **Jennings**, Thomas **Budd** & Elias **Farre**, trusters, £2.5 paid by Thomas **Ellis**, late of Burlington, West New Jersey for his daughter Elizabeth **Ellis**...purchased of Thomas **Hutchinson**, Thomas **Pearson**, Joseph **Holmsley**, George **Hutchinson** & Mahlon **Stacy**, 5 Jul 1677. Wit: John **Wagstaffs**, Richard **Love** & Thomas **Revell**.

12 Apr 1684, Edward **Searson** to Edward **Markwell**, £0.25, in trust by William **Markwell**, deceased, brother of said Edward, purchased 5 Jul 1677 of Thomas **Hutchinson**, Thomas **Pearson**, Joseph **Holmsley**, George **Hutchinson** & Mahlon **Stacy**. Wit: George **Hutchinson**, Robert **Stacy** & Thomas **Revell**.

16 Mar 1681, Samuel **Jennings** & Thomas **Budd** to Hanes **Peterson**, £5, 50 acres. Wit: Thomas **Gardner**, Thomas **Lambert** & Thomas **Revell**.

16 Mar 1681, Samuel **Jennings** & Thomas **Budd** to Andrew **Anderson**, £15, 150 acres. Wit: Thomas **Gardner**, Thomas **Lambert** & Thomas **Revell**.

1 Apr 1684, Samuel **Jennings** & Thomas **Budd** to James **Saunderland**, of Chester, Pennsylvania, £20, 200 acres. Wit: Thomas **Gardner**, Thomas **Lambert** & Thomas **Revell**.

10 Apr 1684, Samuel **Jennings** & Thomas **Budd** to Peter **Dalboe**, of Schuylkill, Pennsylvania, £20, 200 acres. Wit: John **Renshaws**, Thomas **Lambert** & Thomas **Revell**.

1 Apr 1684, Samuel **Jennings** & Thomas **Budd** to Henry **Tradway**, £30, 300 acres. Wit: Thomas **Gardner**, Thomas **Lambert** & Thomas **Revell**.

1 Apr 1684, Samuel **Jennings** & Thomas **Budd** to Anthony **Nealson**, of Crump Kill, Pennsylvania, £10, 100 acres. Wit: Thomas **Gardner**, Thomas **Lambert** & Thomas **Revell**.

21 Feb 1683, Thomas **Budd** to Joseph **Blowers**, £15, 150 acres. Wit: Elias **Farre**, Thomas **Gardner** & Thomas **Revell**.

6 Apr 1684, George **Hutchinson** & Thomas **Gardner** to Richard **Bassnett**, £30, 300 acres. Wit: Thomas **Budd**, Thomas **Lambert** & Thomas **Revell**.

30 Apr 1684, George **Hutchinson** & Thomas **Gardner** to Francis **Collins**, £20, 200 acres. Wit: Thomas **Lambert** & Thomas **Revell**.

17 Apr 1684, Thomas **Budd** to Elias **Farre**, £20.5, 110 acres ...Burlington...Mill Creek. Wit: George **Hutchinson**, Francis **Collins** & Thomas **Revell**.

20 Apr 1684, Samuel **Jennings** to Samuel **Carpenter**, of Philadelphia, Pennsylvania, £60, 600 acres...Timber Creeks. Wit: Thomas **Lambert**, Thomas **Gardner**, William **Budd** & Thomas **Revell**.

17 Mar 1683, Thomas **Budd** to Anthony **Morris**, £25, 250 acres ...Burlington. Wit: William **Budd**, Nathaniel **Ible**, John **Budd** & Jonathan **Beers**.

5 Mar 1683, Thomas **Budd** to Nathaniel **Ible**, £20, 200 acres ...adjoining Jonathan **Beers**. Wit: William **Budd**, Anthony **Morris**, Jonathan **Beers**, John **Budd** Jr. & Thomas **Lambert**.

12 Apr 1684, Edward **Searson** to William **Moers**, £50. Wit: Robert **Stacy**, Thomas **Revell**, Elias **Farre** & Thomas **Gardner**.

17 Apr 1684, John **Bernard** to John **Budd**, £15, 100 acres ...adjoining John **Stoaks** & Walter **Humphrey**. Wit: John **Renshaws**, John **Hoadle**, Thomas **Revell**, Elias **Farre** & Thomas **Gardner**.

8 May 1684, Benjamin **Scott** to Bridget **Bingham**, £18, 500 acres. Wit: Benjamin **Scott** Jr., John **Sounder** & Isaac **Marriott**.

18 Apr 1684, William **Black** to Benjamin **Wheat**, £2.5. Wit: Robert **Stacy**, Thomas **Budd**, Thomas **Gardner**, Elias **Farre** & Jonathan **Beers**.

9 Nov 1683, Thomas **Watson** to Robert **Hopper**, £6. Wit: Robert **Watson**, Thomas **Gardner** & Elias **Farre**.

1684, John **Antram** to William **Myers**. Wit: Thomas **Gardner**, Elias **Farre** & Thomas **Revell**.

30 Apr 1684, George **Hutchinson** to Christopher **Weatherill**, £10, island of Burlington. Wit: Thomas **Gardner** & Thomas **Revell**.

14 May 1684, William **Myers** to Francis **Davenport**, £20, purchased from Edward **Searson**. Wit: Thomas **Gardner**, Elias **Farre** & Thomas **Revell**.

30 May 1684, Francis **Collins** to Hanna **Newbis**, £2, 20 acres. Wit: Thomas **Revell**.

30 Mar 1682, Edward **Byllings** to Richard **Bassnett**, £5, 200 acres. Wit: Harb **Springett**, Benjamin **Griffith**, Thomas **Coxe**, Thomas **Olive** & Robert **Stacy**.

11 Apr 1684, James **Graham** to Robert **Turner**, merchant, of Philadelphia, Pennsylvania, £0.25. Signed James **Graham**. Wit: William **Clayton**, William **Haige**, Richard **Ingot**, Pat **Robinson**, Thomas **Olive** & Robert **Stacy**

12 Apr 1684, James **Graham** to Robert **Turner**, merchant, of Philadelphia, Pennsylvania, £100.

17 Jun 1684, Thomas **Mathews** to Benjamin **Bramman**, £10, 100 acres. Wit: Robert **Stacy**, William **Biddle** & Thomas **Revell**.

6 Sep 1682, Thomas **Budd** to John **Gosling**, £50, 1/8, purchased 1 Mar 1676. Wit: Thomas **Gardner** & Thomas **Lambert**.

28 Mar 1684, Arthur **Cooke** to John **Gosling**, £45, 500 acres, half of land of said **Cooke** & Walter **Clarke**.

28 Mar 1684, Arthur **Cooke** to Samuel **Carpenter** & William **Frampton**, £100, by John & Mary **Gosling**. Wit: Thomas **Gardner** & Elias **Farre**.

12 Apr 1677, William **Penn**, merchant of London, England, Nicholas **Lucas**, Edward **Byllings**, gentleman, Gawen **Lawry**, merchant to Robert **Turner**, of Dublin, Ireland, Joseph **Sleigh**, of Dublin, Ireland, Robert **Gands**, forge maker, of Dublin, Ireland, Thomas **Thackory**, weaver, of Dublin, Ireland & William **Bates**, carpenter, of Waterloo, Ireland, granted to John Lord **Barkley** & Sir George **Carterett**, 1664. Signed William **Penn**, Gawen **Lawry**, Nicholas **Lucas** & Edward **Byllings**. Wit: John **Burley**, Ben **Griffith** & Harb. **Springett**.

28 Feb 1676, William **Penn**, merchant of London, England, Nicholas **Lucas**, Edward **Byllings**, gentleman, Gawen **Lawry**, merchant to Andrew **Robinson**, merchant, late of London, England, now of Clonmel, Ireland, £350, Mindralls Woods. Signed William **Penn**, Gawen **Lawry**, Nicholas **Lucas** & Edward **Byllings**. Wit: Harb **Springett**, Thomas **Rudyard**, Benjamin **Griffith**, Thomas **Peynett** & John **Burley**.

21 Feb 1683, Thomas **Budd** to John **Woolston**, £16, 200 acres ...Northampton River. Wit: Thomas **Revell**, Thomas **Gardner** & Elias **Farre**.

4 Sep 1683, Samuel & Elizabeth **Cole** to Henry **Wood**, £15, 100 acres. Wit: Samuel **Jennings**, Robert **Wade**, Thomas **Revell**, Elias **Farre** & Francis **Davenport**.

12 Feb 1682, Anna **Salter** to Arthur **Cooke**, £100, in Burlington, purchased of Benjamin **Scott**, 3 Mar 1681. Wit: Christopher **Taylor**, Robert **Stacy**, John **Barkley**, Sarah **Biddle** & Thomas **Lambert**.

26 May 1684, William **Myers** to Samuel **Bunting** & John **Bunting**, £14, lot in Burlington. Wit: James **Salterthwaite** & Thomas **Revell**.

12 Jun 1684, Richard **Bassnett** to Hause **Hopman**, £20, 200 acres, purchased of Edward **Byllings**, 30 Mar 1682. Wit: Robert **Stacy**, Daniel **Leeds** & Thomas **Revell**.

18 Nov 1684, William **Budd** to John **Vanderhill**, £50, 500 acres...at Springhill, adjoining Samuel **Andrews**. Wit: Daniel **Wills**, Elias **Farre** & Thomas **Revell**.

1 Nov 1684, William **Black** to William **Budd**, £2.5, house & lot in Burlington. Wit: Daniel **Wills**, Thomas **Revell**, Elias **Farre** & James **Salterthwaite**.

28 Jan 1677, George **Hutchinson**, distiller, of Sheffield, county of York, England to John **Hastehurst**, of same, £9.35. Wit: Gosling **Newton**, Obadiah **Barlowe** & Thomas **Revell**.

19 Dec 1683, John **Hastehurst** to John **Renshaws**, of Burlington, West New Jersey, £14. Wit: Robert **Hastehurst**, Thomas **Potter**, Thomas **Renshaws** & Godfrey **Newbole**.

8 Apr 1684, George **Hutchinson** to Thomas **Budd**, £20, 100 acres. Wit: Samuel **Jennings**, Francis **Collins** & Jonathan **Beers**.

2 Apr 1684, George **Hutchinson** & Thomas **Gardner** to Thomas **Budd**, £60. Wit: Anthony **Morris** & Thomas **Revell**.

29 Nov 1684, William **Myers** to John **Antram**, £15. Wit: John **Renshaws** & Thomas **Revell**.

6 Jan 1681, Joseph **Blowers** to John **Ogbourne**, £110, 150 acres. Wit: Richard **Bassnett**, Joseph **Loyd** & Jarvis **Bywater**.

10 Feb 1683, John **Smith**, of Christeene Creek, Pennsylvania to John **Hollinshead**, of Northampton River, West New Jersey, £26, 300 acres. Wit: Thomas **Williams**, Anne **Pharoe** & Thomas **Revell**.

15 Nov 1682, Robert **Stacy** to Daniel **Leeds**, for love and affection towards Anne **Leeds**, daughter of said Daniel, 100 acres, adjoining Francis **Boswick**. Wit: Godfrey **Hancock** Jr. & Thomas **Revell**.

27 Apr 1682, Mahlon **Stacy** & John **Lambert** to Daniel **Leeds**, £10, 100 acres. Wit: Walter **Emley**, John **Stacy** & Thomas **Revell**.

15 Oct 1683, Henry **Stacy**, of Burlington, West New Jersey to John **Gosling**, £10, 100 acres. Signed Henry **Stacy**. Wit: Thomas **Gardner** & Francis **Collins**.

6 Sep 1682, Thomas **Budd**, merchant, of Burlington, West New Jersey to John **Gosling**, merchant, of New York, £50. Signed Thomas **Budd**. Wit: Walter **Clarke**, Daniel **Goule** & Samuel **Borden**.

8 Mar 1684, Arthur **Cooke**, merchant of Portsmonth, Rhode Island to John **Gosling**, merchant, of Burlington, West New Jersey, £45, 500 acres. Signed Arthur **Cooke**. Wit: Symon **Charles**, Samuel **White** & Thomas **Revell**.

11 May 1684, Jeremiah **Richards** to Samuel **Coles**, £100.1, 500 acres, purchased of Henry **Stacy**, 17 Sep 1683. Wit: Richard **Bassnett**, William **Jonds**, Persivall **Towle**, William **Brooks**.

22 Dec 1684, John **Ithell** yeoman, of West New Jersey to William **Deareing**, mariner, of same, £20.5, 200 acres... adjoining Casper **Fisk** and William **Steele**. Wit: Robert **Turner** & Henry **Wood**.

11 May 1685, George **Hutchinson**, merchant, of Burlington, West New Jersey to Hanamiah **Gaunt**, yeoman, of Rhode Island, £50, 500 acres. Wit: Sarah **Davenport**, Daniel **Wills**, Thomas **Revell**, Persivall **Towle** & William **Baskie**.

28 Jan 1677, George **Hutchinson**, distiller, of Shefield, county of York, England to Thomas **Heyland**, husbandman, of Hansworth Woodhouse, county of York, England, £6.15. Wit: John **Hastehurst**, Thomas **Lambert**, Thomas **Revell**, James **Budd** & George **Hutchinson**.

23 Jul 1684, Thomas **Heyland**, yeoman, of Hansworth Woodhouse, county of York, England to Francis **Davenport**, miller, of Whittington, county of Dorby, England, £8. Signed Thomas (x) **Heyland**. Wit: Joseph **Nicholson**, William **Fenton**, John **Nodden**, George **Hutchinson** & Thomas **Budd**.

3 Jul 1685, Thomas **Olive** to Peter **Boss**, £60, 200 acres ...Delaware River. Wit: Robert **Stacy**, James **Budd** & Richard **Bassnett**.

1 Nov 1684, Newell **Mew** to Ebenezer **Langford**, £50, 500 acres. Wit: Francis **Stevens** & Thomas **Olive**.

28 Jan 1677, Mahlon **Stacy** to Samuel **Barker**, £30. Wit: John **Hastehurst**,

Thomas **Lambert** & Thomas **Revell**.

29 Aug 1684, Thomas **Martin**, of Lynnhouse, Middlesex, England power of attorney to his brother James **Martin**, planter, of West New Jersey. Signed Thomas **Martin**. Wit: Sarah **Smith**, Mary **Lawry**, George **Keith** & Robert **Bringman**.

26 Oct 1685, Daniel **Stanton**, mariner, of Rhode Island to Ralph **Trenoweth**, husbandman, of West New Jersey, £7, 100 acres... adjoining Samuel **Jenkins**. Wit Godfrey **Hancock**, Abraham **Seiner**, Thomas **Revell**, George **Hutchinson** & James **Budd**.

20 Oct 1685, Richard **Bassnett**, shipwright, of West New Jersey to John **Taylor**, merchant, late of Barbadous, now of West New Jersey, £70, 305 acres. Wit: Richard **Russell**, Elizabeth **Russell**, Robert **Turner**, Henry **Wood** & John **Claypoole**.

1 Mar 1676, William **Penn**, merchant of London, England, Nicholas **Lucas**, Edward **Byllings**, gentleman, Gawen **Lawry**, merchant to John **Ridges**, skinner & Thomas **Rudyard**, gentleman, both of London, England. Signed William **Penn**, Gawen **Lawry**, Nicholas **Lucas** & Edward **Byllings**. Wit: Harb **Springett**, John **Burley** & Benjamin **Griffith**.

14 Aug 1685, Thomas **Rudyard**, late of George Yard in Lumbard Street, London England, now of East New Jersey power of attorney to his friend Andrew **Robinson**, merchant, of West New Jersey...purchased 1676...John **Ridges**. Signed Thomas **Rudyard**. Wit: Jess **Winton** & Samuel **Winder**.

29 Aug 1677, Thomas **Hutchinson**, Thomas **Pearson**, Joseph **Helmsley**, George **Hutchinson** & Mahlon **Stacy** to Nicholas **Knight**, of Godmmersham in Kent, £19.1. Signed Thomas & George **Hutchinson**.

16 Aug 1683, Robert **Knight**, gentleman, of Godmersham, Kent County, England power of attorney to his friend Anthony **Nealson**, of Upland, Pennsylvania, to sell land purchased by his father, Nicholas **Knight**. Signed Robert **Knight**. Wit: Thomas **Mighells**, Elizabeth **Mighells** Mary **Flemming**.

3 Sep 1683, George **Guest**, white smith, of Philadelphia, Pennsylvania to Thomas **Revell**, of Burlington, West New Jersey, £50, 150 acres. Wit: Richard **Love**, William **Clarke** & Robert **Pearson**.

20 Feb 1683, George **Porter** to Thomas **Budd**, £23.75, 300 acres.

16 Mar 1682, George & Mary **Bartholomew** & William **Cooper** to Robert **Wade**, of Upland, Pennsylvania, £36, purchased of Edward **Taylor**. Signed

William **Cooper**. Wit: Elton **Stacy**, Elizabeth **Stacy** & Thomas **Revell**. Signed George **Bartholmew**. Wit: Thomas **Holmes**, Joseph **Knight** & Thomas **Revell**.

13 Apr 1684, Samuel **Jennings**, of West New Jersey to Robert **Turner**, of Philadelphia, Pennsylvania, £30. Wit: Thomas **West** & Samuel **Bulkley**.

11 Jul 1678, Walter **Kent**, of London, England to , William **Holmes**, of Ciremester, Gloucester County, England, £4.65, purchased 4 Mar 1676. Wit: Benjamin **Gladman**, William **Biddle** & Jeremiah **Horentz**.

14 Mar 1685, Thomas **Budd** to William **Holmes**, £12, 120 acres. Wit: Jonathan **Beers**, John **Antram** & Thomas **Eves**.

20 Sep 1685, William **Holmes** to Anna **Salter**, 200 acres, 120 acres of which was purchased of Thomas **Budd**. Wit: Abraham **Senior**, John **Smith** & Thomas **Revell**.

25 November 1685, Robert **Turner**, merchant, of Philadelphia, Pennsylvania to Thomas **Chambers**, of Coopers Creek, West New Jersey, £75, 500 acres...adjoining John **Ithell**. Wit: William **Bates** & Thomas **Revell**.

21 Aug 1677, Benjamin **Bartlett**, gentleman, of Westminster, Middlesex County, England to Thomas **Howell**, yeoman, of Harelston, Stafford County, England, £20, purchased 1 Mar 1676 of William **Penn** et al. Wit: Harb **Springett**, Benjamin **Griffith** & John **Burley**.

8 Oct 1685, Anna **Salter**, of Pennsylvania to Marcus **Lawrence**, printer, of West New Jersey, £15, 100 acres. Wit: Onesiphorus **Austwick**, William **Howlings** & Thomas **Revell**.

13 May 1684, John **Renshaws**, butcher, of Burlington, West New Jersey to John **Shinn**, husbandman, of Birch Creek, West New Jersey, £17, 200 acres...purchased of John **Hastehurst** 19 Dec 1683. Wit: Thomas **Potts**, Abraham **Senior** & Thomas **Revell**.

20 Sep 1685, Mahlon **Allen**, carpenter, late of Burlington, West New Jersey to Thomas **Revell**, laborer, of Burlington, West New Jersey & John **Calowe**, wheelwright, of same, £30, house and lot in Burlington...purchased of Thomas **Eves**. Wit: Sarah **Bainbridge**, Daniel **Sutton** & Thomas **Revell**.

8 Mar 1683, Samuel **Hoale**, of Assiscunk Creek, West New Jersey to Marmaduke **Horsman**, late of White Hill, West New Jersey, £5, 50 acres. Wit: Robert **Glover**, Susanna **Horsman** & William **Emley**.

27 Aug 1683, Francis **Pearson**, of Dringhoe and his son Thomas **Pearson**, yeoman, both of York County, England to Peter **Garbutt**, of Soarborough, York County, England & Francis **Bretton**, mariner, of same, £35, 1/6. Wit: Elizabeth **Pearson**, Eliza **Pearson** & John **Pearson**.

28 Jan 1677, George **Hutchinson**, distiller, of Stafford, York County, England to William **Taylor**, husbandman, of Dore, Derby County, England, £4.65. Wit: John **Hastehurst**, Robert **Scholey** & Thomas **Revell**.

28 Jan 1677, George **Hutchinson**, of above written to Michael **Newbole**, husbandman, of Sheffield Park, York County, England, £18.75, purchased of Edward **Byllings**. Wit: Mahlon **Stacy**.

10 Jan 1685, William **Budd**, of Burlington, West New Jersey to Richard **Bassnett**, of same, £8. Wit: William **Biddle** & Thomas **Revell**.

10 Jun 1685, John **Renshaws** to Walter **Humphrey**, £8.5,, 100 acres. Wit: Christopher **Snowden** & Thomas **Revell**.

28 Mar 1685, Francis **Boswick** to John **Smith**, husbandman, of Assiscunk Creek, £5. Wit: Ebenezer **Fenton**, John **Renshaws** & Godfrey **Hancock** Jr.

28 Mar 1685, Godfrey **Hancock** to John **Smith**, of Assiscunk Creek, 60 acres. Wit: Ebenezer **Fenton** & John **Renshaws**.

28 Apr 1685, John **Smith**, husbandman, of Assiscuk Creek, West New Jersey to Walter **Humphrey**, carpenter, of Burlington, West New Jersey, £10.5, 110 acres, purchased of Godfrey **Hancock** & Francis **Boswick**. Wit: Ebenezer **Fonton** & Thomas **Revell**.

30 Jun 1685, Walter **Humphrey**, carpenter, of Burlington, West New Jersey to Edward **Tonkan**, cordwinder, of Burlington, West New Jersey & John **Wearne**, husbandman, of same, £30, 260 acres. Wit: Abraham **Senior**, John **Tonkan** & Thomas **Revell**.

20 May 1686, Richard **Lawrence**, yeoman, of Lower Hook, West New Jersey to John **Test**, yeoman, of Redbank Creek, West New Jersey, £15, 150 acres. Wit: Thomas **Olive** & Thomas **Revell**.

10 May 1686, Thomas **Hutchinson**, of Talbot County, Maryland to William **Biddle**, yeoman, of Mount Hope, West New Jersey, £80.3, purchased of William **Penn** et al. Wit: James **Martin** & Allan **Hutchinson**.

1 Jun 1685, Thomas **Olive**, yeoman, of Northampton River to his nephew John **Woolston**, of north branch of Rancocas Creek, for love and affection, 100 acres. Wit: Daniel **Wills**, William **Budd**, Symon **Charles** & Elias **Farre**.

21 Jan 1683, Robert **Hopper**, mariner, of Scarbrough, York County England to Thomas **Hutchinson**, tanner, of Talbot County, Maryland, £120, purchased of William **Penn** et al. Wit: Thomas **Sutton**, William **Jessopps** & John **Curess**... money received 7 years ago from John **Leaper** and granted to Robert **Hopper** in trust for Elizabeth **Leaper**, widow of said John.

23 May 1686, Jonathan **Elridge**, cordwinder, of Hopewell, West New Jersey to Thomas **Lambert**, tanner, of Notttingham, West New Jersey, £20, house in Burlington. Wit: Robert **Glover**, William **Emley** & Ruth **Emley**.

20 Jul 1686, Seth & Mary **Smith**, of Burlington, West New Jersey to George Healhook, merchant, of New York, £15, house in Burlington, purchased of Thomas **Farnsworth** & Joseph **Stouds**. Wit: James **Budd**.

19 Mar 1684, William **Black**, stuff weaver, late of Mansfield Woodhouse, West New Jersey to Samuel **Taylor**, stuff weaver, of Crosswick Creek, West New Jersey,, £1, purchased of George **Hutchinson**. Wit: Mahlon **Stacy**, Joshua **Ely** & William **Emley**.

12 Apr 1684, Roger **Hawkins**, planter, of Crookhorne Pennsylvania to William **Black**, weaver, of Mansfield, West New Jersey, £0.75, 62 acres. Wit: William **Barnes**, William **Emley** & Ruth **Emley**.

8 Jun 1686, Anna **Salter**, widow, of Towrany, Pennsylvania to Anthony **Woodhouse**, yeoman, of Mansfield, West New Jersey, 112 acres. Wit: Robert **Slack**, William **Black** & Thomas **Revell**.

14 Jun 1682, Edward **Byllings**, gentleman, of Westminster, Middlesex County, England to John **Skone**, merchant, of Aberdeen, Scotland, 250 acres. Wit: Benjamin **Griffith** & Thomas **Coxe**.

20 Nov 1686, Godfrey **Hancock**, yeoman, Steelby, West New Jersey to Thomas **Budd** merchant, of Burlington, West New Jersey, £10, 50 acres. Wit: Robert **Stacy** & Thomas **Revell**.

3 Mar 1684, Roger **Hawkins**, husbandman, of Crookhorne, Pennsylvania to Thomas **Scholey**, planter, of Mansfield Woodhouse, West New Jersey, £5, house in Burlington. Wit: Robert **Glover**, Susanna **Horfman** & William **Emley**.

10 Dec 1682, Robert **Scholey**, cloth maker, of Nottingham Woodhouse, West New Jersey to Thomas **Scholey**, cloth maker, of same, £2.5. Wit: John **Rogers** & William **Emley**.

12 May 1685, John **Serase**, husbandman, of Patrhune, Sussex County, England to John **Martin**, taylor, of Storming, Sussex County, England. Wit:

Ambross **Galloway**, William **Barker** & Symon **Wilson**.

10 May 1685, William **Biddle**, yeoman, Sepassmirks Island, West New Jersey to John **Newman**, carpenter, of Burlington, West New Jersey, £20, adjoining John **Butcher** land. Wit: Mahlon **Stacy** & John **Horner**.

28 Jan 1677, George **Hutchinson**, distiller, of Sheffield, York County, England to John **Wood**, husbandman, of Attercliffe, Sheffield, York County, England, £3.75. Wit: Thomas **Wood** & Robert **Woddall**.

22 Aug 1677, Robert **Turner**, draper, of Dublin, Ireland to Robert **Fairbanks**, late, of Wexford County, Ireland, £17, purchased of William **Penn** et al. Wit: William **Clarke**, Joseph **Sleigh**, Robert **Zand**, John **Thompson** & Andrew **Thompson**.

Nov 1682, John & Sarah **Thompson**, carpenter, of Elsonbourgh, New Salem, West New Jersey to William & Margaret **Cooper**, blacksmith, of Pine Point, Delaware River, West New Jersey, £7. Wit: James **Nevill**, George **Deason** & Daniel **Smith**.

5 Sep 1678, George **Hutchinson**, distiller, of Sheffield, York County, England to Edward **Taylor**, gentleman, of Brigghouse, York County, England, £18.75. Wit: John **Gaskin**, James **Curtis** & Richard **Hind**

6 Sep 1680, Edward **Taylor**, merchant, of Burlington, West New Jersey to William **Cooper**, blacksmith, £20, house in Burlington. Wit: William **Peachee** John **Cripps** & Thomas **Enos**.

13 Dec 1684, Francis **Collins**, yeoman, late of Burlington, West New Jersey to William **Cooper**, blacksmith, of Pine Point, West New Jersey, £20, 200 acres. Wit: Prissilla **Collins**, Thomas **Smith** & John **Kay**.

9 Jul 1679, Samuel **Norris**, of London, England to his friend William **Cooper**, smith, of Burlington, West New Jersey, 50 acres. Signed Samuel **Norris**. Wit: Isaac **Warner** & Samuel **Darke**.

1 May 1685, Elias **Farre**, attorney for Mary **Stacy**, widow of Henry **Stacy**, merchant, late of Stepney, England to Lawrence **Morris**, of Burlington, West New Jersey, £25, house in Burlington. Wit: James **Budd**, John **Budd** & Thomas **Revell**.

21 Mar 1685, Godfrey **Hancock**, yeoman, of Steetley, West New Jersey to William **Sallaway**, merchant, of Tamway, Pennsylvania, £25, 200 acres...Birch Creek. Wit: Elias **Farre**, Peter **Jennings** & Thomas **Revell**.

29 Mar 1686, John **Newman**, carpenter, of Burlington, West New Jersey

to Isaac **Horner**, cloth worker, of same, £30, 200 acres, purchased of William **Biddle**. Wit: Thomas **Butcher** & Thomas **Revell**.

8 Apr 1686, James **Budd**, of Burlington, West New Jersey to John **Rodman**, chyrurgeon, of Rhode Island, £100, 492 acres, Northampton River...purchased of. John **Crosby** & Frances **Crosby**. Wit: Arthur **Cooke**, John **Budd** & James **Martin**.

14 Apr 1686, William **Biddle**, yeoman, of Mount Hope, West New Jersey to John **Rodman**, chyrurgeon, of Rhode Island, £50, 500 acres. Wit: Thomas **Budd**, William **Budd**, Richard **Bassnett** & Thomas **Revell**.

10 Feb 1685, Robert **Zane**, of Newton, West New Jersey to John **Hugg**, of Timber Creek, £50, 500 acres. Wit: Thomas **Lambert**, John **Reading** & Thomas **Revell**.

3 May 1686, Andrew **Robinson** to Israel **Helme**, £10, 100 acres. Wit: Andrew **Robinson** Jr. & William **West**.

9 Jun 1686, John **Skene** to Robert **Wade**, yeoman, of Chester, Pennsylvania, 250 acres, 200 acres...purchased 1682 of Edward **Byllings**, of Westminster, Middlesex Co., England. Wit: William **Robinson**, James **Wills** & Thomas **Revell**.

9 Jun 1686, Robert **Wade**, yeoman, of Chester, Pennsylvania to John **Skene**, gentleman, of Backfield, West New Jersey, judgement against Joseph **Helmsley**, late of Great Kolk, York Co., England, 250 acres. Wit: William **Robinson**, James **Wills** & Thomas **Revell**.

20 Feb 1685, Persivall **Towle**, yeoman, of Sutton Lodge, West New Jersey to John **Cripps**, yeoman, of Burlington, West New Jersey, £6, 1.5 acres in Burlington...purchased of Edward **Byllings**. Wit: Richard **Love** & Thomas **Revell**.

5 Jul 1686, Thomas **Hutchinson**, of Beverly, Thomas **Pearson**, of Boswick, Joseph **Helmsley**,of Great Kolk, George **Hutchinson**, of Sheffield & Mahlon **Stacy**, of Hansworth, all of York Co., England to George **Nicholson**, yeoman, of Burton Stather, England, £6.1. Signed George **Hutchinson**, Thomas **Hutchinson** & Mahlon **Stacy**. Wit: James **Hill**, Henry **Grubb** Thomas **Revell**.

25 May 1677, Thomas **Hutchinson**, of Beverly, Thomas **Pearson**, of Boswick, Joseph **Helmsley**,of Great Kolk, George **Hutchinson**, of Sheffield & Mahlon **Stacy**, of Hansworth, all of York Co., England to Joseph **Pope**, yeoman, of Burton Stather, England, £32.05, 1/6. Signed George **Hutchinson**, Thomas **Hutchinson** & Mahlon **Stacy**. Wit: James **Hill**, Henry

Grubb Thomas **Revell**.

10 Sep 1686, Thomas **Budd**, merchant, of Burlington, West New Jersey to David **Lillies**, wheelwright, of same, £10, 100 acres. Wit: James **Glen**, Thomas **Gardner** Jr. & Thomas **Revell**.

3 Aug 1686, John **Ogbourne**, yeoman, of Burlington, West New Jersey to Walter **Humphrey**, carpenter, of same, £110, 150 acres...unto John **Blowers**, bricklayer, of Burlington, West New Jersey. Wit: Richard **Bassnett**, Charles **Reade** & Thomas **Revell**.

6 Sep 1686, William **Biddle**, yeoman, of Mount Hope, West New Jersey to Joseph **Ambler**, cordwinder, of Philadelphia, Pennsylvania, £9, 100 acres...adjoining William **Sallaway** & Samuel **Barker**. Wit: John **Langford**, Thomas **Revell** & Francis **Davenport**.

7 Sep 1686, William **Myers**, butcher, of Burlington, West New Jersey to Job **Bunting**, planter, of Chesterfield, West New Jersey, £15, 150 acres, purchased of Edward **Searson**. Wit: Francis **Davenport**, Joseph **Wardell** Thomas **Revell**.

13 Sep 1686, Thomas **Hutchinson**, yeoman, of Talbot Co., Maryland to John **Stene**, gentleman, of Peuthfield, West New Jersey, £60, 1/4...Francis **Boswick**...surveyed by William **Emley**. Wit: Samuel **Jennings**, Robert **Drumsdale** & Thomas **Revell**.

14 Sep 1686, Thomas **Hutchinson**, yeoman, of Talbot Co., Maryland to John **Stene**, gentleman, of Peuthfield, West New Jersey, £12, 2 acres. William **Mound** & Thomas **Revell**.

12 Nov 1677, Richard **Hunter**, tanner, of Dublin to Godfrey **Canterell**, yeoman, of Rossenalleys, Queens Co., £8.2, purchased of William **Penn** et al. Signed Richard **Hunter**. Wit: Christopher **Burnby**, Thomas **Atherton**, William **Bingley** & James **Balster**.

2 May 1682, Godfrey **Canterell**, yeoman, of Rossonalleys, Queens Co. to William **Alberson**, £8. Signed Godfrey **Canterell**. Wit: William **Edmondson** & Margaret **Edmondson**.

12 Apr 1683, Samuel **Jennings** & Thomas **Budd** to Fredrick **Hopman**, planter, of Ratronie Creek, West New Jersey, £10, 100 acres. Signed Samuel **Jennings**. Wit: Joseph **Adams** & Thomas **Revell**.

15 May 1682, Robert **Chinton**, satesman, of Godalining, Surrey co. to Thomas **Martin**, mealman, of Lymehouse, Middlesex Co., purchased of William **Penn** et al. Wit: Harb **Springett** Jr., Benjamin **Griffith** & Thomas

Cary.

25 Sep 1686, James **Martin**, mealman, of Burlington, West New Jersey, (attorney for Thomas **Martin**, mealman, of Lymehouse, Stepney, Middlesex Co., England) to Thomas **Rodman**, chyrurgeon, of Rhode Island, £75, purchased of Robert **Chinton**. Wit: Thomas **Hutchinson**, Christopher **Weatherill** & Bernard **Lane**.

3 Jan 1681, Thomas **Olive** & Daniel **Wills** to Henry **Jacobs**, £0.25, purchased of Robert **Stacy** et al...Maine Creek. Wit: Benjamin **Scott**, Thomas **Gardner**, William **Biddle**, John **Lambert** & Thomas **Revell**.

8 Aug 1685, Henry **Jacobs**, yeoman, of Northampton River near Burlington, West New Jersey to Noel **Mew**, merchant, of Rhode Island, £100, 200 acres...Rancocas Creek. Wit: Richard **Bassnett**, John **Roberts** & Thomas **Eves**.

10 Aug 1685, John **Roberts**, yeoman, of Omisawquin, West New Jersey to Noel **Mew**, merchant, of Rhode Island, £30, 300 acres. Wit: Freedom **Lippincott**, John **Sharp** & James **Budd**.

25 Jul 1681, Benjamin **Scott**, husbandman to Sarah **Curtis**, daughter of Thomas **Curtis**, for her four years of indentured service, 40 acres. Wit: Samuel **Jennings** & Jane **Curtis**.

22 Jul 1681, Elias **Farr** to Elizabeth **Curtis**, daughter of Thomas **Curtis**, for her four years of indentured service, 40 acres. Signed Elias **Farr**. Wit: Elias **Black** & Benjamin **Gladman**.

2 Sep 1681, Thomas **Hutchinson**, yeoman, late of Beverly, England to David **Leeds**, of West New Jersey, £6, 1 acre in Burlington...York Street...Thomas **Revell** house. Wit: Samuel **Borden** & William **Brightman**.

20 May 1685, Daniel **Baron**, yeoman, of Baronfield, West New Jersey to Eliakim **Higgins**, carpenter, of Pisratua, East New Jersey, Wit: Jonathan **Plowman** and £10, 100 acres. Wit: John **Eyre**, Elizabeth **Revell** & Thomas **Revell**.

24 May, Edward **Byllings** to John **Brewster**, yeoman, of Newcastle, Northumberland Co., England, for love and affection, 200 acres. Wit: Harb. **Springett** & Benjamin **Griffith**.

8 Nov 1686, John & Margaret **Pattison**, of Crosswick Creek, West New Jersey to William & Mary **Hickson**, in consideration of the marriage between said William and said Mary, the daughter of said John & Margaret **Pattison**, 140 acres. purchased of John **Brewster**. Wit: Roger

Parke & Peter **Harrison**.

10 Nov 1686, William & Mary **Hickson**, of Crosswick Creek, West New Jersey to John **Watkins**, of Middlebrook, of same, 140 acres. Wit: William **Hunter**, Roger **Parke** & Thomas **Revell**.

14 Apr 1685, Obadiah **Barlowe**, coutler, of Sheffield, York Co., England to John **Watkins**, barhellor, of Swinslett, York Co., England, £8. Wit: William **Grantham**, John **Newbol** & Alexander **Watson**.

10 Nov 1686, John **Watkins**, late of Swinslett, York Co., England, now of Middlehook, West New Jersey to William & Mary **Hickson**, yeoman, of Crosswick Creek, West New Jersey, 140 acres. Wit: William **Hunter**, Roger **Parke** & Thomas **Revell**.

24 May 1682, Edward **Byllings** to Roger **Parke**, yeoman, of Hexham, Northumberland Co., England, for love and affection, 200 acres. Wit: John **Brewster**, Harb **Springett** & Benjamin **Griffith**.

11 Nov 1686, Roger **Parke**, yeoman, formerly of Hexham, Northumberland Co., England, now of Crosswick Creek, West New Jersey to John **Watkins**, yeoman, of Middlehook, West New Jersey, £91, 200 acres, purchased of Edward **Byllings**. Wit: John **Eyre**, Robert **Butcher** & Thomas **Revell**.

13 Oct 1686, Thomas **Budd**, of Burlington, West New Jersey to Benjamin **Wheat**, of same, £20, house & lot in Burlington. Wit: Mahlon **Stacy**, Thomas **Wood** & Thomas **Revell**.

1 Sep 1685, William **Steele** power of attorney to his brother-in-law, John **Ithell**, of Philadelphia, Pennsylvania. Wit: Mary **Wooddom**, Henry **Getto**, John **Bristow** Thomas **Webb**.

13 Mar 1685, Arthur **Cooke**, merchant, of Burke Co., Pennsylvania to Mary **Gosling**, (widow of John **Gosling**), of Burlington, West New Jersey, £108, 500 acres, purchased of Walter **Clarke**, of Rhode Island. Wit: James **Budd**, Francis **Collins** & Thomas **Revell**.

3 Sep 1686, John **Ithell**, yeoman, of West New Jersey to Humphrey **Morrey**, merchant, of Philadelphia, Pennsylvania, £100 and through power of attorney from William **Steele**, 500 acres...Timber Creek...John **Reading's** land. Wit: Dennis **Rockford**, David **Loyd** & John **Claypoole**.

13 Jan 1686, Anthony **Woodhouse**, yeoman, of First Tenth, West New Jersey to Roger **Parke**, yeoman, of Crosswick Creek, West New Jersey, £6.8, purchased of George **Hutchinson**. Wit: William **Burton**, Elizabeth

Revell & Thomas **Revell**.

28 Jan 1677, Mahlon **Stacy** to Godfrey **Hancock**, £18.75. Wit: George **Hutchinson**, Robert **Scholey** & Thomas **Revell**.

5 Nov 1686, Persivall **Towle**, yeoman, of Sutton Lodge, West New Jersey to William **Clarke**, of Burlington, West New Jersey, £10, 100 acres. Wit: John **Curtis**, John **Woolston** & Thomas **Revell**.

10 Aug 1686, John **Curtis**, yeoman, of Assiscuk Creek, West New Jersey to his son Thomas **Curtis**, £50, 340 acres. Wit: John **Lyman**, Elizabeth **Revell** & Thomas **Revell**.

20 Sep 1686, John **Cripps**, (by appointment of Elias **Farr**, attorney for Henry **Stacy's** widow, Mary **Stacy**) to Robert **Hudson**, carpenter, of near Northampton River, West New Jersey, £15, 150 acres. Wit: William **Biddle**, Samuel **Jennings** & Thomas **Revell**.

20 Sep 1686, Elias **Farr**, attorney for Henry **Stacy's** widow, Mary **Stacy**) to Robert **Hudson**, carpenter, of near Northampton River, West New Jersey, £5, 50 acres. Wit: William **Biddle**, Samuel **Jennings** & Thomas **Revell**.

20 Jul 1684, Persivall **Towle**, yeoman, of Sutton Lodge, West New Jersey to John **Woolston**, yeoman, of Birch Creek, £20, 100 acres. Wit: Elizabeth **Srattergood**, Michael **Buffin** & Thomas **Revell**.

20 Oct 1686, John **Woolston** to Michael **Buffin**, husbandman, of Sutton Lodge, West New Jersey, £10, 100 acres, purchased of Persivall **Towle**. Wit: Persivall **Towle**, Elizabeth **Srattergood** & Thomas **Revell**.

10 May 1686, Persivall **Towle**, yeoman, of Sutton Lodge, West New Jersey to James **Silver**, planter, of Burlington, West New Jersey, £10, 100 acres. Wit: John **Butcher**, John **Johnson** & Thomas **Revell**.

23 Feb 1686, Elias **Farr**, yeoman, Assiscuk Creek, West New Jersey to John **Wills**, yeoman, of Northampton River, for work done on his house, 146 acres. Wit: Thomas **French**, John **David** & Thomas **Eves**.

14 Sep 1683, Joseph **Helmsley**, yeoman, of Great Kolks, York Co., England to William **Ellis**, yeoman, of Trusfall, York Co., England, £32.5. Wit: Mathew **Johnson**, Mathew **Ribie** Far. **Newson**.

7 Apr 1687, William **Biddle**, of Mount Hope, West New Jersey to John **Langford**, of Northampton River, West New Jersey, £54, 500 acres. Wit: Edward **Humloke**, William **Nichols** & Thomas **Revell**.

3 Jun 1686, Robert **Wade**, of Upland, Chester Co., Pennsylvania a bargain with Thomas **Smith** for letting him two cows. Signed Thomas **Smith**. Wit: Freedom **Lippincott**.

1 Jul 1686, Edward **Byllings**, of West New Jersey to Jonah **Smith**, merchant, of London, England, £500. Signed Edward **Byllings**. Wit: Harb. **Springett**.

29 Sep 1686, Jonah **Smith**, merchant, of London, England power of attorney to John **Sutton**, gentleman, of Bradford Biis, Dorset Co. Signed Jonah **Smith**. Wit: John **Wing**, Samuel **Balmer**, Harb **Springett** & Sell **Clark**.

10 May 1687, William **Hickson**, of Crosswick Creek, West New Jersey to John **Chesshire**, taylor, of Shrewsbury, East New Jersey, £27, 200 acres, purchased of Samuel **Taylor**...John **Watkins**. Wit: Samuel **Taylor**, James **Pharoe** & Thomas **Revell**.

11 Jan 1685, Andrew **Robinson** to Benjamin **Bramman**, £15, 100 acres...Clonmell Creek. Wit: Robert **Brothers** & Philip **Pacell**.

21 Oct 1681, George **Hutchinson**, distiller, of Sheffield, York Co., England to John **Wood**, yeoman, near Falls Meadow, Delaware River, West New Jersey, for improvement made by said John **Wood** and his brother Thomas **Wood**, 1/64. Wit: Thomas **Olive**, Seth **Hill** & Thomas **Revell**.

4 Jun 1686, George **Hutchinson**, yeoman, of Burlington, West New Jersey to James **Pharoe**, husbandman, of Nottingham Woodhouse, West New Jersey, £5. Wit: James **Marshall** & Samuel **Sykes**.

10 Feb 1686, Samuel **Taylor**, yeoman, of Horners Creek, West New Jersey to James **Pharoe**, husbandman, of Nottingham Woodhouse, West New Jersey, £10, 100 acres, purchased of William **Black**...James **Pharoe**, son of said James **Pharoe**. Wit: William **Hixson** & John **Chesshire**.

10 May 1686, Persivall **Towle**, yeoman, of Sutton Lodge, West New Jersey to William **Hulings**, yeoman, of Saint Sink, West New Jersey, £24, 240 acres, purchased of Edward **Byllings**...corner to Henry **Ballinger**. Wit: Thomas **Gardner**, William **Barker** & Thomas **Revell**.

29 Jan 1686, George **Hutchinson**, merchant, of Burlington, West New Jersey to William **Hunt**, carpenter, of Providence, West New Jersey, £20, 200 acres...adjoining William **Budd** & John **Skinn**. Wit: Henry **Grubb**, Joseph **Pope** & Thomas **Revell**.

22 Dec 1685, Samuel **Jennings**, merchant, of Greenhill, West New Jersey & Thomas **Budd**, merchant, of Burlington, West New Jersey to Thomas

Holmes, gentleman, of Philadelphia, Pennsylvania, William **Bates**, yeoman, of Newton, West New Jersey, Thomas **Jenny**, yeoman, of Bucks Co., Pennsylvania & Edward **Newbie**, son of Mark **Newbie**, deceased, of Newton, West New Jersey, £30, 300 acres...at request of James & Hannah **Atkinson**, said Hannah is the mother of said Edward **Newbie**...to Stephen **Newbie** & Rathell **Newbie**, brothers of said Edward, if he die before 21. Wit: John **Cripps**, Henry **Wood** & Thomas **Revell**.

10 Jan 1685, George **Porter**, yeoman, of First Tenth, West New Jersey to John **Longstaffe**, husbandman, of Yorkshire Edge, West New Jersey, £5, 50 acres. Wit: William **Button**, Elizabeth **Revell** & Thomas **Revell**.

23 Apr 1687, Anthony **Woodhouse**, yeoman, of First Tenth, West New Jersey to Edward **Rockhill**, roper, of Burlington, West New Jersey, £40, 102 acres, purchased of George **Hutchinson**...William **Cooke**, of Sheffield, York Co., England. Wit: Joseph **Pope**, John **Tuehie** & Thomas **Revell**.

20 Apr 1687, Mahlon **Stacy**, received letter from William **Cooke**, of Sheffield, York Co., England that he had transported his servant Anthony **Woodhouse**.

19 Apr 1687, George **Hutchinson** verifies that Anthony **Woodhouse** to have 40 acres for indentured service.

18 May 1687, Persivall **Towle**, yeoman, of Burlington, West New Jersey to Isaac **Marriott**, yeoman, of same, £16, 160 acres. Wit: Squire Charles, Thomas **Mathews** & Thomas **Barton**.

28, Dec 1687, Thomas **Hutchinson**, yeoman, of Beverley Thomas **Pearson**, yeoman, of Bonwick, Joseph **Helmsley**, yeoman, of Kolks, George **Hutchinson**, distiller, of Sheffield, & Mahlon **Stacy**, tanner, of Dorehouse, all of York Co. to John **Estell**, yeoman, of Langdale, York Co., £8.1, 1/24. Signed Thomas **Hutchinson**, Thomas **Pearson**, Joseph **Helmsley**, George **Hutchinson** & Mahlon **Stacy**. Wit: Thomas **Lambert** & Godfrey **Newbol**.

12 Oct 1684, Edward **Byllings** power of attorney to Thomas **Mathews** & George **Hutchinson**. Signed Edward **Byllings**. Wit: Richard **Whitgame** & Thomas **May**.

1 Mar 1676, William **Penn**, of Rickmersworth, Hartford Co., Gawen **Lawry**, merchant, of London, Nicholas **Lucas**, manltster, of Hartford, Hartford Co., & Edward **Byllings**, gentleman, of Westminster, Middlesex Co. to Thomas **Hutchinson**, yeoman, of Beverley, York Co., Thomas **Pearson**, yeoman, of Bonwick, York Co., Joseph **Helmsley**, yeoman, of Great Kolks, York Co., George **Hutchinson**, distiller, of Sheffield, York Co. & Mahlon **Stacy**, tanner, of Hansworth, York Co., seven properties...purchased of John Lord

Barkley, baron, of Shatton & Sir George **Carterett**, knight, of Devon Co...John **Elridge**, tanner, of Shadwell, Middlesex Co. & Edmund **Warner**, of London. Signed William **Penn**, Gawen **Lawry**, Nicholas **Lucas** & Edward **Byllings**. Wit: Thomas **Poynett**, Harb **Springett** & Benjamin **Griffith**.

1 Mar 1676, William **Penn**, of Rickmersworth, Hartford Co., Gawen **Lawry**, merchant, of London, Nicholas **Lucas**, manltster, of Hartford, Hartford Co., & Edward **Byllings**, gentleman, of Westminster, Middlesex Co. to Thomas **Hutchinson**, yeoman, of Beverley, York Co., Thomas **Pearson**, yeoman, of Bonwick, York Co., Joseph **Helmsley**, yeoman, of Great Kolks, York Co., George **Hutchinson**, distiller, of Sheffield, York Co. & Mahlon **Stacy**, tanner, of Hansworth, York Co., three properties. Signed William **Penn**, Gawen **Lawry**, Nicholas **Lucas** & Edward **Byllings**. Wit: Thomas **Rudyard**, John **Burley**, Thomas **Poynett** & Benjamin **Griffith**.

21 Oct 1685, Anthony **Morris**, taylor, of Burlington, West New Jersey to William **Budd**, brewer, of same, £100, house & lot in Burlington...adjoining Thomas **Budd**. Signed Anthony **Morris**. Wit: Nathaniel **Ible**, John **Budd** Jr. & Jonathan **Beers**.

4 Jul 1687, William **Budd**, brewer, late of Burlington, West New Jersey to James **Marshall**, merchant, of Burlington, West New Jersey, £100, house & lot in Burlington... adjoining Isaac **Smith** & Thomas **Budd**, purchased of Anthony **Morris**. Signed William **Budd**. Wit: William **Myers**, Thomas **Budd** & Thomas **Revell**.

23 Jun 1687, Thomas **Hutchinson**, tanner, of Maryland to Christopher **Weatherill**, taylor, of Burlington, West New Jersey, £14. Signed Thomas **Hutchinson**. Wit: John **Cripps**, Joseph **Pope** & Thomas **Stokes**.

28 Sep 1686, Thomas **Rodman**, chyrurgeon, of Rhode Island to James **Martin**, mealsman, of Burlington, West New Jersey, £2, lots in Island of Burlington, purchased of Thomas **Martin**, mealsman, of Stepney, Middlesex Co., England. Signed Thomas **Rodman**. Wit: Richard **Bassnett**, James **Hill** & Noel **Mew**.

25 Jul 1687, Samuel & Jane **Abbott**, brickmaker, of Neshamenys Creek, Pennsylvania to his mother-in-law Susanna **Elton**, (widow, of Anthony **Elton**), of Northampton River, West New Jersey, £45. Signed Samuel (X) **Abbott** & Jane **Abbott**. Wit: Joseph **Growden**, Pat **Robinson**, Richard **Bassnett** & Thomas **Revell**.

25 Jul 1687, Samuel & Jane **Abbott**, brickmaker, of Neshamenys Creek, Pennsylvania to his mother-in-law Susanna **Elton**, (widow, of Anthony **Elton**), & her son, Anthony **Elton**, of Northampton River, West New Jersey, £4. Signed Samuel (X) **Abbott** & Jane **Abbott**. Wit: Joseph **Growden**, Pat

Robinson, Richard **Bassnett** & Thomas **Revell**. Dower release by Samuel & Jean **Abbott**.

7 Mar 1685, Thomas **Mathews**, yeoman, of Woodbury Creek, West New Jersey to William **Warner**, yeoman, of same, £40, 400 acres...northeast side of Woodbury Creek, purchased of Edward **Byllings**. Signed Thomas **Mathews**. Wit: Henry **Grubb**, William **Biddle** & Thomas **Revell**.

22 Feb 1686, William **Budd**, yeoman, of Second Tenth, West New Jersey to Benjamin **Hoult**, glazer, of Burlington, West New Jersey, £4, house & lot in Burlington...adjoining William **Crues**. Signed William **Budd**. Wit: John **Budd**, John **Cuff** & George **Sarbell**.

20 Jan 1685, George **Hutchinson**, merchant, of Burlington, West New Jersey to John **Bainbridge** Jr., carpenter, of same, £20.4, 250 acres...corner William **Black**. Signed George **Hutchinson**. Wit: Daniel **Bason**, Thomas **Revell** & John **Towleson**.

7 Jul 1687, George **Hutchinson**, merchant, of Burlington, West New Jersey to Samuel **Houghton**, bricklayer, of same, £0.25, 150 acres. Signed George **Hutchinson**. Wit: John **Renshaws**, Samuel **Francis** & Thomas **Revell**.

28 Aug 1687, Nathaniel **Ible**, brewer, of Philadelphia, Pennsylvania to Rebecca **Derow**, widow, of Burlington, West New Jersey, £27.3, house & lot, Island of Burlington, purchased of William **Budd**. Signed Nathaniel **Ible**. Wit: James **Marshall**, Thomas **Budd** & Rebecca **Stanley**.

7 Jul 1687, George **Hutchinson**, merchant, of Burlington, West New Jersey to Samuel **Furris**, sailor, of same, £7.5, 4/5 acres in Burlington...High Street, purchased of Anthony **Morris**. Signed George **Hutchinson**. Wit: John **Renshaws**, John **Smith** & Thomas **Revell**.

13 Sep 1687, John **Langford**, merchant, of Northampton River, West New Jersey power of attorney to his brother-in-law Edward **Humloke**, merchant, of same. Signed John **Langford**. Wit: Thomas **Wright**, Abraham **Senior** & Thomas **Revell**.

25 May 1687, Persivall **Towle**, Francis **Collins**, John **Skinn** Sr., William **Barker**, William **Alberson**, Thomas **Barton**, William **Bates**, William **Cooper**, Thomas **Gardner**, John **Hugg**, William **Watson**, Symon **Charles**, Thomas **Mathews**, John **Bourton**, Bernard **Devonish**, John **Reading**, Andrew **Robinson**, Daniel **Wills** Sr., William **Royden**, William **Budd**, Francis **Boswick**, Thomas **Harding**, Henry **Ballinger** & Gilbert **Veheeler** to Thomas **Budd**, merchant, (brother of James **Budd**), of Burlington, West New Jersey, £125.7. Signed Persivall **Towle**, Francis **Collins**, John **Skinn** Sr., William

Barker, William **Alberson**, Thomas **Barton**, William **Bates**, William **Cooper**, Thomas **Gardner**, John **Hugg**, William **Watson**, Symon **Charles**, Thomas **Mathews**, John **Bourton**, Bernard **Devonish**, John **Reading**, Andrew **Robinson**, Daniel **Wills** Sr., William **Royden**, William **Budd**, Francis **Boswick**, Thomas **Harding**, Henry **Ballinger** & Gilbert **Veheeler**. Wit: Samuel **Hodge**, Robert **Young**, William **Stanby**, Edward **Humloke** & Thomas **Revell**.

20 Oct 1687, Thomas & Susanna **Budd**, merchant, of Philadelphia, Pennsylvania to Samuel **Harriot**, mariner, of Burlington, West New Jersey, £74, 194 acres, purchased of William **Penn** et al...adjoining William **Royden** & James **Budd**. Signed Thomas **Budd** & Susanna **Budd**. Wit: William **Stanley**, John **Harriot** & Thomas **Revell**.

18 Aug 1685, John **Bellers**, merchant, of London, England power of attorney to Thomas **Budd**, merchant, of Burlington, West New Jersey, to sell 5000 acres in lots of 100 acres. Signed John **Bellers**. Wit: Mary **Budd**, Rebecka **Kemmer**, William **Braxton** Sr.in London & Samuel **Cardon**, his servant.

19 May 1685, Thomas **Farnsworth**, shoemaker, of near Mansfield, West New Jersey to Anthony **Morris**, taylor, of Burlington, West New Jersey, £4.75, house & lot in Island of Burlington...adjoining William **Emley**. Signed Thomas **Farnsworth**. Wit: Nathaniel **Ible**, Jonathan **Beers** & Mathew **Bonner**.

20 Oct 1687, Thomas & Susanna **Budd**, merchant, of Philadelphia, Pennsylvania to William **Righton**, mariner, of Burlington, West New Jersey, £37.15, 97 acres, purchased of William **Penn** et al...adjoining Peter **Boss** & Samuel **Harriot**. Signed Thomas **Budd** & Susanna **Budd**. Wit: Daniel **Leeds**, John **Budd** Jr. & Thomas **Revell**.

27 Oct 1687, Samuel **Harriot**, mariner, of Burlington, West New Jersey to Jehashaphat **Leperoft**, cooper, of same, £37.15, 97 acres, purchased of Thomas & Susanna **Budd** ...adjoining William **Royden** & James **Budd**. Signed Samuel **Harriot**. Wit: Jonathan **Harriot**, John **Harriot** & Thomas **Revell**.

19 Jan 1686, Thomas **Bowman**, merchant, of Lessa Point, West New Jersey to Edward **Humloke**, merchant, of Burlington, West New Jersey, £50, 100 acres, purchased of Peter **Iegon**, planter, late of Lessa Point, West New Jersey. Signed Thomas **Bowman**. Wit: John **Langford**, Abraham **Senior** & Thomas **Revell**.

3 Aug 1685, Samuel **Bunting** & John **Bunting**, masons, both late of Burlington, West New Jersey to William **Crues**, late of Southwick, Surrey Co., England, £20, house & lot in Burlington, West New Jersey, purchased

of William **Myers** ....River Street adjoining William **Budd**. Signed Samuel **Bunting** & John **Bunting**. Wit: William **Budd**, William **Erwin**, John **Keene** & Jonathan **Beers**.

24 Mar 1682, William **Warner**, cordwinder, of Redhook, West New Jersey to William **Beard**, yeoman, of Mansfield, West New Jersey, purchased of Thomas **Pearson** & Joseph **Helmsley**. Wit: John **White**, John **Hollinghouse** & Thomas **Revell**.

1 Apr 1677, Thomas **Pearson** & Joseph **Helmsley**, receipt to William **Warner**, £6.25. Signed Thomas **Pearson** & Joseph **Helmsley**. Wit: Samuel **Clay** & John **Honnor**.

3 Nov 1687, Stephen **Penstone**, John **Willis** & William **Willis**, yeomen, all of Cooper Creek, Gloucester Co., West New Jersey to Richard **Bassnett**, yeoman, of Burlington, West New Jersey, £50, 500 acres, purchased by John **Willis**, yeoman, of Chalow, Berks Co., England of Edward **Byllings**. Signed Stephen **Penstone**, John **Willis** & William **Willis**. Wit: James **Hill**, Richard **Davis** & Thomas **Revell**.

2 Jun 1677, Thomas **Hooton**, chandler, of Black Fryers, London to John **Pope**, yeoman, of Abbey, Wills Co. & Anthony **Elton**, yeoman, of Yaltsbury, Wills Co., £18.75, 1/100. Signed Thomas **Hooton**. Wit: Harb. **Springett**, Benjamin **Griffith** & John **Burley**.

4 Mar 1678, John **Pope**, of Abbey, Wills Co. to Anthony **Elton**, yeoman, of Yaltsbury, Wills Co., £9.55, his share of 1/100. Signed John **Pope**. Wit: Jane **Barrett**, Anne **Weekes** & William **Weekes**.

4 Mar 1678, Thomas **Gorish**, clothier, of Bromham, Wills Co. & Henry **Gorish**, yeoman, of same to Anthony **Elton**, yeoman, of Yaltsbury, Wills Co., £12.5...John **Harris**, yeoman, of Wills Co. Signed Thomas **Gorish** & Henry **Gorish**. Wit: John **Pope**, Mathew **Gough**, John **Petton**, James **Hill** & William **Forest**.

10 Apr 1687, Anthony **Elton**, yeoman, of Northampton River, West New Jersey to his mother Susanna **Elton**, widow, of same, £12, 100 acres, purchased by John **Pope** and Anthony **Elton**, father of the said Anthony. Signed Anthony **Elton**. Wit: Abraham **Senior**, John **Calowe** & Thomas **Revell**.

18 Jun 1687, Samuel **Jennings**, merchant, of Greenhill, West New Jersey, on the behalf of John **Ridges**, skinner, of London, England, (who purchased with Thomas **Rudyard**), to Susanna **Elton**, widow, of Northampton River, West New Jersey, £6, 50 acres. Signed Samuel **Jennings**. Wit: Thomas **Gardner** & Joseph **Pope**.

14 Dec 1687, John **Skinn**, wheelwright, of Springhill Lodge, Burlington Co., West New Jersey to John & Mary **Crosby**, (said Mary is the daughter of said John **Skinn**), millwright, of same, for love and affection, 150 acres... Birch Creek. Signed John **Skinn** Sr. Wit: Robert **Young**, Daniel **Leeds** & Thomas **Revell**.

29 Jan 1677, George **Hutchinson**, distiller, of York Co., England to William **Mathews**, of Sheffield, York Co., England, £23.4. Signed George **Hutchinson**. Wit: Mahlon **Stacy**, Robert **Scholey** & Thomas **Revell**.

1 Jun 1683, William **Mathews**, curries, of Sheffield, York Co. to Daniel **Bacon**, grover, of same, £40, 1/8. Signed William **Mathews**. Wit: George **Hutchinson** & John **Bainbridge**.

21 Jan 1687, Daniel **Bacon**, yeoman, of Burlington, West New Jersey to Robert **Riggs**, cordwinder, of same, £25, lot in Island of Burlington & 50 acres. Signed Daniel **Bacon**. Wit: John **Budd**, Jaems **Salterthwaite** & Thomas **Revell**.

8 Apr 1684, Mary **Stacy**, widow & executor of the will of Henry **Stacy**, of Stepney, Middlesex Co. power of attorney to Elias **Farr**, planter, of Burlington, West New Jersey, Signed Mary **Stacy**. Wit: George **Willard**, William **Ogbourne**, John **Harden** & Josias **Lovett**.

15 Oct 1687, Daniel **Coxe**, doctor, of London power of attorney to Alford **Bowde**, late of Hartford, buy now on a ship to Burlington, West New Jersey. Signed Daniel **Coxe**. Wit: John **Bell** & Timothy **Bowde**.

2 Oct 1686, James **Nevell**, (merchant and executor of the estate of Mary **Stacy**, late of Waltham Holy Cross, Essex Co. & of Henry **Stacy**), of London power of attorney to Elias **Farr**, planter, of Burlington, West New Jersey, the four children, Samuel **Stacy**, Mary **Stacy**, Elizabeth **Stacy** & **Stacy**. Signed James (X) **Mevell**. Wit: John **Stacy** & George **Barr**.

15 Jul 1685, John **Ridges**, skinner, of London agreement with Samuel **Jennings**, merchant, of Burlington, West New Jersey, to sell land purchased of William **Penn** et al. Signed John **Ridges**. Wit: Thomas **Budd**, Joseph **Daws** & Sell **Clarke**.

2 Jul 1684, Richard **Mathews**, of London power of attorney to Elias **Farr**, yeoman, of West New Jersey. Signed Richard **Mathews**. Wit: William **Smith**, John **Stacy** & John **Starley** Sr.

30 May 1684, Elias **Farr**, yeoman, of Assiscuk Creek to Thomas **Kendall**, bricklayer, of Rancocas Creek, 140 acres. Signed Elias **Farr**. Wit: John **Paine** & Thomas **Eves**.

30 May 1684, Daniel **Wills**, doctor, of Northampton River, commonly known as Rancocas Creek, West New Jersey to Thomas **Kendall**, bricklayer, of same, four years service, 100 acres in the Second Tenth. Signed Daniel **Wills**. Wit: William **Watson**, John **Wills** & Thomas **Eves**.

Aug 1678, John **Wright**, of Brighton bond to Godfrey **Hancock**, of Woodhouse, after death of Mary **Boardman**, wife of John **Boardman**. Signed John (X) **Wright**. Wit: John **Newbole**, Christopher **Hewitt** & William **Ellis**.

16 May 1682, Edward **Byllings**, gentleman, of Westminster, Middlesex Co. to Samuel **Burrows**, webster, of Wilten, of Chester Co., 100 acres. Signed Edward **Byllings**. Wit: Stephen **Levitt** & Thomas **Coxe**.

20 May 1686, Samuel **Jennings**, merchant, of Provine, West New Jersey to William **Frampton**, merchant, of Philadelphia, Pennsylvania, £90, 500 acres. Wit: Samuel **Bulkley**, Francis **Richardson** & Joseph **Vaughan**.

24 May 1686, William **Frampton**, to Thomas **Lloyd**, resident of Philadelphia, Pennsylvania, £200, 500 acres. Wit: James **Mills** & Joseph **Vaughan**.

30 Mar 1688, Indians to Alford **Bowde** for Governor **Coxe**, for goods. Signed the marks of Hoeham, Toptaopamun, Meroppe, Wowddnotmig, Lummadeeown, Pleeze, Mehokissue, Capenokonikon, Nehusing, Nehkeekan & Shawonna. Wit: Thomas **Budd**, Henry **Greenland**, Thomas **Bowman**, William **Biddle** Jr. & John **Wills**.

9 Apr 1688, Indians to Alford **Bowde** for Governor **Coxe**, for goods. Signed the marks of Hoeham, Kepanovikinukon, Roinasukamen, Tiptaopaman & Vevenutting. Wit: Andrew **Robinson**, Thomas **Budd**, Thomas **Bowman**, Henry **Grubb** & Henry **Jacobs**. The mark of Awshappatan.

21 Mar 1687, Daniel **Bacon**, yeoman, of Baronfield, Burlington, West New Jersey to James **Croft**, husbandman, of same, £10, 100 acres, purchased of William **Mathews**. Signed Daniel **Bacon**. Wit: Michael **Buffin**, Robert **Butcher** & Thomas **Revell**.

21 Mar 1688, Francis **Boswick**, yeoman, of Burlington, West New Jersey to William **Hunt**, carpenter, of Providence, Burlington Co., West New Jersey, £10, 100 acres, purchased of Thomas **Hutchinson**. Signed Francis **Boswick**. Wit: Mordecai **Bowden**, Abraham **Senior** & Thomas **Revell**.

3 Apr 1688, Thomas **Budd**, merchant, now or late of Burlington, West New Jersey to Elias **Farr**, yeoman, of Assiscuk Creek, Burlington Co., West

New Jersey, £15, 150 acres, purchased of William **Penn** et al. Signed Thomas **Budd**. Wit: William **Stanley**, John **Olive** & Thomas **Revell**.

25 Jan 1686, Jonathan **Beers**, merchant, of Burlington, West New Jersey to John **Budd** Sr., upholsterer, of same, £3, lot in Burlington, purchased of Thomas **Budd**...River Street. Signed Jonathan **Beers**. Wit: James **Budd**, Thomas **Budd** & George **Sarkett**.

24 Mar 1687, John **Budd**, yeoman, of Burlington, West New Jersey to James **Salterthwaite**, lawyer,.of same, £7, lot in Burlington, purchased of Jonathan **Beers**...River Street. Signed John **Budd**. Wit: Richard **Bassnett**, James **Marshall**, Edward **Humloke** & Thomas **Revell**.

20 Dec 1682, Bernard **Devonish**, yeoman, of Northampton River, West New Jersey to Richard **Finnimore**, bricklayer, of Burlington, West New Jersey, £10, house & lot in Burlington...William **Serridge** & Richard **Wall**. Wit: Thomas **Prashee**, Robert **Butcher** & Thomas **Revell**.

23 Jul 1683, Benjamin **Antrobus**, linen draper, of London power of attorney to Benjamin **Wheat**, shoemaker, of Burlington, West New Jersey, to sell 200 acres. Signed Benjamin **Antrobus**. Wit: Nathaniel **Brassey**, Robert **Dimsdale**, Hugh **Lambe** & Richard **Wheat**.

14 Dec 1687, Benjamin **Wheat**, shoemaker, of Burlington, West New Jersey to Thomas **Shinn**, shoemaker of Burlington Co., West New Jersey, £16, 200 acres. Signed Benjamin **Wheat**. Wit: Elias **Farr**, Persivall **Towle**, James **Hill**, John **Shinn** & Thomas **Revell**.

29 Jan 1677, Mahlon **Stacy**, tanner, of Handswork, York Co. to Thomas **Fowke**, yeoman, of Holmsgate, Derby Co., £10, 1/15. Signed Mahlon **Stacy**. Wit: Robert **Scholey**, John **Hastehurst** & Thomas **Revell**.

10 Jun 1687, Ralph **Trenoweth**, yeoman, of Burlington Co., West New Jersey to John **Scholey**, husbandman, of Chesterfield, West New Jersey, £30, house & 100 acres, purchased of Daniel **Stanton**. Signed Ralph **Trenoweth**. Wit: Anthony **Burgess**, Elizabeth **Revell** & Thomas **Revell**.

10 Jun 1687, Thomas **Budd**, merchant, of Burlington, West New Jersey to Ralph **Trenoweth**, yeoman, of Burlington Co., West New Jersey, £30, 300 acres. Signed Thomas **Budd**. Wit: William **Stanley**, John **Harrlett** & John **Budd** Jr.

10 Jul 1686, John **Antram**, cordwinder, of Birch Creek, West New Jersey to Thomas **Barton**, yeoman, of Assiscuk Creek, West New Jersey, £7.5, purchased of William **Myers**. Signed John **Antram**. Wit: Elizabeth **Revell** & Thomas **Revell**.

20 Apr 1681, John **Penford**, grazer, of Kerbymuckle, of Leicester Co. to Elias **Farr**, doctor, of Stepney, Middlesex Co., £10, 1/15. Signed John **Penford**. Wit: Shanks **Holland**, Jeremiah **Howes** & William **Salterthwaite**.

3 Apr 1677, John **Kinsley**, gentleman, late of Great Hadane, Hertford Co. to Nicholas **Lucas**, maultster, of Hertford, Hertford Co., £50. Signed John **Kinsley**. Wit: Robert **Hast**, John **Burley**, Harb **Springett** & Thomas **Rudyard**.

27 Feb 1682, Nicholas **Lucas**, maultster, of Hertford, Hertford Co. to Robert **Dunsdale**, christian, of Edmonton, Middlesex Co., £100, purchased of John **Kinsley**. Signed Nicholas **Lucas**. Wit: Gabriel **Redhead**, Jeremiah **Howes** & Benjamin **Gladman**.

20 Jan 1682, Hugh **Lambe**, hosyer, late of Martin Parish, Middlesex Co. to Robert **Dunsdale**, christian, of Edmonton, Middlesex Co., £20. Signed Hugh **Lambe**. Wit: William **Bostock**, Benjamin **Gladman** & Jeremiah **Howes**.

26 Feb 1676, Thomas **Olive**, haberdasher, of Welingbrough, Northampton Co. to Robert **Powell**, clothier, of London, £5, purchased from William **Penn** et al. Signed Thomas **Olive**. Wit: Thomas **Gardner**, John **Woolston** & Thomas **Eves**.

14 Jun 1688, Christopher **Watkins**, yeoman, of Middlehouse, West New Jersey, (brother and heir of John **Watkins**, late of same) to Christopher **Weatherill**, taylor, of Burlington, West New Jersey, £8.5, purchased of Obadiah **Barlowe**. Signed Christopher **Watkins**. Wit: Peter **Frotwell**, John **Smith** & Samuel **Houghton**.

10 Oct 1686, John **Skene**, gentleman, of Perthfield, West New Jersey to John **Shinn**, yeoman, of Assiscuk Creek, West New Jersey, £14, 100 acres. Signed John **Skene**. Wit: James **Marshall**, Richard **Bassnett** & Thomas **Revell**.

10 Oct 1686, John **Shinn**, yeoman, of Assiscuk Creek, West New Jersey to John **Skene**, gentleman, of Perthfield, West New Jersey, £8, lot in Burlington, purchased of Ebenezer **Fenton**. Signed John **Shinn**. Wit: James **Marshall**, Richard **Bassnett** & Thomas **Revell**.

26 Jun 1688, William **Royden**, late of London, England, now of West New Jersey to Zechariah **Whitpaine**, merchant, of Pennsylvania, £310, 300 acres...Coopers Creek...adjoining Samuel **Carpenter**. Signed William **Royden**. Wit: John **Skene**, John **Songburst**, John **Songburst** Jr. & Pat **Robinson**.

15 May 1686, Richard **Lawrence**, yeoman, of Lower Hook, West New Jersey to Richard **Russell**, of same,, £25, 250 acres. Signed Richard

Lawrence. Wit: Roger **Pererisb**, William **Coles**, Andrew **Robinson**, Thomas **Thacker** & John **Wood**.

16 Jun 1688, Richard **Russell**, ship carpenter, of Philadelphia, Pennsylvania to John **Houghton**, doctor, £150, 250 acres, purchased of Richard **Lawrence**. Signed Richard **Russell**. Wit: Thomas **Houton**, Thomas **Houton** Jr. & Pat **Robinson**.

13 Apr 1688, Indians to Alford **Bowde** for Governor **Coxe**, for goods. Signed The marks of Saquemoy, Tamshark, Apauko, Sweikhon, Oshownaharnon or John Monosrkomon. Wit: Andrew **Robinson**, Andrew **Robinson** Jr., Caleb **Carman** & Henry **Jacobs**.

4 Jun 1688, Indians to Alford **Bowde** for Governor **Coxe**, for goods. Signed The marks of Molhunt, Jakomis, Manikopon, Maundison, Tapashite, Tossivikon & Sisbajo. Wit: Andrew **Robinson**, Thomas **Sharp**, Alexander **Menzies** & Henry **Jacobs**.

4 Jul 1688, Zechariah **Whitpaine**, merchant, of Philadelphia, Pennsylvania to William **Royden**, merchant, late of London, England, now of West New Jersey, £250, mortgage on 300 acres...Coopers Creek. Signed Zachariah **Whitpaine**. Wit: John **Songburst**, John **Songburst** Jr. & Pat **Robinson**.

30 Apr 1687, John **Langford**, merchant, of Northampton River, West New Jersey mortgage to Edward **Humloke**, merchant, of Burlington, West New Jersey, £120, 500 acres. Signed John **Langford**. Wit: Thomas **Wright**, Abraham **Senior** & Thomas **Revell**.

8 Jan 1684, Edward **Booth**, yeoman, of Hurstmill, Derby Co. to Joseph **Stones**, yeoman, of Chesterfield, West New Jersey, £5. Signed Edward **Booth**. Wit: John **Gratton**, Edward **Sarson** & Alice **Booth**.

8 Aug 1688, Anna **Salter**, widow of Tawreny, Pennsylvania and her son John **Salter**, to Peter **Long**, carpenter, of Sinsissmok Creek, West New Jersey, £15, 100 acres. Signed Anna **Salter** & John **Salter**. Wit: William **Biddle**, Edward **Humloke** & Thomas **Revell**.

20 Feb 1687, John **Skene**, gentleman, of Barkfield, West New Jersey to John **Boarton**, yeoman, of Hillsdon, West New Jersey, £12, 100 acres, purchased of Thomas **Hutchinson**. Signed John **Skene**. Wit: John **Day** & Thomas **Barton**.

26 Jan 1687, Ralph **Trenoweth**, yeoman, of Burlington, West New Jersey to Nathaniel **Douglas**, husbandman, of same, for marriage between said Nathaniel & Amy **Trenoweth**, daughter of said Ralph **Trenoweth**, 100 acres. Signed Ralph **Trenoweth**. Wit: John **Tokm**, William **Bushill** & William

Beard.

7 Jul 1688, Job **Bunting**, yeoman, of Burlington, West New Jersey to George **Nicholson**, yeoman, of Chesterfield, West New Jersey, £30, 150 acres & house, purchased of William **Myers**. Signed Job **Bunting**. Wit: John **Eyre**, Robert **Butcher** & Thomas **Revell**.

21 May 1688, Cornelius **Empson**, yeoman, of Brady Wyne Creek, Pennsylvania to Andrew **Smith**, yeoman, of Hopewell, Burlington Co., West New Jersey, £20, 200 acres, purchased of Benjamin **Padleyk** baker of North Cave, York Co., England. Signed Cornelius **Empson**. Wit: Peter **Frotwell**, James **Hill** & John **Richardson**.

10 Oct 1686, Peter & Sarah **Harvey**, yeoman, of First Tenth, West New Jersey to Thomas **Curtis**, husbandman, of Buggbrook, West New Jersey, £4, 40 acres...service of said Sarah to Benjamin **Scott**. Signed Peter **Harvey** & Sarah **Harvey**. Wit: Christopher **Snoden**, John **Heesom** & Thomas **Revell**.

20 Apr 1687, Thomas **Wright**, yeoman, of Crosswick, West New Jersey to Godfrey **Hancock**, yeoman, of Sheetley, near Burlington, West New Jersey, Thomas **Revell**, yeoman, of Boythorx, West New Jersey & John **Heesom**, carpenter, of Burlington, West New Jersey, £3, one acre on Assiscuk Creek for a mill. Signed Thomas **Wright**. Wit: Samuel **Wright** & Godfrey **Hancock** Jr.

30 Apr 1688, John **Ithell**, planter, of Steeles Branch, Gloucester Co., West New Jersey to Richard **Bassnett**, yeoman, of Burlington, West New Jersey, through power of attorney with William **Steele**, mortgage on 500 acres. Signed John **Ithell**. Wit: James **Wills**, James **Hill**, Daniel **Leeds** & Thomas **Revell**.

28 Jan 1688, Thomas **Budd**, merchant, late of Burlington, West New Jersey, now of Philadelphia, Pennsylvania to Andrew **Robinson**, of West New Jersey, £128, 1600 acres. Signed Thomas **Budd**. Wit: Alford **Bowde** & Patrick **Robinson**.

2 Aug 1687, William **Biddle**, yeoman, of Mount Hope near Burlington, West New Jersey to Charles **Reade**, taylor, of Burlington, West New Jersey, £18, 150 acres. Signed William **Biddle**. Wit: John **Woolston** Sr. & Joseph **Salterthwaite**.

24 May 1686, George **Porter**, batehole, late of Burlington, West New Jersey to Nathaniel **Richards**, planter, late of same, £5, 50 acres in First Tenth. Signed George **Porter**. Wit: John **Lambert**, Ruth **Emley** & James **Antram**.

7 Nov 1686, George **Porter**, yeoman, of First Tenth to John **Browne**, of Mount Pleasant, £11, 110 acres, with consent of Mahlon **Stacy**, William **Emley** & Persivall **Towle**. Signed George **Porter**. Wit: Christopher **Snoden**, John **Smith** & Thomas **Revell**.

10 Jul 1688, William & Sarah **Biddle**, yeoman, of Mount Hope, Burlington Co., West New Jersey to Samuel **Andrews**, yeoman, of Springhill, Burlington Co., West New Jersey, £63, 600 acres...corner William **Black**. Signed William **Biddle** & Sarah **Biddle**. Wit: John **Horner**, William **Brightman** & William **Biddle** Jr.

29 Jun 1688, Daniel **Coxe**, governor of West New Jersey, of London power of attorney to James **Budd**, of Island of Bermudas, now bound for West New Jersey, Signed Dan. **Coxe**. Wit: Ro. **Fisher**: Mark Atier & Nicholas **Hayward**, notary of London.

14 Apr 1687, William **Peachee**, yeoman, of Nursery near Burlington, West New Jersey to Joseph **Adams**, taylor, of Burlington, West New Jersey, £17.5, house & lot in Burlington...near John **Cripps** on High Street. Signed William **Peachee**. Wit: John **Cripps** & Charles **Reade**.

10 Jun 1688, William **Biddle**, yeoman, of Mount Hope, West New Jersey to James **Salterthwaite**, lawyer, of Burlington, West New Jersey, £23, 150 acres. Signed William **Biddle**. Wit: Edward **Humloke**, Richard **Bassnett** & Thomas **Revell**.

6 Mar 1688, Thomas **Budd**, merchant, of Philadelphia, Pennsylvania to Robert **Ashton**, yeoman, of Chelsey, Pennsylvania, on behave of Jacob **Desome**, son of Issac **Desome**, deceased, late of Chelsey, Pennsylvania, £130.55, 600 acres...John **Chapman**, John **Butcher**, John **Crosby** & John **Shinn**. Signed Thomas **Budd**. Wit: William **Myers**, Charles **Reade** & Thomas **Revell**.

10 Feb 1685, Thomas **Budd**, merchant, of Burlington, West New Jersey to Daniel **Brenson**, planter, of Stonybrook, West New Jersey, £30, 300 acres. Signed Thomas **Budd**. Wit: William **Myers**, Robert **Ashton** & Thomas **Revell**.

24 Jan 1688, Mary **Hancock**, (widow of Godfrey **Hancock**), of Steetley, Burlington Co., West New Jersey & her daughter Judith **Hancock**, of same to William **Foster**, planter, £11.35, 100 acres. Signed Mary **Hancock** & Judith **Hancock**. Wit: John **Heesom**, Thomas **Torry**, Isaac **Hargrave**, Robert **Butcher** & Thomas **Revell**.

21 Dec 1688, Daniel **Bacon**, yeoman, of Baconfield, Burlington Co., West New Jersey to Charles **Millward**, cooper, of Burlington Co., West New

Jersey, £5.85, 50 acres, purchased of William **Mathews**. Signed Daniel **Bacon**. Wit: Samuel **Ogbourne**, Robert **Butcher** & Thomas **Revell**.

16 Mar 1688, George **Hutchinson**, merchant, of Burlington, West New Jersey to William **Wood**, yeoman, of same, £17.60, purchased of William **Penn** et al. Signed George **Hutchinson**. Wit: Edward **Humloke**, Henry **Grubb** & Thomas **Revell**.

4 Apr 1689, Thomas **Revell** devised by James **Reade**, husband of the wife (Sarah), of the late John **Smith**, grants land on the west runs of the Delaware...another deed for Mathew **Allen**. Signed Thomas **Revell**. Wit: Edwawrd **Humloke**.

8 Apr 1689, George **Hutchinson**, merchant, of Burlington, West New Jersey to William **Quicksell**, linen weaver, of Chesterfield, West New Jersey, £14, 200 acres. Signed George **Hutchinson**. Wit: James **Budd**, John **Dewilde** & Thomas **Revell**.

20 May 1687, Persivall **Towle**, Francis **Collins**, John **Shinn** Sr., William **Peachee**, Thomas **Barton**, William **Alberson**, William **Bates**, William **Cooper**, Thomas **Gardner**, John **Hugg**, William **Watson**, Symon **Charles**, Thomas **Mathews**, John **Boarton**, Bernard **Devonish**, John **Reading**, Andrew **Robinson**, Daniel **Wills** Sr., William **Royden**, William **Budd**, Francis **Boswick**, Thomas **Harding**, Henry **Ballinger**, Gilbert **Wheeler**, Francis **Davenport**, Samuel **Jennings**, Christopher **Weathertill**, George **Hutchinson**, Thomas **Olive**, William **Biddle**, John **Tatham**, Jonathan **Wood**, Peter **Frotwell**, Daniel **Bacon**, George **Nicholson**, Robert **Wilson**, Robert **Murfin**, Samuel **Borning**, William **Beard**, John **Snoden**, John **Murfin**, Thomas **Gilberthorp**, John **Pancoast**, John **Bunting**, John **Day**, Elias **Farr**, Joseph **Wood**, John **Ithell**, John **Ladd**, James **Atkinson**, William **Dalbe**, Thomas **Sharp**, John **Rambo**, Daniel **Howell**, Benjamin **Bramman**, Mahlon **Stacy**, John **Rogers**, Mathew **Watson** & Robert **Turner** to Thomas **Budd**, £1125.7, 15,000 acres. All signed. Wit: Samuel **Hodge**, Robert **Young** & Thomas **Revell**.

8 Aug 16877, Andrew **Robinson**, William **Biddle**, Thomas **Olive**, Thomas **Budd**, William **Watson**, Francis **Davenport**, John **Reading**, William **Royden**, George **Hutchinson**, Daniel **Bacon**, George **Nicholson**, John **Shinn**, Thomas **Gilbarthorp**, Persivall **Towle**, Samuel **Jennings**, John **Panwast**, William **Budd**, Elias **Farr**, John **Ithell**, William **Bates**, William **Cooper**, John **Rambo**, William **Dalbo**, John **Tatham**, Thomas **Sharp**, Daniel **Howell**, Benjamin **Bramman**, Samuel **Bunting**, Robert **Wilson**, John **Day**, Joseph **Wood**, John **Ladd** & James **Atlimson**. to James **Budd**, 5000 acres. All signed.

10 Jul 1688, Thomas **Budd**, merchant, of Philadelphia, Pennsylvania to Michael **Buffin**, yeoman, of Burlington Co., West New Jersey, £10, 100 acres, purchased of William **Penn** et al. Signed Thomas **Budd**. Wit: John

Tatham, George **Hutchinson** & Samuel **Jennings**.

8 Apr 1689, George **Hutchinson**, merchant, of Burlington, West New Jersey to William **Quicksell**, linen weaver, of Chesterfield, West New Jersey, £14, 200 acres. Signed George **Hutchinson**. Wit: James **Budd**, John **Dewilde** & Thomas **Revell**.

12 Mar 1689, Humphrey **Morrey** release of mortgage to William **Slade**. Signed Humphrey **Morrey**...by John **Ithell** on behalf of William **Steele**. Wit: John **Coxley**, John **Fuller** & Daniel **Lloyd**.

23 Apr 1689, Richard **Bassnett** release of mortgage by John **Ithell** on behalf of William **Steele**. Signed Richard **Bassnett**. Wit: John **Eokley** & Samuel **Carpenter**.

29 Nov 1684, James & Sarah **Reade**, yeoman, of White Clay Creek, Pennsylvania, (said Sarah is late the wife of John **Smith**, deceased, of same) to John **Clarke**, mason, of Burlington, West New Jersey, £16, 300 acres. Signed James **Reade** & Sarah (x) **Reade**. Wit: John **Bant**, Joseph **Pleas** & Evan **Protheran**.

8 May 1689, John **Skene**, esquire, of Perthfield, of Burlington Co., West New Jersey to Joseph **Adams**, taylor, of Burlington, West New Jersey, £9, house & lot in Burlington, purchased of John **Skene** Sr. Signed John **Skene**. Wit: William **Emley**, William **Myers** & Thomas **Revell**.

26 Dec 1688, Thomas & George **Hutchinson**, yeomen, of Burlington, West New Jersey to Elias **Farr**, yeoman, of same, £16.25. Signed George **Hutchinson**. Wit: Bernard **Devonish**, John **Lambert** & Thomas **Revell**.

18 May 1689, Mary **Hancock**, widow of Godfrey **Hancock**, of Burlington Co., West New Jersey to John **Tueley**, £10, 100 acres...Delaware River. Signed Mary (x) **Hancock**. Wit: Thomas **Torry**, William **Foster** & Thomas **Revell**.

21 May 1689, John **Tueley**, yeoman, of Burlington Co., West New Jersey to John **Parker** Sr., husbandman, of same, £12, 100 acres, purchased of Mary **Hancock**. Signed John **Tueley**. Wit: Joseph **Adams**, Michael **Buffin** & Thomas **Revell**.

12 Jan 1685, William **Biddle**, yeoman, of West New Jersey to Isaack **Horner**, yeoman, late of Long Island, New York, £10, 100 acres...Second Tenth. Signed William **Biddle**. Wit: Charles **Woolston** & William **Doane**.

31 Aug 1677, Thomas **Hutchinson**, yeoman, of Beverly & George **Hutchinson**, distiller, of Sheffield, both of York Co., England to Elias **Farr**,

doctor, of London, receipt for £12. Signed George **Hutchinson** & Thomas **Hutchinson**. Wit: Persivall **Towle** & William **Salterthwait**.

12 Oct 1685, William **Cooper**, of Pyne Point, West New Jersey rents to John **Ashton**, glazier, of West New Jersey, by power of attorney from Samuel **Norris**, 500 acres. Signed William **Cooper**. Wit: Thomas **Sharp**, Jonathan **Wood** & John **Kay**.

1 Aug 1689, John **Antram**, cordwinder, of Burlington Co., West New Jersey to Thomas **Olive**, yeoman, of Northampton River, West New Jersey, £2.75, two water lots...Island of Burlington, purchased of John **Snoden**. Signed John (x) **Antram**. Wit: Hame **Monseur**, Jonas **Koye** & Thomas **Revell**.

6 Aug 1689, John **Hilliar**, yeoman, of Northampton River, West New Jersey & Bernard & Martha **Devonish**, yeoman, of same to Joshua **Humphrey**, of same, £11, purchased of Thomas **Heck**. Signed John **Hilliar** & Bernard **Devonish**. Wit: Edward **Humloke**, John **Hollinshead** & Thomas **Revell**.

25 Jul 1684, William **Biddle**, yeoman, of Sepressinoks Island, West New Jersey to Walter **Humphrey**, carpenter, of Burlington, West New Jersey, £8, 100 acres. Signed William **Biddle**. Wit: Abraham **Senior** & Thomas **Revell**.

6 Sep 1686, Ebenezer **Fenton**, yeoman, of Birch Creek, West New Jersey to John **Shinn** Sr., yeoman, of same, £7, two lots in Burlington. Signed Ebenezer **Fenton**. Wit: Thomas **Revell** & Benjamin **Wheat**.

12 Sep 1688, William & Sarah **Biddle**, yeoman, of Burlington Co., West New Jersey to William **Salterthwaite**, planter, of same, £10, 100 acres...Yorkshire Tenth. Signed William **Biddle** & Sarah **Biddle**. Wit: John **Curtis** & John **Horner** Jr.

2 Nov 1684, Jonathan **Wood**, husbandman, of Ewes, York Co. To Christopher **Snoden**, yeoman, of Huslney, Nottingham Co., f5. Signed Jonathan **Wood**. Wit: John **Garland**, Francis **Reresby** & Thomas **Lord**.

12 Nov 1686, Godfrey **Hancock** Sr., yeoman, of West New Jersey to Christopher **Snoden**, yeoman, of Burlington, West New Jersey, 78 acres. Signed Godfrey **Hancock**. Wit: Abraham **Senior**, Mordecai **Bowden** & Thomas **Revell**.

26 Dec 1689, Thomas **Bowman**, merchant, of Lesser Point, West New Jersey mortgage to Edward **Humloke**, merchant, of same. Signed Thomas **Bowman**. Wit: Abraham **Senior**, Robert **Riggs** & James **Creek**.

15 Aug 1684, Walter **Humphrey,** of Powell of Pamiwith, Glouchester Co., England power of attorney to Enoch **Core** & Joshua **Humphrey.** Signed Walter **Humphrey.** Wit: Edward **Lord,** John **Taylor** & Daniel **Osbourne.**

1 Mar 1682, George **Ellis,** maultster, of Higham, parish of Shirland, Derby Co. power of attorney to his brother-in-law Thomas **Harnsworth,** of Mansfield, West New Jersey. Signed George **Ellis.** Wit: Samuel **Lord,** Daniel **Lod** & Francis **Parkes.**

14 Aug 1680, John **Smith,** yeoman, of Christeen Creek to Mathew **Allen,** carpenter, of Burlington, West New Jersey, £310, 3210 acres...Island of Burlington. Signed John **Smith.** Wit: John **White** & Thomas **Revell.**

22 Jan 1688, Thomas **Folks,** yeoman, of Chesterfield, Burlington Co., West New Jersey to Anthony **Woodward,** yeoman, of same, in view of the marriage between Hannah, the wife of said Anthony & the daughter of said Thomas & £2.5, 200 acres, purchased of Mahlon **Stacy.** Signed Thomas **Folks.** Wit: Robert **Barlowe** & Elizabeth **Revell.**

15 Feb 1689, John **Willis** Jr., yeoman, of Coopers Creek, Gloucester Co., West New Jersey to James **Sherwin,** taylor, of Northampton River, Burlington Co., West New Jersey, £10, 100 acres, purchased from Indians. Signed John **Willis** Jr. Wit: Richard **Bassnett,** Anthony **Elton** & Thomas **Revell.**

10 Apr 1688, William **Biddle,** yeoman, of Mount Hope, Burlington Co., West New Jersey to Hance **Monseur,** planter, of Sinamonsinob, Burlington Co., West New Jersey, £10, 100 acres...second tenth. Signed William **Biddle.** Wit: Edward **Humloke,** Anthony **Woodward** & Thomas Revell.

12 Mar 1689, Robert **Stacy,** tanner, of Philadelphia, Pennsylvania to Richard **Bassnett,** yeoman, of Burlington, West New Jersey, £15, lot in Burlington, purchased of William Myers. Signed Robert **Stacy.** Wit: Charles **Pickering,** Francis **Stevens** & Lewis **Carpenter.**

15 Feb 1689, John **Willis,** yeoman, of Gloucester, West New Jersey to John **Cornish,** carpenter, of Burlington, West New Jersey, £30, 300 acres. Signed John **Willis** Jr. Wit: Edward **Humloke,** Richard **Bassnett** & Thomas **Revell.**

20 Mar 1689, Thomas **Kendall,** bricklayer, of Northampton River, Burlington Co., West New Jersey to Susanna **Elton,** widow, of same, 10 acres. Signed Thomas **Kendall.** Wit: George **Smith,** Richard **Appleton** & William **Jeffes.**

4 Dec 1689, George **Hutchinson,** of Burlington, West New Jersey to

Edward **Humloke**, merchant, of same, £25.6, 145.5 acres. Signed George **Hutchinson**. Wit: Richard **Gay** & Mahlon **Stacy**.

5 Jun 1685, Jonathan **Beers**, of Burlington, West New Jersey to George **Smith**, carpenter, late of Farnsfield, Nottingham Co., England, £50, 500 acres, purchased of Thomas **Budd** & Nathaniel **Ible**. Signed Jonathan **Beers**. Wit: John **Appleton**, John **Budd** Jr. & Jane **Appleton** Jr.

10 May 1688, John **Rogers**, of Nottingham Woodhouse, West New Jersey to James **Pharoe**, of same, £1, small lot. Signed John **Rogers**. Wit: John **Abbott** & Robert **Scholey**.

Daniel **Coxe**, doctor of London power of attorney to John **Fatham** & James **Budd**, merchants, of West New Jersey. Signed Daniel **Cox**. Wit: Jeremiah **Jenkins** & Mark **Alder**.

10 Feb 1686, William **Steele** letter to John **Ithell**. Signed William **Steele**.

18 Aug 1690, Job **Throrkmorton**, yeoman, of Middleton, East New Jersey power of attorney to his brother Samuel **Leonards**. Signed Job **Throrkmorton**. Wit: George **Willard** & James **Johnstone**.

2 Sep 1690, Alice **Throrkmorton**, widow of John **Throrkmorton**, of Monmouth, East New Jersey power of attorney to Richard **Hartshorne**, of Portland, Monmouth Co., East New Jersey. Signed Alice (X) **Throrkmorton**. Wit: John **Stout** & William **Scott**.

12 Aug 1689, James **Navell**, merchant of London and (executor of the will of Henry **Stacy**, merchant, late of London & his wife, Mary **Stacy**, late of Waltham Holy Cross, Essex Co., England) power of attorney to their son, Samuel **Stacy**. Signed James (X) **Navell**. Wit: Edward **Blackson**, William **Braxton** & Samuel **Cardon** by his servant John **Grass**.

3 Nov 1689, George **Hutchinson**, merchant, of Burlington, West New Jersey to James **Pharoe**, yeoman, late of Nottingham Woodhouse, £6.5, 50 acres. Signed George **Hutchinson**. Wit: Francis **Davenport**, Robert **Murfin** & John **Reading**.

13 Oct 1690, John **Curtis**, of Burlington Co., West New Jersey to Henry **Morley**, husbandman, of Northampton River, Burlington Co., West New Jersey, £6.3, 100 acres. Signed John **Curtis**. Wit: Eliakim **Higgins** & Thomas **Revell**.

1 May 1686, George **Hutchinson**, distiller, of Burlington, West New Jersey to John **Calowe**, of Birch Creek, West New Jersey, £10, 100 acres. Signed George **Hutchinson**. Wit: Henry **Grubb**, Samuel **Houghton** & Christopher

Weatherill.

26 March, 1684, Samuel **Jennings**, of Greenhill, West New Jersey & Thomas **Budd**, merchant, of Burlington, West New Jersey to Peter **Crickson**, planter, of Roppaupey Creek, West New Jersey, 100 acres. Signed Samuel **Jennings** & Thomas **Budd**. Wit: Abraham **Senior** & Thomas **Revell**.

12 Nov 1689, Mary **Hancock**, widow of Godfrey **Hancock**, and their daughters, Judith & Mary **Hancock**, all of Burlington, West New Jersey to Joshua **Newbold**, carpenter, of Burlington Co., West New Jersey...Thomas **Revell** & John **Hoesam** building mill. Signed, Mary **Hancock**, Judith (X) **Hancock** & Mary (X) **Hancock**. Wit: Abraham **Senior**, John **Smith** & John **Curtis**.

12 Nov 1689, Thomas **Revell**, yeoman, of Burlington Co., West New Jersey to Joshua **Newbold**, carpenter, of same, £33, land and mill, purchased of Thomas **Wright**. Signed, Thomas **Revell**. Wit: Eliakim **Higgins**, John **Joyner** & Thomas **Higgins**.

25 Nov 1689, Eliakim **Higgins**, of Burlington Co., West New Jersey to Thomas **Duggles**, bricklayer, of same. Signed Eliakim **Higgins**. Wit: Joshua **Joyner** & Jeremiah **Bass**.

2 Feb 1690, John **Skinn**, wheelwright, of Springfield, Burlington Co., West New Jersey to William **Bristell**, carpenter, of Burlington Co., West New Jersey, £10, 50 acres...surveyed for Peter **Harvey**. Signed John **Skinn**. Wit: Symon **Charles**, Peter **Harvey** & John **Tonkin**.

28 May 1685, William **Budd**, brewer, of Burlington, West New Jersey to Samuel **Bunting**, mason, of same, lot in Burlington. Signed William **Budd**. Wit: William **Myers**, Nathaniel **Ible** & Jonathan **Beers**.

1 Oct 1684, Thomas **Fouke**, yeoman, of Crosswick, Chesterfield, West New Jersey to Samuel **Bunting**, mason, of Burlington, West New Jersey, £5, lot in Burlington. Signed Thomas **Fouke**. Wit: Thomas **Gilberthorp** & Isaac **Dawson**.

13 Nov 1690, John **Falkam**, of Burlington, West New Jersey power of attorney to George **Taylor**. Signed John **Falkam**. Wit: James **Marshall** & Oliver **Johnson**.

10 Mar 1690, Elizabeth **Brigs**, of Cape May, West New Jersey power of attorney to George **Taylor**, of same. Signed Elizabeth (X) **Brigs**. Wit: Sarah (X) **Marsh** & Joseph **Houldin**.

1 Apr 1686, William **Bates**, carpenter, of Gloucester Co., West New Jersey, (attorney for Thomas **Carelton**) to Thomas **Dennis**, 40 acres. Signed William **Bates**. Wit: Thomas **Tharker**, James **Alkinson**, Thomas **Sharp** & Archibell **Misbold**.

25 May 1691, George **Hutchinson**, of Burlington, West New Jersey to Katherine **Beard**, widow, of same, £6, 100 acres. Signed George **Hutchinson**. Wit: John **Webster**, Jane **Riggs** & John **Pears**.

5 Nov 1690, Daniel **Coxe** power of attorney to Joseph **Dudley**, who assigned Edward **Humloke**. Signed Daniel **Coxe**. Wit: John **Taylor**, Thomas **Dudley** & Daniel **Coxe** Jr.

1 Oct 1691, John **Ithell**, (attorney for William **Steele**), West New Jersey to Philip **Richards**, £20, 100 acres. Signed John **Ithell**. Wit: John **Revod**, Samuel **Spieds** & Thomas **Sharp**.

10 Jun 1690, Mathew **Allen**, carpenter, of Burlington Co., West New Jersey to Anthony **Fryer**, husbandman, of same, 200 acres. Signed Mathew **Allen**. Wit: Daniel **Sheet**, Gilbert **Morsell** & Symon **Charles**.

4 Feb 1690, Samuel **Stacy** bond to Elias **Farr**, for his father, Henry **Stacy**, deceased. Signed Samuel **Stacy**. Wit: John **Skene**, James **Marshall** & James **Hill**.

10 Nov 1691, John **Ithell**, distiller, of West New Jersey, (attorney for William **Steele**) to Humphry **Morrey**, merchant, of Philadelphia, Pennsylvania, £36, 300 acres...corner of Philip **Richards**. Signed John **Ithell**. Wit: John **Heath**, William **Robinson** & Pat **Robinson**.

25 Feb 1691, Thomas **Wright**, yeoman, of Burlington Co., West New Jersey to John **Bainbridge**, of Burlington, West New Jersey, £3, lot in Burlington. Signed Thomas **Wright**. Wit: Abraham **Senior**, Nathaniel **Cripps** & Thomas **Revell**.

7 Oct 1690, Thomas **Hooton**, cordwinder, of Philadelphia, Pennsylvania to Richard **Love**, cordwinder, of Burlington, West New Jersey, £17, house & lot in Burlington, between Thomas **Budd** & Henry **Stacy**. Signed Thomas **Hooton**. Wit: Joseph **Ambler** & Thomas **Fuller**.

19 Mar 1691, William **Wood**, yeoman, of Burlington Co., West New Jersey to John **Bainbridge**, joyner, of Burlington, West New Jersey, £2, lot in Burlington. Signed William **Wood**. Wit: Seth **Hill**, Abraham **Senior** & Thomas **Revell**.

10 Nov 1691, Robert **Stacy**, of Philadelphia, Pennsylvania, John **Host**,

Richard **Whitefield**, Charles **Pickering**, of Philadelphia, Pennsylvania & Anna **Salter**, widow to William **Biddle**, of Mount Hope, Burlington Co., West New Jersey. Signed Charles **Pickering**, Robert **Stacy**. Wit: Thomas **Fairman**, John **Bates**, Edward **Humloke** & Thomas **Revell**.

9 May 1691, William **Quicksell**, weaver, of Chesterfield, Burlington Co., West New Jersey to John **Melbourne**, blacksmith, of same, £1, 10 acres. Signed William **Quicksell**. Wit: Thomas **Folks** & Samuel **Overton**.

1 Apr 1691, William **Hixson**, husbandman, of Burlington Co., West New Jersey to John **Melbourne**, blacksmith, of same, £8, 60 acres...Doctor's Creek...corner to Samuel **Overton**. Signed William **Hixson**. Wit: Francis **Davenport**, William **Quicksell** & Robert **Chapman**.

20 Jan 1691, George **Porter**, yeoman, of Burlington Co., West New Jersey to John **Melbourne**, blacksmith, of same, £5, 50 acres. Signed George **Porter**. Wit: Nathaniel **Reverds**, James **Antram** & Thomas **Revell**.

10 Nov 1690, Robert **Stacy**, of Philadelphia, Pennsylvania, John **Hart**, of same, Thomas **Fairman**, of Sharkermarkson & Charles **Pickering**, of Philadelphia, Pennsylvania to Thomas **Revell**, of Burlington Co., West New Jersey, 100 acres belonging to Anna **Salter**, late of Tawrony. Signed Robert **Stacy**, John **Hart**, Thomas **Fairman** & Charles **Pickering**. Wit: Edward **Humloke**, John **Rush** & Edward **Smout**.

17 Apr 1689, John **Curtis**, yeoman, of Easton, West New Jersey to Thomas **Douglas**, of same, £16, 200 acres...First Tenth. Signed John **Curtis**. Wit: John **Browne**, George **Porter** & Thomas **Curtis**.

8 May 1687, Hananiah **Gaunt**, yeoman, of West New Jersey to William **Bushill**, of Shyerosbury, £9, 100 acres...corner Ralph **Trenoweth**. Signed Hananiah **Gaunt**. Wit: Edward **Tonkan**, John **Wearne** & Daniel **Leeds**.

25 Feb 1691, William **Biddle**, yeoman, of Burlington, West New Jersey to Peleg **Slowcom**, yeoman, of Rhode Island, £50, 500 acres. Signed William **Biddle**. Wit: Edward **Humloke**, James **Marshall** & Daniel **Wills**.

10 Jan 1691, Anthony **Elton**, yeoman, of Burlington Co., West New Jersey to William **Myers**, butcher, of Burlington, West New Jersey, £2, house & lot. Signed Anthony **Elton**. Wit: John **Wills** & Symon **Charles**.

20 Dec 1690, Bernard **Devonish**, husbandman, of Burlington, West New Jersey to William **Myers**, butcher, of same, £3, lot. Signed Bernard **Devonish**. Wit: Isaac **Derow**, Josiah **Prickett** & Symon **Charles**.

13 Dec 1690, William **Crues**, potter, of Philadelphia, Pennsylvania to

Daniel **Sutton**, taylor, of Burlington, West New Jersey, house & lot...William **Myers**...River Street. Signed William (X) **Crues**. Wit: Edward **Humloke** & Thomas **Revell**.

28 Apr 1692, Daniel **Coxe**, doctor, of London, in front of Porton **Paul**, power of attorney to Jeremiah **Bass**, of West New Jersey. Signed Daniel **Coxe**. Wit: James **Brisoe** & Thomas **Lawrence**.

28 Jul 1688, Jacob **Cuzens**, weaver, of Philadelphia, Pennsylvania to Benjamin **Bramman**, yeoman, of Channel Creek, Glouchester Co., West New Jersey, £10. Signed Jacob (X) **Cuzens**. Wit: John **Wood** & Thomas **Gardner**.

Confirmation of governor Col. Andrew **Hamilton**. Signed Thomas **Lane**, Edmund **Harrison**, Robert **Hackshaw**, John **Bridges**, James **St John**, Mordecai **Abbott**, Daniel **Coxe** & William **Wrightman**.

Confirmation of Thomas **Revell** as secretary. Signed Thomas **Lane**, Edmund **Harrison**, Robert **Hackshaw**, William **Wrightman**, John **Bridges**, John **Iurin**, Daniel **Coxe**, Edward **Richer** & James **St. John**.

3 Mar 1691, Daniel **Coxe** to Jonathan **Greenwood** & Peter **Gayon**, citizens of London, £0.25, purchased of Benjamin & Gratia **Bartlett**, merchant of London, now deceased...sold by John **Hinde**, draper, of London...John **Browne** & Thomas **Lane**...Daniel **Coxe** of Elizabeth **Harris**, widow. Signed Daniel **Coxe**. Wit: Samuel **Russell**, John **Harkett** & Ralph **Withers**.

4 Mar 1692, Daniel & Rebecca **Coxe**, governor of New Jersey to Jonathan **Greenwood** & Peter **Gayon**, Sir Thomas **Lane**, knight, Michael **Watts**, merchant, Edmond **Harrison**, merchant, Thomas **Skinner**, James **St. Johns**, goldsmith, Nicholas **Hayward**, gentleman, Mordecai **Abbott**, gentleman, Nicholas **Battersby**, merchant, Robert **Curtis**, gentleman, John **Iurin**, merchant, Richard **Bromhall**, gentleman, Robert **Mitchell**, merchant, Charles **Michol**, merchant, James **Boddington**, citizen, John **Gunston**, merchant, Arthur **Shallett**, merchant, John **Lambe**, merchant, William **Wrightman**, gentleman, Joseph **Brooksbank**, citizen, William **Thompson**, merchant, Henry **Harrington**, merchant, John **Love**, merchant, Thomas **Phipps**, Isaac **Corbs**, merchant, John **Sweetable**, goldsmith, Thomas **Bromfield**, gentleman, John **Norton**, merchant, Robert **Hackshaw**, merchant, John **Bridges**, merchant, Joseph **Paine**, merchant, Edward **Richer**, weaver, William **Devonish**, Edward **Habbersfield**, gentleman, John **Alberson**, merchant, Edward **West**, gentleman, Edward **Painefort**, gentleman, Obadiah **Barnett**, merchant, Francis **Michol**, weaver, Benjamin **Steele**, merchant, John **Stanley**, merchant, Nehemiah **Erwing**, gentleman, John **Wilcocks**, taylor, Richard **Mayo**, gentleman, Jonathan **Netheway**, citizen, William **Brooks**, gentleman, Tracy P, gentleman, Joseph **Allen**, silkman &

Richard **Greenaway**, clothworker, all of London, £9800. Signed Daniel **Coxe** & Rebeckah **Coxe**. Wit: Samuel **Russell**, Ralph **Withers** & Richard **Johnson**.

4 Mar 1692, Daniel **Coxe**, governor of New Jersey to Jonathan **Greenwood** & Peter **Gayon**, Sir Thomas **Lane**, knight, Michael **Watts**, merchant, Edmond **Harrison**, merchant, Thomas **Skinner**, James **St. Johns**, goldsmith, Nicholas **Hayward**, gentleman, Mordecai **Abbott**, gentleman, Nicholas **Battersby**, merchant, Robert **Curtis**, gentleman, John **Iurin**, merchant, Richard **Bromhall**, gentleman, Robert **Mitchell**, merchant, Charles **Michol**, merchant, James **Boddington**, citizen, John **Gunston**, merchant, Arthur **Shallett**, merchant, John **Lambe**, merchant, William **Wrightman**, gentleman, Joseph **Brooksbank**, citizen, William **Thompson**, merchant, Henry **Harrington**, merchant, John **Love**, merchant, Thomas **Phipps**, Isaac **Corbs**, merchant, John **Sweetable**, goldsmith, Thomas **Bromfield**, gentleman, John **Norton**, merchant, Robert **Hackshaw**, merchant, John **Bridges**, merchant, Joseph **Paine**, merchant, Edward **Richer**, weaver, William **Devonish**, Edward **Habbersfield**, gentleman, John **Alberson**, merchant, Edward **West**, gentleman, Edward **Painefort**, gentleman, Obadiah **Barnett**, merchant, Francis **Michol**, weaver, Benjamin **Steele**, merchant, John **Stanley**, merchant, Nehemiah **Erwing**, gentleman, John **Wilcocks**, taylor, Richard **Mayo**, gentleman, Jonathan **Netheway**, citizen, William **Brooks**, gentleman, Tracy **P**, gentleman, Joseph **Allen**, silkman & Richard **Greenaway**, clothworker, all of London, £9800. Signed Daniel **Coxe**. Wit: Samuel **Russell**, Ralph **Withers** & Richard **Johnson**.

7 Sep 1692, Robert **Wade**, yeoman, of Upland, Chester, Pennsylvania to Seth **Hill**, mariner, of Burlington, West New Jersey, £15, house & lot. Signed Robert **Wade**. Wit: John **Houghton** & Robert **Barber**.

4 Jun 1692, Confirmation of Jeremiah **Bass** as agent. Signed Thomas **Lane**, John **Iurin** & Robert **Michel**.

22 Apr 1692, John **Reeves**, gentleman, of East Barnett in Hotfoldshire, (in front of Porton **Paul**) power of attorney to Jeremiah **Bass**, of West New Jersey. Signed John **Reeves**. Wit: W. **Briemer** & Sir Thomas **Stamp**.

4 Mar 1689, John **Calowe**, wheelwright, of Burlington Co., West New Jersey to William **Myers**, butcher, of same, £12, 6 acres in Burlington. Signed John **Calowe**. Wit: Symon **Charles**, Isaac **Desome** & Josiah **Prickett**.

11 Mar 1689, Jonathan **Fox**, yeoman, of West New Jersey power of attorney to Francis **Davenport**, of Chesterfield William **Myers** of Burlington & John **Day**, of Springfield. Signed Jonathan **Fox**. Wit: George **Hutchinson**, Alice **Hutchinson** & Henry **Grubb**.

12 May 1683, Mathew **Allen**, carpenter, of Burlington to Jacob **Conaroe**, alias **Allen**, for love and affection, part of 500 acres. Signed Mathew **Allen**. Wit: Thomas **French**, Samuel **Oldale**, Gervas **Bywater** & Thomas **Eves**.

12 Nat 1683, Mathew **Allen**, Carpenter, of Burlington to Isaac **Conaroe**, alias **Allen**, for love and affection, part of 500 acres...John **Smith**. Signed Mathew **Allen**. Wit: Thomas **French**, Samuel **Oldale**, Gervas **Bywater** & Thomas **Eves**.

3 Apr 1691, bill of laden, Walter **Reeves**, John **Huling**, unto John **Brett**. Signed John **Huling**.

12 Sep 1690, Cornelius **Empson**, gentleman, of New Castle Co., Pennsylvania to Francis **Davenport**, yeoman, of Chesterfield, Burlington Co., West New Jersey, 500 acres, purchased of Benjamin **Padley**...Joseph **Helmsley**...James & Sarah **Reade**, of White Clay Creek, New Castle Co., Pennsylvania...John **Smith**...Edward **Byllings**. Signed Cornelius **Empson**. Wit: John **Richardson**, David **Richardson**, Thomas **Robinson** & William **Emley**. And posts bond.

12 Nov 1690, Thomas **Budd**, merchant, of Philadelphia, Pennsylvania to Francis **Collins**, yeoman, of Burlington Co., West New Jersey, £100, 1000 acres, purchased of Samuel **Groome**. Signed Thomas **Budd**. Wit: Edward **Humloke**, John **Budd**, Chares **Read** & Thomas **Revell**.

15 Nov 1682, Edward **Byllings**, gentleman, of Westminster, Middlesex Co. Gawen **Lawry**, merchant, of London and Nicholas **Lucas**, maltster, of Hartford, Harford Co. to Richard **Lawrence**, gentleman, of London, Thomas **Mathews**, carpenter, of London, Thomas **Cary**, silkman, of London, Samuel **Groome** Jr., mariner, of London, Joseph **Webster**, weaver, of London, Edward **Peare**, shipwright, of London, Samuel **Cradock**, fish merchant, of London & Gilbert **Mace**, weaver, of London, £400, release of deeds. Signed Edward **Byllings**, Gawen **Lawry** & Nicholas **Lucas**. Wit: John **Scott**, Harb **Springett** & Thomas **Coxe**.

10 Feb 1689, Samuel **Groome** release to Thomas **Budd**. Signed Samuel **Groome**. Wit: Harb **Springett** & Robert **Bicknell**.

11 Feb 1689, Samuel **Groome**, merchant, of London to Thomas **Budd**, merchant, of Philadelphia, Pennsylvania, £50, 1/100 part, purchased of Edward **Byllings**, Gawen **Lawry** & Nicholas **Lucas**. Signed Samuel **Groome**. Wit: Harb **Springett** & Robert **Bicknell**.

11 Jan 1693, Thomas **Lambert** release from Mahlon **Stacy**. Signed Mahlon **Stacy**. Wit: Godfrey **Newbole**, Robert **Scholey** & Thomas **Revell**.

29 Jan 1677, Mahlon **Stacy**, tanner, of Handsworth, York Co. to Thomas **Lambert**, tanner, of Handsworth Woodhouse, York Co., £12.5. Signed Mahlon **Stacy**. Wit: Godfrey **Newbole**, Robert **Scholey** & Thomas **Revell**.

11 Mar 1679, Robert **Stacy** release to Thomas **Lambert**. Signed Robert **Stacy**. Wit: John **Murfin**, Joshua **Lee** & Thomas **Revell**.

12 Mar 1679, Robert **Stacy**, tanner, of West New Jersey to Thomas **Lambert**, tanner, of Nottingham near the Falls of Delaware, £12.5. Signed Robert **Stacy**. Wit: John **Murfin**, Joshua **Lee** & Thomas **Revell**.

29 Sep 1690, Sarah **Scholey**, (widow of Robert **Scholey**), of Nottingham Woodhouse, Burlington Co., West New Jersey, Mahlon **Stacy**, tanner, of Ballsfield, Burlington, West New Jersey & Thomas **Lambert**, tanner, of Nottingham, Burlington, West New Jersey to John **Lambert**, (son of said Thomas), of Nottingham, Burlington, West New Jersey, £160, plantation. Signed Sarah **Scholey**, Mahlon **Stacy** & Thomas **Lambert**. Wit: Jarvis **Farre**, William **Laywork** & Alice **Cooper**.

19 Mar 1688, Will of Robert **Scholey**. Devises to his wife, Sarah **Scholey**, children: Robert. Signed Robert **Scholey**. Wit: Anne (X) **Pharoe**, Elizabeth **Lambert** & William **Emley**.

8 Sep 1691, Robert **Stacy**, tanner, of Philadelphia, Pennsylvania to Thomas **Lambert**, tanner, of Nottingham, West New Jersey, £6.5, town lot. Signed Robert **Stacy**. Wit: Thomas **Hooton**, John **Barnes** & John **Collins**.

14 Aug 1689, Robert **Turner**, of Philadelphia, Pennsylvania to Peter **Long**, carpenter, of Burlington, West New Jersey, £12, 100 acres, purchased of James **Graham** who brought of William **Clarke**, who purchased of Edward **Byllings**. Signed Robert **Turner**. Wit: John **McComb**, Thomas **Chambers** & John **Fuller**.

10 Jan 1690, John **Shinn**, carpenter, of Burlington Co., West New Jersey to Edward **Bolton**, husbandman, of same, £10, 100 acres...corner to Samuel **Houghton**. Signed John **Shinn**. Wit: Francis **Davenport**, John **Browne** & Thomas **Shinn**.

23 Aug 1688, Daniel **Coxe**, doctor, of London, Stephen **Soames**, merchant, of London & Benjamin **Bartlett**, gentleman, of London articles of agreement to William **Gill**, potter servant, of Parish of Lambeth, Surrey Co...John **Dewilde**, potter, of London. Signed Daniel **Coxe**. Wit: John **Dewildel**, George **Iuons**, Edward **Benson** Jr. servant to Barn **Young**.

24 Feb 1692, George **Hutchinson**, merchant, of Burlington, West New Jersey to William **Fryley**, carpenter, of same, £1. Signed George

Hutchinson. Wit: Henry **Grubb**, John **Pears** & Charles **Reade**.

24 Jan 1691, Nathaniel **Cripps**, yeoman, of Burlington, West New Jersey to Thomas **Kendall**, carpenter, of same, £5, 25 acres. Signed Nathaniel **Cripps**. Wit: Samuel **Houghton** & Daniel **Marshall**.

25 Jul 1692, Martha **Martin** at Grinell & John **Martin**, of London, (administrator of the estate of James **Martin**) power of attorney to Persivall **Towle** & George **Hutchinson**. Signed Martha (X) **Martin** & John (X) **Martin**. Wit: John **Sayer**, William **Stone**, Notley **Publig** & William **Page**.

26 Jan 1690, George **Hutchinson**, merchant, of Burlington, West New Jersey to John **Warren**, husbandman, of same, £30, 300 acres. Signed George **Hutchinson**. Wit: Martha **Hutchinson**, Mary **Milner**, William **Myers** & Symon **Charles**.

2 May 1693, Jeremiah **Bass**, agent, of Chawry, West New Jersey to Benjamin **Godfrey**, merchant, of Cape May, West New Jersey, £20, 210 acres...George **Taylor**, carpenter, of Cape May power of attorney to John **Tatham**, of Burlington, West New Jersey. Signed Jeremiah **Bass**. Wit: Edward **Humloke** & Thomas **Revell**.

17 Jun 1689, Thomas **Hutchinson**, merchant, of Burlington, West New Jersey Daniel **Leeds**, cooper, of same, £8, 100 acres...between William **Hunt** & John **Shinn**...between William **Sallaway**, Thomas **Shinn** & Peter **Harvey**. Signed Thomas **Hutchinson**. Wit: Nathaniel **Douglas**, Thomas **Weatherill** & Mary **Thompson**.

24 Mar 1692, Thomas **Bowman**, merchant, of Lessa Point, Burlington Co., West New Jersey to Edward **Humloke**, merchant, of same, £528.75, 100 acres, purchased of Peter **Joyner**, planter, of same. Signed Thomas **Bowman**. Wit: John **Tatham**, William **Biddle**, Thomas **Gardner** & Thomas **Revell**.

Samuel **Hooton** appoints his wife, Elizabeth **Hooton**, of Shrewsbury, Monmouth Co., East New Jersey Thomas & Elizabeth **Hilbourne**, (said Elizabeth **Hilbourne** is the daughter of said Samuel & Elizabeth **Hooton**) to be guardians of the son Samuel **Hooton**. Signed Andrew **Hamilton**.

9 Jun 1693, Indians to Jeremiah **Bass**, agent for West New Jersey, trading goods...Morris River. Signed the marks of Manhausexet, Cuttenoguoh, Hozzhusouion, Attahissha, Susolaira & Awhehon. Wit: George **Taylor**, Abadiah **Holmes**, Joseph **Holdin**, Rindare **Bankist**, the marks of Apahon, Mathuos, Youthlon, Jaumkcock & Swanawomigh.

6 Jul 1690, John **Tatham**, (attorney for Daniel **Coxe**, of London), of

Burlington, West New Jersey to Daniel **Leeds**, yeoman, of Springfield, Burlington Co., West New Jersey, 200 acres...surveyed by Samuel **Darke**. Signed John **Tatham**. Wit: Henry **Grubb**, Charles **Read** & William **Pitchford**.

7 Aug 1693, Eliakim **Higgins**, yeoman, of Burlington Co., West New Jersey to Peter **Groome**, yeoman, of same, £1.2. Signed Eliakim **Higgins**. Wit: Thomas **Revell**, Anne **Revell** & Thomas **Potts** Jr.

7 Oct 1690, John **Tatham**, (attorney for Daniel **Coxe**, of London), of Burlington, West New Jersey to Mary **Davis**, widow, of Burlington Co., West New Jersey, £45, 300 acres ...corner to John **Richardson**...purchased by Thomas **Budd** from Indians. Signed John **Tatham**. Wit: Edward **Humloke** & Thomas **Revell**.

9 Aug 1693, William **Fryley**, carpenter, of Burlington, West New Jersey to Samuel **Ogbourne**, carpenter, of Burlington Co., West New Jersey, £13, 1.2 acres...High Street, Burlington, West New Jersey. Signed William **Fryley**. Wit: Thomas **Lambert**, Thomas **Kendall** & Thomas **Revell**.

8 Aug 1690, James **Hill**, sheriff, of Burlington Co., West New Jersey, whereas Susanna **Budd**, (wife of Thomas **Budd**, of Philadelphia, Pennsylvania) in court action against Elizabeth **Chammis**, (widow of John **Chammis**), for £20.5, 300 acres. between Thomas **Budd** and the late Thomas **Olive**. Signed James **Hill**. Wit: Daniel **Leeds**, Francis **Davenport** & Thomas **Revell**.

7 Sep 1688, William **Bicknell** & Joseph **Grove**, executors of the estate of Oliver **Hooton**, merchant, of all Orlrhaul Island power of attorney to Samuel **Carpenter** & John **Eckley**, merchants, both of Pennsylvania. Signed William **Bicknell** & Joseph **Grove**. Wit: Joseph **Kirth** & Richard **Russell**.

2 Jun 1693, Agreement between Thomas **Lambert**, executor of the estate of John **Hooton** & attorney for Thomas **Hooton**, of Helpingram, England & Elizabeth the wife of Samuel **Hooton** & Thomas & Elizabeth **Hilbourne**, guardian to said Samuel **Hooton** during his lunacy. Signed Elizabeth (X) **Hooton**, Thomas **Hilbourne** & Elizabeth **Hilbourne**. Wit: John **Lippincott** & Jeremiah **Allen**.

20 Jan 1676, William **Penn**, Gawen **Lawry**, Nicholas **Lucas** & Edward **Byllings** to William **Biddle**, shoemaker, of Bishoppsgates Street, London, Thomas **Olive**, haberdasher, of Wallingborough, Northampton & Daniel **Wills**, doctor, of Northampton Backhower, £133.3. Signed William **Penn**, Gawen **Lawry**, Nicholas **Lucas** & Edward **Byllings**. Wit: Harb **Springett**, Thomas **Rudyard**, Benjamin **Griffith**, Thomas **Poynett** & John **Burley**.

4 Sep 1693, Thomas **Hooton**, of Philadelphia, Pennsylvania to Richard

Love, house & lot. Signed Thomas **Hooton**. Wit: William **Biddle**, Thomas **Gardner** & Daniel **Leeds**.

22 Jan 1676, William **Penn**, Gawen **Lawry**, Nicholas **Lucas** & Edward **Byllings** to Thomas **Olive**, haberdasher, of Wallingborough, Northampton & Daniel **Wills**, doctor, of Northampton Backhower, £175. Signed William **Penn**, Gawen **Lawry**, Nicholas **Lucas** & Edward **Byllings**. Wit: Harb **Springett**, Thomas **Rudyard**, Benjamin **Griffith**, Thomas **Poynett** & John **Burley**.

9 Jun 1693, Thomas **Budd**, merchant, of Philadelphia, Pennsylvania & William **Budd**, yeoman, of Burlington Co., West New Jersey to Peter **Resimere**, ship carpenter, of Burlington, West New Jersey, £130. Signed Thomas **Budd** & William **Budd**. Wit: John **Budd** Jr., Thomas **Gardner** Jr. & Charles **Read**.

18 May 1689, George **Hutchinson**, merchant, of Burlington, West New Jersey to John **Chadwick**, husbandman, of near Mount Carnell, Burlington Co., West New Jersey, £10, 100 acres. Signed George **Hutchinson**. Wit: Joseph **Hutchinson**, Anthony **Argar** & William **Hixson**.

15 Mar 1689, Samuel **Andrews**, yeoman, of West New Jersey to his son Mordecai **Andrews**, for love and affection, 140 acres. Signed Samuel **Andrews**. Wit: William **Salterthwaite**, Peter **Andrews** & John **Curtis**.

27 Jul 1679, Thomas **Olive**, merchant, of Burlington, West New Jersey to Peter **Bosse**, mariner, of London, £20, house & lot in Burlington. Signed Thomas **Olive**. Wit: William **Cooper** Jr., John **Woolston** Sr. & John **Woolston** Jr.

4 Apr 1683, William **Welch**, merchant, of London to Edmond **Eideman**, mariner, of Redrith, Surrey Co., £41.65. Signed William **Welch**. Wit: John **Parfett** & William **Woodcock**.

6 Oct 1693, William **Biddle**, merchant, late of Bishopgate Street, London, now of Mount Hope, Burlington Co., West New Jersey & Mary **Olive**, widow of Thomas **Olive**, of Wellingbourgh, Burlington Co., West New Jersey to Daniel **Wills**, doctor, of Northampton, England. Signed William **Biddle** & Mary **Olive**. Wit: Daniel **Wills** Jr., John **Petty** & Thomas **Revell**.

6 Oct 1693, William **Biddle**, merchant, late of Bishopgate Street, London, now of Mount Hope, Burlington Co., West New Jersey & Daniel **Wills**, doctor, of Northampton, England to Mary **Olive**, widow of Thomas **Olive**, of Wellingbourgh, Burlington Co., West New Jersey Daniel **Wills**, doctor, of Northampton, England. Signed William **Biddle** & Daniel **Wills**. Wit: Daniel **Wills** Jr., John **Petty** & Thomas **Revell**.

28 Oct 1693, Isaac **Marriott**, merchant, of Burlington, West New Jersey to Jacob **Perkins**, plant, of Burlington Co., West New Jersey, £105, 320.5 acres, purchased of Thomas **Budd**. Signed Isaac **Marriott**. Wit: Daniel **Wills**, James **Marshall**, Thomas **Revell** & Thomas **Bishop**.

25 Sep 1691, Joseph **Helmsley**, yeoman, of Great Kolk, York Co. power of attorney to William **Biddle** & Persivall **Towle**. Signed Joseph **Helmsely**. Wit: William **Pearock**, George **Loadbeaker**, John **Browne** Jr. & Grace **Helmsley**.

19 Jun 1688, Benjamin **Scott**, son of Benjamin **Scott**, yeoman, late of Burlington, West New Jersey to Abraham **Howlings**, yeoman, of Northampton River, of Burlington, West New Jersey, £5.5, 150 acres. Signed Benjamin **Scott**. Wit: James **Bingham**, Samuel **Kemble** & John **Scott**.

31 Jul 1686, William **Howlings**, yeoman, of Burlington, West New Jersey to Abraham **Howlings**, yeoman, of Rancocas Creek near Burlington, West New Jersey, purchased of William **Kent**. Signed William **Howlings**. Wit: John **Rush** & Joseph **Rush**.

4 Nov 1693, James **Bingham** to John **Scott**, £36.5. Signed James **Bingham**. Wit: Joseph **Appleton** & Thomas **Eves**.

27 Jul 1688, Benjamin **Scott**, son & heir of Benjamin **Scott**, yeoman, late of Burlington, West New Jersey to James **Bingham**, yeoman, of same, £10. Signed Benjamin **Scott**. Wit: Abraham **Howlings**, Samuel **Kemble** & John **Scott**.

17 Nov 1691, John **Scott**, yeoman,, of Burlington Co., West New Jersey to James **Bingham**, yeoman, of same, £12, 200 acres, purchased of John **Kinsley**. Signed John **Scott**. Wit: George **Elkington**, William **Howlings** & Thomas **Eves**.

13 Apr 1693, Samuel **Cole**, yeoman, of Gloucester Co., West New Jersey to James **Bingham**, husbandman, of Burlington Co., West New Jersey, £4, 100 acres. Signed Samuel **Cole**. Wit: Josiah **Appleton**, James **Smith**, David **Smith** & George **Smith**.

2 Apr 1677, John **Kinsley** to Benjamin & William **Scott**, £50. Signed John **Kinsley**. Wit: Harb. **Springnett**, Thomas **Rudyeard**, Francis **Carter** & John **Burley**.

3 Apr 1677, John **Kinsley**, gentleman, late of Hartford Co., England to Benjamin **Scott**, husbandman, of Weddington, Essex Co. & William **Scott** Jr., of same. Signed John **Kinsley**. Wit: Harb. **Springnett**, Thomas

Rudyeard, Francis **Carter** & John **Burley**.

23 Sep 1693, Sarah **Evans**, widow of Thomas **Evans**, of Burlington Co., West New Jersey & William **Evans**, yeoman, of same to Mary **Olive**, widow, Daniel **Wills** & John **Wills**, all of Burlington Co., West New Jersey, (executors of the will of Thomas **Olive**), house & lot. Signed Sarah (X) **Evans** & William **Evans**. Wit: Thomas **Eves**, Henry **Ballinger** & Thomas **Revell**.

10 Jun 1685, George **Hutchinson**, merchant, of Burlington, West New Jersey to Thomas **Gilberthorp**, husbandman, of Crosswick Creek, Burlington Co., West New Jersey, £50, house & 210 acres. Signed George **Hutchinson**. Wit: Godfrey **Hancock**, Abraham **Senior** & Thomas **Revell**.

10 May 1689, Samuel **Jennings**, yeoman, of Greenhill, Burlington Co., West New Jersey to Samuel **Houghton**, bricklayer, of Burlington, West New Jersey, £15, house & lot in Burlington, purchased of John **Ridges**, skinner, of London. Signed Samuel **Jennings**. Wit: Henry **Grubb**, Charles **Reade** & William **Friley**.

11 Jan 1681, Thomas **Budd**, merchant, of Burlington, West New Jersey to Isaac **Marriott**, joyner, of same, £15.5, 5/8. Signed Thomas **Budd**. Wit: William **Beethoon** & Thomas **Revell**.

12 May 1688, Francis **Davenport**, yeoman, of Chesterfield, Burlington Co., West New Jersey to John **Feak**, of Long Island, New York, £30, 300 acres. Signed Francis **Davenport**. Wit: Isaac **Horner**, Joseph **Stones** & Lydia **Horner**.

10 Sep 1690, Francis **Davenport**, yeoman, of Chesterfield, Burlington Co., West New Jersey to Thomas **Tindall**, husbandman, of Burlington Co., West New Jersey, £10, 100 acres. Signed Francis **Davenport**. Wit: William **Watson**, Charles **Milward** & John **Leeson**.

1682, John **Penford**, yeoman, of Leicester, Leicester Co. to John **Evans**, husbandman, of Great Wigsham, Leicester Co., £12, 1/15. Signed John **Penford**. Wit: Francis **Ward**, Ev. **Sturgis** & John **Ward**.

5 Apr 1684, John **Evans**, husbandman, of Wigston, Lancaster Co. to Jonathan **Fox**, laborer, of Burlington, West New Jersey, 1/15. Signed John **Evans**. Wit: John **Fox**, Thomas **Pitstow** & John **Flood**.

12 Nov 1689, John **Woolston** Sr. to Thomas **French**, schedule for 200 acres. Signed John (X) **Woolston**. Wit: John **Shinn** & Henry **Grubb**.

24 Sep 1692, William **Fryley**, carpenter, of Burlington, West New Jersey

to James **Hill**, cordwinder, of same, £12, house & lot in Burlington. Signed William **Fryley**. Wit: James **Marshall** & Charles **Reade**.

9 Aug 1684, Joseph **Helmsley**, yeoman, of Great Kolb, York Co. to William & Sarah **Biddle**, cordwinder, late of London. Signed Joseph **Helmsley**. Wit: Silvester **Starman**, William **Ellis**, Truth **Barwick** & Far. **Newson**.

31 Aug 1678, John **Robinson**, gentleman, of Brooks & Thomas **Lambert**, tanner, of Woodhouse, both of York Co. to George **Hutchinson**, distiller, of Sheffield, York Co., divided for John **Edridge**, purchased of William **Penn** et al. Signed John **Robinson** & Thomas **Lambert**. Wit: Christopher **Richardson** Jr., Thomas **Fletcher** & William **Aram**.

188 Nov 1693, William **Biddle**, merchant, of Mount Hope, Burlington Co., West New Jersey, (executor of the will of William **Ellis**, yeoman, of same) to Richard **French**, yeoman, of same, 460 acres. Signed William **Biddle**. Wit: Thomas **Gardner**, Thomas **Revell** & John **Shinn** Sr.

4 Nov 1693, Mary **Olive**, (widow of Thomas **Olive**, gentleman), of Willingbourgh, Burlington Co., West New Jersey, Daniel **Wills** Sr. & John **Wills**, both yeoman, of same to Charles **Reade**, taylor, of Burlington, Burlington Co., West New Jersey, £27.5, water lot. Signed Mary **Olive**, Daniel **Wills** & John **Wills**. James **Marshall**, John **Wills** Jr., Eliskim **Higgins**, Thomas **Scattergood** Jr. & John **Willsford**.

29 Nov 1693, Charles **Reade**, merchant, of Burlington, West New Jersey to Bartholomew **Minderman**, £213, water lot. Signed Charles **Reade**. Wit: Thomas **Peachee**, John **Petty** & Thomas **Revell**.

11 Mar 1691, Barnard **Devonish**, yeoman, of Burlington, West New Jersey to Richard **Finnimore**, bricklayer, of Wellingbourough, Burlington Co., West New Jersey, £12.25, 1/32 & 50 acres. Signed Barnard **Devonish**. Wit: George **Hutchinson**, Robert **Wheeler** & Alice **Hutchinson**.

11 May 1693, John **Borton**, yeoman, of Eversham Twp., Burlington Co., West New Jersey to Richard **Finimore**, bricklayer, of Wellingbourough, Burlington Co., West New Jersey, £5, 100 acres...east of Isaac **Marriott**...purchased by John **Borton** Sr., deceased of John **Maddocks**. Signed John (X) **Borton**. Wit: John **Budd**, Samuel **Houghton** & Charles **Reade**.

11 May 1689, Joshua **Humphries**, yeoman, Northampton River, Burlington Co., West New Jersey, with power of attorney for his father, Walter **Humphries**, of Pamswick, Gloucester Co., England to Joseph **Adams**, taylor, of Burlington, West New Jersey, £4.5, house lot in Burlington. Signed Joshua **Humphries**. Wit: William **Biddle**, Edward **Humloke** & Thomas

Revell.

16 Oct 1689, John **Murfin**, basholer, of Bartar Creek, West New Jersey to Gervas **Pharoe**, basholer, of Nottingham Woodhouse, West New Jersey, £2,5, lot in Burlington. Signed John (X) **Murfin**. Wit: John **Eyre**, Robert **Butcher** & Thomas **Revell**.

7 Nov 1693, Thomas **Budd**, merchant, of Philadelphia, Pennsylvania to Samuel **Kemball**, yeoman, of Burlington Co., West New Jersey, £24, plantation, obtained by judgement against the estate of John **Chammis**. Signed Thomas **Budd**. Wit: James **Marshall**, Thomas **Gardner**, Thomas **Raper** & James **Hill**.

12 Aug 1693, William **Biddle**, merchant, of Mount Hope, Burlington Co., West New Jersey, with the agreement of John **Greene**, carpenter, of Burlington Co., West New Jersey to Charles **Woolverton**, husbandman, of Burlington Co., West New Jersey, £6, 100 acres. Signed William **Biddle**. Wit: Edward **Humloke**, Thomas **Revell** & John **Petty**.

30 Mar 1692, Samuel **Oldale**, mason, of Burlington Co., West New Jersey to Edward **Humloke**, merchant, of Wingerworth, Burlington Co., West New Jersey, next to Sarah **Farr**, widow & Thomas **Wright**...Birch Creek. Signed Samuel **Oldale**. Wit: John **Tatham**, Philip **Richards** & James **Hill**.

4 Sep 1693, John **Tatham**, of Burlington Co., West New Jersey to Edward **Humloke**, of Wingerworth, Burlington Co., West New Jersey, £15. Signed John **Tatham**. Wit: Nathaniel **Westland**, Peter **Resimere** & John **Petty**.

12 Dec 1693, Jeremiah **Basse** appoints William **Emley** surveyor.

16 Dec 1693, Jacob **Derow**, yeoman, of Burlington Co., West New Jersey to Isaac **Derow**, butcher, of Burlington, West New Jersey, £100, 600 acres...corner to John **Shinn**, Samuel **Barker** & John **Cosby**. Signed Jacob **Derow**. Wit: James **Marshall**, Samuel **Furris**, Peter **Frotwell**, Henry **Grubb**, James **Hill** & Emanuel **Smith**.

10 Nov 1688, William **Biddle**, yeoman, of Burlington Co., West New Jersey to John **Feake**, yeoman, of Long Island, £5, 50 acres. Signed William **Biddle**. Wit: James **Taylor** & William **Biddle** Jr.

23 Oct 1688, Thomas **Faulk**, yeoman, of Chesterfield, Burlington Co., West New Jersey to his daughter Sarah **Bunting**, wife of John **Bunting**, carpenter, of same, for love and affection, 12 acres west of John **Bunting**'s house. Signed Thomas **Faulk**. Wit: Thomas **Faulk** Jr., Job **Bunting** & Roger **Parks**.

2 Feb 1689, Robert **Morfin**, husbandman, of Cross Creek, Burlington Co., West New Jersey to Stephen **Wilson**, carpenter, late of same, £8, 100 acres. Signed Robert (X) **Morfin**. Wit: Francis **Davenport**, Samuel **Bunting** & John **Bunting**.

10 May 1693, Stephen **Wilson**, carpenter, of Bucks Co., Pennsylvania to John **Bunting**, **yeoman, of Chesterfield, Burlington Co., West New Jersey,** £9, 100 acres purchased of Robert **Morfin**. Signed Stephen **Wilson**. Wit: Peter **Worall**, Daniel **Smith** & Francis **Davenport**.

30 Jan 1693, Robert **Powell**, son and heir of Robert **Powell**, yeoman, deceased, late of Burlington, West New Jersey, John **Powell**, also a son, & Benjamin **Wheat**, guardian of said John **Powell**, cordwinder of Burlington, West New Jersey to Richard **Bassnett**, merchant, of Burlington, West New Jersey, £3. Signed Robert (X) **Powell**, John (X) **Powell** & Benjamin **Wheat**. Wit: James **Hill**, Joseph **Adams** & Peter **Resimere**.

13 Jan 1693, William & Sarah **Biddle**, merchant, of Mount Hope, Burlington Co., West New Jersey to Richard **Bassnett**, merchant, of same, £9, 3 acres in Burlington...per will of William **Ellis**. Signed William **Biddle** & Sarah **Biddle**. Wit: Samuel **Ogbourne** & Nicholas **Martinland**.

23 Dec 1692, Thomas **Penford**, distiller, of Leicester Co., eldest son of John **Penford**, deceased, late of Leicester, Leicester Co., Jonah **Penford**, grafter, of same, second son of said John and Joshua **Penford**, watchmaker, of London, another son of said John power of attorney to George **Hutchinson**, gentleman, of Burlington, West New Jersey. Signed Thomas **Penford**, Jonah **Penford** & Joshua **Penford**. Wit: John **Brokesby**, John **Goodall**, William **Bentley**, John **Huskley** & Samuel **Browne**.

8 Sep 1688, Thomas **Anderson**, chandler, of St. James Corkenwell Parish, Middlesex Co. power of attorney to George **Hutchinson**, merchant, of Burlington, West New Jersey. Signed Thomas **Anderson**. Wit: Richard **Mew**, James **Martin** & Margaret (X) **Muglestone**.

23 Jan 1688, William **Black**, yeoman, of Mansfield, West New Jersey to Daniel **England**, mariner, of Burlington, West New Jersey, £2, water lot purchased of George **Hutchinson**. Signed William (X) **Black**. Wit: Richard **Coates** & Thomas **Revell**.

19 Mar 1693, Nathaniel **Cripps**, yeoman, of Burlington, West New Jersey to Daniel **England**, sailor, of Burlington, West New Jersey, £3, water lot. Signed Nathaniel **Cripps**. Wit: James **Marshall**, Henry **Grubb**, John **Abbott** & George **Hutchinson**.

17 Mar 1693, Peter **Frotwell**, tanner, of Burlington, West New Jersey to

Daniel **England**, mariner, of same, water lot in Burlington. Signed Peter **Frotwell**. Wit: Edward **Humloke** & James **Marshall**.

17 May 1682, Edward & Joane **Dennis**, taylor power of attorney to William **Biddle**, shoemaker, of Burlington, West New Jersey. Signed Edward **Dennis** & Joane **Dennis**. Wit: Benjamin **Gladman**, Caleb **Pusey** & Anne **Pusey**.

21 Jan 1685, Mahlon **Stacy**, yeoman, of Ballifield, near the falls of the Delaware River, West New Jersey & Peter **Frotwell**, husbandman, near the same falls to John **Wilford**, miller, late of Chesterfield upon Crosswick Creek, West New Jersey, £60, house and 100 acres...St. Pink Creek. Signed Mahlon **Stacy** & Peter **Frotwell**. Wit: Thomas **Lambert**, John **Lambert**, John **Stacy** & William **Emley**.

4 Nov 1689, Persivall **Towle**, yeoman, of Burlington Co., West New Jersey to John **Wilford** Sr., yeoman, of same, £0.25, 100 acres. Signed Persivall **Towle**. Wit: John **Shinn**, John (X) **Day** & Benjamin **Charles**.

3 Jun 1693, Thomasin **Towle**, widow of Persivall **Towle**, of Burlington Co., West New Jersey to John **Wilford**, yeoman, of Hopewell, Burlington Co., West New Jersey, 100 acres per will of said Persivall. Signed Thomasin (X) **Towle**. Wit: Anne (X) **Humphrey**.

1693, William **Biddle**, executor of William **Ellis** to Joseph **Adams**, 500 acres. Signed William **Biddle**. Wit: James **Marshall**, Daniel **Leeds** & Thomas **Revell**.

28 Feb 1693, George **Hutchinson**, merchant, of Burlington, West New Jersey, attorney for Thomas **Penford** to Richard **Bassnett**, £9, 3 acres. Signed George **Hutchinson**. Wit: Edward **Humloke**, James **Marshall**, Nathaniel **Westland** & Thomas **Revell**.

12 Apr 1694, Samuel **Andrews**, Burlington Co., West New Jersey to Joshua **Newbold**, 300 acres. Signed Samuel **Andrews**. Wit: James **Hill**, Ebenezer **Fenton**, John **Curtis** & Michael **Newbold**.

13 Mar 1693, George **Hutchinson**, merchant, of Burlington, West New Jersey, (attorney for Thomas **Penford** et al) to James **Marshall**, lot on Island of Burlington. Signed George **Hutchinson**. Wit: Richard **Bassnett**, Thomas **Gardner**, Barnard **Devonish** & Benjamin **Wheat**.

2 Sep 1687, John **Penford**, gentleman, of Leicester, Leicester Co. to Thomas **Wilkins**, laborer, of West New Jersey & John **Wilkins**, laborer, of Cussington, Leicester Co., (sons of John **Wilkins**, late of Keyham, Leicester Co., £12, 1/15. Signed John **Penford**. Wit: T. **Palmer**, Hen. **Browne**, Tobias **Marshall** & Hen. **Benington**. Tobias **Marshall**, watchmaker, age 40, of

Leicester, Leicester Co. 1688.

3 May 1693, Samuel **Bunting** & John **Bunting**, yeomen, of Chesterfield, Burlington Co., West New Jersey to Robert **Murfin**, John **Abbott**, Edward **Rockhill** & John **Willsford** Jr., trustees, of Burlington Co., West New Jersey, £0.5, ground for meeting house at Crosswick Creek...line of Thomas **Folks**. Signed Samuel **Bunting** & John **Bunting**. Wit: Benjamin **Field**, Jarvis **Pharoe**, Thomas **Lambert**, Francis **Davenport** & John **Curtis**. The trustees grand a deed of acknowledgement.

21 Apr 1694, William **Biddle**, merchant, of Mount Hope, Burlington Co., West New Jersey to Samuel **Harriot**, mariner, of Burlington Co., West New Jersey, £18, 100 acres and lot in Burlington. Signed William **Biddle**. Wit: Edward **Humloke**, Thomas **Revell** & Henry **Grubb**.

13 Apr 1694, Gilbert **Wheeler**, yeoman, of Bucks Co., Pennsylvania to Joseph **Adams**, taylor, of Burlington, Burlington Co., West New Jersey, £3.5, town lot. Signed Gilbert **Wheeler**. Wit: John **Lambert**, Thomas **Bowman**, William **Emley** & Thomas **Lambert**.

11 Oct 1688, Samuel **Jennings**, yeoman, of Greenhill, West New Jersey to Elias & John **Burling**, wheelwrights, of Burlington, West New Jersey, £24, 200 acres. Signed Samuel **Jennings**. Wit: William **Royden** & John **Fleckerdy**.

21 Apr 1694, William **Biddle**, merchant, of Mount Hope, of Burlington Co., West New Jersey to Henry **Grubb**, butcher, of Burlington, West New Jersey, £4, water lot. Signed William **Biddle**. Wit: Daniel **Smith**, Daniel **Sutton** & Thomas **Revell**.

2 Oct 1691, John **Tatham**, (attorney for Daniel **Coxe**, doctor of London), of Burlington, West New Jersey to Samuel **Darke**, yeoman, of Burks Co., Pennsylvania, £42, 300 acres. Signed John **Tatham**. Wit: Edward **Hunloke**, James **Hill** & James **Wills**.

Samuel **Darke**, yeoman, of Burks Co., Pennsylvania to Joseph **English**, yeoman, of same, £34.65, 200 acres. Signed Samuel **Darke**. Wit: Henry **Margerom**, John **Clark** & Robert **Bersoum**.

10 May 1684, William **Biddle**, merchant, of Burlington, West New Jersey to Thomas **Williams**, tanner, of Burlington, West New Jersey, £10, 100 acres. Signed William **Biddle**. Wit: John **Pancoast**, Thomas **Potts** & Thomas **Revell**.

24 Oct 1693, Thomas **Hooton**, of Lincoln Co. to his brother, Thomas & Elizabeth **Lambert**, of falls of Delaware, West New Jersey, for love and

affection, goods to his brother John **Hooton** & son Oliver **Hooton** as devised by his deceased brother Oliver **Hooton**. Signed Thomas **Hooton**. Wit: John **Wright**, Nathaniel (X) **Rogers**, John **Garland**, Michael **Wright**, James **Richmond** & William **Gosling**.

9 May 1694, Richard **Bassnett**, merchant, of Burlington, West New Jersey to Peter **Resimere**, ship carpenter, of same, £8, 2 acres. Signed Richard **Bassnett**. Wit: William **Biddle**, Nathaniel **Westland** & Thomas **Revell**.

10 Mar 1692, George **Hutchinson**, distiller, of Burlington, West New Jersey to Richard **Stockton**, yeoman, late of Flushing, Long Island, £ 325, 1640 acres...200 acres sold to Robert **Hutchinson**...line of Hananiah **Gaunt**...corner to Thomas **Scholey**...corner John **Tomlinson**, Isaac **Leet** & John **Chadwick**. George **Hutchinson**. Wit: Thomas **Revell**, Anthony **Elton** & Joseph **White**.

19 Feb 1688, George **Hutchinson**, distiller, of Burlington, West New Jersey to William **Watson**, yeoman, of same £12. 1/32. Signed George **Hutchinson**. Wit: William **Myers** & Margaret **Muglestone**.

12 Jan 1692, Richard **Mathews**, merchant, of London power of attorney to Samuel **Stacy**, merchant, of London, now on a ship to Pennsylvania...purchased of Richard, John & Zachariah **Whitpaine**. Signed Richard **Mathews**. John **King**, Samuel **Daul**, Thomas **Hooton** & Daniel **Chandler**.

9 Jan 1687, John **Scholey**, of York Co., England to William **Watson**, yeoman, of Nottingham Co., England, 100 acres. Signed John **Scholey**. Wit: Henry **Berk**, Charles **Woolverton** & Thomas **Timoall**.

29 Nov 1689, Samuel **Cole**, of West New Jersey to Stephen **Day**, laborer, of same, £12, 200 acres. Signed Samuel **Cole**. Wit: John (X) **Roberts**, William **Clark** & Thomas **Eves**.

19 May 1694, Daniel **Leeds**, cooper, of Springfield, Burlington Co., West New Jersey to Nathaniel **West**, planter, of Mansfield, Burlington Co., West New Jersey, £5, 40 acres...line of Thomas **Singleton**. Signed Daniel **Leeds**. Wit: James **Marshall** & Samuel **Ogbourne**.

21 Apr 1685, Thomas **Lambert**, tanner, near falls of Delaware, West New Jersey to William **Watson**, husbandman, late of Farisfield, Nottingham Co., England, £8.8. Signed Thomas **Lambert**. Wit: John **Lambert**, Ruth **Emley** & William **Emley**.

2 Feb 1692, John **Martin**, bookmaker, of Wapping, Middlesex Co. & Martha **Greenhill**, widow of same, executors of the estate of James **Martin**,

power of attorney to George **Hutchinson** & John **Goodson**. Signed John **Martin** & Martha (X) **Greenhill**. Wit: Thomas **Hooton** & Nathaniel **Harding**.

12 Dec 1688, Joshua **Humphries**, of Burlington, West New Jersey, attorney for his father Walter **Humphries**, of Glouchester Co., England to Thomas **Revell**, yeoman, of Burlington, West New Jersey, £54, 200 acres. Signed Joshua **Humphries**. Wit: John **Paine**, Anthony **Elton** & Elizabeth **Elton**.

10 May 1690, Thomas **Revell**, yeoman, of Baythorpe, Burlington Co., West New Jersey to Joshua **Humphries**, planter, of northampton River, Burlington Co., West New Jersey, £54.5. Signed Thomas **Revell**. Wit: John **Pane**, Anthony **Elton** & Elizabeth **Elton**.

2 Feb 1693, James **Hill**, sheriff of Burlington Co., West New Jersey, per suit by Edward **Humloke**, merchant, of Burlington, West New Jersey, against John **Cutsker**, merchant, of London & Thomas **Bowman**, gentleman, of Burlington, West New Jersey, 200 acres. Signed James **Hill**. Wit: Thomas **Revell**, Joseph **White** & Anne **Revell**.

4 Apr 1689, James & Sarah **Reade**, of White Clay Creek, Pennsylvania, (said Sarah is the late wife of John **Smith**, of same) to Edward **Humloke**, merchant, of Burlington Co., West New Jersey, 800 acres. Signed James **Reade** & Sarah **Reade**. Wit: William **Myers**, James **Hill**, Henry **Grubb**, James **Claypoole** & Hannah **Blake**.

26 Mar 1690, Thomas **Perkins**, husbandman, of Burlington, West New Jersey to Thomas **Wilkins**, husbandman, of same, £10, 100 acres. Signed Thomas **Perkins**. Wit: Thomas **Raper**, Barnard **Lane**, Daniel **Marshall** & John **Hudson**.

7 Nov 1691, John **Srott**, yeoman, of Burlington Co., West New Jersey to William **Hulings**, yeoman, of same, £7, 1/32. Signed John **Srott**. Wit: George **Elkington**, James **Bingham** & Thomas **Eves**.

15 Jan 1693, James **Hill**, cordwinder, of Burlington, West New Jersey to Samuel **Oldale**, mason, of same, £45, lot in Burlington. Signed James **Hill**. Wit: Thomas **Stokes**, John **Pears** & George **Hutchinson**.

7 Oct 1690, John **Tatham**, of Burlington, West New Jersey, attorney for Daniel **Coxe** to Richard **Ridgeway**, taylor, of Berks Co., Pennsylvania, £315, 600 acres. Signed John **Tatham**. Wit: Edward **Humloke** & Thomas **Revell**.

6 Apr 1690, John **Willis**, of Coopers Creek, Gloucester Co., New Jersey, attorney for his father, John **Willis**, yeoman, of Wantings, Berks Co.,

England to Thomas **Mosse**, carpenter, £12, 100 acres. Signed John **Willis**. Wit: Simeon **Ellis** & John **Kay**.

30 Aug 1694, George **Hutchinson**, merchant, of Burlington, West New Jersey, attorney for Thomas **Penford** et al to William **Cooper**, yeoman, of Gloucester Co., New Jersey, one acre. Signed George **Hutchinson**. Wit: James **Wills**, Joseph **Hutchinson** & Alice **Hutchinson**.

13 Aug 1694, Joseph & Mary **Adams**, taylor, of Burlington, West New Jersey to Charles **Reade**, taylor, of Philadelphia, Pennsylvania, £33, 300 acres...John **Clark** devised to his three friends, Bernard **Littlejohn**, the above named Mary then **Chapman** & her sister Christian now wife of Michael **Buffin**. Signed Joseph **Adams** & Mary **Adams**. Wit: James **Wills** & Joseph **Hutchinson**.

11 Nov 1689, George & Thomas **Hutchinson**, both of Burlington Co., West New Jersey to Christopher **Weatherill**, yeoman, of same, £18, 100 acres. Signed George **Hutchinson** & Thomas **Hutchinson**. Wit: John **Booth**, Isaiah **Lebaley** & Margaret **Muglestone**.

12 Nov 1692, Thomas & Mary **Coleman**, taylor, of Bucks Co., Pennsylvania to Robert **Murfin**, yeoman, of Burlington Co., West New Jersey, £18, 100 acres...devised by John **Wood**, to his daughter the said Mary, late of Creekhouse, Bucks Co., Pennsylvania. Signed Thomas **Coleman** & Mary (X) **Coleman**. Wit: Mahlon **Stacy**, Thomas **Lambert** & William **Emley**.

29 Sep 1682, George **Hutchinson**, distiller, of Sheffield, York Co., England to John **Murfin**, husbandman, of Crosswicks Creek, West New Jersey, £5, 1/32. Signed George **Hutchinson**. Wit: Thomas **Lambert**, John **Newbold** & William **Emley**.

8 Sep 1694, Edward **Humloke**, merchant, of Wingerworth, Burlington Co., West New Jersey to Jeremiah **Basse**, merchant, of Burlington, West New Jersey, £25. Signed Edward **Humloke**. Wit: George **Taylor**, George **Dalby** & Thomas **Revell**.

6 Aug 1694, George **Hutchinson**, distiller, of Burlington, West New Jersey, (attorney for Thomas **Penford**) to Henry **Morley**, yeoman, of Burlington Co., West New Jersey, 250 acres. Signed George **Hutchinson**. Wit: Daniel **Leeds**, John **Wills** & William **Righton**.

30 May 1694, George **Porter**, bachelor, of Burlington Co., West New Jersey to Joseph **Birch**, husbandman, of same, £7, 100 acres. Signed George **Porter**. Wit: Mary (X) **Emley**, William **Emley** Jr. & William **Emley**.

28 Jun 1688, Edward & Dorothy **Nightingale**, £10. Signed Edward **Nightingale**. Wit: Samuel **Watson** & Emanuel **Nightingale**.

27 Oct 1694, Robert **Powell**, yeoman, of Northampton River, Burlington Co., West New Jersey, (son & heir of Robert **Powell**, late of Burlington, West New Jersey) to Nathaniel **Cripps**, yeoman, of Burlington, West New Jersey, £20, 150 acres, purchased of Thomas **Olive**...corner to John **Chaffens**. Signed Robert (X) **Powell**. Wit: John **Hands**, Richard **Dell** & Thomas **Revell**.

27 Oct 1694, Nathaniel **Cripps**, yeoman, of Burlington, West New Jersey, (son & heir of John **Cripps**, deceased, late of Burlington, West New Jersey) to Robert **Powell**, yeoman, of same, £20, 200 acres. Signed Nathaniel **Cripps**. Wit: John **Hands**, Richard **Dell** & Thomas **Revell**.

16 Mar 1680, Anthony **Woodhouse**, planter, of Mansfield, West New Jersey to Robert **Murfin**, planter, of Crosswick Creek, West New Jersey, £7, 100 acres. Signed Anthony **Woodhouse**. Wit: Richard (X) **Boyer**, Mathew (X) **Clayton** & William **Emley**.

20 Oct 1694, Thomas **French**, yeoman, of Wellingborough, Burlington Co., West New Jersey to Thomas **Wallis**, yeoman, of Burlington Co., West New Jersey, £10, 100 acres. Signed Thomas **French**. Wit: John **Hollinshead** & John (X) **Paine**.

21 Feb 1693, George **Hutchinson**, distiller, of Burlington, West New Jersey, (attorney for the **Penford's**) to Thomas **French**, yeoman, of Burlington Co., West New Jersey, £5, 100 acres. Signed George **Hutchinson**. Wit: Thomas **French** Sr., Martha **Hutchinson** & Henry (X) **Morley**.

19 Sep 1694, George **Hutchinson**, distiller, of Burlington, West New Jersey to Thomas **Wallis**, yeoman, of Burlington Co., West New Jersey, £9, 150 acres. Signed George **Hutchinson**. Wit: Thomas **Gardner** & Peter **Frotwell**.

9 May 1692, Samuel **Oldale**, mason, of Burlington Co., West New Jersey to John **Tatham**, of same, £2.5, corner to Sarah **Farr**, widow & Thomas **Wright**. Signed Samuel **Oldale**. Wit: George **Hutchinson**, James **Marshall**, William **Biddle**, Edward **Humloke** & Richard **Bassnett**.

1 Sep 1693, Thomas **Wright**, yeoman, of Burlington Co., West New Jersey to John **Tatham**, yeoman, of same, £50. Signed Thomas **Wright**. Wit: Edward **Humloke** & Thomas **Peashoe**.

24 Nov 1694, John **Tatham**, of Burlington, West New Jersey to Jeremiah **Basse**, merchant, of same, £30. Signed John **Tatham**. Wit: Edward

Humloke, Thomas **Revell** & John **Jewell.**

9 May 1694, Edward **Humloke,** merchant, of Burlington Co., West New Jersey to George **Hutchinson,** merchant, of same, £3. Signed Edward **Humloke.** Wit: James **Marshall,** John **Tatham** & Samuel **Oldale.**

8 Dec 1694, John **Tatham,** of Burlington Co., West New Jersey to Nathaniel **Westland,** merchant, of same, £20. Signed John **Tatham.** Wit: George **Hutchinson,** Thomas **Biddle** & Thomas **Revell.**

9 Oct 1694, Richard **Bassnett,** gentleman, of Burlington, West New Jersey to Nathaniel **Westland,** merchant, of same. Signed Richard (X) **Bassnett.** Wit: James **Marshall,** Daniel **Leeds** & Thomas **Revell.**

13 Dec 1694, Daniel **Leeds,** gentleman, of Springfield, Burlington Co., West New Jersey to Ralph **Hunt,** yeoman, of Maiden Head, Burlington Co., West New Jersey & Theophilus **Phillips,** husbandman, of same, £12, 100 acres...line of Samuel **Darke** & Joseph **English.** Signed Daniel **Leeds.** Wit: Thomas **Revell,** Thomas **Smith** & Thomas **Potts** Jr.

7 Dec 1694, George **Hutchinson,** distiller, of Burlington, West New Jersey to Sarah **Farr,** widow, of same, £100, 262 acres...adjoining said Sarah. Signed George **Hutchinson.** Wit: Edward **Humloke,** John **Tatham,** Nathaniel **Westland** & Thomas **Revell.**

20 Dec 1694, George **Hutchinson,** distiller, of Burlington, West New Jersey to Isaac **Watson,** planter, of Farnsfield, Burlington Co., West New Jersey, £11.55, 200 acres. Signed George **Hutchinson.** Wit: John **Tatham,** Alice **Hutchinson** & Thomas **Folks.**

10 May 1692, John **Calowe,** wheelwright, of Burlington Co., West New Jersey to John **Joyner,** potter, of same, £26.9. Signed John **Calowe.** Wit: George **Taylor.**

24 Dec 1694, John **Joyner,** yeoman, of Mansfield Twp., Burlington Co., West New Jersey to Hugh **Hutchins,** husbandman, of same, £13, 195 acres. Signed John **Joyner.** Wit: Thomas **Douglas,** Thomas **Potts** Jr. & Thomas **Revell.**

17 Oct 1689, Mathew **Allen,** carpenter, of Burlington Co., West New Jersey to John **Sharp,** yeoman, of Northampton River, Burlington Co., West New Jersey, £21, 150 acres. Signed Mathew **Allen.** Wit: Richard **Hill,** Anthony **Fayer** & Thomas **Eves.**

7 Jun 1690, Thomas **Harding,** yeoman, of Northampton River, Burlington Co., West New Jersey to John **Paine,** laborer, of same, £14, 150 acres.

Signed Thomas **Harding**. Wit: Henry **Ballinger**, Thomas **Eves** & Mary **Stockes**.

26 Jan 1691, Thomas **Olive**, merchant, of Wellingborrow, Burlington Co., West New Jersey to John **Paine** Jr., yeoman, of same, £3.25, 50 acres. Signed Thomas **Olive**. Wit: William **Hunt** & Thomas **Eves**.

18 Jul 1692, Barnard **Devonish**, yeoman, of Burlington, Burlington Co., West New Jersey to Thomas **Paine**, laborer, son of John **Paine**, £5, 100 acres, purchased of Thomas **Hooton**. Signed Barnard **Devonish**. Wit: Joshua **Humphries**, Margrett (X) **Nichols** & Thomas **Eves**.

4 Aug 1691, Helen **Skene**, widow, of Bathfield, Burlington Co., West New Jersey to Alexander **Stewart**, husbandman, of Burlington, West New Jersey, 50 acres. Signed Helen **Skene**. Wit: John **Webster**, Alexander **Skene** & Symon **Charles**.

25 Aug 1691, Thomas **Gladwin**, blacksmith, of Burlington, West New Jersey to Alexander **Stewart**, husbandman, of same, £25, 300 acres. Signed Thomas **Gladwin**. Wit: William **Fisley**, Peter **Hodge**, Henry (X) **Bursham** & Symon **Charles**.

20 Dec 1690, John **Tatham**, (attorney for Daniel **Coxe**, of England), of Burlington, West New Jersey to Thomas **Greene**, yeoman, of Maiden Head, Burlington Co., West New Jersey, £24.5, 150 acres. Signed John **Tatham**. Wit: Thomas **Peachee**, Elir. **Tatham** & Thomas **Revell**.

24 Dec 1692, Robert **Hackshaw** to Jeremiah **Basse**. Signed Robert **Hackshaw**.

5 Jul 1687, Mahlon **Stacy**, tanner, of Burlington Co., West New Jersey to Thomas **Hutchinson**, tanner, of Maryland. Signed Mahlon **Stacy**. Wit: Richard **Love**, John **Browne** & Rebecca **Derow**.

7 Jan 1694, Eliakim **Higgins**, yeoman, of Mansfield, Burlington Co., West New Jersey to Peter **Resimere**, shipbuilder, of Burlington, West New Jersey, £20, plantation & house. Signed Eliakim **Higgins**. Wit: Lawrence **Morris**, L. **Phillips** & Thomas **Bibb**.

16 Jan 1694, Thomas **Revell**, yeoman, of Beythorp, Burlington Co., West New Jersey to Joseph & Anne **White**, cooper, of Burlington Co., West New Jersey, (said Anne is the daughter of said Thomas **Revell**), for love and affection, house in Burlington. Signed Thomas **Revell**. Wit: Edward **Humloke**, Hannah **Revell** & Charles **Lavallod**.

29 Jul 1688, Joseph **Helmsley**, yeoman, of Great Kolk, York Co. to George

Hutchinson. Signed Joseph **Helmsley**. Wit: Ralph **Porter** & Robert **Sollitt**.

5 Mar 1693, Lawrence **Morris**, lawyer, of Burlington, West New Jersey to James **Verier**, mason, of same, £17, house & lot in Burlington. Signed Lawrence (X) **Morris**. Wit: Thomas **Kendall**, Nichol **Martinson** & Samuel **Ogbourne**.

9 Jun 1694, Thomas **Woodroof**, yeoman, (late of London, England), of Salem, West New Jersey, Francis **Rawle**, merchant, of Philadelphia, Pennsylvania & estate of Samuel **Borden**, late of Philadelphia, Pennsylvania, deceased to James **Antram**, yeoman, of Mansfield Twp., Burlington Co., West New Jersey. Signed Thomas **Woodroof** & Francis **Rawle**. Wit: Jonathan **Beers** & John **Worbidge**.

23 Dec 1692, William **Emley**, yeoman, of Nottingham, Burlington Co., West New Jersey to Eliakim & Alice **Higgins**, yeoman, of Burlington Co., West New Jersey, for service of said Alice and her sister Mary. Signed William **Emley**. Wit: Hugh **Hutchin**, Mary **Emley** & Sarah **Hutchin**.

20 Mar 1693, William **Biddle**, yeoman, of Mount Hope, Burlington Co., West New Jersey to George **Hutchinson**, distiller, of Burlington Co., West New Jersey, £34.35. Signed William **Biddle**. Wit: John **Snowden**, Sarah **Biddle** & Sarah **Biddle** Jr.

10 Oct 1694, William **Biddle**, yeoman, of Mount Hope, Burlington Co., West New Jersey to Mary **Myers**, widow, of Burlington, West New Jersey, £4, 1.5 acres. Signed William **Biddle**. Wit: Joseph **White**, Joshua **Senior** & Thomas **Revell**.

5 May 1685, George **Hutchinson**, distiller, of Burlington Co., West New Jersey to Samuel **Bunting**, of same, £12. Signed George **Hutchinson**. Wit: Christopher **Weatherill**, George **Hutchinson** Jr. & John **Bainbridge**.

18 Feb 1684, Edward **Byllings**, West New Jersey to Miriam **Mosse**, of Euksburg, Gloucester Co., 100 acres. Signed Edward **Bylling**. Wit: Francis **Plumfled**, Harb. **Springett** & Sell **Craske**.

7 Sep 1688, Miriam **Mosse**, widow of Samuel **Mosse**, of Euksburg, Gloucester Co to George **Hutchinson**, 100 acres. Signed Miriam **Mosse**. Wit: John **Price**, Harb **Springett** & Robert **Bicknell**.

22 Mar 1693, William **Biddle**, yeoman, of Mount Hope, Burlington Co., West New Jersey to George **Hutchinson**, distiller, of Burlington, West New Jersey, £34. Signed William **Biddle**. Wit: John **Snowden**, Sarah **Biddle** & Sarah **Biddle** Jr.

10 Oct 1694, William **Biddle**, yeoman, of Mount Hope, Burlington Co., West New Jersey to Mary **Myers**, widow, of Burlington Co., West New Jersey, £4, Signed William **Biddle**. Wit: Joseph **White**, Joshua **Senior** & Thomas **Revell**.

10 Mar 1692, King William & Queen Mary to Duke of Leinster, Ireland. Signed seal of England. Wit: S. **Herb** & Thomas **Pitt**.

2 Feb 1694, Thomas **Rendall**, bricklayer, of Burlington, West New Jersey to John **Wills**, yeoman, of Northampton River, Burlington Co., West New Jersey, £45, 240 acres. Signed Thomas **Rendall**. Wit: Thomas **Revell**, John **Meredith** & Christopher **Weatherill**.

24 Dec 1688, John **Antram**, cordwinder, of Birch Creek, West New Jersey to Francis **Austin**, carpenter, of same, £4, 50 acres. Signed John (X) **Antram**. Wit: Thomas **Butcher** & Isaac **Horner**.

3 May 1689, Persivall **Towle**, yeoman, of Burlington Co., West New Jersey to Francis **Austin**, carpenter, of same, £5, 50 acres. Signed Persivall **Towle**. Wit: Thomas **Scattergood** & Symon **Charles**.

5 Nov 1694, Francis **Austin**, carpenter, of Burlington Co., West New Jersey to Thomas **Scattergood**, carpenter, of same, £7.5, 100 acres. Signed Francis **Austin**. Wit: Francis **Davenport** & Peter **Frotwell**.

19 Feb 1694, Thomas **French** Sr., yeoman, of Wellingbourgh, Burlington Co., West New Jersey to his son, Thomas **French** Jr., husbandman, for love and affection, 321 acres...line of Thomas **Rodman**, Samuel **Burrows** & Thomas **Wallis**. Signed Thomas **French**. Wit: William (X) **Mishell**, Charles **French** & Thomas **Eves**.

17 Mar 1689, Anthony **Morris**, merchant, of Philadelphia, Pennsylvania, late of Burlington, West New Jersey to James **Marshall**, merchant, of Burlington, West New Jersey, £12.6, lot in Burlington. Signed Anthony **Morris**. Wit: Thomas **Budd**, Susana **Budd** & William **Hudson**.

10 Dec 1687, Thomas **Farnsworth**, cordwinder, of Mansfield, West New Jersey & attorney for George **Ellis**, maltster, of Higham, parish of Shirland, Derby Co., England to John **Calowe**, wheelwright, of Mount Pleasant, West New Jersey, £21. Signed Thomas **Farnsworth**. Wit: Francis **Davenport**, Thomas **Gilberthorp** & Samuel **Bunting**.

30 May 1689, Mathew **Allen**, carpenter, of Rancocas Creek, Burlington Co., West New Jersey to John **Calowe**, wheelwright, of Mount Pleasant, West New Jersey, £30, lot and house in Burlington with 12 acres in town & 6 acres near town. Signed Mathew **Allen**. Wit: Thomas **French**, Abraham

Senior & Charles **Sheepey**.

1 Mar 1688, William **Biddle**, yeoman, of West New Jersey to John **Calowe**, wheelwright, of same, 50 acres & water lot. Signed William **Biddle**. Wit: Eliakim **Wardell**, Lydia **Biddle** & Abraham **Senior**.

2 Mar 1694, Jeremiah **Basse**, of Burlington, West New Jersey to George **Hutchinson** & Mahlon **Stacy**, £140. Signed Jeremiah **Basse**. Wit: Thomas **Revell**, Daniel **Leeds**, John **Jewell** & John **Abbott**.

21 Sep 1692, Thomas & Mary **Olive**, yeoman, of Wellingbourgh, West New Jersey to Restore **Lippincott**, husbandman, of same, £190, 570 acres...corner to John **Woolston**. Signed Thomas **Olive** & Mary **Olive**. Wit: John **Shinn**, Clement (X) **Shinn**, Daniel **Leeds**, William **Shattock** & James **Delaplaine**.

23 Jul 1688, William **Stayner**, of Springfield, near Burlington, West New Jersey to Samuel **Ogbourne**, carpenter, of same, £40, 90 acres...line of Thomas **Budd** & John **Panwast**, purchased of Thomas **Curtis**. Signed William **Stayner**. Wit: John **Snape**, Archibald (X) **Silver** & Daniel **Leeds**.

16 Mar 1694, William **Biddle**, merchant, of Mount Hope, Burlington Co., West New Jersey to Isaac **Marriott**, merchant, of Burlington, West New Jersey, £6, lot in Burlington. Signed William **Biddle**. Wit: Edward **Humloke**, Daniel **Wills** & Thomas **Revell**.

20 Nov 1686, Christopher **Snoden**, yeoman, of Burlington, West New Jersey to Godfrey **Hancock** Sr., yeoman, of Steetley, Burlington Co., West New Jersey, land trade of 78 acres. Signed Christopher **Snoden**. Wit: Abraham **Senior**, Mordecai **Bowden** & Thomas **Revell**.

6 Oct 1693, John **Moore** & Thomas **Lane** appoint Jeremiah **Basse** & Nathaniel **Westland**.

2 Apr 169, Mordecai **Andrews**, (son & heir of Samuel **Andrews**, deceased), of Mansfield Twp., Burlington Co., West New Jersey to Obadiah **Hierton**, husbandman, of Burlington Co., West New Jersey, £7, 100 acres...line of John **Vanderhill** & William **Ellis**. Signed Mordecai **Andrews**. Wit: Thomas **Revell**, John **Eyre** & Thomas **Potts** Jr.

10 Nov 1690, Samuel **Taylor**, husbandman, of Chesterfield, Burlington Co., West New Jersey to Marmaduke **Horfman**, husbandman, of Burlington Co., West New Jersey, £8, 53 acres. Signed Samuel **Taylor**. Wit: John **Calowe** & Symon **Charles**.

8 May 1684, Thomas **Olive**, merchant, of Wellingbourgh, Burlington Co.,

West New Jersey to Freedom **Lippincott**, merchant, of same, £20, 200 acres. Signed Thomas **Olive**. Wit: George **Shinn**, Clement (X) **Shinn** & Thomas **Eves**.

17 May 1695, William **Biddle**, merchant, of Mount Hope, Burlington Co., West New Jersey to Thomas **Williams**, tanner, late of Pensankin Creek, but now of Philadelphia, Pennsylvania, 100 acres. Signed William **Biddle**. Wit: John **Curtis**, Francis **Davenport** & Thomas **Revell**.

11 May 1690, Francis **Davenport**, yeoman, of Chesterfield, Burlington Co., West New Jersey to Marmaduke **Horfman**, husbandman, of Burlington Co., West New Jersey, £5, 50 acres. Signed Francis **Davenport**. Wit: Anthony **Woodward** & Symon **Charles**.

30 Mar 169, Abraham **Senior**, dyer, of Burlington, West New Jersey to Nathaniel **Westland**, merchant, of same, £110, house & plantation in Burlington. Signed Abraham **Senior**. Wit: Thomas **Revell**, John **Meredith** & Nicholas **Martinland**.

7 Oct 1692, John **Calowe**, wheelwright, of Burlington, West New Jersey to Abraham **Senior**, dyer, of same, £10, two water lots...Island of Burlington. Signed John **Calowe**. Wit: John **Joyner** & Nathaniel **Cripps**.

18 May 1695, Thomas **Williams**, tanner, of Philadelphia, Pennsylvania to Stephen **Day**, yeoman, of Burlington Co., West New Jersey, £10.75, 100 acres. Signed Thomas (X) **Williams**. Wit: William **Biddle**, John **Curtis** & Thomas **Revell**.

2 Nov 1694, George **Hutchinson**, distiller, of Burlington, West New Jersey to John **Appleton**, yeoman, of Pensankin Creek, Burlington Co., West New Jersey, £6, 100 acres. Signed George **Hutchinson**. Wit: Thomas **Gardener** & Peter **Frotwell**.

12 Dec 1687, William **Myers**, yeoman, of Burlington, West New Jersey to John **Day**, yeoman, of Burlington Co., West New Jersey, £16, 150 acres purchased of John **Gray**. Signed William **Myers**. Wit: Henry **Grubb** & Symon **Charles**.

17 Nov 1690, Daniel **Howell**, yeoman, late of Coopers Creek, Gloucester Co., West New Jersey, now of Philadelphia, Pennsylvania to Josiah **Appleton**, yeoman, of Appletown, West New Jersey, £3, 60 acres...Thomas **Howell** purchased of Benjamin **Bartlett**...said Daniel **Howell** purchased of Mordecai **Howell** who obtained from Thomas **Howell**, deceased. Signed Daniel **Howell**. Wit: Samuel **Spnier**, John **Willis** & John **Kay**.

10 May 1695, Archibald **Silver**, planter, of Northampton Twp., Burlington Co., West New Jersey to James **Smith**, planter, of same, £10, 100 acres...line of Robert **Dinsdale**. Signed Archibald (X) **Silver**. Wit: Daniel **Leeds**, Thomas **Kendall** & John (X) **Silver**.

11 Jun 1695, John **Shinn**, wheelwright, of Spring Fish Lodge, Burlington Co., West New Jersey to John & Mary **Crosby**, millwright, of Springfield, Burlington Co., West New Jersey, (said Mary is the daughter of John **Shinn**). for love and affection, 150 acres. Signed John **Shinn**. Wit: John (X) **Day**, Thomas **Ryser** & Thomas **Revell**.

3 Apr 1694, George **Hutchinson**, (attorney for Thomas **Penford**), distiller, Burlington, West New Jersey to John **Roberts**, yeoman, of Burlington Co., West New Jersey, £6.8, 130 acres. Signed George **Hutchinson**. Wit: Thomas **Gardner** & Peter **Frotwell**.

7 Mar 1694, Daniel **Wills**, chemist, of Northampton, Burlington Co., West New Jersey to Francis **Coleman**, iron worker, of Woolburn, Bedford Co., England, £5, 100 acres. Signed Daniel **Wills**. Wit: John **Hudson**, Hope **Wills** & Thomas **Eves**.

8 Jun 1695, Jane **Ogbourne**, widow of Samuel **Ogbourne**, carpenter, deceased, of Burlington, West New Jersey to Lyonel **Britten**, blacksmith, of Philadelphia, Pennsylvania, lot in Burlington. Signed Jane (X) **Ogbourne**. Wit: Nathaniel **Westland**, Thomas **Revell**, Samuel **Furris** & Oliver **Westland**.

20 Apr 1695, Jeremiah **Basse**, merchant, of Burlington, West New Jersey to Arthur **Crossy**, yeoman, of Cape May, Burlington Co., West New Jersey, £35, 350 acres. Signed Jeremiah **Basse**.

21 Apr 1695, Jeremiah **Basse**, merchant, of Burlington, West New Jersey to Casar **Hoskins**, whaleman, of Cape May, Burlington Co., West New Jersey, £15, 150 acres. Signed Jeremiah **Basse**. Wit: Joseph **Houldin** & Joseph **Barkstead**. With a mortgage.

19 Apr 1695, Jeremiah **Basse**, merchant, of Burlington, West New Jersey to John **Richardson**, whaleman, of Cape May, Burlington Co., West New Jersey, £12, 124 acres. Signed Jeremiah **Basse**. Wit: Joseph **Houldin** & Joseph **Barkstead**. With a mortgage.

20 Apr 1695, Jeremiah **Basse**, merchant, of Burlington Co., West New Jersey to Jonathan **Osbourne**, yeoman, of Cape May, Burlington Co., West New Jersey, £10.5, 110 acres. Signed Jeremiah **Basse**. Wit: Joseph **Houldin** & Joseph **Barkstead**. With a mortgage.

19 Apr 1695, Jeremiah **Basse**, merchant, of Burlington Co., West New

Jersey to Nathaniel **Short**, whaler, of Cape May, Burlington Co., West New Jersey, £20, 200 acres. Signed Jeremiah **Basse**. Wit: Shamger **Hand** & Joseph **Barkstead**. With a mortgage.

22 Apr 1695, Jeremiah **Basse**, merchant, of Burlington Co., West New Jersey to Cornelius **Stelinger**, whaleman, of Cape May, Burlington Co., West New Jersey, £13.4, 134 acres. Signed Jeremiah **Basse**. Wit: John **Jarvis** & Joseph **Houldin**. With a mortgage.

9 Jun 1695, Jeremiah **Basse** power of attorney to Joshua **Barkstead** & Joseph **Houldin**. Signed Jeremiah **Basse**.

24 Jun 1695, George **Hutchinson**, merchant, of Burlington, West New Jersey to Thomas **Bridge**, of Salem, West New Jersey & John **Greene**, blacksmith, £50.1, 912 acres... line of John **Bellows**. Signed George **Hutchinson**. Wit: Thomas **Budd**, Nathaniel **Westland** & Thomas **Revell**.

22 Apr 1695, Jeremiah **Basse**, agent for the West New Jersey Society to Henry **Stites**, whaleman, of Cape May, Burlington Co., West New Jersey, £20, 200 acres. Signed Jeremiah **Basse**. Wit: Joseph **Holden** & Joshua **Beckstead**. With a mortgage.

22 Apr 1695, Jeremiah **Basse**, merchant, of Burlington Co., West New Jersey to Samuel **Mathews**, whaler, of Cape May, Burlington Co., West New Jersey, £17.5, 175 acres. Signed Jeremiah **Basse**. Wit: John **Jarvis** & Samuel **Crowell**. With a mortgage.

27 Apr 1695, Jeremiah **Basse**, merchant, of Burlington, West New Jersey, (representing the society) to William **Mason**, yeoman, of Cape May, Burlington Co., West New Jersey, £15, 150 acres. Signed Jeremiah **Basse**. Wit: John **Jarvis** & John **Townsend**.

26 Apr 1695, Jeremiah **Basse**, merchant, of Burlington, West New Jersey, (representing the society) to Humphrey **Hewes**, whaler, of Cape May, Burlington Co., West New Jersey, £20, 206 acres. Signed Jeremiah **Basse**. Wit: John **Jarvis** & Joshua **Beckstead**.

22 Apr 1695, Jeremiah **Basse**, merchant, of Burlington, West New Jersey, (representing the society) to Thomas **Hand**, whaler, of Cape May, Burlington Co., West New Jersey, £40, 400 acres. Signed Jeremiah **Basse**. Wit: Joseph **Holden** & Joshua **Beckstead**.

22 Apr 1695, Jeremiah **Basse**, merchant, of Burlington, West New Jersey, (representing the society) to Abigail **Pine**, spinster, of Cape May, Burlington Co., West New Jersey, £20, 200 acres. Signed Jeremiah **Basse**. Wit: John **Jarvis** & Joshua **Beckstead**.

19 Apr 1695, Jeremiah **Basse**, merchant, of Burlington, West New Jersey, (representing the society) to William **Johnson**, yeoman, of Cape May, Burlington Co., West New Jersey, £53, 236 acres. Signed Jeremiah **Basse**. Wit: Joseph Holden & Joshua **Beckstead**.

22 Apr 1695, Jeremiah **Basse**, merchant, of Burlington, West New Jersey, (representing the society) to Elizabeth **Carman**, spinster, of Cape May, Burlington Co., West New Jersey, £20, 200 acres. Signed Jeremiah **Basse**. Wit: John **Jarvis** & Benjamin **Godfrey**.

20 Apr 1695, Jeremiah **Basse**, merchant, of Burlington, West New Jersey, (representing the society) to Joseph **Holding**, yeoman, of Cape May, Burlington Co., West New Jersey, £20, 236 acres. Signed Jeremiah **Basse**. Wit: Jonathan **Osbourne** & Joshua **Beckstead**.

22 Apr 1695, Jeremiah **Basse**, merchant, of Burlington, West New Jersey, (representing the society) to Joseph **Wheldon**, yeoman, of Cape May, Burlington Co., West New Jersey, 150 acres. Signed Jeremiah **Basse**. Wit: Joseph Holden & John **Jarvis**.

22 Apr 1695, Jeremiah **Basse**, merchant, of Burlington, West New Jersey, (representing the society) to William **Jacobs**, yeoman, of Cape May, Burlington Co., West New Jersey, £34, 340 acres. Signed Jeremiah **Basse**. Wit: Joseph Holden & Joshua **Beckstead**.

23 Apr 1695, Jeremiah **Basse**, merchant, of Burlington, West New Jersey, (representing the society) to John **Causon**, yeoman, of Cape May, Burlington Co., West New Jersey, £30, 300 acres. Signed Jeremiah **Basse**. Wit: Joseph Holden & Joshua **Beckstead**.

23 Apr 1695, Jeremiah **Basse**, merchant, of Burlington, West New Jersey, (representing the society) to Peter **Causon**, weaver, of Cape May, Burlington Co., West New Jersey, £40, 400 acres. Signed Jeremiah **Basse**. Wit: Joseph Holden & Joshua **Beckstead**.

23 Apr 1695, Jeremiah **Basse**, merchant, of Burlington, West New Jersey, (representing the society) to John **Townsend**, carpenter, of Cape May, Burlington Co., West New Jersey, £50, 600 acres. Signed Jeremiah **Basse**. Wit: Joseph Holden & Joshua **Beckstead**.

23 Apr 1695, Jeremiah **Basse**, merchant, of Burlington, West New Jersey, (representing the society) to John **Townsend**, carpenter, of Cape May, Burlington Co., West New Jersey, 260 acres. Signed Jeremiah **Basse**. Wit: Joseph Holden & Joshua **Beckstead**.

21 Apr 1695, Jeremiah **Basse**, merchant, of Burlington, West New Jersey, (representing the society) to Dorothy **Hewitt**, spinster, of Cape May, Burlington Co., West New Jersey, £34, 340 acres. Signed Jeremiah **Basse**. Wit: Joseph Holden & Thomas **Revell**.

30 Jun 1691, Samuel **Jennings**, merchant, of Philadelphia, Pennsylvania to Peter **Long**, husbandman, of Carter Creek, Salem Co., West New Jersey, 757 acres. Signed Samuel **Jennings**. Wit: Thomas **Miller**, Emanuel **Smith** & Thomas **Revell**.

22 Apr 1695, Jeremiah **Basse**, merchant, of Burlington, West New Jersey, (representing the society) to Shamger **Hand**, gentleman, of Cape May, Burlington Co., West New Jersey, £70, 700 acres. Signed Jeremiah **Basse**. Wit: Edward **Humloke**, John **Worlidge** & Thomas **Revell**.

22 Apr 1695, Jeremiah **Basse**, merchant, of Burlington, West New Jersey, (representing the society) to Shamger **Hand**, gentleman, of Cape May, Burlington Co., West New Jersey, £1.5, 15 acres. Signed Jeremiah **Basse**. Wit: Edward **Humloke**, John **Worlidge** & Thomas **Revell**.

22 Apr 1695, Jeremiah **Basse**, merchant, of Burlington, West New Jersey, (representing the society) to William **Whitlock**, gentleman, of Cape May, Burlington Co., West New Jersey, £50, 500 acres. Signed Jeremiah **Basse**. Wit: Edward **Humloke**, John **Worlidge** & Thomas **Revell**.

22 Apr 1695, Jeremiah **Basse**, merchant, of Burlington, West New Jersey, (representing the society) to Jacob **Dayton**, yeoman, of Cape May, Burlington Co., West New Jersey, £20, 200 acres. Signed Jeremiah **Basse**. Wit: Edward **Humloke**, John **Worlidge** & Thomas **Revell**.

22 Apr 1695, Jeremiah **Basse**, merchant, of Burlington, West New Jersey, (representing the society) to Jonathan **Foreman**, yeoman, of Cape May, Burlington Co., West New Jersey, £25, 250 acres. Signed Jeremiah **Basse**. Wit: Edward **Humloke**, John **Worlidge** & Thomas **Revell**.

22 Apr 1695, Jeremiah **Basse**, merchant, of Burlington, West New Jersey, (representing the society) to John & Caleb **Carman**, whalers, of Cape May, Burlington Co., West New Jersey, £22.75, 225 acres. Signed Jeremiah **Basse**. Wit: Edward **Humloke**, John **Worlidge** & Thomas **Revell**.

22 Apr 1695, Jeremiah **Basse**, merchant, of Burlington, West New Jersey, (representing the society) to Samuel **Crowell**, gentleman, of Cape May, Burlington Co., West New Jersey, £22, 226 acres. Signed Jeremiah **Basse**. Wit: Edward **Humloke**, John **Worlidge** & Thomas **Revell**.

13 Jul 1695, George **Hutchinson**, Robert **Wheeler**, Samuel **Furris** & Joseph **Adams**, executors of the will of Thomas **Gladwin** to Alexander **Stewart**, 300 acres. Signed George **Hutchinson**, Robert **Wheeler**, Samuel **Furris** & Joseph **Adams**. Wit: John **Tatham**, Nathaniel **Westland** & Thomas **Revell**.

20 May 1695, David **Lillies** to Samuel **Nichols**, sawyer, of Philadelphia, Pennsylvania, £14, 100 acres. Signed David **Lillies**. Wit: Edward **Humloke** & Thomas **Revell**.

12 Apr 1686, Noell **Mew**, mariner, of New Port, Rhode Island to William **Allen**, cordwinder, of same, £200, 500 acres. Signed Noell **Mew**. Wit: John (X) **Bennett** & Joseph (X) **Laudon**.

25 May 1688, Thomas **Olive**, merchant, of Wellingbourgh near Burlington, West New Jersey to Robert **Ingle**, yeoman, of Burlington, West New Jersey, £10, 100 acres. Signed Thomas **Olive**. Wit: Daniel **Wills**, William **Howlings** & Thomas **Eves**.

25 Jun 1695, Thomas **Wilkins**, yeoman, of Evertham, Burlington Co., West New Jersey to Robert **Ingle**, husbandman, of same, £5, 50 acres, purchased of John **Skene**. Signed Thomas **Wilkins**. Wit: John **Paine**, William **Hasker** & Thomas **Eves**.

1 Jan 1690, John **Manson**, yeoman, of Burlington Co., West New Jersey to William **Hasker**, husbandman, of same, £4, 100 acres, purchased of Thomas **Olive**. Signed John **Manson**. Wit: John **Paine**, Robert (X) **Ingle** & Thomas **Eves**.

12 Apr 1689, Frederick **King**, of Synamensick, West New Jersey to Elias **Tay**, planter, of same, 233 acres & six acres. Signed Frederick (X) **King**. Wit: Haine **Manson**, Joane **Keyen** & Susrmies (X) **Tay**.

10 Sep 1691, Samuel **Coles**, yeoman, of Gloucester Co., West New Jersey to Mathias **Beyllis**, planter, of same, £6, 82 acres...line of Samuel **Borough**, Timothy **Hancock** & Thomas **Roadman**. Signed Samuel **Coles**. Wit: Richard **Pittman**, William **Evans** & John **Kay**.

20 Nov 1685, Marmaduke **Horsman**, planter, of Chesterfield, West New Jersey to Samuel **Taylor**, planter, of Cross Creek, West New Jersey, £8.5, 50 acres. Signed Marmaduke (X) **Horsman**. Wit: John (X) **Willborne** & Joane (X) **Willborne**.

30 Mar 1695, Jeremiah **Basse**, yeoman, of Burlington, West New Jersey to John **Lee**, yeoman, of same, £19.35, 150 acres. Signed Jeremiah **Basse**. Wit: Thomas **Revell**, Joshua **Barkstead**, Nathan **Inggles** & Obadiah **Holmes**.

16 May 1695, Jeremiah **Basse**, merchant, of Burlington, West New Jersey, (representing the society) to Thomas **Revell**, gentleman, of Bertrop, Burlington Co., West New Jersey, 24,000 acres. Signed Jeremiah **Basse**. Wit: Edward **Humloke**, John **Tatham** & Obadiah **Holmes**.

1 Apr 1695, Joshua **Barkstead**, merchant, of Salem Co., West New Jersey to Nathaniel & Katherine **Bacon**, husbandman, 200 acres...corner to Jonathan **Holmes** & Obadiah **Holmes**. Signed Joshua **Barkstead**. Wit: Jeremiah **Basse**, Obadiah **Holmes** & Jonathan **Holmes**.

30 Mar 1695, Joshua **Barkstead**, merchant, of Cohammsie, Salem Co., West New Jersey & Jeremiah **Basse**, merchant, of same, (brother of said Joshua) deed in trust to Mary **Basse**, of London, England, (mother of said Joshua & Jeremiah) & Francis **Barkstead**, merchant, of London, England, (brother of said Joshua & Jeremiah). Signed Joshua **Barkstead** & Jeremiah **Basse**. Wit: Thomas **Revell**, Thomas **Potts** & Obadiah **Holmes**.

17 Aug 1695, Thomas **Kendall**, bricklayer, of Burlington Co., West New Jersey to Henry **Low**, planter, of same, £4, 70 acres...between James **Sherwin** & John **Rush**. Signed Thomas **Kendall**. Wit: John **Shinn**, James **Satterthwait** & Thomas **Eves**.

16 Feb 1689, John **Dewilde**, potter, of Burlington, West New Jersey to Michael **Newbold**, yeoman, of Burlington Co., West New Jersey, £31, goods. Signed John **Dewilde**. Wit: Thomas **Flight**, Nathaniel **Wye** & Thomas **Revell**.

13 Sep 1695, Obadiah **Hyerton**, yeoman, of Burlington Co., West New Jersey to Edward **Boulton**, husbandman, of Burlington, West New Jersey, £7.35, 100 acres. Signed Obadiah **Hyerton**. Wit: Ruxton **Gay** and **Hyerton**. Wit; John **Eyre**, Thomas **Potts** Jr. & Thomas **Revell**.

11 Jun 1692, Robert **Stacy**, John **Hart**, both of Philadelphia, Pennsylvania, Richard **Whitfield**, Thomas **Fairman** & Charles **Pickering**, executors of the estate of Anna **Salter** to Samuel **Nichols**, sawyer, of Philadelphia, Pennsylvania, 100 acres. Signed Robert **Stacy**, John **Hart**, Richard **Whitfield**, Thomas **Fairman** & Charles **Pickering**. Wit: Humphrey **Morrey**, John **Ladd** & John **Southworth**.

30 Mar 1695, George **Hutchinson**, distiller, of Burlington, West New Jersey to John **Bunting**, carpenter, of Chesterfield, Burlington Co., West New Jersey, £3, 50 acres. Signed George **Hutchinson**. Wit: Daniel **Leeds**, Walter **Reeves** & Robert **Wilson**.

5 Mar 1681, John **Harris**, yeoman, of Goat Acre, Wills Co. to Walter **Humphries**, weaver, of Glouchester Co., £7. Signed John **Harris**. Wit:

William **Sherton**, Henry **Gerish** & Nichols **Edwards**.

5 Oct 1695, Walter **Humphries**, yeoman, of Burlington, West New Jersey to Henry **Ballinger**, yeoman, of Burlington Co., West New Jersey, for three years service. Signed Walter **Humphries**. Wit: Thomas **Revell**,Thomas **Kendell**, George **Elkington** & William **Hiskson**.

5 Oct 1695, Josiah **Prickett**, baker, of Burlington, West New Jersey to Walter **Humphries**, yeoman, of same, £45,m house & lot in Burlington...Jonathan **Basse** & James **Barrett**. Signed Josiah (X) **Prickett**. Wit: George **Elkington** & Thomas **Revell**.

19 May 1685, Jonathan **Beers**, merchant, of Burlington, West New Jersey to James **Barrett**, carpenter, of same, £40, house & lot in Burlington. Signed Jonathan **Beers**. Wit: James **Budd**, Richard **Bassnett**, William **Jones** & Thomas **Revell**.

14 Jul 1694, James **Barrett** to Josiah **Prickett**, £23, house & lot in Burlington. Signed James (X) **Barrett**. John **Worlidge** & Jonathan **Beers**.

5 Oct 1695, Walter **Humphries**, yeoman, of Burlington Co., West New Jersey to George & Mary **Elkington**, (said Mary is the daughter of said Walter), for love and affection, 100 acres. Signed Walter **Humphries**. Wit: Thomas **Revell**, William **Hickson**, Henry **Ballenger** & Daniel **Wills**.

10 Nov 1688, Samuel **Jennings**, yeoman, of greenbelt, West New Jersey to John **Langstaffe**, yeoman, of Yorkshire, West New Jersey, £4, 50 acres. Signed Samuel **Jennings**. Wit: Phinehas **Pemberton** & Isaac **Marriott**.

10 Feb 1690, Francis **Davenport**, of Chesterfield, Burlington Co., West New Jersey to John **Langstaffe**, husbandman, Burlington Co., West New Jersey, £6, 73 acres. Signed Francis **Davenport**. Wit: Sarah **Davenport**, Richard (X) **Dawson** & Symon **Charles**.

4 Feb 1692, George **Hutchinson**, distiller, of Burlington, West New Jersey to John **Langstaffe**, yeoman, of Burlington Co., West New Jersey, £10, 200 acres. Signed George **Hutchinson**. Wit: James **Wills**, Joseph **Kemble** & Thomas **Bibb**.

27 Oct 1694, Samuel **Stacy**, merchant, of Philadelphia, Pennsylvania, (attorney for Richard **Mathews**, merchant, of London, England) to Thomas **Bibb**, whitesmith, of Burlington, West New Jersey, £28, water lot & house in Burlington. Signed Samuel **Stacy**. Wit: John **Holmes**, William **Hearns** & Samuel **Ogbourne**.

25 Oct 1690, Samuel **Stacy**, son of Henry **Stacy**, deceased, late of Peters

Alley, Cornhell, London to John **Hollinshead**, yeoman, of Northampton River, near Burlington, West New Jersey, £4, water lot in Burlington. Signed Samuel **Stacy**. Wit: Thomas **Kendall**, John **Cornish**, Daniel **Wills** & Richard **Bassnett**.

9 Nov 1691, William **Henlings** & Abraham **Henlings**, yeomen, of Burlington Co., West New Jersey to John **Hollinshead**, yeoman, of same, £6, lots in Burlington. Signed William **Hulings** & Abraham **Hulings**. Wit: William (X) **White** & Susanna (X)s **Nott**.

6 Feb 1682, John **Antram**, shoemaker, of Burlington, West New Jersey to John **Hollinshead**, merchant, of same, £0.75, wharf lot. Signed John (X) **Antram**. Wit: Robert **Powell**, John **Dewsbury** & Thomas **Eves**.

9 Feb 1691, William **Biddle**, merchant, of Burlington, West New Jersey to John **Hollinshead**, yeoman, of Northampton River, of Burlington Co., West New Jersey, £1.5, wharf lot. Signed William **Biddle**. Wit: Thomas **Lambert** & Francis **Collins**.

26 Feb 1676, Thomas **Olive**, of Wellingborugh, Northampton Co. to Thomas **Eves**, paster, of London, £5. Signed Thomas **Olive**. Wit: John **Hollinshead**, Thomas **French** & John (X) **Woolston**.

21 Nov 1687, Samuel **Jennings**, yeoman, of Greenhill, Burlington Co., West New Jersey to Samuel **Nichols**, husbandman, of Philadelphia, Pennsylvania, £12, 100 acres, purchased of John **Ridges**. Signed Samuel **Jennings**. Wit: John **Budd** Jr., Thomas **Bryan** & Symon **Charles**.

10 Jul 1695, Helen **Skene**, widow, of Burlington, West New Jersey to Edward **Humloke**, merchant, of Wingerworth Point, Burlington Co., West New Jersey, £15, 100 acres. Signed Helen **Skene**. Wit: Thomas **Revell**, Joseph **Hutchinson** & Nathaniel **Cripps**.

18 Oct 1695, Edward **Humloke**, merchant, of Wingerworth Point, Burlington Co., West New Jersey to John **Hoosten**, yeoman, of Sepus, New York & John **Hammell**, yeoman, of same, £600, house & plantation in Burlington, purchased of James & Sarah **Reade**, 500 acres. Signed Edward **Humloke**. Wit: Thomas **Revell**, William **Wood**, Thomas **Scholey** & Isaac **Marriott**.

19 Oct 1695, John **Joolsten**, yeoman, of Wingerworth Point, Burlington Co., West New Jersey & John **Hammell**, yeoman, of same to Edward **Humloke**, merchant, of same, £600, mortgage. Signed John **Joolsten** & John **Hammell**. Wit: Thomas **Revell**, William **Wood**, Thomas **Scholey** & Isaac **Marriott**.

2 Apr 1690, Symon **Charles**, taylor, of Burlington Co., West New Jersey to Francis **Austin**, carpenter, of same, £14, 150 acres...between John **Woolston** & Thomas **Revell**. Signed Symon **Charles**. Wit: Thomas **Scattergood** & Joseph **Scattergood**.

2 Jan 1695, Francis **Austin**, carpenter, of Eversham, Burlington Co., West New Jersey to George **Porter**, breadweaver, of Mansfield, Burlington Co., West New Jersey, £16, 150 acres. Signed Francis **Austin**. Wit: John **Haines**, Thomas **Williams** & Daniel **Leeds**.

5 Jun 169, Eliakim **Higgins**, yeoman, of Mansfield Twp., Burlington Co., West New Jersey to Joseph **English**, yeoman, of Mason Head, Burlington Co., West New Jersey, £880, house & 100 acres. Signed Eliakim **Higgins**. Wit: Thomas **Revell**, John **Eye** & Thomas **Potts** Jr.

1 Nov 1695, Daniel **Leeds**, of Springfield, Burlington Co., West New Jersey to John **Cluff**, of same, £9, 62 acres. Signed Daniel **Leeds**. Wit: James **Wills** & John **Crosby**.

2 Nov 1695, Mathew **Allen**, yeoman, of Burlington Co., West New Jersey to James **Sherwin**, yeoman, of same, £38, 230 acres...corner to William **Budding**. Signed Mathew **Allen**. Wit: Thomas **Revell**, William **Woods** & Isaac **Conerse**.

3 Feb 1693, George **Hutchinson**, merchant, of Burlington, West New Jersey, (attorney for Thomas **Anderson**, chandler, of Middlesex Co.) to Daniel **Leeds**, yeoman, of Springfield, Burlington Co., West New Jersey, £9.35. Signed George **Hutchinson**. Wit: Edward **Humloke**, William **Biddle** & Thomas **Revell**.

Nov 1693, George **Porter**, silkweaver, of Burlington Co., West New Jersey to Daniel **Leeds**, of Springfield, Burlington Co., West New Jersey, £23.75. Signed George **Porter**. Wit: John **Tatham**, Francis **Davenport** & Thomas **Wallis**.

11 May 1694, John **Cornish**, carpenter, of Burlington Co., West New Jersey to Daniel **Leeds**, of Springfield, Burlington Co., West New Jersey, £6, 130 acres...of 300 acres purchased of John **Willis**. Signed John **Cornish**. Wit: Thomas **Gardner** & Peter **Frotwell**.

19 Jun 1694, James **Antram**, planter, of Mansfield, Burlington Co., West New Jersey to Daniel **Leeds**, cooper, of Springfield, Burlington Co., West New Jersey, £8, 200 acres. Signed James (X) **Antram**. Wit: Daniel **Wills** & Peter **Frotwell**.

19 Sep 1694, Ebenezer **Fenton**, of Springfield, Burlington Co., West New

Jersey to Daniel **Leeds**, 2 acres. Signed Ebenezer **Fenton**. Wit: Francis **Davenport** & Peter **Frotwell**.

28 Mar 1695, Thomas **Lambert**, tanner, of Nottingham, Burlington Co., West New Jersey to John **Abbott**, husbandman, of Crosswick Creek, £1, 40 acres. Signed Thomas **Lambert**. Wit: John **Lambert**, Francis **Dennyhiste** & William **Emley**.

9 Sep 1692, Edward **Humloke**, merchant, of Wingerworth, Burlington Co., West New Jersey to Samuel **Terrett**, blacksmith, of Burlington, West New Jersey, £6.6, two lots in Burlington. Signed Edward **Humloke**. Wit: Daniel **Leeds** & Mary **Humloke**.

5 Jan 1688, Daniel **Baron**, yeoman, of Baronfield, Burlington Co., West New Jersey to John **Snape**, husbandman, of Burlington Co., West New Jersey, £20, 200 acres. Signed Daniel **Bacon**. Wit: William **Quicksall** & John **Baron**.

2 Feb 1692, William **Hunt**, planter, of Springfield, Burlington Co., West New Jersey to John **Snape**, planter, of same, 10 acres...part of 100 acres purchased of Francis **Boswick**. Signed William **Hunt**. Wit: Daniel **Leeds** & Abrimlock (X) **Hudson**.

22 Jun 1695, Mahlon **Stacy**, yeoman, of Ballsfield, Burlington Co., West New Jersey to John **Bryerley**, miller, of Burlington, West New Jersey, £20, 200 acres. Signed Mahlon **Stacy**. Wit: William (X) **Spencer**, Samuel (X) **Davis** & William **Emley**.

14 Apr 1682, Anthony **Morris**, baker, of Burlington, West New Jersey to Thomas **French**, yeoman, of same, £2, water lot in Burlington...corner to Richard **Bassnett**. Signed Anthony **Morris**. Wit: John **Paine**, William **Howlings** & Thomas **Eves**.

19 Oct 1695, John **Bards**, carpenter, of Burlington, West New Jersey to Samuel **Terrett**, smith, of same, £4, 100 acres...corner to John **Woolman**. Signed John **Bards**. Wit: Henry **Grubb** & Daniel **Leeds**.

4 Jun 1692, John & Mary **Rodman**, of Black Island, Rhode Island to John **Adams**, 475 acres & 25 acres. John **Rodman** & Mary **Rodman**. Wit: Hugh **Cowper**, John **Harrison** & James **Clement**.

21 Feb 1692, Thomas **Budd**, merchant, of Philadelphia, Pennsylvania to John **Abbott**, planter, of Nottingham, Burlington Co., West New Jersey, £13. Signed Thomas **Budd**. Wit: Peter **Bosse**, Mathew **Allen** & William **Biles**.

8 Aug 1693, John **Hollinshead**, yeoman, of Burlington Co., West New Jersey to Elias **Tay**, planter, of same, £7.5, 75 acres. Signed John **Hollinghead**. Wit: Thomas **Revell**, James **Adams** & Samuel **Harriott**.

17 Nov 1691, Henry & Mary **Grubb**, innkeeper, of Burlington, West New Jersey to John **Hollinshead**, yeoman, of Burlington Co., West New Jersey, £30. Signed Henry **Grubb** & Mary (X) **Grubb**. Wit: Elias **Tay**, Frederick **King** & James **Hill**.

5 Oct 1695, Daniel **Leeds**, of Springfield, Burlington Co., West New Jersey to John **Hollinshead**, of Burlington, West New Jersey, £7. Signed Daniel **Leeds**. Wit: Francis **Davenport** & John **Curtis**.

8 Aug 1693, John **Hollinshead**, yeoman, of Burlington, West New Jersey to Frederick **King**, planter, of same, £7.5, 75 acres. Signed John **Hollinshead**. Wit: Thomas **Revell**, John **Adams** & Samuel **Harriott**.

8 Oct 1694, George **Hutchinson**, distiller, of Burlington, West New Jersey to Richard **Sitman**, planter, of Burlington Co., West New Jersey, £4, 80 acres. Signed George **Hutchinson**. Wit: Thomas **Gardner** & Peter **Frotwell**.

1 Nov 1694, Henry & Mary **Grubb** & Thomas & Abigail **Raper**, all of Burlington, West New Jersey to Thomas **Wilkins**, Eversham Twp., West New Jersey, £7, 50 acres. Signed Henry **Grubb**, Mary (X) **Grubb**, Thomas **Raper** & Abigail (X) **Raper**. Wit: Daniel **Leeds** & Peter **Frotwell**.

18 Aug 1693, George **Hutchinson**, merchant, of Burlington, West New Jersey to Henry **Burr**, yeoman, of Burlington Co., West New Jersey, £4, 100 acres. Signed George **Hutchinson**. Wit: Thomas (X) **Fowke**, Robert **Wilson** & John **Townsend**.

16 Aug 1688, Robert **Drumsdale**, of Burlington Co., West New Jersey to Henry **Burr**, husbandman, of same. Signed Robert **Drumsdale**. Wit: Francis **Collins**, John **Budd** & Symon **Charles**.

26 Feb 1676, Thomas **Olive**, haberdasher, of Northampton Co. to John **Roberts**, yeoman, of Overstan, Northampton Co., £10. Signed Thomas **Olive**. Wit: John **Hollinshead**, Thomas **French** & Thomas **Eves**.

21 Aug 1688, Robert **Drumsdale**, doctor, of Burlington Co., West New Jersey to power of attorney to John **Tatham**, Samuel **Jennings** & Symon **Charles**, all of Burlington, West New Jersey. Signed Robert **Drumsdale**. Wit: Francis **Collins** & John **Budd**.

8 Apr 1689, Robert **Stacy**, tanner, of Philadelphia, Pennsylvania to William **Myers**, butcher, of Burlington, West New Jersey, £12, 10 acres. Signed

Robert **Stacy**. Wit: Isaac **Derow** & Symon **Charles**.

12 Mar 1691, Mary **Myers**, widow of William **Myers**, of Burlington, West New Jersey, with Thomas **Gilberthorp**, John **Bunting** & Francis **Davenport** to Charles **Reade**, £6.5, 5 acres. Signed Mary **Myers**, Thomas **Gilberthorp**, John **Bunting** & Francis **Davenport**. Wit: George **Hutchinson**, Isaac **Marriott** & William **Toone**.

10 Mar 1691, Mary **Myers**, widow of William **Myers**, of Burlington, West New Jersey, with Thomas **Gilberthorp**, John **Bunting** & Francis **Davenport** to George **Hutchinson**, merchant, of same, £6.5, 5 acres. Signed Mary **Myers**, Thomas **Gilberthorp**, John **Bunting** & Francis **Davenport**. Wit: George **Hutchinson**, Isaac **Marriott** & William **Toone**.

6 Sep 1694, George **Hutchinson**, merchant, of Burlington, West New Jersey to Charles **Reade**, taylor, of same, £8, 5 acres. Signed George **Hutchinson**. Wit: Peter **Frotwell**, Joseph **Adams** & Alice **Hutchinson**.

2 Nov 1695, Charles **Reade**, taylor, of Philadelphia, Pennsylvania to Bernard **Lane**, laborer, of Burlington, West New Jersey, £17, 10 acres. Signed Charles **Reade**. Wit: Thomas **Revell**, Thomas **Bibb** & James **Sherwin**.

25 Jun 1695, Benjamin **Wheat**, cordwinder, of Burlington, West New Jersey to Bernard **Lane**, butcher, of same, £10, lot in Burlington. Signed Benjamin **Wheat**. Wit: Daniel **Leeds**, Thomas **Gardner** & James **Satterthwaith**.

7 Dec 1691, Thomas **Wood**, husbandman, of Burlington Co., West New Jersey to John **Bainbridge**, joyner, of Burlington, West New Jersey, £2.15, lots in Burlington. Signed Thomas (X) **Wood**. Wit: Roger **Parke**, William **Hixson** & Samuel **Taylor**.

26 Feb 1691, John **Calowe**, wheelwright, of Burlington Co., West New Jersey to John **Bainbridge**, joyner, of Burlington, West New Jersey, £3, lot in Burlington. Signed John **Calowe**. Wit: Thomas **Gilberthorp** & Grace (X) **Nicholson**.

10 Jan 1694, John **Bainbridge**, joyner, of Burlington, West New Jersey to Thomas **Clark**, of same, £21, lots in Burlington. Signed John **Bainbridge**. Wit: George **Porter**, Isaac **Derow**, Josiah **Birkett** & Daniel **Leeds**.

20 Feb 1694, Thomas **Gilberthorp**, yeoman, of Nottingham, Burlington Co., West New Jersey to Thomas **Clark**, carpenter, of Burlington Co., West New Jersey, £2, lots in Burlington. Signed Thomas **Gilberthorp**. Wit: Daniel

Leeds & Peter **Frotwell**.

28 Sep 1687, William **Lasswell** to William **Hixson**, £0.25. Signed William **Lasswell**. Wit: Francis **Davenport**, John **Willsford** & Sarah **Srothorne**.

29 Sep 1687, William **Lasswell**, of Essex Co., England to William **Hixson**, of Crosswick Creek, West New Jersey, £11. Signed William **Lasswell**. Wit: Francis **Davenport**, John **Wilsford** & Sarah **Srothorne**.

13 Mar 1689, Samuel **Jennings**, yeoman, of Burlington, West New Jersey to William **Hixson**, husbandman, of Crosswick Creek, Burlington Co., West New Jersey, land trade, 250 acres for 100 acres. Signed Samuel **Jennings**. Wit: George **Hutchinson**, John **Wilsford** & Francis **Davenport**.

9 Dec 1695, Thomas **Folks** Jr., yeoman, of Chesterfield, Burlington Co., West New Jersey to John **Bunting**, yeoman, of same, £12, 6 acres. Signed Thomas **Folks** Jr. Wit: Joseph **Smith** & Jacob **Derow**.

3 Nov 1690, George **Hutchinson**, distiller, of Burlington Co., West New Jersey to Hananiah **Gaunt**, yeoman, of same, £10. Signed George **Hutchinson**. Wit: Charles **Reade**, Thomas **Clark** & John **Wearne**.

1 May 1690, Thomas **Lambert**, tanner, of Nottingham, West New Jersey to William **Hixson**, husbandman, of Crosswick Creek, Burlington Co., West New Jersey, £3, 50 acres. Signed Thomas **Lambert**. Wit: Richard (X) **Harrison**, Andrew (X) **Smith**, Elizabeth **Lambert** Jr. & William **Emley**.

3 Sep 1691, George **Hutchinson**, merchant, of Burlington, West New Jersey to Thomas **Wilson**, husbandman, of Burlington Co., West New Jersey, £15.4, 200 acres. Signed George **Hutchinson**. Wit: Martha **Hutchinson** & John **Poorvast**.

3 May 1682, John **Maddocks**, yeoman, of New Salem, West New Jersey to John **Boarton**, £30, 1/16. Signed John **Maddocks**. Wit: John **Hollinshead**, James **Nevill** & Edward **Wade**.

21 Dec 1695, William **Boarton**, of Burlington Co., West New Jersey, (son of John **Boarton**, deceased) to John **Hollinshead**, of same, £3.25, lots in Burlington. Signed William **Boarton**. Wit: Edward **Humloke**, Thomas **Revell** & Thomas **Wilkins**.

11 Nov 1689, William **Biddle**, merchant, of West New Jersey to Thomas **Harding**, yeoman, of Burlington Co., West New Jersey, £14, 100 acres. Signed William **Biddle**. Wit: Thomas **Wright** & Robert **Wheeler**.

3 Jul 1693, Lawrence & Virgin **Morris**, sawyer, of Burlington, West New

Jersey to Robert **Wheeler**, merchant, of same, two lots in Burlington. Signed Lawrence (X) **Morris** & Virgin **Morris**. Wit: John **Budd**, Benjamin **Wheate** & Isaac **Marriott**.

3 Jul 1691, Thomas **Gladwin**, blacksmith, of Burlington, West New Jersey to John **Snape**, husbandman, of Burlington Co., West New Jersey, £7.5, 100 acres. Signed Thomas **Gladwin**. Wit: Daniel **Leeds**, Thomas **Bibb** & Symon **Charles**.

28 Dec 1695, George **Hutchinson**, Robert **Wheeler**, Samuel **Furris** & Joseph **Adams**, all of Burlington, West New Jersey and representing the late Thomas **Gladwin** to John **Snape**, 100 acres. Signed George **Hutchinson**, Robert **Wheeler**, Samuel **Furris** & Joseph **Adams**. Wit: John **Tatham**, Edward **Humloke** & Thomas **Revell**.

16 Mar 1694, Thomas **Lambert**, tanner, of Nottingham, Burlington Co., West New Jersey to John **Mursen**, of Crosswicks, Burlington Co., West New Jersey, £1, 50 acres. Signed Thomas **Lambert**. Wit: Isaac **Marriott** & John **Hollinshead**.

14 Aug 1686, Persivall **Towle**, yeoman, of Sutton Lodge, West New Jersey to Thomas **Scattergood**, husbandman, of same, for love and affection, 100 acres. Signed Persivall **Towle**. Wit: Thomas **Scattergood** Jr., Francis (X) **Davenport** & Persivall (X) **Johnson**.

10 May 1693, Thomas & Abigail **Raper**, smith, of Burlington, West New Jersey to Thomas **Bryant**, planter, of Northampton Co., West New Jersey, £40, 400 acres...corner of Francis **Collins**. Signed Thomas **Raper** & Abigail **Raper**. Wit: James **Marshall** & James **Hill**.

20 Nov 1693, Peter **Basse**, merchant, of Burlington, West New Jersey to Daniel **Smith**, butcher, of Burlington, West New Jersey, £4, house & lot in Burlington. Signed Peter **Basse**. Wit: Francis **Davenport**, Thomas **Revell** & Henry **Grubb**.

22 Feb 1694, William **Biddle**, yeoman, of Mount Hope, West New Jersey to Daniel **Smith**, butcher, of Burlington, West New Jersey, £5, 1.5 acres. Signed William **Biddle**. Wit: James **Wills** & Samuel **Furris**.

7 Jan 1695, Charles **Woolverton**, yeoman, of Burlington Co., West New Jersey to Mathew **Forsyth**, carpenter, of same, £10, 100 acres. Signed Charles **Woolverton**. Wit: Thomas **Revell**, Mary **Revell** & Thomas **Potts** Jr.

16 Nov 1694, George **Hutchinson**, distiller, of Burlington, West New Jersey to John **Scholey**, planter, of Burlington Co., West New Jersey, £7.2, 125 acres. Signed George **Hutchinson**. Wit: Samuel **Furris** & Daniel

Baron.

3 Jul 1689, Samuel **Jennings**, yeoman, of Greenhill, West New Jersey to Thomas **Bryant**, husbandman, of same, £10, 100 acres. Signed Samuel **Jennings**. Wit: William **Ellis**, John (X) **Silver** & William (X) **Haines**.

10 Nov 1688, Samuel **Jennings**, (by power of attorney from John **Ridges**, of London, England) to Thomas **Bryant**, £20, 200 acres. Signed Samuel **Jennings**. Wit: Isaac **Marriott** & Symon **Charles**.

2 Dec 1695, William **Cooper**, of Coopers Point, West New Jersey to John & Hannah **Wollston**, (said Hannah is the daughter of said William), for love and affection, 50.5 acres. Signed William **Cooper**. Wit: Joseph **Cooper**, Lydia **Cooper** & Daniel **Cooper**.

10 Oct 1693, Thomas **Lambert** Sr., tanner, of Nottingham, Burlington Co., West New Jersey to Barnard **Lane**, butcher, of Burlington, West New Jersey, £8, 40 acres. Signed Thomas **Lambert**. Wit: Mahlon **Stacy**, John **Shinn** & Daniel **Leeds**.

24 Apr 1695, Barnard **Lane**, yeoman, of Burlington, West New Jersey to Thomas **Raper**, smith, of same, £12, 40 acres... corner to Nathaniel **Cripps**. Signed Barnard **Lane**. Wit: Benjamin **Wheate** & Peter **Frotwell**.

16 May 1690, Thomas **Wilkins**, laborer, of West New Jersey to Thomas **Raper**, blacksmith, of Burlington, West New Jersey, £5, 100 acres...purchased with his brother John **Wilkins**. Signed Thomas **Wilkins**. Wit: Barnard **Lane**, Thomas **Perkins**, Daniel **Marshall** & John **Hudson**.

9 Mar 1694, Jane **Ogbourne**, widow of Samuel **Ogbourne**, of Burlington, West New Jersey to Joseph **Pancoast**, carpenter, of Burlington, West New Jersey, £24, house & lot in Burlington. Signed Jane (X) **Ogbourne**. Wit: Thomas **Revell**, Daniel **Leeds** & Henry **Grubb**.

12 Mar 1683, Thomas **Budd**, merchant, of Burlington, West New Jersey to Thomas **Gardner**, taylor, of Burlington, West New Jersey, £10, 100 acres. Signed Thomas **Budd**. Wit: William **Budd**, Nathaniel **Ible** & Jonathan **Beers**.

10 Mar 1693, Thomas **Gardner**, taylor, of Burlington, West New Jersey to Lawrence **Morris**, sawyer, of Burlington, West New Jersey, £95, 200 acres. Signed Thomas **Gardner**. Wit: John **Gardner**, Nathaniel **Cripps** & Samuel **Ogborne**.

22 Mar 1682, John **Cripps**, yeoman, of Burlington, West New Jersey to Lawrence **Morris**, yeoman, of same, £15, 50 acres. Signed John **Cripp**.

Wit: Onesiphorus **Austwick** & Thomas **Revell**.

3 Mar 1694, Samuel **Barber**, of Barlbrough, Derby Co., England power of attorney to George **Hutchinson**, of Burlington, West New Jersey. Signed Samuel **Barber**. Wit: Phineas **Mare**, George **Chantry**, Elizabeth **Mare**, Elenor **Smart** & Joseph **Hutchinson**.

13 Jan 1691, Robert **Powell**, son and heir of Robert **Powell**, deceased, late of Burlington, West New Jersey to his brother John **Powell**, for love and affection, 150 acres, purchased of Thomas **Olive**. Signed Robert **Powell**. Wit: Mary (X) **Bryant**, Martha **Charles** & Symon **Charles**.

11 Jan 1695, John & Hannah **Woolston**, yeoman, of Mansfield Twp., Burlington Co., West New Jersey to Edward **Humloke**, merchant, John **Petty** & Thomas **Atkinson**, bricklayer, all of Burlington, West New Jersey, £24, 50 acres. Signed John (X) **Woolston** & Hannah (X) **Woolston**. Wit: George **Hutchinson**, Daniel **Leeds**, Thomas **Revell** & Jonathan **Woolston**.

13 Jan 1695, John **Grey**, of Tatham, Burlington Co., West New Jersey to Francis **Davenport**, merchant, of Chesterfield, Burlington Co., West New Jersey, ££44, 300 acres purchased of Benjamin **Antrobus**. Signed John **Grey**. Wit: Edward **Humloke**, Thomas **Revell** & Thomas **Penehoe**.

14 Feb 1695, Henry & Jane **Marjerom**, yeoman, of Bucks Co., Pennsylvania, (said Jane is the late wife of Robert **Riggs**, deceased of Burlington, West New Jersey to Joseph **Scattergood**, of Burlington Co., West New Jersey, £21.5, lot in Burlington. Signed Henry **Margerom** & Jane (X) **Margerom**. Wit: Richard **Hough**, Andrew **Heath** & Samuel **Jerron**.

20 Mar 1694, Lawrence **Morris**, sawyer, of Burlington, West New Jersey to John **Meredith**, schoolmaster, of Burlington, West New Jersey, £42, house & lot in Burlington. Signed Lawrence (X) **Morris**. Wit: Isaac **Marriott**, Edward **Humloke** & Thomas **Revell**.

29 Nov 1693, Samuel **Houghton**, bricklayer, of Burlington, West New Jersey to Thomas **Clarke**, carpenter, of same, £20, 150 acres. Signed Samuel **Houghton**. Wit: John **Petty**, Charles **Reade** & Amy **Reade**.

16 Jan 1695, George **Hutchinson**, distiller, of Burlington, West New Jersey to Thomas **Clark**, carpenter, of same, £4.5, 50 acres. Signed George **Hutchinson**. Wit: Edward **Humloke**, Bartholomew **Minderman** & John **Petty**.

22 Jan 1683, Mahlon **Stacy**, yeoman, of Nottingham, West New Jersey to Robert **Pearson**, planter, of Crosswick Creek, West New Jersey, £6, 100 acres. Signed Mahlon **Stacy**. Wit: Joshua **Wright**, John **Fullwood** & John (X) **Rogers**.

13 Mar 1685, Thomas **Lambert**, tanner, of Nottingham, West New Jersey to Robert **Pearson**, planter, of Crosswick Creek, West New Jersey, £10, 100 acres. Signed Thomas **Lambert**. Wit: James **Pharoe**, Robert (X) **Murfin**, Joshua (X) **Lee** & Cortten **Emley**.

28 Dec 1690, Mathew **Watson**, yeoman, of Crosswick Creek, Burlington Co., West New Jersey to Robert **Pearson**, planter, of same, £8, 100 acres. Signed Mathew **Watson**. Wit: Robert (X) **Chapman**, John (X) **Bryerley** & William **Emley**.

18 May 1693, Isaac & Hester **Smalley**, yeoman, of Piscatnay, East New Jersey to Robert **Pearson**, planter, of Crosswick Creek, Burlington Co., West New Jersey, £12, 240 acres. Signed Isaac **Smalley** & Hester (X) **Smalley**. Wit: Joshua **Wright**, Thomas (X) **Wood**, William **Emley** & Thomas **Lambert**.

2 Apr 1685, Anthony **Morris**, taylor, of Burlington, West New Jersey to Isaac **Smith**, wheelwright, of same, £5, lot in Burlington. Signed Anthony **Morris**. Wit: Thomas **French**, Nathaniel **Ilbe** & Jonathan **Beers**.

24 Nov 1688, William **Smith** & Edward **Smith**, both of Burlington, West New Jersey to Thomas **Raper**, blacksmith, of same, £46, house & lot in Burlington. Signed William **Smith** & Edward **Smith**. Wit: James **Marshall**, James **Salterthwaite**, John **Hickman** & Barnard (X) **Lane**.

19 Mar 1692, George **Hutchinson**, merchant, of Burlington, West New Jersey to Thomas **Raper**, blacksmith, of same, £2.25, lot in Burlington. Signed George **Hutchinson**. Wit: Elias **Burling**, Joseph **Adams**, Barnard **Lane** & Joseph **Hutchinson**.

25 Aug 1693, John **Gardner**, carpenter, of Burlington, West New Jersey to Thomas **Raper**, blacksmith, of same, £18, lot in Burlington. Signed John **Gardner**. Wit: Richard **Love**, Robert **Wheeler** & James **Marshall**.

15 Feb 1690, Samuel **Jennings**, yeoman, of Philadelphia, Pennsylvania to John **Butcher**, yeoman, of Burlington, West New Jersey. Signed Samuel **Jennings**. Wit: Isaac **Marriott**, James **Biddle** & Daniel **Wills**.

20 Nov 1689, George **Hutchinson**, merchant, of Burlington, West New Jersey to William **Blanch** & John **Abbott**, of Burlington Co., West New Jersey, £7, 100 acres. Signed George **Hutchinson**. Wit: Samuel **Odale**, Samuel **Farris** & Alice **Hutchinson**.

10 Dec 1688, Thomas **Wright**, merchant, West New Jersey to Peter **Harvey**, husbandman, of same, £6, 50 acres. Signed Thomas **Wright**. Wit: Mary (X) **Thompson** & Daniel **Leeds**.

10 Jun 1695, Helen **Skene**, widow of John **Skene**, late of Barkfield, Burlington Co., West New Jersey to Henry **Burr**, yeoman, of Burlington Co., West New Jersey, £150, 300 acres. Signed Helen **Skene**. Wit: George **Hutchinson**, Maurice **Trent** & Katharine **Skene**.

6 Jul 1687, George **Hutchinson**, merchant, West New Jersey to Samuel **Sykes**, husbandman, of Crigwany, West New Jersey, £12, 200 acres. Signed George **Hutchinson**. Wit: Joseph **Hutchinson**, John **Tomlinson**, Seth **Smith** & James **Martin**.

23 May 1679, Thomas **Hutchinson**, tanner, of Reverley, York Co. to Benjamin **Antrobus**, of London, £7.5. Signed Thomas **Hutchinson**. Wit: William **Robinson**, John **Oxtaby** John **Robinson**.

9 Mar 1684, Benjamin **Autrobus**, of London to John **Gray**, gentle, of same, £40. Signed Benjamin **Autrobus**. Wit: John **Coring** & Sara **Paliner**.

20 Feb 1688, Thomas **Hutchinson**, merchant, of Burlington Co., West New Jersey to John **Tatham**, of Pennsylvania, £10, lots in Burlington. Signed Thomas **Hutchinson**. Wit: William **Myers**, Mary **Hudson** & George **Hutchinson**.

20 Jan 1688, George **Hutchinson**, merchant, of Burlington, West New Jersey to John **Tatham**, of Pennsylvania, £18, 6 acres in Burlington. Signed George **Hutchinson**. Wit: Henry **Grubb**, Joseph **Pope** & Elizabeth **Bosse**.

13 Nov 1694, Thomas **Wright**, planter, of Burlington Co., West New Jersey to John **Tatham**, £2.25, 18.5 acres in Burlington. Signed Thomas **Wright**. Wit: Benjamin **Manning**, Jacob **Godowend**, Thomas **Povehoe** & Dorothy **Tatham**.

10 Apr 1695, Christopher **Weatherill**, taylor, of Burlington, West New Jersey to John **Tatham**, of same, £1.5, 10 acres in Burlington. Signed Christopher **Weatherill**. Wit: Mahlon **Stacy**, Peter **Frotwell** & Thomas **Revell**.

1 Sep 1681, Edward **Billings**, gentleman, of London, Gawen **Lawry**, merchant, of London & Nicholas **Lucas**, maltster, of Hertforth, Hertford Co. to William **Welch**, £750. Signed Edward **Billings**, Gawen **Lawry** & Nicholas **Lucas**. Wit: Harb **Springett**, Thomas **Poynett** & Thomas **Coxe**.

14 Apr 1691, Edward **Humloke**, merchant, of Ringerworth, Burlington Co., West New Jersey to Richard **Newbold**, yeoman, of Burlington Co., West New Jersey, £26, 1.3 mill. Signed Edward **Humloke**. Wit: James **Marshall** & Richard **Bassnett**.

2 Jun 1691, Charles **Reade**, taylor, of Burlington, West New Jersey to John **Ogbourne**, yeoman, of Burlington Co., West New Jersey, £20, 150 acres. Signed Charles **Reade**. Wit: Thomas **Scholey**, William **Willis** & John **Tonkin**.

15 Feb 1688, William **Biddle**, yeoman, of Mount Hope, Burlington Co., West New Jersey to Anthony **Woodward**, husbandman, of Chesterfield, Burlington Co., West New Jersey, £12, 100 acres. Signed William **Biddle**. Wit: Robert **Stacy**, Mahlon **Stacy**, Thomas **Folks** & Thomas **Revell**.

10 Nov 1690, Francis **Davenport**, yeoman, of Chesterfield, Burlington Co., West New Jersey to Anthony **Woodward**, of Burlington Co., West New Jersey, £10, 100 acres. Signed Francis **Davenport**. Wit: George **Hutchinson**, William **Quicksell** & Rebecca **Decrow**.

10 Sep 1695, John **Hancock**, yeoman, of Springfield, Burlington Co., West New Jersey to Michael **Buffin**, of Mansfield, Burlington Co., West New Jersey...death of his father & brother Godfrey **Hancock**, £4...line of Persivall **Towle**. Signed John **Hancock**. Wit: John (X) **Croft** & Edmond **Stoward**.

20 Feb 1694, Joseph **Adams**, taylor, of Burlington, West New Jersey to Michael **Buffin**, planter, of Mansfield, Burlington Co., West New Jersey, £70, 500 acres...corner to John **Curtis**. Signed Joseph **Adams**. Wit: Daniel **Wills**, John **Hollinshead** & Daniel **Leeds**.

10 Aug 1695, James **Monks**, yeoman, of Pennsylvania, Peter **Frotwell**, tanner, of Burlington, West New Jersey & John **Antram**, cordwinder, of Burlington Co., West New Jersey, executors of the estate of James **Hill**, cordwinder, late of Burlington, West New Jersey to Robert **Wheeler**, baker, of Burlington, West New Jersey, of Burlington Co., West New Jersey, 99, house & lot in Burlington. Signed James (X) **Monks**, Peter **Frotwell** & John (X) **Antram**. Wit: Edward **Humloke** & Thomas **Revell**.

23 Jan 1692, Rachel **Marshall**, widow of James **Marshall**, merchant, late of Burlington, West New Jersey to Robert **Wheeler**, baker, of Burlington Co., West New Jersey, £252, house & lot. Signed Rachel **Marshall**. Wit: George **Hutchinson**, Francis **Davenport** & Peter **Frotwell**.

7 Feb 1694, Thomas & Abigail **Raper**, locksmith, of Burlington, West New Jersey to Henry & Mary **Grubb**, for love and affection, lot belong to William **Perkins**, father of said Abigail & Mary. Signed Thomas **Raper** & Abigail (X) **Raper**. Wit: John **Tatham**, Francis **Collins** & Thomas **Revell**.

8 Feb 1695, Henry & Mary **Grubb**, butcher, of Burlington, West New Jersey to Mary **Olive**, widow, of Burlington, West New Jersey, a lot for a

lot. Signed Henry **Grubb** & Mary (X) **Grubb**. Wit: John **Tatham**, Edward **Humloke** & Thomas **Revell**.

8 Feb 1695, Mary **Olive**, widow, of Burlington Co., West New Jersey, John & Daniel **Wills**, of same place to Henry **Grubb**, butcher, of Burlington, West New Jersey, lot for a lot. Signed Mary **Olive**, John **Wills** & Daniel **Wills**. Wit: John **Tatham**, Edward **Humloke** & Thomas **Revell**.

29 Dec 1688, John **Skene**, of Peashfield, Burlington Co., West New Jersey to William **Evans**, youngest son of William **Evans**, yeoman, deceased, of Northampton River, Burlington Co., West New Jersey, per will, 300 acres. Signed John **Skene**. Wit: Timothy **Forbes** & William **Mount**.

11 Jun 1689, John **Skene**, of Peashfield, Burlington Co., West New Jersey to William **Evans**, youngest son of William **Evans**, yeoman, deceased, of Northampton River, Burlington Co., West New Jersey, £12, 100 acres. Signed John **Skene**. Wit: Edward **Smith** & Gilbert **Livingden**.

21 Mar 1691, William **Hixson**, of Crosswick Creek, West New Jersey to Christopher **Weatherill**, taylor, of Burlington, West New Jersey, £1.5, lot in Burlington. Signed William **Hixson**. Wit: Samuel **Weston**, Thomas **Folks**, Anthony **Woodward** & Symon **Charles**.

8 Apr 1689, William **Myers**, butcher, of Burlington, West New Jersey to Christopher **Weatherill**, taylor, of Burlington, West New Jersey, £8, 9 acres in Burlington. Signed William **Myers**. Wit: Joseph **Adams** & Daniel **Leeds**.

10 Jun 1687, Mathew **Allen**, carpenter, of Burlington, West New Jersey to John **Antram**, cordwinder, of Assiswick Creek, near Burlington, West New Jersey, £17, 100 acres. Signed Mathew **Allen**. Wit: John (X) **Paine** & Thomas **Eves**.

7 Jan 1695, James **Sheriom**, taylor, of Northampton River, of Burlington Co., West New Jersey to John **Sharp**, taylor, of Eversham, Burlington Co., West New Jersey, £5, 100 acres. Signed James **Sheriom**. Wit: John (X) **Paine**, John (X) **Eves** & Thomas **Eves**.

4 May 1695, James **Smith**, laborer, of Easom, Burlington Co., West New Jersey to Nathaniel **Paine**, husbandman, of Wellingburrow, Burlington Co., West New Jersey, £8, 100 acres...corner to Thomas **Paine**. Signed James (X) **Smith**. Wit: Thomas **Harding**, John **Hudson** & Thomas **Eves**.

14 Nov 1682, Thomas **Olive**, habordaster, of Wellingborrow, of Burlington Co., West New Jersey to John **Hollinshead**, merchant, of Burlington, West New Jersey, £1.5, lot. Signed Thomas **Olive**. Wit: Restore (X) **Lippincott** & **Freedom** Lippinrott.

14 Nov 1682, John **Roberts**, yeoman, of Rancocas Creek, Burlington Co., West New Jersey to John **Hollinshead**, merchant, of Burlington, West New Jersey, £6, lot. Signed John (X) **Roberts**. Wit: Daniel **Leeds**, Anthony **Elton** & Freedom **Lippinrott**.

6 Feb 1682, Robert **Powell**, yeoman, of Burlington, West New Jersey to John **Hollinshead**, merchant, of Burlington, West New Jersey, £2, lot. Signed Robert **Powell**. Wit: John **Dewsbury**, John (X) **Antram** & Thomas **Eves**.

6 Feb 1682, Thomas **Eves**, yeoman, of Rancocas Creek, Burlington Co., West New Jersey to John **Hollinshead**, merchant, of Burlington, West New Jersey, £1.75, lot. Signed Thomas **Eves**. Wit: Robert **Powell**, John **Dewsbury** & John (X) **Antram**.

6 Jul 1677, Richard **Mew**, merchant, of Ratcliff, Middlesex Co. to William **Snowden**, yeoman & John **Hooton**, husbandman, of Nottingham Co.. Signed Richard **Mew**. Wit: Harb. **Springett**, John **Burley**, Benjamin **Griffith** & John **Snowden**.

6 Feb 1681, Anna **Salter**, widow, of Tawery, Pennsylvania & John **Hooton**, yeoman, of Mansfield, West New Jersey, (son & heir of William **Snowden**, deceased, late of Edwinsfow, Nottingham Co., England) to John **Cripps**, yeoman, of Burlington, West New Jersey, £25. Signed Anna **Salter** & John **Hooton**. Wit: Robert **Stacy**, John **Stanbunk** & Thomas **Revell**.

12 Jan 1677, George **Hutchinson**, distiller, of Sheffield, York Co. to Francis **Gilberthorp**, husbandman, of Chesterfield. Signed George **Hutchinson**. Wit: William **Mathews**, Robert **Scholey** & Thomas **Revell**.

18 Jul 1678, Francis **Gilberthorp**, fellmonger, of Chesterfield, Derby Co. to Richard **Greene**, late of Gloucester, Gloucester Co., £7. Signed Francis **Gilberthorp**. Wit: John **Dewsbury** & Thomas **Revell**.

19 Jun 1680, Anna **Salter**, widow, of New York to John **Cripps**, of Burlington, West New Jersey, £10. Signed Anna **Salter**. Wit: William **Sorridge** & John **Petty**.

25 Nov 1680, John **Smyth**, yeoman, of Christeene **Creek**, in America to John **Cripps**, yeoman, of Burlington, West New Jersey, £3.7, 1.5 acres. Signed John **Smyth**. Wit: Thomas **Gardner** & James **Wills**.

18 Feb 1687, Thomas **Budd**, merchant, of Burlington, West New Jersey to Nathaniel **Cripps**, yeoman, of same, £11.3, 100 acres. Signed Thomas **Budd**. Wit: Samuel **Borden** & William **Stanley**.

8 Aug 1695, William **Biddle**, merchant, of Burlington, West New Jersey to Nathaniel **Cripps**, yeoman, of Burlington Co., West New Jersey, £10, 200 acres. Signed William **Biddle**. Wit: Mahlon **Stacy**, Thomas **Revell** & Joseph **White**.

2 Jan 1695, William **Hixson**, yeoman, of Nottingham Twp., Burlington Co., West New Jersey to Job **Bunting**, yeoman, of Newtown, Buck Co., Pennsylvania, £75, plantation. Signed William **Hixson**. Wit: Jacob **Derow**, Joseph **Smith** & Francis **Davenport**.

7 Feb 1688, Mathew **Allen**, carpenter, of Burlington Co., West New Jersey to Henry **Grubb**, innholder, of Burlington, West New Jersey, £16. Signed Mathew **Allen**. Wit: Daniel **Leeds** & Charles **Reade**.

1 Jul 1685, William **Emley**, yeoman, of Nottingham, West New Jersey to Thomas **Scholey**, husbandman, of Mansfield, Woodhouse, West New Jersey, £10, 100 acres. Signed William **Emley**. Wit: Mathew **Watson**, Joshua ((X) **Lee**, Robert (X) **Glover** & Robert **Scholey**.

11 Jun 1689, William **Black**, late of Mansfield, of Burlington Co., West New Jersey to Roger **Hawkins**, husbandman, of Bucks Co., Pennsylvania. Signed William **Black**. Wit: Henry **Book**, Charles **Woolverton** & Martha (X) **Baings**.

4 Sep 1690, Thomas **Lambert**, tanner, of Nottingham, West New Jersey to Thomas **Scholey**, husbandman, of Woodhouse, West New Jersey£10, 100 acres. Signed Thomas **Lambert**. Wit: Thomas **Lambert** Jr., John **Lambert** & William **Emley**.

22 Feb 1695, Jacob **Conaroe**, laborer, of Burlington Co., West New Jersey to Anthony **Fryer**, husbandman, of same, £11, 100 acres...purchased of Mathew **Allen**. Signed Jacob (X) **Conaroe**. Wit: Freedom **Lippinrott**, Thomas (X) **Hooton** & Thomas **Eves**.

15 Nov 1687, William **Lasswell**, fellmonger, of Crosswick Creek, West New Jersey to Samuel & Hannah **Overton**, husbandman, of Bucks Co., Pennsylvania, £40, 162 acres. Signed William **Lasswell**. Wit: Joshua **Wright**, Ruth **Emley**, Elizabeth (X) **Wright** & William **Emley**.

2 Apr 1691, William **Quicksell**, of Burlington Co., West New Jersey to Samuel **Overton**, husbandman, £11, 40 acres...late owned by Richard **Harrison**. Signed William **Quicksell**. Wit: Francis **Davenport**, William **Hixson** & Thomas **Folks**.

4 Dec 1689, Edward **Humloke**, merchant, of Burlington, West New Jersey to George **Hutchinson**, merchant, of same, £25.6, 254.5 acres. Signed

Edward **Humloke**. Wit: Mahlon **Stacy** & Richard **Guy**.

7 Sep 1692, John **Strott**, yeoman, of Burlington, West New Jersey to George **Hutchinson**, merchant, of same, ££6.75, 3 acres in Burlington. Signed John **Strott**. Wit: William **Righton**, Sarah **Righton** & Abraham **Healings**.

13 Sep 1695, Helen **Skene**, widow to George **Hutchinson**, distiller, £60, purchased of Thomas **Hutchinson**. Signed Helen **Skene**. Wit: Thomas **Revell**, Richard **Fennimore** & Isaac **Conaroe**.

21 Feb 1695, George **Hutchinson**, merchant, of Burlington, West New Jersey, Mahlon **Stacy**, yeoman, of Burlington Co., West New Jersey & John **Hutchinson**, son of Thomas **Hutchinson**, deceased, late of Burlington, West New Jersey to John **Tatham**, of Burlington, West New Jersey, £20, lots in Burlington. Signed George **Hutchinson**, Mahlon **Stacy** & John **Hutchinson**. Wit: Edward **Humloke** & Thomas **Revell**.

21 Jan 1690, Freedom **Lippincott**, planter, of Burlington Co., West New Jersey to John **Tatham**, of Burlington, West New Jersey, £3, lot in Burlington. Signed Freedom **Lippinrott**. Wit: William **Wood**, Christopher **Weatherill** & Thomas **Bibb**.

12 May 1693, Thomas **Gilberthorp**, of Nottingham, Burlington Co., West New Jersey & Thomasin **Towle**, blood & executor of will of Persivall **Towle** to Benjamin **Field**, £5, 100 acres. Signed Thomas **Gilbertorp** & Thomasin **Towle**. Wit: John **Calowe**, Samuel **Houghton** & Mathew **Forsyth**.

12 May 1693, John **Bainbridge**, joyner, of Assumpmick, Middlesex Co., East New Jersey to Benjamin **Field**, husbandman, of New Town, Long Island, New York, £80, 250 acres. Signed John **Bainbridge**. Wit: Thomas **Folks** Sr., Thomas **Folks** Jr. & John **Calowe**.

17 May 1695, George **Hutchinson**, distiller, of Burlington, West New Jersey to Benjamin **Field**, yeoman, of Chesterfield, Burlington Co., West New Jersey, £12, 150 acres. Signed George **Hutchinson**. Wit: Jeremiah **Basse**, John **Calow** & John **Stockton**.

29 Jun 1695, Benjamin & Experience **Field**, yeoman, of Chesterfield, Burlington Co., West New Jersey to John **Moore**, of Newtown, Nassau Island, £30, 150 acres... Marmaduke **Horsman**. Signed Benjamin **Field** & Experience **Field**. Wit: Samuel **Bunting**, John **Bunting** & Marmaduke (X) **Horsman**.

2 Jan 1695, Lawrence **Morris**, sawyer, of Burlington, West New Jersey to John **Budd**, of same, £11, lot. Signed Lawrence (X) **Morris**. Wit: Peter

Resimere, Nathaniel **Juggler** & James **Hill**.

27 Jan 1693, John **Adams**, yeoman, of Burlington Co., West New Jersey to his son James **Adams**, for love and affection, 237.5 acres. Signed John **Adams**. Wit: William **Hollinshead**, Susanna **Adams** & Thomas **Eves**.

16 Sep 1693, John & Elizabeth **Hollinshead**, yeoman, of Burlington Co., West New Jersey to their son William **Hollinshead**, for love and affection, 450 acres. Signed John **Hollinshead**. Wit: Mahlon **Stacy** & John **Adams**.

8 Apr 1682, Richard **Parks**, ironman, of Hook Norton, Oxen Co. to William **Evans**, carpenter, of Onton, Oxen Co., £5, purchased of Daniel **Wills**. Signed Richard **Parkes**. Wit: Nicholas **Evans**, John **Tow**, Thomas **Evans**, Elizabeth **Evans** & John **Eyre**.

1 Nov 1695, William **Biddle**, merchant, of Burlington, West New Jersey to William **Evans**, carpenter, of Northampton River, West New Jersey, £15, 150 acres. Signed William **Biddle**. Wit: Thomas **Olive**, Robert **Dimsdale** & Thomas **Eves**.

27 Jun 1691, Thomas **Olive**, yeoman, of Northampton River, Burlington Co., West New Jersey to Thomas **Evans**, yeoman, of same, £21, 400 acres. Signed Thomas **Olive**. Wit: Daniel **Wills**, Richard **French** & Joseph **Salterthwait**.

26 Feb 1676, Daniel **Wills**, MD, of Northampton, Northampton Co. to Thomas **Harding**, boxmaker, of London, £5. Signed Daniel **Wills**. Wit: John **Paine**, George **Elkington** & Mary **Wills** Sr.

1 May 1690, Daniel **Wills**, yeoman, of Northampton River, of Burlington Co., West New Jersey to Timothy & Susanna **Hancock**, of Crosswick Creek, Burlington Co., West New Jersey, in consideration of time of service of said Susanna, formerly Susanna **Groes**, 80 acres. Signed Daniel **Wills**. Wit: Daniel **Wills** Jr. & Thomas **Revell**.

1 May 1690, Joshua **Humphries**, of Burlington Co., West New Jersey, (by power of attorney from his father Walter **Humphries**, of Gloucester Co., England) to Timothy **Hancock** & his daughter Elizabeth **Hancock**, by a former wife, Rachel **Hancock**, of Crosswick Creek, Burlington Co., West New Jersey, until said Elizabeth reach 20 years or marry, 40 acres. Signed Joshua **Humphries**. Wit: Hester (X) **Humphries** & Margret (X) **Nichols**.

20 Feb 1693, George **Hutchinson**, distiller, of Burlington, West New Jersey, (attorney for Jonas **Penford**, of England) to Timothy **Hancock**, yeoman, of Penisawkin Creek, Burlington Co., West New Jersey £10, 200 acres. Signed George **Hutchinson**. Wit: James **Marshall**, William **Wood** &

James **Wills**.

30 Jan 1687, Samuel **Jennings**, yeoman, of Greenhill, Burlington Co., West New Jersey, (attorney for John **Ridges**, skinner, of London, England) to John **Woolman**, yeoman, of Burlington Co., West New Jersey, £20, 200 acres. Signed Samuel **Jennings**. Wit: Charles **Reade** & Joseph **Adams**.

5 Jul 1696, Isaac **Marriott**, yeoman, of Burlington, West New Jersey to John **Woolman**, of Northampton River, Burlington Co., West New Jersey, £2.5, 50 acres. Signed Isaac **Marriott**. Wit: John **Shinn**, Peter **Hodge** & Henry (X) **Morley**.

23 Jan 1688, Thomas **Hutchinson**, yeoman, of Hutchinson Manor, Burlington Co., West New Jersey to Jonathan **Eldridge**, cordwinder, of Burlington Co., West New Jersey, £10, 100 acres. Signed Thomas **Hutchinson**. Wit:; John **Carter**, Edward **Butcher** & Mathew **Calyton**.

21 Feb 1695, Jonathan **Eldridge**, cordwinder, of Burlington Co., West New Jersey to Moses **Peffit**, weaver, of Nottingham Twp., Burlington Co., West New Jersey, £14, 100 acres. Signed Jonathan **Eldridge**. Wit: Mahlon **Stacy**, Thomas **Revell** & John **Hutchinson**.

3 May 1693, Elias **Burling**, wheelwright, of Burlington, West New Jersey and John **Burling**, wheelwright, of Bucks Co., Pennsylvania to William **Haines**, husband, of Burlington Co., West New Jersey, £20, 100 acres. Signed Elias **Burling** & John **Burling**. Wit: James **Marshall**, Henry **Burr** & John (X) **Hillard**.

11 May 1693, William **Sallaway**, merchant, of Philadelphia, Pennsylvania to Henry **Burr**, planter, of Burlington Co., West New Jersey, £40, 200 acres. Signed William **Sallaway**. Wit: William **Leeds** Sr., Henry **Grubb** & Daniel **Leeds**.

9 Oct 1694, Henry **Burr**, yeoman, of Northampton, Burlington Co., West New Jersey to Thomas **Haines**, of Burlington Co., West New Jersey, £50, 200 acres. Signed Henry **Burr**. Wit: Henry **Grubb** & Daniel **Leeds**.

26 Dec 1688, George **Hutchinson**, yeoman, of Burlington Co., West New Jersey to Elias **Farr**, of Farrsfield, Burlington Co., West New Jersey, £16.25. Signed George **Hutchinson**. Wit: Christopher **Weatherill**, John **Snoden** & Symon **Charles**.

12 Sep 1695, George **Hutchinson**, distiller, of Burlington, West New Jersey to Walter **Reeves**, planter, of Northampton, Burlington Co., West New Jersey, £14, 220 acres. Signed George **Hutchinson**. Wit: John **Bears**, Thomas **Clarke**, Joseph **Hutchinson**, John **Tatham** & Nathaniel **Westland**.

5 Feb 1691, George **Hutchinson**, distiller, of Burlington, West New Jersey to John **Burling**, wheelwright, of same, £12, lot in Burlington. Signed George **Hutchinson**. Wit: Peter **Bosse**, Elias **Burling** & Samuel **Furris**.

6 Nov 1692, John **Burling**, wheelwright, of Burlington, West New Jersey to Daniel **Smith**, of same, lot in Burlington. Signed John **Burling**. Wit: Thomas **Revell** & John **Hollinshead**.

21 Jul 1683, Thomas **Hutchinson**, yeoman, late of Beverly, York Co., England to Mathew **Watson**, chymist, of Scarbrough, York Co., England. Signed Thomas **Hutchinson**. Wit: James **Wills** & Robert **Wilson**.

9 Feb 1688, John **Snape**, husbandman, of Burlington Co., West New Jersey to Daniel **Bacon**, yeoman, of Baconfield, Burlington Co., West New Jersey, £15, 100 acres. Signed John **Snape**. Wit: Edward **Rockhill**, Mathew **Forsyth** & Joseph **Burgin**.

23 Dec 1695, Daniel **Bacon**, yeoman, of Baconfield, Burlington Co., West New Jersey to Mathew **Forsyth**, carpenter, of Burlington Co., West New Jersey, £40, 200 acres. Signed Daniel **Bacon**. Wit: George **Hutchinson**, Elizabeth **Bacon** & John **Bacon**.

22 Jan 1694, George **Hutchinson**, merchant, West New Jersey, (attorney for Thomas **Anderson**, chandler, of Clerkenwell, Middlesex Co) to John **Ogbourne**, planter, of Springfield, near Burlington, West New Jersey, £20, 300 acres. Signed George **Hutchinson**. Wit: John **Tatham**, Edward **Hunloke**, Peter **Frotwell** & Daniel **Leeds**.

15 Dec 1687, Barnard **Devonish**, yeoman, of Burlington, West New Jersey to Symon **Charles**, yeoman, of same, £25, line of Walter **Humphries**, Thomas **Olive** & John **Stokes**. Signed Barnard **Devonish**. Wit: Thomas **Revell**, John **Shinn** Sr. John **Reading**.

24 Nov 1687, Samuel **Jennings**, yeoman, of Greenhill, of Burlington Co., West New Jersey, (attorney for John **Ridges**, skinner, of London, England) to Symon **Charles**, taylor, of Burlington Co., West New Jersey, £9.8, 7 acres. Signed Samuel **Jennings**. Wit: John **Budd** Jr. & Thomas **Bryant**.

10 Nov 1690, Barnard **Devonish**, yeoman, of Burlington Co., West New Jersey to Symon **Charles**, taylor, of same, £4, 46 acres...Thomas **Olive** Mill Creek. Signed Barnard **Devonish**. Wit: John **Gardner**, James **Willis**, William **Righton** & John **Burling**.

19 Sep 1694, George **Hutchinson**, distiller, of Burlington, West New Jersey, (attorney for John **Penford**) to Jonathan **Eldridge**, cordwinder, of Northampton River, of Burlington Co., West New Jersey, £7.5, 150 acres.

Signed George **Hutchinson**. Wit: Thomas **Gardner** & Peter **Frotwell**.

24 Jan 1688, Mathew **Allen**, yeoman, of Burlington Co., West New Jersey to Henry **Beck**, husbandman, of same, £14. Signed Mathew **Allen**. Wit: Richard **Potman**, James **Bringham** & William (X) **Budding**.

27 Mar 1677, William **Barker**, haberdasher to John **Cripps**, woolcomber, of St. Martin White Chappel, Middlesex Co., £18.75. Signed William **Barker**. Wit: Harb **Springett** & Benjamin **Griffith**.

19 Mar 1685, Mathew **Allen**, carpenter, near Burlington, West New Jersey to John **Cripps**, merchant, of Burlington, West New Jersey, £88, 1.5 acres in Burlington. Signed Mathew **Allen**. Wit: Irigin **Morris**, Elizabeth **Curries** & Thomas **Eves**.

15 Jan 1695, George **Hutchinson**, distiller, of Burlington, West New Jersey, (attorney for John **Penford**) to Joseph **Adams**, taylor, of Burlington, West New Jersey, £7.85, lot in Burlington. Signed George **Hutchinson**. Wit; Robert **Wheeler**, Henry **Birtham** & Alice **Hutchinson**.

15 Jan 1695, George **Hutchinson**, distiller, of Burlington, West New Jersey to Joseph **Adams**, taylor, of same, (Martha **Martin** & John **Martin**, of London, & executors of estate of James **Martin**.

13 Oct 1694, George **Hutchinson**, distiller, of Burlington, West New Jersey, (attorney for Martha **Martin** & John **Martin**, of London, & executors of estate of James **Martin**) to Benjamin **Wheat**, cordwinder, of Burlington, West New Jersey, lot in Burlington. Signed George **Hutchinson**. Wit: James **Marshall**, Thomas **Gardner** & Daniel **England**.

10 Nov 1686, Elias **Farr**, yeoman, West New Jersey to Sarah **Barber**, of Northampton River, of Burlington Co., West New Jersey, £60, 500 acres. Signed Elias **Farr**. Wit: Peter **Woolrate**, Thomas **Garwood** & Symon **Charles**.

14 May 1692, Thomas **Gardner** Jr., yeoman, of Bedibanck, Gloucester Co., West New Jersey to Isaac **Marriott**, joyner, of Burlington, West New Jersey, £14, lot in Burlington. Signed Thomas **Gardner**. Wit: John **Tatham**, Andrew **Rudeson** & Daniel **Leeds**.

5 Oct 1692, George **Hutchinson**, distiller, of Burlington, West New Jersey to Isaac **Marriott**, joyner, of same, £0.25, a wharf lot in Burlington. Signed George **Hutchinson**. Wit: Joseph **Hutchinson** & Edward **Boulton**.

3 May 1680, Jonathan **Elridge**, shoemaker, of Burlington, West New Jersey to John **Antram**, shoemaker, of same, £6.5, lot in Burlington.

Signed Jonathan **Elridge**. Wit: Nathaniel Ible, Thomas **Allen**, Robert **Lucas** & Daniel **Leeds**.

14 Mar 1683, Thomas **Budd**, merchant, of Burlington, West New Jersey to John **Antram**, shoemaker, of same, 50 acres, 100 acres, land swap. Signed Thomas **Budd**. Wit: John **Shinn**, Anthony **Morris** & Jonathan **Beer**.

15 Aug 1689, Thomas **Hutchinson**, of West New Jersey to John **Antram**, shoemaker, of Burlington, West New Jersey, £10, 70 acres. Signed Thomas **Hutchinson**. Wit: Mahlon **Stacy**, Jacob **Hall** & Daniel **Leeds**.

22 Sep 1688, John **Antram**, cordwinder, of Bunt Creek, Burlington Co., West New Jersey to James **Antram**, carpenter, of same, £6, 50 acres. Signed John (X) **Antram**. Wit: Thomas **Butcher** & James **Gearie**.

3 Oct 1691, George **Hutchinson**, merchant, of Burlington, West New Jersey to Henry **Burchin**, weaver, of Burlington, West New Jersey, £7.25, lot in Burlington. Signed George **Hutchinson**. Wit: Samuel **Borden**, John **Pears** & George **Heathsol**.

7 Jun 1689, Persivall **Towle**, of Burlington Co., West New Jersey to Thomas **Scattergood** Jr., singleman, of same, in consideration of service, 100 acres. Signed Persivall **Towle**. Wit: Michael **Newbold** & Francis **Austin**.

31 Aug 1695, William **Biddle**, merchant, of Mount Hope, Burlington Co., West New Jersey to James **Verier**, mason, of Burlington, West New Jersey, £8, 1 acre lot in Burlington. Signed William **Biddle**. Wit: Thomas **Revell**, Thomas **Kendall** & Richard **French**.

22 Nov 1695, George **Hutchinson**, distiller, of Burlington, West New Jersey to Marmaduke **Horfman**, of Chesterfield, Burlington Co., West New Jersey, £6.5. Signed George **Hutchinson**. Wit: John **Hollinshead**, Samuel **Oldale** & Josiah (X) **Prickett**.

20 Apr 1685, Mahlon **Stacy**, yeoman, of Ballsfield, West New Jersey to Joshua **Ely**, yeoman, late of Dunham, Nottingham Co., England, £40, 400 acres. Signed Mahlon **Stacy**. Wit: John (X) **Cook**, Susanna (X) **Horfman** & William **Emley**.

22 Feb 1695, John **Hutchinson**, tanner, of Hutchinson Manner, of Burlington Co., West New Jersey to George **Hutchinson**, merchant, of Burlington, West New Jersey, £40, lots in Burlington. Signed John **Hutchinson**. Wit: Mahlon **Stacy**, John **Hollinshead** & Moses **Pettit**.

24 Feb 1695, George **Hutchinson**, merchant, of Burlington, West New Jersey to Lawrence **Morris**, sawyer, of same, £40, lot in Burlington. Signed

George **Hutchinson**. Wit: Benjamin **Wheat**, John **Hollinshead** & Thomas **Clarke**.

25 Mar 1696, Thomas **Biddle**, smith, of Burlington, West New Jersey to Edward **Humloke**, merchant, of same, £40, house & lot in Burlington. Signed Thomas **Biddle**. Wit: Thomas **Kendall**, Benjamin **Manning** & Thomas **Revell**.

25 Mar 1696, Edward **Humloke**, merchant, of Burlington, West New Jersey bond of £200, to Thomas **Bibb**. Signed Edward **Humloke**. Wit: Thomas **Rendall**, Benjamin **Manning** & Thomas **Revell**.

6 Apr 1696, George **Hutchinson**, merchant, of Burlington, West New Jersey to Richard **Francis**, of same, £36, stable in Burlington. Signed George **Hutchinson**. Wit: Edward **Humloke**, Thomas **Revell**, Henry **Grubb** & Peter **Rosmiere**.

7 Apr 1696, Richard **Francis**, carpenter, of Burlington, West New Jersey to Edward **Humloke**, merchant, of same, £23, lot in Burlington. Signed Richard (X) **Francis**. Wit: Thomas **Revell**, Isaac **Marriott** & Henry **Grubb**.

16 Jan 1695, Joseph **Adams**, taylor, of Burlington, West New Jersey to George **Hutchinson**, distiller, of same, £13, lot in Burlington. Signed Joseph **Adams**. Wit: Robert **Wheeler**, Henry (X) **Birsham** & Peter **Bosse**.

20 Feb 1686, George **Nicholson**, yeoman, formerly of Burton Stather, Lincoln Co., England, now of Chesterfield, West New Jersey to John **Tomlinson**, yeoman, of Carmel, West New Jersey, £10, 100 acres. Signed George **Nicholson**. Wit: Francis **Davenport** & John **Horner**.

5 Apr 1688, Francis **Davenport**, yeoman, of Chesterfield, West New Jersey to John **Tomlinson**, yeoman, of Oneamokom, West New Jersey, £3, lot in Burlington. Signed Francis **Davenport**. Wit: William **Wood**, Thomas **Scholey** & John **Curtis**.

14 Apr 1696, John **Tomlinson** & Peter **Tomlinson** to Thomas **Greene**, yeoman, of Maidenhead, Burlington Co., West New Jersey, 156 acres. Signed John **Tomlinson**. Wit: Thomas **Revell**, John **Booth** & Hannah **Revell**.

14 Apr 1696, John **Tomlinson**, yeoman, of Carmel, Burlington Co., West New Jersey to Thomas **Greene**, yeoman, of Maidenhead, Burlington Co., West New Jersey, £80, house & plantation in Burlington. Signed John **Tomlinson**. Wit: Thomas **Revell**, John **Booth** & Hannah **Revell**.

10 Dec 1694, Henry & Mary **Grubb** & Thomas & Abigail **Raper**, of Burlington, West New Jersey to Francis **Austin**, £60, 350 acres...said

Mary & Abigail or sisters of Thomas **Perkins** and children of deceased William **Perkins**. Signed Henry **Grubb**, Mary (X) **Grubb**, Thomas **Raper** & Abigail (X) **Raper**. Wit: Daniel **Leeds** & John **Haines**.

30 Dec 1695, Thomas **Wilkins**, of Eversham, Burlington Co., West New Jersey to Francis **Austin**, 3 acres. Signed Thomas **Wilkins**. Wit: Thomas (X) **Haines**, Daniel **Leeds** & Thomas **Revell**.

25 Mar 1696, George **Hutchinson**, merchant, of Burlington, West New Jersey to Barnard **Lane**, carter, of Burlington, West New Jersey, £10, 67 acres. Signed George **Hutchinson**. Wit: John **Hollinshead**, John **Meredith** & John **Booth**.

10 Apr 1696, John **Hutchinson**, yeoman, of Hopewell, Burlington Co., West New Jersey, (son and heir of Thomas **Hutchinson**, deceased, of same) to John **Bryerley**, miller, of same, £60, 600 acres. Signed John **Hutchinson**. Wit: John **Lambert**, Robert **Hemmingway** & William **Emley**.

4 Jan 1695, George **Hutchinson**, distiller, of Burlington, West New Jersey to Mathew **Forsyth**, carpenter, of Burlington Co., West New Jersey, 50 acres. Signed George **Hutchinson**. Wit: Daniel **Bacon**, Elizabeth **Bacon** & John **Bacon**.

10 Jan 1694, Daniel **Wills**, of Northampton River, Burlington Co., West New Jersey to George **Elkington**, blacksmith, of Burlington Co., West New Jersey, for indentured service all ready served, 30 acres...corner to John **Petty**. Signed Daniel **Wills**. Wit: Daniel **Leeds** & Samuel **Terrett**.

20 Apr 1696, Helena **Skene**, widow, of Philadelphia, Pennsylvania to John **Antram**, cordwinder, of Springfield, Burlington Co., West New Jersey, £33, 250 acres...corner to John **Butcher**, William **Biddle** & Hananiah **Gounbs**. Signed Helen **Skene**. Wit: John **Pears**, Richard (X) **Francis** & George **Hutchinson**.

20 Apr 1696, Sarah **Farr**, widow, of Springfield Twp., Burlington Co., West New Jersey to William **Fisher**, yeoman, of Ulster Co., New York, £100, 1660 acres. Signed Sarah **Farr**. Wit: Edward **Humloke**, Peter **Fretwell** & Thomas **Revell**.

John **Reeves** & John **Powell** inventory of Dr. Robert **Dinsdale**. Signed John (X) **Reeves**, John (X) **Powell** & John **Tatham**. Wit: George **Deacon** & Henry **Grubb**.

9 Feb 1690, George **Hutchinson**, distiller, of Burlington, West New Jersey to Mathew **Champion**, husbandman, of Oneasisken, Burlington Co., West New Jersey, £11, 150 acres. Signed George **Hutchinson**. Wit: Joseph

Hutchinson, Elizabeth **Hutchinson** & Mary (X) **Milner**.

15 Mar 1683, William **Emley**, yeoman, of Nottingham, of Burlington Co., West New Jersey to John **Fullwood**, maltster, late of Mansfield, Nottingham Co., England. Signed William **Emley**. Wit: Mahlon **Stacy**, Joshua **Wright** & John **Heath**.

28 Dec 1677, Thomas **Hutchinson**, yeoman, of Beverly, York Co., Thomas **Pearson**, yeoman, of Bonwick, Joseph **Helmsley**, yeoman, of Kolk, George **Hutchinson**, distiller, of Sheffield, Mahlon **Stacy**, tanner, all of York Co. to Stephen **Kedey**, yeoman, of Stainton Dale, York Co., £8.1. Signed Thomas **Hutchinson**, George **Hutchinson**, Thomas **Pearson**, Joseph **Helmsley** & Mahlon **Stacy**. Wit: Thomas **Lambert** & Godfrey **Newbole**.

12 Dec 1695, George **Hutchinson**, merchant, of Burlington, West New Jersey to Josiah **Prickett**, butcher, of same, £90, house & lot in Burlington. Signed George **Hutchinson**. Wit: Edward **Humloke**, Benjamin **Wheat**, Nathaniel **Duggles** & Barnard **Lane**.

20 Apr 1682, Edward **Byllings**, gentleman, late of Westminster, Middlesex Co. to Richard **Haines**, husbandman, of Oxon Co., for love and affection, 100 acres. Signed Edward **Byllings**. Wit: James **Walse**, Edward **Brooks** & Benjamin **Clark**.

10 May 1693, Mary **Olive**, widow of Thomas **Olive**, of Burlington Co., West New Jersey, John **Wills** & Daniel **Wills**, yeoman, of same to John **Haines**, 200 acres. Signed Mary **Olive**, Daniel **Wills** & John **Wills**. Wit: Thomas **Harding**, Peter **Long** & Thomas **Revell**.

9 Jun 1687, Persivall **Towle**, yeoman, of Burlington, West New Jersey to John **Haines**, yeoman, of Northampton River, £10, 100 acres. Signed Persivall **Towle**. Wit: Symon **Charles**, Bernard **Devonish** & Thomas **Burton**.

3 Nov 1694, Thomas **Haines**, of Eversham Twp., Burlington Co., West New Jersey to his brother John **Haines**, of same, £15, 85 acres. Signed Thomas (X) **Haines**. Wit: Abraham **Carlile** & Daniel **Leeds**.

30 May 1695, Jeremiah **Basse**, agent for society of West New Jersey to Jacob **Spicer**, yeoman, of West New Jersey, £40, 400 acres. Signed Jeremiah **Basse**. Wit: John **Jewell** & Thomas **Masters**.

21 Nov 1693, Samuel **Jennings**, merchant, of Philadelphia, Pennsylvania to John **Haines**, yeoman, of Eversham Twp., Burlington Co., West New Jersey, £21, 200 acres. Signed Samuel **Jennings**. Wit: James **Satterthwait**, John **Tomkin** & Charles **Read**.

6 Jun 1696, Thomas **Srattergood** Jr., carpenter, of Burlington, West New Jersey to Nathaniel **Paine**, yeoman, of Northampton River, Burlington Co., West New Jersey, £20, 100 acres. Signed Thomas **Srattergood** Jr. Wit: Thomas **Revell**, Christopher **Weatherell** & Henry **Grubb**.

20 Jun 1696, Thomas **Clarke**, carpenter, of Burlington Co., West New Jersey to Thomas **Scholey**, yeoman, of same, £36, 200 acres. Signed Thomas **Clarke**. Wit: Thomas **Revell**, John **Tomlinson** & Thomas **Greene**.

12 May 1696, Hugh **Hutchins**, yeoman, of Burlington Co., West New Jersey to Jacob **Derow**, yeoman, of same, £84, house & lot in Burlington & 194 acres. Signed Hugh **Hutchins**. Wit: Thomas **Revell**, Eliakim **Higgins** & Thomas **Bibb**.

12 May 1696, William **Pancraft**, yeoman, of Mansfield Twp., Burlington Co., West New Jersey, (son & heir of John **Pancraft**) to Charles **Woolverton**, husbandman, of Burlington Co., West New Jersey, £20, 150 acres. Signed William **Pancraft**. Wit: Thomas **Revell**, Isaac **Derow** & John **Hollinshead**.

1 Jun 1696, James **Antram**, of Mansfield Twp., Burlington Co., West New Jersey to Obadiah **Hierton**, of Burlington, West New Jersey, £7, lot in Burlington. Signed James **Antram**. Wit: John **Hollinshead**, Edward **Humloke** & Thomas **Revell**.

6 Jun 1696, Thomas **Lambert**, tanner, of Nottingham, West New Jersey to Obadiah **Hierton**, sawyer, of Burlington, West New Jersey, £12, lot in Burlington. Signed Thomas **Lambert**. Wit: John **Hollinshead**, Martin **Scott** & John **Meredith**.

25 Jan 1695, Edward **Rockhill**, yeoman, of Chesterfield Twp., Burlington Co., West New Jersey to Francis **Davenport**, gentleman, of same, £10, lots in Burlington ...Edward **Markwell**, of Redford, Nottingham Co., England, brother & heir of William **Markwell**...sold to Joseph **Richardson**, woolendraper, of Glenford Briggs, Lincoln Co. Signed Edward **Rockhill**. Wit: Joseph **Smith**, Jacob **Derow** & Susannah **Derow**.

20 Jul 1689, William **Black**, staffmaker, of Chesterfield, Burlington Co., West New Jersey to Mathew **Champion**, husbandman, of Delaware Falls, £7.25, 100 acres. Signed William (X) **Black**. Wit: John **Bainbridge**, William **Wood** & Mathew **Forsyth**.

20 Aug 1689, Mahlon **Stacy**, yeoman, of Baylifield, Burlington Co., West New Jersey to Mathew **Champion**, husbandman, late of same, £15, 150 acres. Signed Mahlon **Stacy**. Wit: Jonathan **Elridge**, John **Calowe** & William **Emley**.

10 Jul 1691, John **Scholey**, husbandman, of Burlington Co., West New Jersey to Katherine **Beard**, widow, of same, £15, 50 acres...adjoining John **Stacy**. John (X) **Scholey**. Wit: Joseph **Hutchinson**, William **Bushill** & Mathew **Champion**.

9 Dec 1695, Thomas **Yardley** & his brother William **Yardley**, (both sons & heirs of William **Yardley**, yeoman, deceased of Bucks Co., Pennsylvania) to Mathew **Grange**, yeoman, of Burlington Co., West New Jersey, £4.5, 100 acres. Signed Thomas **Yardley** & William **Yardley**. Wit: William **Emley** Jr. & Mary (X) **Emley**.

20 Mar 1695, John **Hutchinson**, yeoman, of Hope Well, Burlington Co., West New Jersey, (son & heir of Thomas **Hutchinson**, tanner, of Burlington Co., West New Jersey) to Mahlon **Stacy**, tanner, of Ballifield, Burlington Co., West New Jersey, £22.6, 1/12. Signed John **Hutchinson**. Wit: Nathaniel (X) **Peffit**, William **Wardell** & William **Emley**.

6 Feb 1695, John **Chawkley**, carpenter, of Burlington Co., West New Jersey to Joseph **Birch**, husbandman, of same, £2.5, 50 acres. Signed John (X) **Chawkley**. Wit: William **Emley**, Mary (X) **Emley** & William **Emley** Sr.

6 Oct 1694, Walter **Humphries**, weaver, late of Painswick, Glouscester Co., England, now of Powell, Burlington Co., West New Jersey to his son Joshua **Humphries**, weaver, of same, for love and affection, 103 acres. Signed Walter **Humphries**. Wit: Edward **Humloke**, Daniel **Wells** & Thomas **Revell**.

25 May 1696, George **Hutchinson**, merchant, of Burlington, West New Jersey to Samuel **Taylor**, (brother of William **Taylor**, yeoman, of Dore, Derby Co., England), yeoman, of Burlington Co., West New Jersey. Signed George **Hutchinson**. Wit: John **Hollinshead**, Thomas **Revell**, Daniel **Leeds** & John **Bainbridge**.

18 May 1693, John **Butcher**, of Statford power of attorney to Daniel **Brenson** & John **Hough**, yeomen, of West New Jersey. Signed John **Butcher**. Wit: William **Rawlins** & Samuel **Galysen**.

4 Feb 1688, Anthony **Woodward**, carpenter, of Crosswick Creek, West New Jersey to Robert **Chapman**, carpenter, of same, £13, 100 acres. Signed Anthony **Woodward**. Wit: Francis **Davenport**, William **Quicksell** & Caleb **Wheatley**.

28 Dec 1690, Robert **Chapman**, carpenter, late of Nottingham, Burlington Co., West New Jersey to William **Quicksall**, weaver, of Burlington Co., West New Jersey, £46, 300 acres. Signed Robert **Chapman**. Wit: Anthony

Woodward, Hannah **Woodward** & Richard (X) **Dawson.**

11 May 1696, Joshua **Newbold,** millwright, of Burlington Co., West New Jersey to Moses **Peffit,** blacksmith, of Newtown, Long Island, New York, £7.5, 50 acres...adjoining Benjamin **Field** & the daughter of the widow **Farnsworth.** Signed Joshua **Newbold.** Wit: Thomas **Revell,** Mahlon **Stacy** & Benjamin **Fields.**

12 May 1696, Isaac **Derow,** yeoman, of Mastatoping, Burlington Co., West New Jersey to John **Hollinshead** Jr., yeoman, of Northampton River, Burlington Co., West New Jersey, £280, 600 acres...purchased of Jacob **Derow,** brother of said Isaac. Signed Isaac **Derow.** Wit: Thomas **Revell** & Lawrence (X) **Morris.**

23 Apr 1696, Peter **Groome,** yeoman, of Burlington Co., West New Jersey to Thomas **Duggles,** yeoman, of Mansfield Twp., Burlington Co., West New Jersey, £1.15, 1.75 acres. Signed Peter (X) **Groome.** Wit: Richard **Borden** & Thomas **Bibb.**

26 May 1688, John **Penford,** gentleman, of Newark, Leicester Co. to Thomas **Marshall,** butcher, of Syleby, Leicester Co., 1/15. Signed John **Penford.** Wit: Thomas **Palmer,** Henry **Palmer** & Robert **Foster.** Thomas **Marshall** appoints Andrew **Thompson,** Joseph **Marshall** & Daniel **Marshall** to accept same for him, on 27 Aug 1688. Wit: John **Warren** & John **Pears.**

30 Jun 1696, Mathew **Allen,** yeoman, of Burlington Co., West New Jersey to Thomas **Bibb,** of Burlington, West New Jersey, £7, lot in Burlington. Signed Mathew **Allen.** Wit: Peter **Rosmiere,** Samuel **Terrett** & Thomas **Revell.**

4 Jul 1684, John **Lambert,** joyner, of Nottingham, West New Jersey to William **Barnes,** turner, of Mansfield, West New Jersey, £10, 100 acres. Signed John **Lambert.** Wit: Richard (X) **Coals,** Richard (X) **Boyer** & William **Emley.**

17 May 1689, Anthony **Elton,** (son & heir of Anthony **Elton),** of Northampton River, Burlington Co., West New Jersey to his mother Susanna **Elton,** widow, of same, £15, 150 acres. Signed Anthony **Elton.** Wit: James **Marshall** & Edward **Humloke.**

25 Jul 1696, Susanna **Elton,** widow, of Philadelphia, Pennsylvania to Charles **Sulavan,** planter, of Newell, Pennsylvania, £142, plantation, 178 acres & 50 acres. Signed Susanna (X) **Elton.** Wit: John **Tatham** & Thomas **Revell.**

1 May 1688, John **Lambert,** yeoman, of Nottingham, West New Jersey to

Daniel **Bartholomew**, of same, 50 acres. Signed John **Lambert**. Wit: Robert (X) **Chapman** & Mary (X) **Hugh**.

22 May 1688, Daniel **Bartholomew**, planter, of Nottingham, West New Jersey to William **Barnes**, carpenter, of Mansfield, West New Jersey, £5.5, 50 acres. Signed Daniel (X) **Bartholomew**. Wit: Robert (X) **Chapman** & Mary (X) **Hugh**.

16 Oct 1689, William **Emley**, yeoman, of Nottingham, Burlington Co., West New Jersey to Martha **Barnes**, widow, late of same, four years service, 40 acres. Signed William **Emley**. Wit: George **Cockran**, Mary (X) **Davis** & Mary (X) **Emley**.

6 May 1688, John **Feake** land exchange with William **Barnes**. Signed John **Feake** & William **Barnes**. Wit: Duglis (X) **Horsman**.

5 Aug 1694, George **Hutchinson**, distiller, of Burlington, West New Jersey to Richard **Fennimore**, bricklayer, of Northampton River, Burlington Co., West New Jersey, £5, 100 acres. Signed George **Hutchinson**. Wit: Daniel **Bacon**, Joseph **Downe** & William (X) **Black**.

30 Jul 1696, Thomas **Budd**, merchant, of Philadelphia, Pennsylvania to Hannah **Scott**, widow, of Burlington, West New Jersey, 135 acres. Signed Thomas **Budd**. Wit: John **Hollinshead** & Thomas **Revell**.

30 Jul 1696, Bartholomew **Minderman**, merchant, of Burlington, West New Jersey to John **Tomlinson**, butcher, of same, £1010, lot & house in Burlington. Signed Bartholomew **Minderman**. Wit: Thomas **Renshaw**, John **Dearst** & Thomas **Revell**.

8 Jul 1696, Mordecai **Andrews**, yeoman, of Mansfield Twp., Burlington Co., West New Jersey to John **Bowne**, merchant, of Middletown, West New Jersey, £38, 220 acres. Signed Mordecai (X) **Andrews**. Wit: Edward **Humloke** & Thomas **Revell**.

16 Jul 1696, Thomas **Revell**, gentleman, of Burlington, West New Jersey to John **Smith**, blacksmith, of Bucks Co., Pennsylvania, £50, 500 acres. Signed Thomas **Revell**. Wit: Thomas **Bibb**, Henry **Grubb** & Anthony **Woodward**.

17 Jun 1696, John **Smith**, blacksmith, of Bucks Co., Pennsylvania to Thomas **Revell**, mortgage on 500 acres. Signed John **Smith**. Wit: Thomas **Bibb**, Henry **Grubb** & Anthony **Woodward**.

21 Jul 1696, Henry **Low**, planter, of Northampton River, Burlington Co., West New Jersey to James **Sherwin**, yeoman, of Burlington Co., West

New Jersey, £4.5, 70 acres. Signed Henry **Low**. Wit: John (X) **Seed** & Peter (X) **Joanes**.

11 May 1696, Mordecai **Andrews**, yeoman, of Burlington Co., West New Jersey to Hugh **Hutchins**, yeoman, of same, £3.75, 9 acres...corner to John **Joyner**. Signed Mordecai **Andrews**. Wit: Mahlon **Stacy**, Thomas **Revell** & Anthony **Elton**.

27 May 1693, George **Porter**, of Great Kolk, Burlington Co., West New Jersey to Mary **Wright**, widow, of Chesterfield, Burlington Co., West New Jersey, £12, 250 acres. Signed George **Porter**. Wit: Joshua **Wright**, Peter (X) **Groome**, William **Emley** & Thomas **Lambert**.

10 Jun 1692, John **Tatham**, of Burlington Co., West New Jersey, (attorney for Daniel **Coxe**, of London, England) to Joseph **Wood**, yeoman, of Bucks Co., Pennsylvania, £12.5, 100 acres. Signed John **Tatham**. Wit: Barbary **Tatham** & Thomas **Revell**.

16 Jun 1696, John **Snape**, of Burlington Co., West New Jersey to George **Hutchinson**, merchant, of Burlington, West New Jersey, £11, 25 acres...bounded by John **Tatham**, William **Hurst** & Thomas **Haines**. Signed John **Snape**. Wit: Daniel **Leeds**, William **Budd** & William **Hunt**.

18 Jun 1696, George **Hutchinson**, merchant, of Burlington, West New Jersey to John **Tatham**, of same, £11, 25 acres. Signed George **Hutchinson**. Wit: Robert **Wheeler**, William **Richards**, Elizabeth **Basse** & Nathaniel **Woodland**.

20 Jun 1696, George **Hutchinson**, merchant, of West New Jersey to John **Tatham**, of Burlington, West New Jersey, £20, 200 acres...corner to Thomas **Hooton**. Signed George **Hutchinson**. Wit: John **Hamilton**, Thomas **Revell** & Henry **Grubb**.

17 Mar 1695, Richard & Abigail **Ridgeway**, taylor, of Maiden Head, Burlington Co., West New Jersey to John **Bainbridge**, yeoman, of East New Jersey, £160, 600 acres. Signed Richard **Ridgeway** & Abigail **Ridgeway**. Wit: John **Horner**, Samuel **Elamb** & John **Hutchinson**.

22 Sep 1696, William **Biddle** & George **Hutchinson**, of Burlington, West New Jersey to Major Anthony **Brockbells** & Capt. Arent **Schryler**, of New York City, 1500 acres. Signed William **Biddle** & George **Hutchinson**. Wit: William **Grent**, Charles **Sanders** Jr., Nathaniel **Westland** & John **Barkley**.

6 May 1696, Thomas **Revell**, gentleman, of Burlington, West New Jersey to John **Bainbridge**, joyner, of East New Jersey, £24, 200 acres. Signed Thomas **Revell**. Wit: Anthony **Elton**, Peter (X) **Groome** & Hannah **Revell**.

24 Sep 1696, George **Hutchinson**, distiller, of Philadelphia, Pennsylvania to Joseph **Adams**, taylor, of Burlington, West New Jersey, £10.5, 30 acres. Signed George **Hutchinson**. Wit: Edward **Humloke** & Thomas **Revell**.

7 Oct 1696, Thomas **Revell**, gentleman, of Burlington, West New Jersey to Thomas **Leaman**, husbandman, of Cape May Co., West New Jersey, £20, 204 acres. Signed Thomas **Revell**. Wit: Joseph **Pancoast**, Edmund **Howell** & Benjamin **Shaw**. Mortgage on same.

3 Jul 1691, Richard **Bassnett**, gentleman, of Burlington, West New Jersey to his daughter Mary **Bassnett**, spinster, of same, for love and affection, lot in Burlington. Signed Richard **Bassnett**. Wit: John **Tatham** & James **Marshall**.

25 Mar 1693, Edward & Mary **Humloke**, (said Mary is the daughter of Richard **Bassnett**), merchant, of Burlington Co., West New Jersey deed in trust to John **Tatham**, of Burlington, West New Jersey & Thomas **Revell**, of Burlington Co., West New Jersey, lot in Burlington. Signed Edward **Humloke** & Mary **Humloke**. Wit: Nathaniel **Westland**, Abraham **Senior** & John **Calowe**.

13 Oct 1693, John **Tatham**, of Burlington, West New Jersey, & Thomas **Revell**, of Burlington Co., West New Jersey, deed of resolution to Edward & Mary **Humloke**, of Burlington Co., West New Jersey, lot in Burlington. Signed John **Tatham**, Thomas **Revell**, Edward **Humloke** & Mary **Humloke**. Wit: James **Wills**, Peter **Resimere** & John **Petty**.

6 Jul 1696, Richard **Ridgeway**, yeoman, of Maiden Town, Burlington Co., West New Jersey to Joseph **Sackett**, yeoman, of Queens Co., Long Island, New York, £38.6, 200 acres. Signed Richard **Ridgeway**. Wit: Richard **Stockton**, Susanna **Stockton** & Richard **Ridgeway** Jr.

20 Oct 1696, Thomas **Revell**, gentleman, of Burlington, West New Jersey to John **Bainbridge**, joyner, of East New Jersey, £8.4, 70 acres. Signed Thomas **Revell**. Wit: Henry **Grubb**, Isaac **Marriott** & John **Hancock**.

2 Apr 1690, Elias **Farr**, yeoman, of Burlington Co., West New Jersey to Thomas **Garwood**, late servant of said Elias, of same, 100 acres. Signed Elias **Farr**. Wit: James **Craft** & **John (X) Garwood**.

12 May 1688, Ralph **Trenoweth**, yeoman, of Burlington Co., West New Jersey to John **Hollinshead**, yeoman, of Rancocas Creek, Burlington Co., West New Jersey, £20, 200 acres, confirmed by Nathaniel & Embling **Duggles**, (said Embling is the daughter & heir of said Ralph **Trenoweth**). Signed Nathaniel **Duggles** & Embling **Duggles**. Wit: Eliakim **Higgins**, John **Calowe** & Mary (X) **Skene**.

8 Apr 1696, George **Hutchinson**, merchant, of Burlington, West New Jersey to Christopher **Weatherill**, taylor, of same, £5. Signed George **Hutchinson**. Wit: Henry **Grubb**, John **Arney** & John **Meredith**.

11 Apr 1696, Peter **Fretwell**, tanner, of Burlington Co., West New Jersey to Christopher **Weatherill**, taylor, of same, £3, lot in Burlington. Signed Peter **Fretwell**. Wit: John **Hollinshead**, George **Hutchinson** & John **Meredith**.

11 Jun 1696, George **Hutchinson**, merchant, of Burlington, West New Jersey to Christopher **Weatherill**, taylor, of same, lot in Burlington. Signed George **Hutchinson**. Wit: Henry **Grubb**, John **Arney** & John **Meredith**.

24 Sep 1696, George **Hutchinson**, distiller, of Philadelphia, Pennsylvania to Thomas **Tindall**, planter, of Nottingham, Burlington Co., West New Jersey, £6, 100 acres. Signed George **Hutchinson**. Wit: Mahlon **Stacy** & Peter **Fretwell**.

11 Sep 1694, John **Gardner**, carpenter, of Burlington, West New Jersey to Daniel **England**, sailor, of same, £15, lot in Burlington. Signed John **Gardner**. Wit: James **Marshall**, James **Hill** & Elizabeth **Bassnett** Jr.

10 Nov 1696, Daniel **England**, sailor, of Burlington, West New Jersey to Isaac **Marriott**, merchant, of same, £30.3, lot in Burlington. Signed Daniel **England**. Wit: Elizabeth **Bassnett**, Thomas **Revell** & Thomas **Potts**.

19 Oct 1686, Edward **Boulton**, husband, of Burlington Co., West New Jersey to John **Tatham**, of Burlington, West New Jersey, £11, 100 acres. Signed Edward **Boulton**. Wit: Thomas **Revell**, Henry **Grubb** & Walter **Round**.

7 Dec 1681, Mahlon **Stacy** & Thomas **Revell** to John **Lambert**, lot & house. Signed Mahlon **Stacy** & Thomas **Revell**. Wit: Benjamin **Scott** & Thomas **Lambert**.

28 Jan 1677, Mahlon **Stacy, tanner, of Stansworth, York Co.** to John **Lambert**, joyner, of Southwingfield, Derby Co., £9.35, 1/16. Signed Mahlon **Stacy**. Wit: George **Hutchinson**, Robert **Scholey** & Thomas **Revell**.

25 May 1695, John **Greene**, taylor, late of Bucks Co., Pennsylvania & Thomas **Greene**, sons of John **Greene**, late of same, taylor to John **Richardson**, husbandman, late of same, £21, 100 acres...formerly corner of Samuel **Darke**, now Joseph **English**. Signed John **Greene** & Thomas **Greene**. Wit: Roncat **Rutters**, Anna **Rutters** & Ruedos **Greene**.

18 Nov 1696, Francis & Mary **Collins**, of Northampton, of Burlington Co., West New Jersey, (said Mary is the late wife of John **Gosling**, merchant,

deceased, late of Burlington, West New Jersey to Francis **Davenport** & Thomas **Revell**, 500 acres. Signed Francis **Collins** & Mary **Collins**. Wit: George **Deason**, John (X) **Day** & Priscilla **Hogg**.

18 Nov 1696, Francis **Collins**, yeoman, of Northampton, of Burlington Co., West New Jersey to Joseph **Colins**, of same, sons & heirs of Francis **Collins**, Signed Francis **Collins**. Wit: George **Deason**, John (X) **Day** & Thomas **Revell**.

9 Jul 1696, Edward **Humloke** appointed judge.

12 Dec 1696, Jonathan **Beers** appointed judge.

5 Dec 1696, George **Porter**, yeoman, of Mansfield Twp., of Burlington Co., West New Jersey to Nathaniel **Records**, yeoman, of same, £34, 165 acres. Signed George **Porter**. Wit: Daniel **Leeds**, Anthony **Elton** & Thomas **Revell**.

1 Apr 1692, Joseph & Martha **Birch**, of Blands Creek, of Burlington Co., West New Jersey to John & Ann **Browne**, of Burlington Co., West New Jersey, indentured servants William & Joseph **Barnes** for three years. Signed Joseph **Birch**, Martha **Birch** & John **Browne**. Wit: William **Black**, Alice **Black** & John **Curtis**.

10 May 1691, Daniel **Wills** Sr., gentleman, of Northampton River, of Burlington Co., West New Jersey to his son Daniel **Wills** Jr., yeoman, of same, for love and affection, 500 acres. Signed Daniel **Wills** Sr. Wit: Thomas **Revell** & Hannah **Revell**.

28 Dec 1680, William **Cooper**, blacksmith, of Burlington, West New Jersey to Thomas **Barton**, yeoman, of same, £4.5, 100 acres...line of Samuel **Willis**, Thomas **Budd** & John **Pancoast**. Signed William **Cooper**. Wit: John **Butcher**, William **Butcher** & Thomas **Eves**.

29 Dec 1696, Edward **Boulton**, husbandman, of Burlington Co., West New Jersey to Elias **Allen**, husbandman, late of East New Jersey, but now of Mansfield Twp., of Burlington Co., West New Jersey, £10, 100 acres. Signed Edward **Boulton**. Wit: Thomas **Revell**, Isaac **Marriott** & Henry **Grubb**.

2 Jan 1696, Lawrence **Morris**, yeoman, of Burlington, West New Jersey to Thomas **Crosse**, wheelwright, of Philadelphia, Pennsylvania, £161.5, plantation. Signed Lawrence (X) **Morris**. Wit: Thomas **Kendall**, Anthony **Elton**, Thomas **Bibb** & Thomas **Revell**.

28 Mar 1695, George **Hutchinson**, distiller, of Burlington, West New Jersey to Benjamin **Field**, planter, of Flushing, Long Island, New York, £20,

250 acres. Signed George **Hutchinson**. Wit: Thomas **Bibb** & James **Wills**.

14 Jan 1696, John **Need**, boatman, of Burlington, West New Jersey to Lemuel **Oldale**, cooper, of same, £34.3, house & lot in Burlington. Signed John **Need**. Wit: Elizabeth **Bassnett**, John **Meredith** Thomas **Revell**.

2 Feb 1696, Joshua **Humphries**, (attorney for Walter **Humphries**), of Northampton River, of Burlington Co., West New Jersey to Nathaniel **Cripps**, yeoman, of Holley, of Burlington Co., West New Jersey, £4, 25 acres. Signed Joshua **Humphries**. Wit: John **Dewilde**, Anthony **Elton** & Thomas **Revell**.

22 Jan 1696, Thomas **Budd**, merchant, of Philadelphia, Pennsylvania and William **Budd**, yeoman, of Burlington Co., West New Jersey to Francis **Collins**, yeoman, of Burlington Co., West New Jersey, £14, 3 acre lot in Burlington. Signed Thomas **Budd** & William **Budd**. Wit: Thomas **Revell**, Henry **Grubb** & Hannah **Revell**.

30 Mar 1694, Peter **Groome**, yeoman, of Burlington Co., West New Jersey to Thomas **Duggles**, yeoman, of same, £30, house & 150 acres. Signed Peter (X) **Groome**. Wit: Thomas **Wright**, William **Wood** & Thomas **Revell**.

4 Jan 1692, John **Silver**, husbandman, of Northampton Twp., of Burlington Co., West New Jersey to John **Hewson**, of same, £6, 50 acres. Signed John (X) **Silver**. Wit: James (X) **Silver**, Samuel **Kemble** & Daniel **Wills**.

24 Dec 1692, Daniel **Wills**, doctor, of Northampton River, of Burlington Co., West New Jersey to John **Hewson**, of Burlington Co., West New Jersey, 50 acres. Signed Daniel **Wills**. Wit: Hannah **Scott**, Elizabeth **Gardner** & Thomas **Gardner**.

9 Feb 1696, Thomas **Duggles**, yeoman, of Burlington Co., West New Jersey to Abraham **Browne**, yeoman, late of Fivehold, Monmouth Co., East New Jersey, now of Burlington Co., West New Jersey, £150, plantation. Signed Thomas **Duggles**. Wit: Thomas **Revell** & Thomas **Scholey**.

24 Feb 1696, Edward **Humloke**, merchant, of Burlington, West New Jersey to George **Hutchinson**, distiller, of Philadelphia, Pennsylvania, £23, lot in Burlington... corner to Widow **Towle** & Daniel **English**. Signed Edward **Humloke**. Wit: Thomas **Revell**, Peter **Resmere** & Henry **Grubb**.

16 Feb 1696, George **Hutchinson**, distiller, of Philadelphia, Pennsylvania to Richard **Francis**, carpenter, of Burlington, West New Jersey, £40, house & lot in Burlington. Signed George **Hutchinson**. Wit: John **Wood** & Thomas **Clarke**.

24 Feb 1696, Richard **Francis**, carpenter, of Burlington, West New Jersey to Thomas **Revell**, gentleman, of same, £26, house & lot in Burlington. Signed Richard (X) **Francis**. Wit: Henry **Grubb**, Peter **Resmere** & Edward **Humloke**.

7 Jun 1683, John **Hudson**, cordwinder, of London, England to George **Hutchinson**, distiller, of Sheffield, York Co. £20. Signed John (X) **Hudson**. Wit: John **Wise**, Robert (X) **Worley** & Joseph **Mand**.

22 Aug 1694, Godfrey **Newbold**, yeoman, Handsworth, York Co. to George **Hutchinson**, distiller, of Burlington, West New Jersey, £30. Signed Godfrey **Newbold**. Wit: Samuel **Barker** & Henry **Jolly**.

23 Feb 1696, George **Hutchinson**, merchant, of Philadelphia, Pennsylvania to Peter **Fretwell**, tanner, of Burlington, West New Jersey, £50, 21 acre town lot. Signed George **Hutchinson**. Wit: Thomas **Revell**, Joshua **Barkstead** & Anthony **Elton**.

1 Mar 1696, Thomas **Revell**, gentleman, of Burlington, West New Jersey to John & Elizabeth **Dixson**, husbandman, of Burlington Co., West New Jersey, £18, 150 acres. Signed Thomas **Revell**. Wit: James **Satterthwait** & Hannah **Revell**.

1 Mar 1696, Thomas **Revell**, gentleman, of Burlington, West New Jersey to Daniel **Leet**, son of Isaac & Elizabeth **Leet**, said Elizabeth now the wife of John **Dixson**, 150 acres. Signed Thomas **Revell**. Wit: James **Satterthwait** & Hannah **Revell**.

8 Mar 1696, John & Elizabeth **Dixson**, husbandman, of Burlington Co., West New Jersey to Henry **Beef**, yeoman, of Burlington Co., West New Jersey, £40, 100 acre plantation ...line of late George **Hutchinson**. Signed John (X) **Dixson** & Elizabeth (X) **Dixson**. Wit: Thomas **Revell**, James **Satterthwait** & Hannah **Revell**.

8 Mar 1696, John & Elizabeth **Dixson**, husbandman, of Burlington Co., West New Jersey to Henry **Beef**, yeoman, of Burlington Co., West New Jersey, 150 acres ...line of late George **Hutchinson**. Signed John (X) **Dixson** & Elizabeth (X) **Dixson**. Wit: Thomas **Revell**, James **Satterthwait** & Hannah **Revell**.

17 Apr 1684, Samuel **Jennings**, yeoman, of Burlington, West New Jersey to Anthony **Morris**, taylor, of same, £5.4, lot in Burlington. Signed Samuel **Jennings**. Wit: Thomas **Gardner**, Thomas **Budd**, Nathaniel **Ible** & Thomas **Revell**.

17 Jun 1691, Anthony **Morris**, merchant, of Philadelphia, Pennsylvania to

William **Friley**, carpenter, of Burlington, West New Jersey, £5, lot. Signed Anthony **Morris**. Wit: William **Biles**, Samuel **Carpenter** & William **Budd**.

12 Dec 1692, William **Friley**, carpenter, of Burlington, West New Jersey to Samuel **Furris**, of same, £5, lot. Signed William **Friley**. Wit: Emanuel **Smith**, John **Gardner**, John **Bears** & James **Hill**.

5 Nov 1694, Samuel **Furris**, saddler, of Burlington, West New Jersey to Thomas **Atkinson**, mason, of same, £7, lot. Signed Samuel **Furris**. Wit: John **Curtis**, Samuel **Harriott**, Daniel **Leeds** & John **Furris**.

15 Mar 1696, Thomas **Atkinson**, bricklayer, of Burlington Co., West New Jersey to John **Tomlinson**, chandler, of same, £56, house & lot. Signed Thomas **Atkinson**. Wit: Mary **Humloke**, John **Eyre** & Thomas **Revell**.

15 Mar 1696, John **Tomlinson**, chandler, of Burlington, West New Jersey to Thomas **Revell**, gentleman, of same, £22, house & lot. Signed John **Tomlinson**. Wit: John **Shinn**, Thomas **Atkinson** & John **Eyre**.

10 Apr 1695, John **Shinn**, wheelwright, of Springfield, Burlington Co., West New Jersey to Thomas **Atkinson**, of same, in consideration of the marriage of his daughter Sarah **Shinn** to said Thomas, 195 acres. Signed John **Shinn**. Wit: Robert **Young**, Mary **Elry** & Daniel **Leeds**.

21 Jan 1695, John **Hutchinson**, tanner, (son & heir of Thomas **Hutchinson**, late of York Co, England, but late of Hutchinsonfield, Burlington Co., West New Jersey, tanner, deceased), of Burlington Co., West New Jersey to Robert **Wilson**, £5. Signed John **Hutchinson**. Wit: William **Biddle** Jr., Thomas **Folks** & Francis **Davenport**.

24 Mar 1696, Thomas **Revell**, gentleman, of Burlington, West New Jersey to Edward **Hunt**, yeoman, of Newtown, Queens Co., New York, £20, 200 acres. Signed Thomas **Revell**. Wit: Joseph **Saskitt**, John **Osbourne** & John **Eyre**.

20 Nov 1696, Thomas **Gazwood**, yeoman, of Northampton Twp., Burlington Co., West New Jersey to Kenradt **Rutters**, husbandman, Burlington Co., West New Jersey, £10, 100 acres. Signed Thomas **Gazwood**. Wit: Nathaniel **Westland** & Thomas **Revell**.

30 Jan 1682, Robert **Stacy** to Thomas **Revell**, gentleman, of Burlington, West New Jersey, lot. Signed Robert **Stacy**. Wit: Richard **Love** & Mary **Allen**.

20 Jul 1688, George **Hutchinson**, merchant, formerly of Burlington, West New Jersey, but now of England to Robert **Hutchinson**, cordwinder, of

West New Jersey, £40, 160 acres. Signed George **Hutchinson**. Wit: Christopher **Weatherill**, John **Warren** & Lewis **Carpenter**.

15 Apr 1697, Robert **Hutchinson**, cordwinder, of Philadelphia, Pennsylvania to David **Curtis**, planter, of Mount Pleasant, Burlington Co., West New Jersey, £20, 160 acres...corner to Richard **Stockton**, John **Tomlinson** & John **Hixson**. Signed Robert **Hutchinson**. Wit: Thomas **Revell**, Peter **Bosse** & Nathaniel **Duggles**.

10 Feb 1695, Thomas **Revell**, for the West New Jersey Society to Thomas **Greene**, £12.5, 105 acres. Signed Thomas **Revell**. Wit: Henry **Grubb**, Samuel **Terrett** & Johannis **Lawrenson Van Dyrk**.

22 Apr 1695, Thomas **Greene**, yeoman, of Springfield Twp., Burlington Co., West New Jersey to Johannis **Lawrenson Van Dyrk**, yeoman, of same, £100, 250 acres. Signed Thomas **Green**. Wit: Thomas **Revell**, Henry **Grubb** & Samuel Terrett.

30 Mar 1696, Daniel **England**, mariner, of Burlington, West New Jersey to Peter **Resimere**, shipwright, of same, £15, 3 acre lot. Signed Daniel **England**. Wit: George **Hutchinson**, Emanuel **Smith** & Edward **Humloke**.

23 Apr 1697, charter of freight, between Abraham **Sanford**, master of good ship Loyal Port to John **Tatham**, Nathaniel **Westland**, Thomas **Revell** & Edward **Humloke**. Signed Abraham **Sanford**. Wit: John **Kimlow** Samuel **Terrott** & John **Booth**.

30 Apr 1697, agreement between Edward **Humloke**, of Burlington, West New Jersey & John **Tatham**, Nathaniel **Westland** & Thomas **Revell**, of same. Signed Edward **Humloke**, John **Tatham**, Nathaniel **Westland** & Thomas **Revell**.

17 May 1697, Thomas **Revell**, gentleman, of Burlington, West New Jersey to Thomas **Bridge**, gentleman, of Chammsis, Salem Co., West New Jersey, 1000 acres. Signed Thomas **Revell**. Wit: Nathaniel **Westland**, Joshua **Barkstead** & Elir: **Westland**.

3 May 1697, William **Wardell**, husbandman, of Burlington Co., West New Jersey to Thomas **Higham**, yeoman, of same, £6, 10 acres...corner to Moses **Peffit**. Signed William **Wardell**. Wit: Joseph (X) **Briesley** & William (X) **Spencer**.

25 Mar 1697, Robert & Mary **Ewer**, merchant, of Philadelphia, Pennsylvania, (said Mary is the widow & heir of Thomas **Olive**, late of Willingborough, Burlington Co., West New Jersey) to John **Test**, merchant, of same, £400, mill & plantation. Signed Robert **Ewer** & Mary **Ewer**. Wit:

Daniel **Wills**, Freedom **Lippinrott** & Anne **Wills**.

30 May 1697, George **Porter**, yeoman, of Burlington Co., West New Jersey to Edward **Boulton**, husbandman, of same, £13.35, 114 acres. Signed George **Porter**. Wit: Thomas **Revell**, Mary **Revell** & Thomas **Potts** Jr.

12 May 1697, Nathaniel **Westland**, merchant, of Burlington, West New Jersey to Sarah **Farr**, widow, of same, £136, house & lot in Burlington. Signed Nathaniel **Westland**. Wit: George **Deacon**, Isaac **Marriott** & Thomas **Revell**.

20 Dec 1695, Daniel **Leeds**, cooper, of Springfield, Burlington Co., West New Jersey to William **Bustill**, carpenter, of same, £2, 35 acres. Signed Daniel **Leeds**. Wit: Robert **Young** & William **Leeds** Sr.

26 Feb 1696, Edward **Humloke**, merchant, of Burlington, West New Jersey to Thomas **Bibb**, smith, of same, £45, house & lot in Burlington. Signed Edward **Humloke**. Wit: Thomas **Revell**, Benjamin **Wheat** & Emanuel **Smith**.

9 Dec 1695, John & Anne **Snowden**, yeoman, of Bucks Co., Pennsylvania to Richard **Allison**, yeoman, late of Long Island, £14, house & plantation. Signed John **Snowden** & Anne **Snowden**. Wit: Sibilla (X) **Clayton**, Mary (X) **Emley**, William **Emley** Jr., William **Emley** Sr., Thomas **Miller** & William **Biddle**.

7 Dec 1694, Joshua **Barkstead** appointed to sell lands. Signed Jeremiah **Basse**. Wit: John **Jazins** & Joseph **Houldon**.

14 Jun 1697, Jonathan **Foreman**, yeoman, of Cape May, West New Jersey to John **Parson**, cooper, of same, £12.5, 125 acres. Signed Jonathan (X) **Foreman**. Wit: Thomas **Revell**, Henry **Grubb** & Isaac **Marriott**.

14 Jun 1697, Thomas **Revell**, gentleman, of Burlington, West New Jersey to Jonathan **Foreman**, yeoman, of Cape May, West New Jersey, £0.5, 5 acre lot in Cape May. Signed Thomas **Revell**. Wit: Henry **Grubb** & Isaac **Marriott**.

26 Apr 1697, Bartholomew **Minderman**, merchant, of Burlington, West New Jersey to Nathaniel **Westland**, merchant, of same, £200, house & lot in Burlington. Signed Bartholomew **Minderman**. Wit: Thomas **Potts**, Hannah **Revell** & Thomas **Revell**.

16 Jun 1697, John **Tomlinson**, chandler, of Burlington, West New Jersey to Nathaniel **Westland**, merchant, of same, £50, house & lot. Signed John **Tomlinson**.

27 Mar 1697, William **Baskie**, haberdasher, of London to Walter **Humphrys**, boardweaver, of Powell, Gloucester Co., £9.35, 1/16. Signed William **Baskie**. Wit: John **Field**, Thomas **Harding** & Thomas (X) **Humphreys**.

28 May 1697, John **Hutchinson**, yeoman, of Hutchinson Manor, Burlington Co., West New Jersey Mahlon **Stacy**, yeoman, of Ballsfield, Burlington Co., West New Jersey, 1000 acres. Signed John **Hutchinson**. Wit: William **Emley** Jr., Joshua **Eley** & William **Emley** Sr.

19 Jun 1697, John **Baker**, taylor, of Burlington, West New Jersey power of attorney to his wife Mary **Baker**. Signed John (X) **Baker**. Wit: Bartholomew **Minderman** & John **Neve**.

18 May 1697, David **Lloyd** & Isaac **Norris**, executors of the will of Thomas **Lloyd**, late of Philadelphia, Pennsylvania to Griffith **Morgan**, yeoman, of West New Jersey, £200.3, 500 acres. Signed David **Lloyd** & Isaac **Norris**. Wit: Edward **Humloke** & Thomas **Revell**.

1 Jul 1697, Walter **Humphrys**, boardweaver, of Powell, Gloucester Co. to Benjamin & Sarah **Moore** Jr., husbandman, of Burlington Co., West New Jersey, £27, 200 acres. Signed Walter **Humphrys**. Wit: Isaac **Marriott**, Hannah **Revell** & Thomas **Revell**.

3 Jul 1697, Nathaniel **Duggles**, feltmaker, of Burlington, West New Jersey to Abraham **Browne**, yeoman, of Skewsberry, East New Jersey, £22, 150 acres. Signed Nathaniel **Duggles**. Wit: Peter **Resmier**, Thomas **Duggles** & Thomas **Revell**.

28 Jun 1697, Josiah **Risskett**, baker, of Burlington, West New Jersey to Nathaniel **Westland**, merchant & Thomas **Duggles**, yeoman, of same, £115, house & lot in Burlington. Signed Josiah (X) **Risskett**. Wit: Edward **Humloke**, George **Deason** & Thomas **Revell**.

12 Jun 1697, Thomas **Revell**, of Burlington, West New Jersey to Roger **Parke**, yeoman, of Chesterfield, West New Jersey, £40, 400 acres. Signed Thomas **Revell**. Wit: Robert **Wheeler**, Andrew (X) **Smith**, Hannah **Revell** & Sarah **Smith**.

20 May 1697, Thomas **Revell**, of Burlington, West New Jersey to John **Shaw**, whaler, of Cape May, West New Jersey, £31.5, 315 acres. Signed Thomas **Revell**. Wit: Edward **Humloke**, William **Simmons** & Timothy **Brandoth**.

26 Jun 1696, Michael **Newbole**, yeoman, of Burlington Co., West New Jersey to John **Browne**, gunsmith, of same, £2, 40 acres. Signed Michael

Newbole. Wit: Thomas **Revell**, Thomas (X) **Wood** & Daniel **Wills** Jr.

20 Oct 1696, John **Crosby**, millwright, late of Burlington, West New Jersey to Isaac **Derow**, yeoman, of Burlington, West New Jersey, £113.30, dwelling house & lot. Signed John **Crosby**. Wit: Thomas **Raper**, Robert **Wheeler** & Josiah (X) **Risskett**.

5 Nov 1695, Joseph **English**, yeoman, of Burlington Co., West New Jersey to Charles **Biles**, yeoman, of same, £57, 200 acres...adjoining Mary **Davis**. Signed Joseph **English**. Wit: John **Lambert**, Henry (X) **Bell**, Thomas (X) **Revell** & William **Emley**.

26 Jul 1697, Thomas **Kendall** bond to Bartholomew **Minderman**

1967, Thomas **Revell**, gentleman, of Burlington, West New Jersey to William **Hollet**, 1050 acres.

5 Jun 1696, John **Jooston**, late of Burlington, West New Jersey power of attorney to William **Wood**, of Chesterfield Twp., West New Jersey. Signed Jan **Jooston**. Wit: Francis **Davenport**, Mathew **Forsyth** & Joseph **Smith**.

12 Jul 1696, Thomas **Revell**, gentleman, of Burlington, West New Jersey to Johannis **Lawrenson Van Dyrk**, yeoman, of Maiden Head, Burlington Co., West New Jersey, £105, 1050 acres. Signed Thomas **Revell**. Wit: Christopher **Weatherill**, Samuel **Furris** & Nathaniel **Westland**. Sold with mortgage.

18 May 1697, John **Barkley** desire to deliver to Daniel **Seabrook**, receipt by John **Tatham**.

12 Jul 1697, Thomas **Revell**, gentleman, of Burlington, West New Jersey to Nathaniel **Westland**, merchant, of same, £70, house & lot in Burlington. Signed Thomas **Revell**. Wit: Christopher **Weatherill** & Samuel **Furris**.

26 Jul 1697, Bartholomew **Minderman**, merchant, of Burlington, West New Jersey to Thomas **Kendall**, bricklayer, of same, £160, house & lot in Burlington. Signed Bartholomew **Minderman**. Wit: John **Hollinshead**, Benjamin **Wheat**, Thomas **Bibb** & Thomas **Revell**.

16 Jul 1684, William **Blank**, weaver, of Mansfield, West New Jersey & Robert **Mursen**, late of same to John & Mary **Horner**, yeoman, late of Burlington, West New Jersey, house & plantation. Signed William (X) **Blank** & Robert **Mursen**. Wit: Robert **Wilson**, Samuel **Skoles**, John **Abut** Jr., & John **Snowden**.

20 Feb 1696, John **Hutchinson**, (son of Thomas **Hutchinson**), yeoman, of

Hutchinson Manor, Burlington Co., West New Jersey to Robert **Pearson**, yeoman, of Crosswick Creek, Burlington Co., West New Jersey, £20, 500 acres. Signed John **Hutchinson**. Wit: Joshua **Ely**, William **Emley** Sr. & William **Emley** Jr..

2 Nov 1696, James **Bingham**, Eversham Twp., Burlington Co., West New Jersey Burlington Co., West New Jersey to Jonathan **Eldridge**, cordwinder, of same, £9, 50 acres. Signed James **Bingham**. Wit: William **Howlings**, Henry **Morley** & Mary **Howlings**.

8 Aug 1697, William **Black**, of Chesterfield, Burlington Co., West New Jersey to Daniel **Leeds**, 25 acres. Signed William (X) **Black**. Wit: Abraham **Howlings** & Isaac **Horner**.

13 Jun 1696, Mary **Andrews** & Mordecai **Andrews** & George **Parker**, bond for 40 acres. Signed Mary **Andrews**, Mordecai **Andrews** & George **Parker**. Wit: William **Satterthwait**, Edward **Andrews** & Jacob **Ong**.

3 Mar 1691, Robert **Welsh**, merchant, of London, England power of attorney to James **Jacobs**, cordwinder & Joseph **Paul**, clothier, both of Philadelphia, Pennsylvania. Signed Robert **Welsh**. Wit: Joseph **Clark** & James **Preston**.

22 Aug 1696, William **Gabitas**, millwright, of Pennsylvania to Samuel **Bunting**, yeoman, of Chesterfield, Burlington Co., West New Jersey, £5, 100 acres. Signed William **Gabitas**. Wit: Thomas **Revell**, Elizabeth **Elton** & John **Eyre**.

27 Jul 1697, Bartholomew **Minderman**, merchant, of Burlington, West New Jersey power of attorney to John **Hollinshead**, gentleman & Thomas **Kendall**, bricklayer, both of same. Signed Bartholomew **Minderman**. Wit: Benjamin **Wheate**, Thomas **Bibb** & Thomas **Revell**.

19 Jun 1697, George **Hutchinson**, merchant, of Philadelphia, Pennsylvania to Martha **Devonish**, widow of Barnard **Devonish**, £3.95, house & lot in Burlington. Signed George **Hutchinson**. Wit: Daniel **Wills**, John **Paine** & Thomas **Revell**.

10 May 1697, Thomas **Revell**, gentleman, of Burlington, West New Jersey to Joseph **Sackett**, yeoman, late of Long Island, New York, £36, 300 acres. Signed Thomas **Revell**. Wit: Nathaniel **Westland**, George **Deason** & John **Harrison**.

21 Mar 1695, William **Biddle**, merchant, of Mount Hope, Burlington Co., West New Jersey & John **Melbourne**, blacksmith, of Burlington Co., West New Jersey to Caleb **Wheatley**, weaver, of Chesterfield, £28, house & 120

acres in Nottingham Twp.. Signed John (X) **Melbourne** & William **Biddle**. Wit: Thomas (X) **Siding** & Samuel **Overton**.

18 Oct 1697, Thomas **Kendall**, bricklayer, of Burlington, West New Jersey to John **Harrison**, gentleman, of Queens Co., Long Island, of Burlington, West New Jersey, New York, £200, house & lot on Island of Burlington. Signed Thomas **Kendall**. Wit: Nathaniel **Westland**, George **Deason** & Thomas **Revell**.

7 Nov 1697, Thomas **Revell**, gentleman, of Burlington, West New Jersey to John **Whitlock**, carpenter, late of Middletown, East New Jersey, £32, 320 acres...Elizabeth **Johnson**, widow. Signed Thomas **Revell**. Wit: Edward **Humloke**, Anthony **Elton** & Walter **Right**.

2 May 1695, Joseph **Richardson**, of Glamford Briggs, Leishire Co., England power of attorney to George **Hutchinson**, Mahlon **Stacy** & Francis **Davenport**, to sell to Edward **Rockhill**, yeoman, of Chesterfield, Burlington Co., West New Jersey. Signed Joseph **Richardson**. Wit: Francis **Hoptenstull** & Thomas **Morley**.

4 Nov 1697, Thomas **Revell**, gentleman, of Burlington, West New Jersey to Jonathan **Davis**, planter, of Maiden Head, Burlington Co., West New Jersey, £12, 100 acres. Signed Thomas **Revell**. Wit: John **Bainbridge**, John **Eyre** & Thomas **Potts** Jr.

4 Nov 1697, Francis **Davenport**, John **Day** & John **Woolston** Sr., yeomen, of Burlington Co., West New Jersey to John **Woolston** Jr., 46.3 acres. Signed Francis **Davenport**, John (X) **Day** & John **Woolston** Sr. Wit: Jonathan **Brow**, Samuel **Hodge** & Thomas **Revell**.

26 Oct 1697, Thomas **Revell**, gentleman, of Burlington, West New Jersey to John & Elizabeth **Dixson**, planter, of Burlington Co., West New Jersey, £6, 50 acres. Signed Thomas **Revell**. Wit: Daniel **Leeds**, Thomas **Greene** & Johannis **Lawrenson Van Dyrk**.

3 Nov 1697, John & Elizabeth **Dixson**, planter, of Burlington Co., West New Jersey to Johanes **Lawrenson Van Dyrk**, yeoman, of Maiden Head, Burlington Co., West New Jersey, £40, 200 acres. Signed John (X) **Dixson** & Elizabeth (X) **Dixson**. Wit: Daniel **Leeds**, Thomas **Greene** & Thomas **Revell**.

30 Apr 1695, Edward **Randolph**, survey general to Edward **Humloke**, chattel goods. Signed Edward **Randolph**.

4 Sep 1695, Henry & Mary **Grubb**, (said Mary is the daughter of Mary **Perkins**, deceased), innholder, of Burlington, West New Jersey, Thomas

Perkins, of Burlington, West New Jersey, Abigail Raper, spinster, of same to Thomas **Budd**, merchant, of Philadelphia, Pennsylvania, £11, 50 acres. Signed Henry **Grubb**, Mary (X) **Grubb**, Thomas **Perkins** & Abigail (X) **Raper**. Wit: George **Hutchinson**, James **Wills**, Samuel **Vaus** Jr. & Thomas **Revell**.

10 Jun 1697, Thomas **Budd**, merchant, of Philadelphia, Pennsylvania to Edward **Hunloke** & John **Petty**, bricklayer, of Burlington Co., West New Jersey, £10, 50 acres. Signed Thomas **Budd**. Wit: William **Budd** & Thomas **Potts**.

3 Nov 1697, Thomas **Green**, planter, of Springfield Twp., Burlington Co., West New Jersey to John & Elizabeth **Dixson**, plant. of same, £62.5, house & plantation. Signed Thomas **Green**. Wit: Daniel **Leeds**, Johannis **Lawrenson Van Dyrk** & John **Meredith**.

5 Jul 1677, Thomas **Hutchinson**, yeoman, of Beverly, Thomas **Pearson**, yeoman, of Boswick, Joseph **Helmsby**, yeoman, of Kolk, George **Hutchinson** distiller, of Sheffield, & Mahlon **Stacy**, tanner, of York Co. to James **Harrinson**, yeoman, of Stainton Dale, Yorkshire, £45. Signed Thomas **Hutchinson**, Thomas **Pearson**, Joseph **Helmsby**, George **Hutchinson** & Mahlon **Stacy**. Wit: Thomas **Taylor**, Thomas **Warings** & Abraham **Ogden**.

28 Dec 1677, Thomas **Hutchinson**, yeoman, of Beverly, Thomas **Pearson**, yeoman, of Boswick, Joseph **Helmsby**, yeoman, of Kolk, George **Hutchinson** distiller, of Sheffield, & Mahlon **Stacy**, tanner, of York Co. to James **Harrinson**, yeoman, of Stainton Dale, Yorkshire, £16. Signed Thomas **Hutchinson**, Thomas **Pearson**, Joseph **Helmsby**, George **Hutchinson** & Mahlon **Stacy**. Wit: Thomas **Lambert** & **Godfrey** Newbold.

10 Apr 1697, John Hutchinson, **tanner, of Hutchinson Mannor, Burlington Co., West New Jersey** to Thomas **Bouleby**, sailor, of Mansfield Windhouse, Nottingham Co., England, £25. Signed John **Hutchinson**. Wit:Thomas **Yardley**, John (X) **Lenill** & Mahlon **Stacy**.

23 Sep 1697, Peter **Frotwell**, tanner, of Burlington, West New Jersey to George **Hutchinson**, distiller, of Philadelphia, Pennsylvania, £10, lot in Burlington. Signed Peter **Frotwell**. Wit: Francis **Davenport** & William (X) **Snead**.

5 Oct 1697, Joseph **Wright**, yeoman, of Ashford, Derby Co., England to George **Hutchinson**, distiller, of Philadelphia, Pennsylvania, £48.75, 912 acres. Signed Joseph **Wright**. Wit: Charles **Sanders** & Thomas **Cotton**.

18 Oct 1697, William **Harrison**, yeoman, of Maryland, (son & heir of James **Harrison**) to George **Hutchinson**, distiller, of Philadelphia, Pennsylvania,

£120. Signed William **Harrison**. Wit: William **Southebe**, Elizabeth **Burden** & John **Hollinshead**.

5 Nov 1697, George **Hutchinson**, distiller, of Philadelphia, Pennsylvania, (agent for Thomas **Penford** & Jonah **Penford**) to Joseph **Adams**, taylor, of Burlington, West New Jersey, £12, six acres of town lots. Signed George **Hutchinson**. Wit: John (X) **Dixson**, Elizabeth (X) **Dixson** & John **Hollinshead**.

2 Nov 1697, Joseph **Adams**, taylor, of Burlington, West New Jersey to George **Hutchinson**, distiller, of Philadelphia, Pennsylvania, £12.5, six acres of town lots. Signed Joseph **Adams**. Wit: John (X) **Dixson**, Elizabeth (X) **Dixson** & John **Hollinshead**.

2 Nov 1697, George **Hutchinson**, distiller, of Philadelphia, Pennsylvania to John **Bunting**, carpenter, of Chesterfield, Burlington Co., West New Jersey, £6.5, 100 acres. Signed George **Hutchinson**. Wit: William **Wood**, Peter **Frotwell** & John **Hollinshead**.

18 Mar 1696, Thomas **Revell**, gentleman, of Burlington Co., West New Jersey to Henry **Bell**, husbandman, of same, £20, 200 acres. Signed Thomas **Revell**. Wit: Nathaniel **Westland**, John **Eyre** & John (X) **Rumsey**.

27 Nov 1697, James **Antram**, yeoman, of Mansfield Twp., Burlington Co., West New Jersey to Benjamin **Scattergood**, planter, of same, £30, 100 acres. Signed James (X) **Antram**. Wit: John **Hollinshead**, Thomas **Curtis** & Thomas **Revell**.

18 Jun 1697, John **Scholey**, husbandman, of Burlington Co., West New Jersey to Gervas **Pharoe**, yeoman, of Burlington Co., West New Jersey, £8, 50 acres. Signed John (X) **Scholey**. Wit: William **Watson**, Mathew **Champion**, William **Emley** & William **Emley** Jr.

1 Jun 1697, Mathew & Katharine **Champion**, yeoman, of Burlington Co., West New Jersey to Gervas **Pharoe**, yeoman, of same, (formerly Katherine **Beard**, widow), plantation. Signed Mathew **Champion** & Katharine (X) **Champion**. Wit: John **Watson**, William **Emley** Jr., William **Watson**, William **Emley**, John (X) **Murfin** & John (X) **Scholey**.

6 Dec 1694, George **Hutchinson**, distiller, of Burlington Co., West New Jersey to William **Wood**, planter, of Hopewell, Burlington Co., West New Jersey, £5, 100 acres. Signed George **Hutchinson**. Wit: Francis **Davenport**, John **Wilsford** & Richard **Finnimore**.

2 Nov 1697, Christopher **Weatherill**, of Burlington, West New Jersey to Henry **Berk**, yeoman, of Burlington Co., West New Jersey, £12, 180 acres.

Signed Christopher **Weatherill**. Wit: Francis **Davenport** & Peter **Frotwell**.

15 Sep 1697, marriage of Benjamin **Burgesse** & Jane **Buchanan**, by David **Kinlock**, rector, wit: Timothy **Paine** & Bryon **Teridy** at the parish church of St. Stephens in the county & city of Bristoll.

13 Jan 1697, at house of Henry **Grubb**, of Burlington, West New Jersey appeared John **Robardes** who attested that Benjamin **Burgesse** was the son of William **Burgesse**, deceased, late of South River, Maryland.

13 Jan 1697, Benjamin **Burgesse**, late of Bristoll, England to George **Deaton**, of Burlington, West New Jersey, £52, for effort from George **Deason**, attorney of Hugh **Buchanan**, late husband of Jane **Buchanan**. Signed Benjamin **Burgesse**. Wit: John **Robardes**, Henry **Grubb**, & Thomas **Revell**.

21 Jan 1697, Joshua **Humphries**, yeoman, of Northampton Twp., Burlington Co., West New Jersey to Thomas **Paine**, husbandman, of Burlington Co., West New Jersey, £4, 50 acres. Signed Joshua **Humphries**. Wit: Thomas **Revell**, John (X) **Paine** & Hannah **Revell**.

30 Jul 1697, Thomas **Brian**, husbandman, of Burlington Co., West New Jersey to Thomas **Hains**, husbandman, of Northampton Twp., Burlington Co., West New Jersey, £80, 300 acres. Signed Thomas **Brian**. Wit: Daniel **Leeds**, Seth **Hill** & John **Meredith**.

30 Jul 1697, Thomas **Hains**, husbandman, of Burlington Co., West New Jersey to Thomas **Brian**, husbandman, of Northampton twp., Burlington Co., West New Jersey, £80, 200 acres. Signed Thomas (X) **Hains**. Wit: Daniel **Leeds**, Seth **Hill** & John **Meredith**.

7 Feb 1697, John **Hollinshead** Jr., yeoman, of Chester Twp., Burlington Co., West New Jersey to Richard **Ridgeway**, yeoman, of Burlington Co., West New Jersey, £320, plantation. Signed John **Hollinshead** Jr. Wit: John **Hollinshead**, Thomas **Eves** & Thomas **Revell**.

21 Mar 1697, John **Test**, merchant, of Willingborrow, Burlington Co., West New Jersey to mortgage to Robert **Ewer**, merchant, of Philadelphia, Pennsylvania, £500. Signed John **Test**. Wit: Daniel **Wills**, Freedom **Lippimott** & Anne **Wills**.

7 Jul 1697, Robert **Ewer**, merchant, of Philadelphia, Pennsylvania to Edward **Shippin**, £149.8, a mortgage. Signed Robert **Ewer**. Wit: Nathan **Stanbury** & Albertus **Brandt**.

1697, Edward **Shippin**, merchant, of Philadelphia, Pennsylvania power of attorney to Daniel **Wills**. Signed Edward **Shippin**. Wit: Nathan **Stanbury** & Joseph **Cotting**.

5 Feb 1697, Christopher **Weatherill**, taylor, of Burlington, West New Jersey to Thomas **Brian**, husbandman, of Northampton Twp., Burlington Co., West New Jersey, £19. Signed Christopher **Weatherill**. Wit: Peter **Frotwell**, John **Meredith** & John **Hollinshead**.

12 Feb 1697, Christopher **Weatherill**, taylor, of Burlington, West New Jersey to Thomas **Hains**, husbandman, of Northampton Twp., Burlington Co., West New Jersey, £21. Signed Christopher **Weatherill**. Wit: Henry **Grubb**, Henry **Book** & John **Meredith**.

24 Jun 1697, John **Hutchinson**, yeoman, of Burlington Co., West New Jersey, (son & heir of Thomas **Hutchinson**) to Christopher **Weatherill**, taylor, of same, £5, 100 acres. Signed John **Hutchinson**. Wit: Dorothy (X) **Hutchinson** & Daniel **Leeds**.

2 Nov 1697, George **Hutchinson**, distiller, of Philadelphia, Pennsylvania to Christopher **Weatherill**, taylor, of Burlington Co., West New Jersey, £12. Signed George **Hutchinson**. Wit: John **Meredith**, William (X) **Black** & Peter **Frotwell**.

18 Feb 1697, George **Hutchinson**, distiller, of Philadelphia, Pennsylvania to Christopher **Weatherill**, taylor, of Burlington Co., West New Jersey, £19. Signed George **Hutchinson**. Wit: John **Bye**, Aaron (X) **Boswick** & John **Crease**.

3 Sep 1693, Thomas **Fairman**, yeoman, of Philadelphia, Pennsylvania, (for his late brother-in-law, John **Kimley**) to Thomason **Towel**, widow, of Burlington, West New Jersey, lot in Burlington. Signed Thomas **Fairman**. Wit: Nicholas **Pearse**, James **Chick** & George **Hutchinson**.

21 Feb 1697, John **Day**, Francis **Davenport** & John **Woolston** Sr., yeomen, all of Burlington Co., West New Jersey to Daniel **Sutton**, taylor, of Burlington, West New Jersey, £12,3, lot in Burlington. Signed John (X) **Day**, Francis **Davenport** & John (X) **Woolston** Sr. Wit: Mahlon **Stacy**, John **Adams** & Thomas **Gilbertorp**.

19 Feb 1697, Mordecai **Andrews**, planter, of Mansfield Twp., Burlington Co., West New Jersey, (son & heir of Samuel **Andrews**) to Joshua **Newbold**, miller, of same, £10, 17 acres, adjacent to Jacob **Desome**, William **Salterthwaite** & Joseph **Pancoast**. Signed Mordecai (X) **Andrews**. Wit: William **Bibb**, Francis **Davenport** & John **Meredith**.

19 Feb 1697, Joshua **Newbold**, miller, of Mansfield Twp., Burlington Co.,

West New Jersey to Mordecai **Andrews**, planter, of same, £10, 15 acres. Signed Joshua **Newbold**. Wit: William **Bibb**, Francis **Davenport** & John **Meredith**.

3 Mar 1697, John **Worlidge**, of Salem Co. appointed judge.

28 Dec 1697, Mary **Shimm**, widow of Thomas **Shimm**, of Burlington Co., West New Jersey to Richard **Stockton** Jr., (brother of said Mary) & John **Shimm**, (brother-in-law of said Mary), yeomen, of Burlington Co., West New Jersey, deed in trust. Signed Mary **Shimm**. Wit: John **Stockton**, Hannah **Revell** & Thomas **Revell**.

12 Feb 1697, George & Hester **Parker**, of Northampton Twp., Burlington Co., West New Jersey to Michael **Buffin**, of Mansfield, Burlington Co., West New Jersey, £17, 40 acres, line of John **Curtis**, William **Ellis** & late John **Calow**. Signed George **Parker** & Hester **Parker**. Wit: Daniel **Wills**, George **Hollinshead** & Daniel **Leeds**.

5 Mar 1697, Christopher **Weatherill**, taylor, of Burlington Co., West New Jersey to Michael **Buffin**, of Burlington Co., West New Jersey, £16.3, 200 acres. Signed Christopher **Weatherill**. Wit: William **Pancoast**, George **Porter** & Thomas **Revell**.

5 Mar 1697, James **Antram**, yeoman, of Mansfield, Burlington Co., West New Jersey to Michael **Buffin**, of Burlington Co., West New Jersey, £2. Signed James (X) **Antram**. Wit: Christopher **Weatherill**, George **Porter** & Thomas **Revell**.

5 Mar 1697, George **Porter**, yeoman, of Burlington Co., West New Jersey to William **Pancoast**, yeoman, of same, £11. Signed George **Porter**. Wit: Christopher **Weatherill**, Thomas **Potts** Jr., & Thomas **Revell**.

5 Mar 1697, George **Porter**, yeoman, of Burlington Co., West New Jersey to Thomas **Potts** Jr., yeoman, of same, £30, 152 acres, line of John **Woolston** & Edward **Boulton**. Signed George **Porter**. Wit: William **Pancoast**, James (X) **Antram** & Thomas **Revell**.

26 Jun 1697, King William commissions Maryland.

20 Mar 1697, Daniel **Wills**, gentleman, of Northampton Twp., Burlington Co., West New Jersey to his son, John **Wills**, of same, for love and affection, 467 acres. Signed Daniel **Wills**. Wit: George **Deason** & Thomas **Revell**.

2 Apr 1698, Joseph **English**, yeoman, of Mansfield Twp., Burlington Co., West New Jersey to Richard **French**, yeoman, of same, £200, house &

plantation. Signed Joseph **English**. Wit: Thomas **Revell**, Joseph **Adams** & Joseph **Pancoast**.

20 Mar 1698, Edward **Shippen**, Mary **Ewer**, Daniel **Wills** & Nathan **Stanburg** release of mortgage to John **Test**, £200. Signed Edward **Shippen**, Mary **Ewer**, Daniel **Wills** Nathan **Stanburg**. Wit; William **Gabitas**, Samuel **Bulkley** & David **Lloyd**.

11 Nov 1697, Mathew **Allen**, yeoman, of Chester, Burlington Co., West New Jersey to William **Budden**, husbandman, of same, £20, 180 acres...corner to John **Rush**. Signed Mathew **Allen**. Wit: James **Sherwin** & Isaac **Conaroe**.

11 Apr 1698, John **Day**, yeoman, of Burlington Co., West New Jersey to Joseph **English**, yeoman, 296 acres...next to William **Bustall** & Thomas **Shinn**. Signed John (X) **Day**. Wit: Edward **Humloke**, Nathaniel **Westland** & Thomas **Revell**.

1 Apr 1698, Thomas **Bryan**, yeoman, of Northampton Twp., Burlington Co., West New Jersey to William **Budd**, yeoman, of same, £40, 30 acres...line of John **Shinn** Jr. Signed Thomas **Brian**. Wit: Thomas **Revell** & George **Deason**.

1 Apr 1698, William **Budd**, yeoman, of Northampton twp., Burlington Co., West New Jersey to Thomas **Brian**, yeoman, of same, £40, 25 acres. Signed William **Budd**. Wit: Thomas **Revell** & George **Deason**.

14 Feb 1697, Mordecai **Andrews**, (heir of Samuel **Andrews**) of Mansfield, Burlington Co., West New Jersey to Michael **Buffin**, of same, £6, 13 acres...line late of William **Ellis**. Signed Mordecai ((X) **Andrews**. Wit: Edward **Andrews**, Thomas **Revell** & Daniel **Leeds**.

14 Feb 1697, Michael **Buffin**, of Mansfield Twp., Burlington Co., West New Jersey to Mordecai **Andrews**, of same, £6, 6 acres. Signed Michael (X) **Buffin**. Wit: Thomas **Revell**, Edward **Andrews** & Daniel **Leeds**.

2 Mar 1697, Mordecai **Andrews**, about laying out 40 acres. Wit: Francis **Davenport**, John (X) **Woolston** & Daniel **Leeds**.

9 Jun 1697, Jeremiah **Basse** appointed governor. Wit: Thomas **Lane**, John **Moore**, aldermen of London, E. **Richier**, Michael **Watts** & Fran **Minshull**.

20 Aug 1697, Jeremiah **Basse** & Thomas **Revell**, appointed to agency. Wit: Thomas **Lane**, John **Bridges**, Ben **Sheels**, Fran **Minshull**, E. **Richier**, Michael **Watts**, Obadiah **Burrett** & John **Wilcocks**.

10 Sep 1697, John **Jewell** & Joshua **Barkstead** appointed surveys general & John **Jewell** appointed collector. Signed Jeremiah **Basse**.

3 Jun 1698, William **Biddle** power of attorney to Joshua **Barkstead**. Signed William **Biddle**. Wit: John **Jewell** & Thomas **Revell**.

20 Feb 1697, Christopher **Weatherill**, taylor, of Burlington, West New Jersey to Robert **Wright**, barholder, of Nottingham Twp., Burlington Co., West New Jersey, £6, 100 acres. Signed Christopher **Weatherill**. Wit: Mahlon **Stacy**, Peter **Fretwell** & John **Meredith**.

10 Dec 1696, William **Biddle**, merchant, of Mount Hope, Burlington Co., West New Jersey to James **Sherwin**, butcher, of Northampton River, Burlington Co., West New Jersey, £12, 150 acres. Signed William **Biddle**. Wit: John **Tatham**, Nathaniel **Westland** & Thomas **Revell**.

1 Nov 1697, George **Hutchinson**, distiller, of Philadelphia, Pennsylvania to Mahlon **Stacy**, tanner, of Baylyfield, Burlington Co., West New Jersey, £30. Signed George **Hutchinson**. Wit: John **Bunting**, Peter **Fretwell** & John **Hollinshead**.

1697, Warehousing. Signed Ben **Overton** & Samuel **Clarke**.

22 Aug 1693, Thomas **Harkney**, of Burlington Co., West New Jersey, note for £100 to John **Hollinshead**. Signed Thomas **Harkney**. Wit: John **Paine**, John **Wills** & Thomas **Eves**.

10 Dec 1697, Mahlon **Stacy**, Nottingham Twp., Burlington Co., West New Jersey & Francis **Davenport**, yeoman, of Chesterfield, Burlington Co., West New Jersey to Edward **Rockhill**, yeoman, of Chester, Burlington Co., West New Jersey, £20. Signed Mahlon **Stacy** & Francis **Davenport**. Wit: Thomas **Folks**, Thomas **Folks** Jr. & Hannah **Woodward**.

5 Jul 1694, John **Thomas**, of Stepton, New Jersey to George **Hutchinson**, merchant, of Burlington, West New Jersey. Signed Master (X) **Thomas**. Richard **Jones**, Susane (X) **Jones** & Daniel **England**.

30 Apr 1698, John **Jewell** appointed to Navy Office. Signed Jeremiah **Basse**.

5 Apr 1683, Edward **Searson**, yeoman, formerly of White Bay, Derby Co., England, now of Arundel Co., Maryland to Elizabeth **Ellis**, daughter of Thomas **Ellis**, late of Burlington, West New Jersey, £2.5. Signed Edward **Searson**. Wit: John **Longstaff**, Richard **Love** & Thomas **Revell**.

11 May 1698, Henry **Berk**, yeoman, of Burlington Co., West New Jersey

to William **Black** Jr., bachelor, of Burlington Co., West New Jersey, £36, 180 acres. Signed Henry **Berk**. Wit: Peter **Fretwell**, John **Adams** & John **Meredith**.

17 Jul 1697, John **Shinn**, wheelwright, of Burlington, West New Jersey to his son James **Shinn**, £40, 120 acres, between John **Day** & John **Butcher**. Signed John **Shinn**. Wit: Robert **Young** & Daniel **Leeds**.

19 Mar 1697, John **Butcher**, of Springfield, Burlington Co., West New Jersey to James **Shinn**, 8 acres. Signed John **Butcher**. Wit: Daniel **Wills** Jr. & Daniel **Leeds**.

8 May 1697, Caleb & Sarah **Wheatley**, weaver, of Burlington Co., West New Jersey to Mathew **Grange**, yeoman, of same, £62, plantation. Signed Caleb **Wheatley** & Sarah (X) **Wheatley**. Wit: Roger **Park**, Thomas **Yardley**, John (X) **Briesly**, William **Emley** & Samuel **Wright**.

13 Sep 1697, Richard **Stockton**, of Springfield Twp., Burlington Co., West New Jersey to Benjamin **Jones**, of same, in consideration of a marriage between Sarah **Stockton** and said Benjamin **Jones**, 200 acres. Signed Richard **Stockton**. Wit: John **Stockton**, Thomas (X) **Richard** & Daniel **Leeds**.

10 Dec 1697, Mary **Hancock**, widow & her son John **Hancock**, of Mansfield Twp., Burlington Co., West New Jersey to John **Silver**, of same, £90, 150 acres. Signed Mary (X) **Hancock** & John **Hancock**. Wit: John **Smith**, Edward (X) **Smith** & Daniel **Leeds**.

2 Apr 1683, Edward **Billings**, gentleman, of London, Gawen **Lawry**, merchant, of London & Nicholas **Lucas**, maltster, of Hertforth, Hertford Co. to Arant **Sanmans**, merchant, of Wallyford, East Louthian Co., Scotland. Signed Edward **Billings**, Gawen **Lawry** & Nicholas **Lucas**. Wit: Harb **Springett**, Thomas **Poynett** & Thomas **Coxe**.

2 Apr 1683, Edward **Billings**, gentleman, of London, Gawen **Lawry**, merchant, of London & Nicholas **Lucas**, maltster, of Hertforth, Hertford Co. to Arant **Sanmans**, merchant, of Wallyford, East Louthian Co., Scotland. Signed Edward **Billings**, Gawen **Lawry** & Nicholas **Lucas**. Wit: Harb **Springett**, Thomas **Poynett** & Thomas **Coxe**.

5 Apr 1683, Edward **Billings**, gentleman, of London, Gawen **Lawry**, merchant, of London & Nicholas **Lucas**, maltster, of Hertforth, Hertford Co. to Arant **Sanmans**, merchant, of Wallyford, East Louthian Co., Scotland. Signed Edward **Billings**, Gawen **Lawry** & Nicholas **Lucas**. Wit: Harb **Springett**, Thomas **Poynett** & Thomas **Coxe**.

12 Oct 1685, Thomas **Sadler**, gentleman, of Lincoln Inn, Middlesex Co. &

Edward **Billings**, gentleman, of London to Daniel **Cox**, of London, £770.25. Wit: William **Cowley**, Benjamin **Wetton** & William **Sadler**.

22 Oct 1685, Daniel **Cox**, doctor, of London to John **Hooke**, of Grays Inn, Middlesex Co., £350. Signed Daniel **Cox**. Wit: Harb **Springett**.

2 Oct 1686, John **Hooke**, of Grays Inn, Middlesex Co. to John **Pike**, gentleman, of Widdingston, William **Vaughan**, merchant, & John **Perry**, gentleman, of Knork Lofty, all of Tipperary Co., Ireland, £262.5. Signed John **Hooke**. Wit: John **Blackwell**, Harb **Springett**, Misajah **Perry** & Sell **Craske**.

14 Oct 1697, John **Hooke**, of Grays Inn, Middlesex Co. power of attorney to Jeremiah **Basse**, of West New Jersey & Samuel **Jennings**, merchant, of Burlington, West New Jersey. Signed John **Hooke**. Wit: Harb **Springett**, Reg. **Whaley** & Thomas **Davidson**.

28 Jan 1678, William **Bouse**, Edward **Billings**, Gawen **Lawry**, & Nicholas **Lucas** to Daniel **Waite**, Bodis Maker, of Westminster, Middlesex Co., £350. Wit: Harb **Springett**.

2 Nov 1697, Daniel **Waite**, the preceding property to William **Penn**. Signed Daniel **Waite**.

30 Aug 1696, William **Penn**, of Rickmansworth, Hertford Co., Gawen **Lawry**, merchant, of London, Nicholas **Lucas**, maulster, of Hertford, Herford Co. & Edward **Billings**, gentleman, of Westminster, Middlesex Co. to William **Haige**, merchant, of London. Wit: Harb **Springett**.

22 Sep 1682, William **Haige**, merchant, of London mortgage to Phillip **Ford**, merchant, of London, £100. Signed William **Haige**. Wit: Harb **Springett**, James **Sumton** & Thomas **Cox**.

1 Oct 1697, Phillip **Ford**, merchant, of London to William **Penn**, of Worminghurst, Suffix Co., signed Phillip **Ford**. Wit: John **Allefouder** & Harb **Springett**.

5 Oct 1697, William **Penn** power of attorney to Jeremiah **Basse** & Samuel **Jennings**. signed William **Penn**. Wit: Harb **Springett** & Edward **Singleton**.

22 Oct 1697, John **Pike**, gentleman, of Widdington, William **Vaughan**, merchant, of Clemnell & John **Perry**, merchant, of Knork Lofty, all of Tipperary Co., Ireland power of attorney to Jeremiah **Basse** & Samuel **Jennings**. Signed John **Pike**, William **Vaughan** & John **Perry**. Wit: Francis **Vaughan**, Cyprion **Bowers** & Richard **Perry**.

15 Sep 1697, Joseph & Joanna **Wright**, merchant, of London, Joseph & Rachel **Ormston**, of London & Peter **Sonmans**, merchant, of London power of attorney to Jeremiah **Basse**, of East New Jersey. Signed Joseph **Wright**, Joanna **Wright**, Joseph **Ormston**, Rachel **Ormston** & Peter **Sonmans**. Wit: George **Willocks** & Thomas **Gordon**.

2 Apr 1698, Peleg **Storum**, yeoman, of Dartmouth, Bristol Co., New England to Recompence **Curbie**, yeoman, of same, £80, 500 acres...corner to Thomas **Vaughan**. Signed Peleg **Storum**. Wit: Mathew (X) **Wing** & John **Cogs**.

21 May 1697, Walter **Humphries**, broadweaver, of Burlington, West New Jersey to Isaac **Horner**, clothworker, of same, £75, 270 acres. Signed Walter **Humphries**. Wit: Samuel **Furris**, George **Deason** & Thomas **Revell**.

14 May 1698, Mathew **Allen**, carpenter, of Chester Twp., of Burlington Co., West New Jersey to Samuel **Kemble**, husbandman, of Burlington, West New Jersey, £17, 100 acres...corner Hannah **Scott**. Signed Mathew **Allen**. Wit: Nathaniel **Westland**, Thomas **Bibb** & John **Meredith**.

26 Mar 1690, Thomas **Wright**, yeoman, of Chesterfield, West New Jersey to Richard **Harrison**, husbandman, of Crosswick Creek, New Jersey, £24, 207 acres. Signed Thomas **Wright**. Wit: Joshua **Wright**, Mary (X) **Hughs** & William **Emley**.

9 Jul 1698, George **Deason** & Daniel **Leeds**, yeomen, of Burlington Co., West New Jersey, (assignees of Thomas **Cross**, wheelright, late of Burlington Co., West New Jersey) to John **Antram**, cordwinder, of same, £120, 400 acres. Signed George **Deason** & Daniel **Leeds**. Wit: Jeremiah **Basse**, John **Tatham** & Thomas **Revell**.

11 Dec 1694, Alice **Booth**, widow of Edward **Booth**, of Basinhurst at Buntingfeld, parish of Ashove, Derby Co., England to Thomas **Gilberthorp**, yeoman, of Nottingham Twp., of Burlington Co., West New Jersey, £8. Signed Alice **Booth**. Wit: Richard **Youle**, Ra. **Arderley** & Henry **Lowe**.

9 Aug 1698, Thomas **Revell**, (agent for society), gentleman, of Burlington, West New Jersey to Anne **Park**, of Burlington Co., West New Jersey, £10, 100 acres...adjoining Roger **Park**, father of said Anne...John & Roger **Park**, brothers of said Anne. Signed Thomas **Revell**. Wit: William **Emley**, Anthony **Elton** & William **Hixson**.

16 Aug 1697, Thomas **Revell**, (agent for society), gentleman, of Burlington, West New Jersey to Joshua **Ward**, of Maiden Hand, Burlington Co., West New Jersey, £10, 100 acres. Signed Thomas **Revell**. Wit: William **Emley**, Anthony **Elton** & William **Hixson**.

3 Sep 1698, John **Hutchinson,** yeoman, of Hutchinson Mount, of Burlington Co., West New Jersey to Henry **Scott,** husbandman, of Chesterfield, of Burlington Co., West New Jersey, £12, 200 acres. Signed John **Hutchinson.** Wit: Mary (X) **Emley,** Mary Emley Jr. & William **Emley** Sr.

23 Sep 1696, Mathew **Allen,** yeoman, of Chester, of Burlington Co., West New Jersey to Jacob **Conaroe,** husbandman, of same, £16, 100 acres. Signed Mathew **Allen.** Wit: John **Paine,** Thomas **Bishop** & Thomas **Eves.**

29 Jan 1672, Mahlon **Stacy,** tanner, of York Co. to James **Lambert,** tanner, of Ironfield, Derby Co., £9.35. Signed Mahlon **Stacy.** Wit: George **Hutchinson,** Robert **Scott** & Thomas **Revell.**

9 Sep 1698, John **Neve,** coaterman, of Burlington, West New Jersey to John **Gilbert** Jr., yeoman, of Bucks Co., Pennsylvania, £50, lot in Burlington. Signed John **Neve.** Wit: John **Hollinshead,** John **Gilbert** Sr., Samuel **Steel** & Thomas **Gardiner.**

21 Sep 1698, James **Standfield,** merchant, of Philadelphia, Pennsylvania to John **Hollinshead** Jr., yeoman, of Burlington Co., West New Jersey, £260. Signed James **Standfield.** Wit: Isaac **Marriott** & William **Budd.**

3 Oct 1698, Martha **Wearne,** (widow of John **Wearne),** of Burlington Co., West New Jersey to George **Curtis,** of Shewsbury, Monmouth Co., East New Jersey, £80, plantation. Signed Martha **Wearne.** Wit: John **Hollinshead,** Thomas **Bibb** & Thomas **Revell.**

10 Apr 1696, Thomas **Greene,** yeoman, of Maiden Head, of Burlington Co., West New Jersey to William **Biles,** merchant, of Bucks Co., Pennsylvania, £550, 300 acres. Signed Thomas **Greene.** Wit: Joseph **Wood,** Richard **Stockton** & William **Emley.**

10 Jan 1696, John **Calow,** plowwright, of West New Jersey to Joseph **Pancoast,** of Mansfield, of Burlington Co., West New Jersey, £95, 300 acres. Signed John **Calow.** Wit: John **Hollinshead** & Peter **Frotwell.**

20 Dec 1696, Aaron **Boswick,** laborer, late of Burlington Co., West New Jersey, now of Philadelphia, Pennsylvania to Benjamin **Moore** Jr., yeoman, of Burlington Co., West New Jersey, £25, 200 acres...received by will from Francis **Boswick.** Signed Aaron (X) **Boswick.** Wit: J. **Burkotea** & Mathew **Allen.**

27 Mar 1698, Daniel **Wills,** doctor, Ramokus, West New Jersey to John **Boarton,** husbandman, of same, £10, 110 acres. Signed Daniel **Wills.** Wit: John **Petty,** William (X) **Hiliman** & William **Emley.**

1 May 1685, Samuel **Bunting**, mason, of Burlington, West New Jersey to George **Hutchinson**, distiller, of same, £10, lot in Burlington. Signed Samuel **Bunting**. Wit: Christopher **Weatherill**, George **Hutchinson** Jr. & John **Bainbridge** Jr.

6 Jun 1698, James **Standfield**, merchant, of Philadelphia, Pennsylvania, (administrator of the will of George **Hutchinson**) to Henry **Beck**, yeoman, of Chesterfield Twp., of Burlington Co., West New Jersey, £19.2, lot in Burlington. Signed James **Standfield**. Wit: Thomas **Bibb** & Thomas **Revell**.

25 Oct 1698, Jeremiah **Basse** power of attorney to Joshua **Barkstead**. Signed Jeremiah **Basse**. Wit: Charles **Wolley** & Joseph **Shoafs**.

21 Oct 1698, James **Stanfield**, merchant, of Philadelphia, Pennsylvania to Isaac **Marriott**, merchant, of Burlington, West New Jersey, £50, lot in Burlington. Signed James **Stanfield**. Wit: Thomas **Revell**, Thomas **Bibb** & Edward **Humloke**.

2 Nov 1697, Henry **Morley**, of Burlington Co., West New Jersey to Daniel **Wills** Jr., yeoman, of Burlington Co., West New Jersey, £10, 100 acres... corner to Henry **Burr**. Signed Henry **Morley**. Wit: John **Wills**, George **Elkinton** & Thomas **Revell**.

15 Oct 1698, Jeremiah **Basse**, gentleman, of Burlington Co., West New Jersey to Joseph **Braman**, carpenter, of Gloucester, West New Jersey, £5, 100 acres. Signed Jeremiah **Basse**. Wit: Charles **Wolley**, Joshua **Barkstead** & Joseph **Ralph**.

1 Nov 1698, John **Tatham**, of Burlington, West New Jersey to Joseph **Braman**, carpenter, of Gloucester, £5, 100 acres. Signed John **Tatham**. Wit: Joseph **Bowe** & Joshua **Barkstead**.

8 May 1695, Jeremiah **Basse** power of attorney to John **Jewell**, of London. Signed Jeremiah **Basse**.

7 Nov 1698, Samuel **Taylor** to Thomas **Revell**, lot. Signed Samuel **Taylor**. Wit: Johannis **Lawrenson Van Dyrk** & Nathaniel **Westland**.

20 Feb 1695, Thomas **Haines**, of Burlington, West New Jersey to his brother Richard **Haines**, of same, £15, 100 acres. Signed Thomas (X) **Haines**. Wit: Samuel **Furris**, John **Furris** & Daniel **Leeds**.

5 Sep 1693, Samuel **Carpenter**, merchant, of Philadelphia, Pennsylvania to Thomas **Kendall**, bricklayer, of Burlington, West New Jersey, £60, land in Burlington. Signed Samuel **Carpenter**. Wit: Joseph **Adams** & Thomas **Revell**.

22 Nov 1698, Thomas **Gardiner**, yeoman, of Burlington, West New Jersey to Anthony **Elton**, yeoman, of Northampton Twp., of Burlington Co., West New Jersey, £55, 220 acres. Signed Thomas **Gardiner**. Wit: Thomas **Revell**, Richard **Newbold** & George (X) **Willis**.

6 Dec 1698, Sarah **Farr**, widow of Elias **Farr**, of Burlington Co., West New Jersey to William **Fisher**, yeoman, of same. Signed Sarah **Farr**. Wit: John **Tatham** & Thomas **Revell**.

1 Dec 1698, Thomas **Greene**, yeoman, of Burlington Co., West New Jersey to Abraham **Hewlings**, yeoman, of Wellingborow Twp., of Burlington Co., West New Jersey, £125, 356 acres. Signed Thomas **Greene**. Wit: Nathaniel **Westland** & John **Meredith**.

2 Mar 1698, James **Standfield** to Henry **Beck**, of Burlington Co., West New Jersey, £30...purchased of William **Harrison**, son & heir of James **Harrison**. Signed James **Standfield**. Wit: Benjamin **Godfrey**, Joseph **Scattergood** & Thomas **Revell**.

2 May 1698, John **Butcher**, carpenter, of Springfield, of Burlington Co., West New Jersey to Thomas **Greene**, planter, £10, 100 acres. Signed John **Butcher**. Wit: William **Leeds** & Daniel **Leeds**.

16 Dec 1698, Nathaniel **Westland**, merchant, of Burlington, West New Jersey to William **Bustill**, yeoman, of Burlington Co., West New Jersey, £56, lot in Burlington. Signed Nathaniel **Westland**. Wit: Thomas **Revell** & Thomas **Bibb**.

8 Jan 1698, Francis **Davenport**, William **Watson**, Thomas **Gibbs**, John **Day**, Samuel **Jennings** & Thomas **Gardiner**, all yeoman, of Burlington Co., West New Jersey to Seth **Hill**, ferryman, of Burlington, West New Jersey, £437, lots...corner to Thomas **Revell**, Samuel **Barker**, Daniel **Sulton** & Obadiah **Hierton**. Signed Francis **Davenport**, William **Watson**, Thomas **Gibbs**, John (X) **Day**, Samuel **Jennings** & Thomas **Gardiner**. Wit: Edward **Boulton** & John **Kimlow**.

10 Jul Thomas **Hutchinson**, yeoman, of Beverly, Thomas **Pearson**, yeoman, of Boswick, Joseph **Helmsby**, yeoman, of Kolk, George **Hutchinson** distiller, of Sheffield, & Mahlon **Stacy**, tanner, of York Co. to Thomas **Warcupp**, £32.5. Signed Thomas **Hutchinson**, Thomas **Pearson**, Joseph **Helmsby**, George **Hutchinson** & Mahlon **Stacy**. Wit: Thomas **Sagler**, Godfrey **Hancock** & Abraham **Ogden**.

30 Jan 1698, Jeremiah **Basse** & Thomas **Revell**, agents for society, of Burlington Co., West New Jersey to Daniel **Leeds**, gentleman, of Springfield, Burlington Co., West New Jersey, £50, 1000 acres. Signed

Jeremiah **Basse** & Thomas **Revell**. Wit: Nathaniel **Westland** & George **Deason**.

17 Aug 1684, Richard **Warcupp**, (brother & heir of Thomas **Warcupp**), mariner, of Waymouth, Dorset Co., England to Richard **Tucker**, merchant, of same, £26. Signed Richard **Warcupp**. Wit: Phinehas **Evered**, Christopher **Collier**, Thomas **Budd**, John **Beers** & Nathaniel **Osborne**.

11 Aug 1684, Phinehas **Evered**, mason, of Waymouth, Dorset Co., England witness of deed. Signed Phinehas **Evered**.

1689, James **Wasse**, doctor, of London to Thomas **Budd**, merchant, of Philadelphia, Pennsylvania, £100. Signed James **Wasse**. Wit: Samuel **Jenkins** & William **Clark**.

16 Feb 1692, Benjamin **Rudyons**, of Burlington Co., West New Jersey to George & Margaret **Willocks**, of same, Margaret is the sister of said Benjamin, a plantation. Signed Benjamin **Rudyons**. Wit: Mathew **Pope**, Thomas **Spoget**, John **Hoastbofield**, Jane **Pope**, John **Whetstone** & Thomas **Garsen**.

10 Feb 1698, Mahlon **Stacy**, planter, falls of Delaware River, West New Jersey & George **Hutchinson**, distiller, Sheffield, York Co., England to Elemer **Fenton**, yeoman, Assiswick Creek, £13. Signed Mahlon **Stacy** & George **Hutchinson**. Wit: Thomas **Lambert**, William **Myers** & Thomas **Revell**.

17 Feb 1698, Susanna **Budd**, (widow of Thomas **Budd**), of Philadelphia, Pennsylvania to Mary & Hannah **Slade**, daughters of Edward **Slade**, of Burlington, West New Jersey, £50, 700 acres. Signed Susanna **Budd**. Wit: John **Budd**, Nathaniel **Parshell**, Thomas **Budd**, Martha **Budd**, Susannah **Parshell** & William **Budd**.

17 Feb 1698, Susanna **Budd**, (widow of Thomas **Budd**), of Philadelphia, Pennsylvania to William **Budd**, gentleman, of Northampton Twp., Burlington Co., West New Jersey, £22.5450 acres. Signed Susanna **Budd**. Wit: John **Budd**, Nathaniel **Parshell**, Thomas **Budd**, Martha **Budd** & Susannah **Parshell**.

18 Oct 1697, Eliasheb **Allen**, yeoman, of Mansfield Twp., Burlington Co., West New Jersey to George **Porter**, yeoman, of same, £28, 100 acres. Signed Eliasheb **Allen**. Wit: Edward **Humloke**, Samuel **Furris** & Thomas **Revell**.

1 May 1690, Thomas **Lambert**, tanner, of Nottingham, West New Jersey to Andrew **Smith**, husbandman, of Delaware Falls, West New Jersey,

£3.5, 50 acres. Signed Thomas **Lambert**. Wit: Richard (X) **Harrison**, William **Hixson**, Elizabeth **Lambert** Jr. & William **Emley**.

25 Feb 1698, Thomas **Revell**, agent, of Burlington, West New Jersey to Thomas **Smith**, yeoman, (son of Andrew **Smith**), of Burlington Co., West New Jersey, £30, 300 acres. Signed Thomas **Revell**.

1 May 1698, Daniel **Leeds**, yeoman, of Burlington Co., West New Jersey & Samuel **Vans**, of same to Thomas **Duggles**, £90. Signed Daniel **Leeds** & Samuel **Vans**.

15 Apr 1698, John **Appleton** to Josiah **Appleton**, cooper, of Evasthara Twp., of Burlington Co., West New Jersey, 200 acres...corner to George **Smith**, Thomas **Wallis** & Richard **Appleton**. Signed John **Appleton**. Wit: James **Brigham** & Richard (X) **Appleton**.

6 Mar 1698, Richard **Love**, cordwinder, of Burlington, West New Jersey to Samuel **Gibson**, barber, of same, £110, house & lot. Signed Richard **Love**. Wit: Thomas **Raper**, Christopher **Weatherill** & John **Meredith**.

24 Mar 1698, Jeremiah **Basse** & Thomas **Revell**, agents, of Burlington, West New Jersey to Thomas **Bridge**, gentleman, of Fairfield, Salem Co., West New Jersey, £22, 220 acres. Signed Jeremiah **Basse** Thomas **Revell**. Wit: John **Tatham**, Thomas **Hollingworth**, Daniel **Wescott** & John **Jewell**.

24 Dec 1698, Edward **Bylling**, gentleman, of London to Robert **Welsh**, gentleman, of Afonlens, Devon Co., £50. Signed Edward **Bylling**. Wit: Thomas **Fidoe**, Thomas **Abrathot**, John **Peacock** & Miles **Forster**.

10 Apr 1698, Christopher **Weatherill**, taylor, of Burlington, West New Jersey to Joseph **Steward**, husbandman, of Chesterfield Twp., Burlington Co., West New Jersey, £3.15, 50 acres. Signed Christopher **Weatherill**. Wit: James **Salterthwaite** & John **Meredith**.

10 Apr 1699, Richard **Bainbridge** receipt to John **Bainbridge**, of Maiden Head, of Burlington Co., West New Jersey, £160, 600 acres.

24 Mar 1698, Mordecai **Andrews**, (son of Samuel **Andrews**), yeoman, of Mansfield Twp., Burlington Co., West New Jersey David **Curtis**, yeoman, of same, £180, 300 acres. Signed Mordecai (X) **Andrews**.

20 Apr 1699, Daniel **Leeds**, of Burlington Co., West New Jersey to Benjamin **Jones**, of same, 250 acres. Signed Daniel **Leeds**. Wit: Robert **Wheeler**, Edward **Andrews** & Hugh **Hutchin**.

9 Apr 1699, Daniel **Leeds** to Hugh **Hutchin**, of Burlington Co., West New Jersey, 75 acres. Signed Daniel **Leeds**. Wit: Robert **Wheeler**, Anthony **Elton** & Michael **Newbold**.

10 Apr 1699, Edward **Andrews**, of Mansfield Twp., Burlington Co., West New Jersey to Hugh **Hutchin**, of same, £6, 20 acres. Signed Edward **Andrews**. Wit: Robert **Wheeler**, Daniel **Leeds**, Benjamin **Jones** & Anthony **Elton**.

30 Nov 1695, William **Fleetwood**, master of the ship Delphin at anchor in the Delaware River with goods for Robert **Wheeler**. Signed William **Fleetwood**.

11 Mar 1694, James **Wasse**, doctor, of London power of attorney to Hugh **Hall**, gentleman, of Philadelphia, Pennsylvania, but now in London, to sell land purchased of John **Richardson**. Signed James **Wasse**. Wit: Nathaniel **Prickett**, William **Wossenraft**, Edward **Barber** & Rob **Waple**.

18 Aug 1698, Letter to Jeremiah **Basse**. Wit: Thomas **Lons**, Edward **Richer**, James **Boddington**, John **Bridges**, John **Wilwicks**, Benjamin **Steele**, Michael **Watts** & Obadiah **Barnett**.

2 Apr 1699, Richard & Sarah **Frenok**, yeoman, of Mansfield Twp., Burlington Co., West New Jersey to Caleb **Shrane**, yeoman, of East New Jersey, £177.5, 325 acres in Mt. Pleasant, Mansfield Twp., Burlington Co., West New Jersey...line of John **Butcher**, Michael **Newbold** & Joseph **Pancoast**. Signed Richard **Frenok**. Wit: Samuel **Overton**, Richard **Eyre**, Abraham **Brown** & John **Meredith**.

22 Apr 1699, Thomas **Revell**, gentleman, of Burlington, West New Jersey to Isaac **Derow**, butcher, of same, £30, lot in Burlington...late of Thomas **Raper**, Robert **Wheeler**, Jaems **Marshall**, deceased, George **Hutchinson**, deceased. Signed Thomas **Revell**. Wit: Jason **Rowe**, Josiah (X) **Pickett** & Nathaniel (X) **Robins**.

1 Feb 1698, Michael **Newbold**, (son & heir of Michael **Newbold**), of Burlington Co., West New Jersey to Daniel **Leeds**, of same, 100 acres. Signed Michael **Newbold**. Wit: Nathaniel **Westland**.

8 Feb 1698, Susannah **Budd**, (widow of Thomas **Budd**), of Philadelphia, Pennsylvania to Daniel **Leeds**, of Burlington Co., West New Jersey, 350 acres. Signed Susannah **Budd**. Wit: John **Budd**, Nathaniel **Burkett**, Thomas **Budd**, Susannah **Pershall** & William **Budd**.

9 Aug 1674, Indians to Henry **Jacobs**. Signed the marks of **Hahamping**, **Londayuah**, **Quetayaba**, & **Sesweaton**. Wit Daniel & William **Leeds**.

26 Jul 1697, William **Lovejoy**, smith, of Glouscester Co., West New Jersey to Thomas **Hendall**, bricklayer, of Burlington, West New Jersey, £30, 120 acres. Signed William **Lovejoy**. Wit: Anne (X) **Hartman** & John **Reading**.

29 Apr 1699, Thomas **Hendall**, bricklayer, of Burlington, West New Jersey to John **Ogborne**, carpenter, of same, £31, lot on High Street in Burlington. Signed Thomas **Hendall**. Wit: Nathaniel **Westland**, John **Jewell** & Thomas **Revell**.

23 Mar 1697, Edward **Tusker**, of Dorset Co. to Jonathan **Beers**, of Salem, West New Jersey. Signed Edward **Tusker**.

13 May 1699, William **Jacobs**, yeoman, of Cape May, of Burlington Co., West New Jersey to Thomas **Hand**, yeoman, of same, £34, 240 acres. Signed William **Jacobs**. Wit: Francis **Davenport** & Thomas **Revell**.

10 Dec 1686, Thomas **Mathews**, yeoman, of Woodberry Creek, Gloucester Co., West New Jersey to Archibald **Silver**, planter, of same, for work performed, 100 acres. Signed Thomas **Mathews**. Wit: John **East**, Thomas **Sharp** & John **Reading**.

20 Feb 1698, Richard **Allison**, yeoman, of Mansfield Twp., Burlington Co., West New Jersey to Thomas **Black**, (son of William **Black**), yeoman, of Chesterfield Twp., Burlington Co., West New Jersey, £30, 112 acres ...line late of John **Hooton** & John **Snoden**. Signed Richard **Allison**. Wit: Daniel **Leeds**, Thomas **Bibb** & Thomas **Scholey**.

10 May 1699, Benjamin & Sarah **Jones**, yeoman, of Burlington Co., West New Jersey to William **Black** Jr., yeoman, of Chesterfield, Burlington Co., West New Jersey, £91, 200 acres. Signed Benjamin **Jones** & Sarah **Jones**. Wit: Henry **Berk**, Anthony **Elton** & Thomas **Revell**.

2 Jun 1699, Susannah **Budd**, (widow of Thomas **Budd**), of Philadelphia, Pennsylvania to John **Cluffe**, yeoman, of Burlington Co., West New Jersey, £30, 300 acres...line of Elias **Huggs**. Signed Susannah **Budd**. Wit: John **Budd**, James **Wood** & Robert **Dissiomer**.

8 <au 1694, Elias & Margaret **Hugg**, butcher, of Philadelphia, Pennsylvania to Thomas **Green**, yeoman, of Burlington Co., West New Jersey, £30.6, 300 acres. Signed Elias **Hugg** & Margaret (X) **Hugg**. Wit: Samuel **Bidden** Francis **Cook**.

10 Jun 1698, Mathew **Allen**, carpenter, of Burlington Co., West New Jersey to Anthony **Fryer**, husbandman, of same, 200 acres...next to Northampton River. Signed Mathew **Allen**. Wit: James **Sherwin** & Elizabeth (X) **Pleasant**.

1699, William **Biddle**, yeoman, of Burlington, West New Jersey to John **Clayton**, yeoman, of Monmouth Co., East New Jersey, £330. Signed William **Biddle**.

18 Jun 1699, Richard **Birkham** & George **Glease**, wheelwright, of Burlington Co., West New Jersey to Paul **Engle**, £47.5 acres lot in Burlington. Signed Richard **Birkham** & George (X) **Glease**. Wit: Benjamin **Wheate**, Henry **Grubb** & Thomas **Revell**.

12 Jun 1698, Thomas **Revell**, gentleman, of Burlington, West New Jersey to Ralph **Hunt**, yeoman, of Maiden Head, Burlington Co., West New Jersey, £29, 243 acres. Signed Thomas **Revell**. Wit: Nathaniel **Westland**, Joshua **Barkstead** & Theophilus (X) **Phillips**.

16 Jun 1699, Thomas **Revell**, gentleman, of Burlington, West New Jersey to John **Parke**, son of Roger **Parke**, yeoman, of Parksberry, Burlington Co., West New Jersey, 300 acres. Signed Thomas **Revell**. Wit: John **Meredith**, Roger **Parke** & Hannah **Revell**.

19 Jun 1699, Jeremiah **Basse**, of Burlington Co., West New Jersey to Dennis **Linch**, shipcarpenter, of Cape May, Burlington Co., West New Jersey. Signed Jeremiah **Basse**. Wit: Joshua **Barkstead** Thomas **Revell**.

1699, Thomas **Williams** power of attorney to Rebecca **Williams** & Edward **Burroughs**. Signed Thomas **Williams**. Wit: Robert **Wallis**, Robert **Dummer** & Samuel **Oldale**.

12 Aug 1699, Restore **Lippincott** power of attorney to Joseph **Eastland**. Signed Restore (X) **Lippincott**. Wit: Abraham **Birkley** & Thomas **Gardiner**.

4 Jan 1698, Mary **Ewer**, widow of Robert **Ewer**, of Philadelphia, Pennsylvania, Daniel **Wills** Sr., gentleman, of Northampton Twp., Burlington Co., West New Jersey & Nathan **Stanbury**, merchant, of Philadelphia, Pennsylvania to John **Woolston** Jr., husbandman, of Burlington, West New Jersey, £2.5, 23 acres. Signed Mary **Ewer** & Nathan **Stanbury**. Wit: Susanna **Buzley**, Samuel **Bulkley** & John **Meredith**.

11 Aug 1699, Thomas & Hannah **Gardiner**, yeoman, of Burlington, West New Jersey to Michael **Buffin**, yeoman, of Mansfield Twp., Burlington Co., West New Jersey, £7, 100 acres. Signed Thomas **Gardiner** & Hannah **Gardiner**. Wit: Edward **Humloke** & Thomas **Revell**.

8 Aug 1699, Theopheil **Cripps**, spinster & daughter & heir of John **Cripps**, of Burlington Co., West New Jersey to Joseph **English**, yeoman, of same, £75, 130 acres plantation. Signed Theopheil **Cripps**. Wit: Thomas **Revell** & Nathaniel **Cripps**.

21 Feb 1684, Richard **Bassnett**, innholder, of Burlington, West New Jersey to Henry **Franklin**, bricklayer, late of Long Island, £30, 300 acres. Signed Richard **Bassnett**. Wit: John **Stanbunk** & Thomas **Revell**.

7 Aug 1699, Jonathan **Beers**, attorney of Edward **Tusker**, (son & heir of Richard **Tusker**), of Salem, Salem Co., West New Jersey to William **Budd**, yeoman, of Burlington Co., West New Jersey, £50. Signed Jonathan **Beers**. Wit: Samuel **Hodge**, George **Parker** & Eldton **Wallis**.

15 Jun 1698, Joseph **Pancoast**, carpenter, of Mansfield Twp., Burlington Co., West New Jersey to Jacob **Derow**, yeoman, of same, £44.5, 133 acres. Signed Joseph **Pancoast**. Wit: John **Aers**, John **Kimlow** & John **Meredith**.

10 Dec 1698, Elizabeth **Bassnett**, widow of Richard **Bassnett**, of Burlington, West New Jersey to Samuel **Furnis**, of same, £20, 23.5 acres. Signed Elizabeth **Bassnett**. Wit: Hannah **Revell**, Benjamin **Wheat** & Thomas **Revell**.

10 Nov 1688, Sarah **Parker**, widow, of Northampton River, West New Jersey to George **Parker**, of same, £10, 192 acres & meadow of 23 acres... John **Woolston** & Edward **Gassopes**. Signed Sarah **Parker**. Wit: Joshua **Humphries**, John (X) **Woolston**, Thomas **Billingham** & William **Budd**.

10 Apr 1699, James **Smith**, planter, of Burlington Co., West New Jersey to Alexander **Bennett**, laborer, of Burlington, West New Jersey, £18, 100 acres. signed James (X) **Smith**. Wit: Nathaniel **Cripps**, Thomas **Atkinson** & John **Meredith**.

11 Oct 1699, Thomas **Revell**, gentleman, of Burlington, West New Jersey to William **Hixson**, of Burlington Co., West New Jersey, £12. Signed Thomas **Revell**. Wit: Nathaniel **Westland** & Joseph **Rowe**.

1 Apr 1694, Mongoatious, an indian & his relations, (Tapphow, Kisnokamok, Capohon, Wowdesose, Wassoonaa, Keshamebong, etc.) to Samuel **Harrison** & Daniel **Dod**, both of Newark, East New Jersey. Signed Mongoatious. Wit: John **Browne**, Nathan **Ward** & Samuel **Huntington**.

17 Oct 1699, George **Deason**, gentleman, of Burlington Co., West New Jersey to William **Hall**, yeoman, of Alloways Creek, Salem, Co., West New Jersey, £110, 250 acres. Signed George **Deason**. Wit: Nathaniel **Westland**, Daniel **Leeds**, Mordecai **Howell** & Thomas **Revell**.

18 Oct 1695, Edward **Humloke**, merchant, of Burlington Co., West New Jersey to John **Fooston**, yeoman, of Sopas, New York & John **Hammell**,

of same, £600, several parcels. Signed Edward **Humloke**. Wit: John **Tatham**, Peter **Resimere** & William **Emley**.

25 Mar 1698, William the Third commission to Edward **Randolph**, Richard **Townsley**, Thomas **Onyon**, Edward **Humloke**, Henry **Lyon** & Edward **Chilton**. Wit: Thomas, Archbishop of Canterbury.

14 Jun 1695, Mathew **Allen** to Lawrence **Beers**, £20, 100 acres. Signed Mathew **Allen**. Wit: Andrew (X) **Benotson**, Isaac **Binkens** & Peter **Towle**.

1 May 1699, John **Fooston**, yeoman, of Marshtown, Ulster Co., New York to John **Hammell**, of Burlington Co., West New Jersey, £300, a plantation. Signed John **Fooston**. Wit: William **Wood**, Charles **Broadhead**, William **White** & William **Tongeren**.

2 Nov 1699, Jeremiah **Basse**, agent for West New Jersey society to Humphrey **Hewes**, planter, of Cape May Co., West New Jersey, £18, 180 acres. Signed Jeremiah **Basse**. Wit: Thomas **Revell** & John **Jewell**.

30 Sep 1698, John **Harrison**, gentleman, of Long Island Co., New York to Anthony **Woodward**, yeoman, of Monmouth Co., East New Jersey, £200, house & lot in Burlington. Signed John **Harrison**. Wit: Thomas (X) **Folkes**, Thomas **Folkes** Jr. & Joseph **Milward**.

1 Nov 1699, Anthony **Woodward**, yeoman, of Monmouth Co., East New Jersey to Nathaniel **Westland**, merchant, of Burlington, West New Jersey, £100, house & lot in Burlington...line of Bartholomew **Minderman** & Richard **Bassnett**. Signed Anthony **Woodward**. Wit: John **Meredith**, Anthony **Elton** & Thomas **Revell**.

7 Apr 1699, Mordecai **Andrews**, son & heir of Samuel **Andrews** to his brother Edward **Andrews**, 300 acres. Signed Mordecai **Andrews**. Wit: Daniel **Leeds** & Michael **Newbold**.

3 May 1699, John & Elizabeth **Tatham**, of Burlington, West New Jersey to George **Willocks**, of Monmouth Co., East New Jersey, £200, 200 acres. Signed John **Tatham** & Elizabeth **Tatham**. Wit: Jeremiah **Basse** & Thomas **Read**.

1 Nov 1698, William **Borton**, yeoman, of Burlington Co., West New Jersey to John **Woolman**, of same, £40, 110 acres...line of John **Borton**, (father of said William), John **Petty** & Daniel **Wills**. Signed William (X) **Borton**. Wit: John **Haines**, William **Evans**, John (X) **Borton** & William **Hasker**.

20 Nov 1699, Nathaniel **Cripps**, yeoman, of Burlington Co., West New Jersey to George **Parker**, yeoman, of same. Signed Nathaniel **Cripps**. Wit:

Joseph **Crosse** & Thomas **Revell**.

18 Mar 1698, Thomas **Revell** & Jeremiah **Basse**, agents for society to Ralph **Hunt**, John **Bainbridge**, Johannis **Lawrenson**, William **Hixson**, John **Bayerley**, Samuel **Hunt**, Theophilus **Phillips**, Jonathan **Brois**, Thomas **Smith**, Jasper **Smith**, Thomas **Coleman**, Benjamin **Hardin**, William **Akers**, Robert **Lanmen**, Philip **Phillips**, Joshua **Andris**, Samuel **Davis**, Jonathan **Davis**, Enoch **Andris**, Cornelius **Andris**, James **Price**, John **Rumian**, Thomas **Rumian**, Hezekiah **Benhoon**, Benjamin **Maple**, Lawrence **Updike**, Joseph **Sackett** & Edward **Hunt**, all of Maiden Head, 100 acres. Signed Thomas **Revell** & Jeremiah **Basse**. Wit: John **Tatham**, Nathaniel **Westland** & Joseph **Rowe**.

3 Aug 1699, Capt. Thomas **Edwards**, of Stratford power of attorney to Edward **Humloke**, of Burlington Co., West New Jersey. Signed Thomas **Edwards**. Wit: John **Jewell** & Thomas **Revell**.

15 Aug 1691, William & Sarah **Biddle**, yeoman, of Mount Hopel, Burlington Co., West New Jersey to William **Deane**, husband, of Burlington Co., West New Jersey, £4, 50 acres. Signed William **Biddle** & Sarah **Biddle**. Wit: William **Biddle** Jr. & Thomas **Biddle**.

1698, Mary **Davis**, widow, of Maiden Head, Burlington Co., West New Jersey to her son Samuel **Davis**, husbandman, of same, £0.5, 100 acres. Signed Mary **Davis**. Wit: Johannis **Lawrenson** & Hezekiah **Benhoon**.

20 May 1698, Jonathan **Davis**, husbandman, of Maiden Head, Burlington Co., West New Jersey to Samuel **Davis**, husbandman, of same. Signed Jonathan **Davis**. Wit: Johannis **Lawrenson** & Hezekiah **Benhoon**.

John **Breasly** to John **Hutchinson**. Signed John **Breasly**. Wit: Johannis **Lawrenson**, John **Watson** & William **Emley**.

15 Nov 1699, John **Hutchinson**, yeoman, of Burlington Co., West New Jersey to John **Watson** & Richard **Eayre**, yeomen, of same, £31.5, 650 acres. Signed John **Hutchinson**. Wit: Johannis **Lawrenson**, John **Wilkinson**, John **King** & William **Emley**.

17 Nov 1699, Jacob **Conaroe**, yeoman, of Burlington Co., West New Jersey to Abraham **Hewlings**, yeoman, of same, £50, 400 acres. Signed Jacob **Conaroe**. Wit: Richard **Dell** & Thomas **Peachee**.

11 Nov 1699, Lawrence **Beers** Sr., yeoman, of Philadelphia, Pennsylvania to Abraham **Hewlings**, yeoman, of Burlington Co., West New Jersey, £14. Signed Lawrence (X) **Beers**. Wit: Lawrence **Boore** Jr. & Nicholas **George**.

19 Aug 1699, William the third commission to Andrew **Hamilton**. Wit: Robert **Michell**, John **Moore**, Thomas **Lars**, Obadiah **Burnett**, Edward **Richier**, James **Boddington**, John **Bridges**, Joseph **Brooksbank** & Michael **Watts**.

30 Jun 1694, Gilbert **Wheeler**, yeoman, of Delaware Falls, Burk Co., Pennsylvania to Mary **Staniland**, widow, of Hopewell, Burlington Co., West New Jersey, for service, 50 acres. Signed Gilbert (X) **Wheeler**. Wit: John **Bark**, Martha (X) **Bark** & William **Emley**.

Mar 1697, Joseph **Wood**, yeoman, of Burk Co., Pennsylvania to Sarah **Biles**, widow of Charles **Biles**, of Maiden Head, Burlington Co., West New Jersey & her son Alexander **Biles**, of same, 100 acres. Signed Joseph **Wood**. Wit: Prineas **Brandson** & William **Emley**.

1 Nov 1699, Peter & Eleanor **Long** to Edward **Petty**, mainer, of Southampton, Suffolk Co., Long Island, New york, £250, 1157 acres. Signed Peter **Long** & Eleanor (X) **Long**. Wit: Thomas **Bridge**, Joseph **Seeley** & Joseph **Sayre**.

4 Jan 1695, John **Snape**, husbandman, of Burlington Co., West New Jersey to William **Ogborne**, husbandman, of same, £12, 100 acres... line of Joseph **Ambler**. Signed John **Snape**. Wit: Thomas **Revell** & Daniel **Leeds**.

25 Dec 1699, William **Biddle**, merchant, of Mount Hope, Burlington Co., West New Jersey to Nicholas **Browne**, planter, of Egg Harbor, West New Jersey, £60, 500 acres. Signed William **Biddle**. Wit: Daniel **Leeds** & Thomas **Revell**.

27 Dec 1699, Nicholas **Browne**, yeoman, of Egg Harbor, West New Jersey to Michael **Buffin**, yeoman, of Mansfield Twp., Burlington Co., West New Jersey, £150, 500 acres. Signed Nicholas (X) **Browne**. Wit: Daniel **Leeds** & Thomas **Revell**.

23 Jun 1698, Thomas **Revell**, gentleman, of Burlington, West New Jersey to Joseph & Anne **White**, (said Anne is the daughter of said Thomas **Revell**), cooper, of Burlington, West New Jersey, for love and affection, house & lot in Burlington. Signed Thomas **Revell**. Wit: Charles **Levalles** & Lemuel **Oldale**.

27 May 1697, Jane **Ogborne**, widow of Samuel **Ogborne**, of Springfield, Burlington Co., West New Jersey to Richard **Ridgway**, taylor, of same. Signed Jane (X) **Ogborne**. Wit: Robert **Young** & Daniel **Leeds**.
11 Jun 1697, John **Moore** receipt to Turrolas **Shuillivan**, £13, ship Dolphin, owners: William **Kidd**, William **Suirsh**, John **Guringhard** & Thomas

Pinskire. Wit: Thomas **Kindall** & Nathaniel **Cripps**.

17 Mar 1700, Henry **Scott**, yeoman, of Burlington Co., West New Jersey to Thomas **Stevenson** Sr., of Newtown, Long Island, New York, £24, 200 acres...corner to John **Watson**. Signed Henry **Scott**.

20 Feb 1699, Robert **Powell**, of Northampton Twp., Burlington Co., West New Jersey to Jacob **Lamb**, planter, of Burlington Co., West New Jersey, 3200 acres. Signed Robert (X) **Powell**. Wit: Samuel **Smith** & John **Meredith**.

4 Mar 1699, William & Rachel **Gabitas**, millwright, of Burlington, West New Jersey to Samuel **Jenings**, merchant, of same, £130, house & lot in Burlington...line of Robert **Wheeler** & James **Marshall**. Signed William **Gabitas** & Rachel **Gabitas**. Wit: Samuel **Furris**, Seth **Hill** & Edward **Humloke**.

William **Gabitas**, millwright, of Burlington, West New Jersey to Samuel **Jenings**, merchant & Thomas **Raper**, blacksmith, both of same, £300, house & lot willed to James **Marshall**...James **Marshall**, in his will dated 19 Nov 1694, appointed his wife, Rachel **Marshall**, (who then married said William **Gabitas** & is now deceased), his executor, and devised to his children when they reached age 21 years: James **Marshall**, Elizabeth **Marshall**, Rachel **Marshall**, Anna **Marshall**, Mary **Marshall** & Tomalin **Marshall**. Signed William **Gabitas** & James (X) **Marshall**. Wit: Samuel **Furris**, Seth **Hill** & Edward **Humloke**.

1 Mar 1699, Joseph **Devonish**, (son & heir of Bernard & Martha **Devonish**), of Northampton River, Burlington Co., West New Jersey to John **Hillard**, yeoman, of same.

Mar 1699, John **Hillard**, yeoman, of Northampton River, Burlington Co., West New Jersey to John **Bunting**. Signed John (X) **Hillard**. Wit: W. **Hughes**, John **Meredith**, Joseph ?? & Peter **Frotwell**.

24 Jun 1697, Turlas & Kathrine **Sulavan**, of Everphaus Twp., Burlington Co., West New Jersey to Thomas **Kendall**, bricklayer, of Burlington, West New Jersey, £130, 150 acres. Signed Turlas (X) **Sulavan** & Kathrine **Sulavan**. Wit: James **Udauss**, William **Hollinshead** & Hannah **Davis**.

9 May 1699, Martin **Scott**, yeoman, of Nottingham, Burlington Co., West New Jersey to John **Watson**, yeoman, of same, £235, a plantation. Signed Martin **Scott**.

18 Dec 1697, Daniel **Leeds**, yeoman, of Burlington Co., West New Jersey to Gervas **Pharoe**, of Burlington Co., West New Jersey, £26, 136 acres.

Signed Daniel **Leeds**. Wit: Robert **Young**, Dorothy **Leeds** & William **Murfin**.

26 Sep 1698, John & Anne **Snowden**, yeoman, of Bucks Co., Pennsylvania to Robert **Pearson**, yeoman, of Burlington Co., West New Jersey, £32, 302 & 10.5 acres. Signed John **Snowden** & Anne **Snowden**. Wit: Henry (X) **Margerom**, Samuel **Jerron**, Samuel **Oldale**, William **Emley** & Andrew **Elliot**.

1699, Richard **Ridgway** to Thomas **Ridgway**, 196 acres. Signed Richard **Ridgway**. Wit: Peter **Frotwell**.

20 May 1696, Francis **Davenport**, yeoman, of Burlington Co., West New Jersey, George **Hutchinson**, merchant, of Burlington, West New Jersey & John **Woolston**, of Mansfield, Burlington Co., West New Jersey to Richard **Gibbs**, halter, of Long Island, New York, £150, a plantation. Signed Francis **Davenport**, George **Hutchinson** & John **Woolston**. Wit: John (X) **Day**, John **Brown** & Thomas **Renshaw**.

3 Nov 1699, Michael **Newbold**, yeoman, of Mansfield Twp., Burlington Co., West New Jersey to John **Powell**, yeoman, of Burlington Co., West New Jersey, £20, 200 acres. Signed Michael **Newbold**. Wit: Daniel **Leeds**.

25 Mar 1700, Samuel **Gerrett**, blacksmith, of Burlington, West New Jersey to Francis **Tunicliff**, spicemaker, of Bucks Co., Pennsylvania, £37, house in Burlington. Signed Samuel **Gerrett**. Wit: George **Deacon**, Michael **Newbold**, Joseph **Rowe** & Edward **Humloke**.

25 Mar 1700, John **Powell**, yeoman, of Burlington Co., West New Jersey to John **Hillard**, yeoman, of same, £16, 150 acres. Signed John **Powell**. Wit: George **Easterfield**, Jonas (X) **Moore** & Edward **Humloke**.

12 Mar 1699, John **Wills**, yeoman, of Northampton River, of Burlington Co., West New Jersey to Martin **Scott**, yeoman, of Burlington Co., West New Jersey, £465, 853 acres. Signed John **Wills**.

1700, Henry **Scott** to Thomas **Stevenson** Sr., 200 acres. Signed Henry (X) **Scott**. Wit: Benjamin **Fields** & Henry **Goalinger**.

7 Apr 1686, Anthony **Morris**, late of Burlington, West New Jersey, now of Philadelphia, Pennsylvania to Peter **Boss**, 25 acres. Signed Anthony **Morris**. Wit: Thomas **Budd**, Mary **Carlile** & Susanna **Budd**.

10 Jan 1695, William **Biddle**, merchant, of Mount Hope, Burlington Co., West New Jersey to William **Righton**, merchant, of Bermuda, Burlington Co., West New Jersey, £18, 100 acres. Signed William **Biddle**. Wit: Joseph **Wilcox** & Edward **Humloke**.

13 Apr 1700, Peter **Boss**, merchant, of Marine Hook, Chester Co., Pennsylvania to William **Fisher**, yeoman, of Burlington Co., West New Jersey, £120, 225 acres. Signed Peter **Boss**. Wit: Peter **Frotwell**, Benjamin **Wheate** & Edward **Humloke**.

5 Apr 1695, William **Brightiben**, butcher, of Philadelphia, Pennsylvania to Nathaniel **Dugles**, foldmaker, of Burlington, West New Jersey, £120, house & lot in Burlington. Signed William **Brightiben**. Wit: Thomas **Revell**, John **Curtis** & John **Calowe**.

10 Apr 1700, John **Wills**, (son & heir of Daniel **Wills**), yeoman, of Northampton Twp., Burlington Co., West New Jersey to James **Bingham**, yeoman, Everphaus Twp., Burlington Co., West New Jersey, £12, 200 acres. Signed John **Wills**. Wit: Daniel **Leeds**, James **Wills**, Samuel **Terrott** & Edward **Humloke**.

1798, Francis **Davenport**, Thomas **Gilberthorp**, George **Hutchinson** & John **Day**, executors of Persivall **Towle** to Matthew **Champion**, yeoman, of Burlington Co., West New Jersey, house in Burlington. Signed Francis **Davenport**, Thomas **Gilberthorp**, George **Hutchinson** & John **Day**. Wit: Peter **Frotwell**.

1695, George **Hutchinson** to Matthew **Champion**, house in Burlington. Signed George **Hutchinson**. Wit: Seth **Hite**, Thomas **Hugh** & Jeremiah **Basse**.

26 Apr 1700, William **Righton**, merchant, of Burlington Co., West New Jersey to William **Fisher**, yeoman, of same, £300, 197 acres plantation. Signed William **Righton**. Wit: Samuel **Jennings**, Ibana **Morris** & Edward **Humloke**.

12 Nov 1699, Thomas **Revell**, of Burlington, West New Jersey to Edmund **Wells**, yeoman, of Philadelphia, Pennsylvania, £200, plantation in Mansfield. Signed Thomas **Revell**. Wit: Edward **Humloke**.

19 Aug 1699, John **Moore** & Thomas **Lane**, of London appoint as agents Nathaniel **Westland** & Jeremiah **Basse**. Signed Thomas **Lane**, Edward **Richier**, John **Bridges**, Michael **Watts**, John **Moore**, John **Niicoeni**, Robert **Michael** & Obadiah **Burnett**.

11 May 1700, Robert **Dinsdale**, doctor, of Bishops Starford, Hertford Co. power of attorney to Francis **Davenport**, John **Shinn** & John **Scott**. Signed Robert **Dinsdale**. Wit: John **Smith**, Nathaniel **Puckle** & Samuel **Harrison**.

11 May 1700, Benjamin **Field**, yeoman, of Chesterfield, Burlington Co., West New Jersey to Benjamin **Field**, yeoman, of Long Island, £30, line of

Widow **Bacon**, Edward **Rockilas** & Samuel **Taylor**. Signed Benjamin **Field**. Wit: William **Stevenson**, Christopher **Snowden** & Edward **Humloke**.

10 May 1699, Thomas **Gardiner**, yeoman, of Gloucester Co., West New Jersey to Thomas **Wilkins**, husbandman, of Burlington Co., West New Jersey, £16, 200 acres. Signed Thomas **Gardiner**. Wit: Peter **Frotwell** & John **Wills**.

6 Mar 1700, John **Calow**, yeoman, of Philadelphia, Pennsylvania to John **Day**, yeoman, of Newton, Long Island, New York, £34, 300 acres. Signed John **Calow**. Wit: Benjamin **Field**, Thomas **Hood** & John **Banlow**.

10 May 1700, John **Snape**, of Springfield, Burlington Co., West New Jersey to John **Murfin**, of same, £9, 90 acres. Signed John **Snape**. Wit: Thomas **Lambert**, Thomas **Midgley** & Daniel **Leeds**.

10 May 1700, Francis **Collins**, bricklayer, of Burlington Co., West New Jersey to Richard **Haines**, of same, £12, 100 acres. Signed Francis **Collins**. Wit: John **Wills** Jr., Thomas **Weatherill** & Thomas **Gardnier**.

10 Sep 1699, Thomas **Gardnier**, of Burlington Co., West New Jersey to John **Shape**, yeoman, of same, £8, 100 acres. Signed Thomas **Gardiner**. Wit: Edmund **Walls** & William **Pancraft**.

10 May 1693, Elias **Burling**, wheelwright, of Burlington, West New Jersey & John **Burling**, wheelwright, of Bucks Co., Pennsylvania to Richard **Haines**, husbandman, Burlington Co., West New Jersey, £20, 100 acres. Signed Elias **Burling** & John **Burling**. Wit: James **Marshall**, Henry **Burr** & John (X) **Hilliard**.

3 Jul 1699, Samuel **Jenings**, yeoman, of Green Hill, West New Jersey to William **Haines**, of same, £10, 100 acres. Signed Samuel **Jenings**. Wit: William **Ellis**, Thomas **Bryan** & John (X) **Silver**.

19 Jan 1698, Christopher **Weatherill**, taylor, of Burlington, West New Jersey to William **Haines**, yeoman, of Everhaus Twp., Burlington Co., West New Jersey, £12, 100 acres...line of Francis **Austin**. Signed Christopher **Weatherill**. Wit: Phobe **Scott**, Emanuel **Smith** & John **Meredith**.

7 Feb 1697, Thomas **Budd** to Mathew **Champion**, husbandman, of Burlington Co., West New Jersey. Signed Thomas **Budd**. Wit: Seth **Hill**, Daniel **Smith** & Francis **Cook**.

7 May 1700, James **Burcham**, yeoman, of Everhaus Twp., Burlington Co., West New Jersey to William **Haines**, £22, 100 acres. Signed James (X) **Burcham**. Wit: Christopher **Weatherill**, Thomas (X) **Haines** & Edward

Humloke.

30 May 1700, Thomas **Ridgway**, yeoman, of Burlington Co., West New Jersey to Mathew **Champion**, yeoman, of same, £150, 170 acres. Signed Thomas (X) **Ridgway**. Wit: Christopher **Snowden** & Edward **Humloke**.

30 May 1700, Mathew **Champion**, yeoman, of Burlington Co., West New Jersey to Thomas **Ridgway**, yeoman, of same, £130, 400 acres...at John **Poniliuson** Run. Signed Mathew **Champion**. Wit: Christopher **Snowden** & Edward **Humloke**.

13 May 1700, Thomas **Kendall**, bricklayer, of Burlington, West New Jersey to Edward **Humloke**, merchant, of same, £300, house in Burlington. Signed Thomas **Kendall**. Wit: Thomas **Revell** & George **Deaton**.

11 May 1696, Richard **Haines**, of Everhaus Twp., Burlington Co., West New Jersey to James **Burcham**, of same, £27, 100 acres. Signed Richard (X) **Haines**. Wit: Daniel (X) **Sutton** & Daniel **Leeds**.

9 Jan 1677, Mahlon **Stacy**, tanner, of Handsworth, York Co., to Samuel **Reckley**, ironmongal, of Nottingham, Nottingham Co. Signed Mahlon **Stacy**. Robert **Scholey**, John **Hastshark** & Thomas **Revell**.

24 Feb 1699, John **Hutchinson**, of Hopewell, of Burlington Co., West New Jersey to Andrew **Heath**, of same, 400 acres. Signed John **Hutchinson**. Wit: Benjamin **Wiggins**, William **Emley** & Frances (X) **Inables**.

18 Sep 1700, Judah **Allen**, cooper, of Freehold, East New Jersey mortgage to William **Allen**, cordwinder, of Newport, Rhode Island, £200, on 500 acres. Signed Judah **Allen**. Wit: Samuel **Furris**, Joseph **Borden**, Richard **Mew** & Edward **Humloke**.

12 Apr 1684, John & Jane **Dewsberry**, of Burlington Co., West New Jersey to Anna **Salter**, widow, of Tacony, Pennsylvania, £100, house in Burlington. Signed John **Dewsberry** & Jane **Dewsberry**. Wit: Thomas **Gardnier** & Thomas **Revell**.

12 Apr 1684, Anna **Salter**, widow, of Tacony, Pennsylvania to Daniel **England**, £100, house in Burlington. Signed Anna **Salter**. Wit: Thomas **Gardnier** & Thomas **Revell**.

10 Sep 1700, William **Allen**, cordwinder, of Newport, Rhode Island to Juday **Allen**, cooper, of Freehold, East New Jersey, £200, 800 acres. Signed William **Allen**. Wit: Samuel **Furris**, Joseph **Borden**, Richard **Mew** & Edward **Humloke**.

12 Jun 1699, Joseph **Pancraft**, yeoman, of Burlington Co., West New Jersey to John **Burradril**, maulster, of Burlington, West New Jersey, £26, lot in Burlington. Signed Joseph **Pancraft**. Wit: Peter **Frotwell**, Thomas **Gardnier** & Thomas **Scattergood**.

12 May 1698, John & Jane **Hampton**, yeoman, of Freehold, East New Jersey to John **Burradril**, of Burlington, West New Jersey, £26, lot in Burlington. Signed John **Hampton** & Jane (X) **Hampton**. Wit: John **Shaw** & Thomas **Weatherill**.

18 Sep 1700, Walter **Newberry**, merchant, of Newport, Rhode Island to Arthur **Cooke**, merchant, of Philadelphia, Pennsylvania. Signed Walter **Newberry**. Wit: John **Sincock**, Robert **Hooper** & John **Yolthero**.

5 Dec 1700, Thomas **Cook**, (son of Arthur **Cook**), late of Philadelphia, Pennsylvania & his brother John **Cook** to their mother, Margaret **Cook**, widow of Arthur **Cook**, of Philadelphia, Pennsylvania. £100, 1000 acres. Signed Thomas **Cook** & John **Cook**. Wit: Joseph **Snowden**, William **Biles**, Richard **Hough**, Joseph **Cook**, Samuel **Richardson**, William **Powell** & William (X) **Hayward**.

10 May 1700, Francis **Collins**, bricklayer, of Burlington Co., West New Jersey to John **Warren**, yeoman, of same, £4, 50 acres. Signed Francis **Collins**. Wit: Thomas **Atkinson**, Joshua **Low** & Thomas **Gardiner**.

14 Mar 1699, Thomas & Ann **Potts** Sr., tanner, of Burlington, West New Jersey to Christopher **Weatherill**, taylor, of same, £100, house in Burlington. Signed Thomas **Potts** & Ann **Potts**. Wit: Thomas **Revell**, Samuel **Furris**, Thomas **Raper**, Daniel **Leeds**, Isaac **Derow**, Thomas **Scattergood** & John **Meredith**.

20 Jun 1685, Roger **Townsend**, of Getbury, Gloucester Co. to William **Petty**, wool comber, of Cirencester, Gloucester Co., £6, 1/32. Signed Roger **Townsend**. Wit: Thomas **Eltinton** & Samuel **Webb**.

17 Sep 1699, Abraham & Mary **Brown**, of Mansfield, Burlington Co., West New Jersey to their son William **Brown**, of same, £50, 200 acres...line of John **Brown**, Michael **Newbold**, Michael **Buffin**. Signed Abraham **Brown** & Mary **Brown**. Wit: Samuel **Chropp**.

18 Sep 1700, Samuel **Jenings**, merchant, of Burlington, West New Jersey to William **Boarton**, of Everhaus Twp., Burlington Co., West New Jersey, £7, 100 acres. Signed Samuel **Jenings**. Wit: Samuel **Furris** & John **Haines**.

2 Oct 1700, Christopher **Weatherill**, sheriff, of Burlington Co., West New Jersey to Edward **Humloke**, merchant of same, £240, 1000 acres, of John

Langford. Signed Christopher **Weatherill**. Wit: Mahlon **Stacy**, Francis **Davenport**, John **Wills**, Peter **Frotwell**, John **Hollinshead** & William **Hollinshead**.

1 Jun 1700, Persivall & Thomasin **Towle** letter of guardianship for William, Mary & Richard **Towle** to their mother Elizabeth **Towle**. John **Towle** letter of guardianship for Elizabeth & Sarah **Towle**.

17 Jun 1700, Elizabeth **Towle**, widow of Thomas **Towle**, of London, guardian to William, Mary & Richard **Towle**, children under age, & Samuel **Towle**, Elizabeth **Towle**, Sarah **Towle**, Thomas **Towle**, & William & Ann **Keele**, shipwright, legalees of Persivall & Thomasin **Towle**, late of Burlington, West New Jersey power of attorney to John **Towle**, baker, of London. Signed Elizabeth **Towle**, Samuel **Towle**, Elizabeth **Towle**, Sarah **Towle**, Thomas **Towle**, William **Keele** & Ann **Keele**. James **Dunridge**, John **Spry** & John **Bryant**. Also declared Leavon **Baker**, brother of Sofeival **Towle**.

17 Jun 1698, Unsula **Green**, (widow of John **Green**, blacksmith, of Cohansiwin, Salem Co., West New Jersey), of Philadelphia, Pennsylvania to John **Hasson**, bricklayer, of Philadelphia, Pennsylvania, £35, 304 acres. Signed Unsula (X) **Green**. Wit: Thomas **Revell**, Thomas **Bibbs** & Thomas **Potts**.

25 Dec 1700, Hannaniah **Guant**, yeoman, of Burlington Co., West New Jersey to Gervas **Pharoe**, yeoman, of same, £100, 200 acres...line of Longhton **Clark**. Signed Hannaniah **Guant**. Wit: Anthony **Elton**, John **Ogborn**, John **Shinn** & Edward **Humloke**.

2 Jun 1677, William **Penn**, late of Rickmoreworth, Hertford Co., now of Warminghurse, Sussex Co. & Gawen **Lawry**, malster, of Hertford, Herford Co. & Edward **Billing**, gentleman, of Westminster, Middlesex Co. to Francis **Collins**, bricklayer, of Ratcliff, Middlesex Co., Richard **Mow**, merchant, of Ratcliff & John **Buff**, citizen, of London. Signed William **Penn**, Gawen **Lawry** & Edward **Billing**. Wit: John **Standard**, John **Burley** & Harb **Springett**.

18 Dec 1700, John **Towle** Jr., baker, late of London, but now of Burlington, West New Jersey, son of John **Towle**, baker of London & nephew of Thomas **Towle**, late of Burlington, West New Jersey to Francis **Davenport** & John **Day**, discharge of guardianship of children of John **Towle** & his brother Thomas **Towle**, Sarah & Elizabeth **Towle**, children of John **Towle**, Elizabeth **Towle**, (widow of John **Towle**), of London...William, Mary & Richard **Towle**, children of Thomas **Towle**...involved William & Ann **Keele**. Signed John **Towle** Jr. Wit: Joseph **Rowe**, Benjamin **Wheate** & Edward **Humloke**.

1 Nov 1700, Joseph **Devonish**, (heir of Barnard & Martha **Devonish**), yeoman, of Northampton River, Burlington Co., West New Jersey to John **Hilliard**, yeoman, of same, £11, 1/32. Signed John (X) **Hilliard** & Joseph **Devonish**. Wit: George **Deacon**, Joshua **Humphryey** & Edward **Humloke**.

7 Nov 1699, Job **Bunting**, carpenter, of Crosswick Creek, Bucks Co., Pennsylvania to John **Tantum**, carpenter, late of same, but now of Burlington Co., West New Jersey, £150, plantation. Signed Job **Bunting**. Wit: Francis **Davenport**, Thomas **Gilbertrop** & William **Emley**.

30 Aug 1678, John **Robinson**, gentleman, of Beverley, York Co. & Thomas **Lambert**, tanner, of Hersefworth, Woodhouse, York Co. to Thomas **Hutchinson**, tanner, of Beverley, York Co., £1, 3/10. Signed John **Robinson** & Thomas **Lambert**. Wit: Christopher **Richardson**, Thomas **Hotcher** & William **Avan** & for John **Robinson**, Ralph **Freeman**, William **Townsend** & John **Pearl**.

10 Jun 1697, Joshua **Ely**, yeoman, of Hopewell, Burlington Co., West New Jersey to Christopher **Snowden**, merchant, of Burlington, West New Jersey, £20, 400 acres. Signed Joshua **Ely**. Wit: Robert (X) **Pearson** & William **Emley**.

Elizabeth **Williams**, (mother of Gabriel **Williams**), of Salem Co., West New Jersey release to Thomas **York**, of Burlington, West New Jersey...said Gabriel was apprenticed to said Thomas...Thomas **Hearse**, of Shrewsbury, is an uncle to said Gabriel. Signed Elizabeth (X) **Williams**. Wit: Thomas **Revell** & Samuel **Newbold**.

6 Jan 1700, John **Hutchinson**, (son & heir of Thomas **Hutchinson**), yeoman, of Hopewell, Burlington Co., West New Jersey to Benjamin **Field**, of Chesterfield, Burlington Co., West New Jersey, £50, 500 acres...in Salem Co...line of Thomas **Stevenson**. Signed John **Hutchinson**. Wit: William **Emley** Jr., Andrew **Heath**, William **Emley** Sr. & Elisha **Allen**.

6 Jan 1700, John **Hutchinson**, yeoman, of Hopewell, Burlington Co., West New Jersey to Samuel **Bowne**, of Flushing, Queen Co., Long Island, £50, 500 acres...in Salem Co...line of Thomas **Stevenson**. Signed John **Hutchinson**. Wit: William **Emley** Jr., Andrew **Heath**, William **Emley** Sr. & Benjamin **Field**.

6 Jan 1700, John **Hutchinson**, yeoman, of Hopewell, Burlington Co., West New Jersey to Thomas **Stevenson** Jr., of Newtown, Queen Co., Long Island, £100, 1000 acres...in Salem Co...line of Thomas **Stevenson**. Signed John **Hutchinson**. Wit: William **Emley** Jr., Andrew **Heath**, William **Emley** Sr. & Benjamin **Field**.

2 Nov 1692, Thomas **Wright**, yeoman, late of Burlington Co., West New Jersey to Charles **Millard**, planter, of Crosswick Creek, Burlington Co., West New Jersey, £10, 200 acres. Signed Thomas **Wright**. Wit: Daniel **Leeds**, Robert **Wheeler** & Rebecca **Wheeler**.

5 Jan 1700, Edward **Andrews**, yeoman, of Mansfield Twp., Burlington Co., West New Jersey to Robert **Wheeler**, merchant, of Burlington, West New Jersey, £33.35, plantation. Signed Edward **Andrews**.

19 Jun 1701, Anne **Bull**, widow, of Burlington Co., West New Jersey to John & Mary **Starley**, husbandman, of same, £10, 150 acres. Signed Anne **Bull**. Wit: William **Wood** & Hugh (X) **Carrott**.

20 May 1677, accounts of Thomas **Hutchinson** to Robert **Stacy**, William **Emley**, Thomas **Houlk**, George **Hutchinson**, Mahlon **Stacy**, Joseph **Helmsley**. Signed Thomas **Hutchinson**. Wit: John **Robinson**, John **Burnsall**, Robert **Brown**, John **Antram**, Joshua **Naylor**, Thomas **Pearson** & Joseph **Helmsley**.

17 Sep 1700, Richard **Johns**, of Maryland release of John **Hutchinson**, of Burlington, West New Jersey, £100. Signed Richard **Johns**. Wit: Mahlon **Stacy** & Benjamin **Field**.

27 May 1700, Lawrence & Virgin **Morris**, sawyer, of Burlington, West New Jersey to Samuel **Burcham**, batcheser, of Burlington Co., West New Jersey, £58, 300 acres...line of Henry **Burr**. Signed Lawrence **Morris** & Virgin **Morris**. Wit: Joseph **Adams**, Henry **Burcham** & John **Meredith**.

10 Oct 1699, Daniel & Dorothy **Leeds**, of Burlington Co., West New Jersey to Abraham **Brown**, of Mansfield, Burlington Co., West New Jersey, £50, 200 acres. line of John **Brown**. Signed Daniel **Leeds**. Wit: William **Leeds** Sr., John (X) **Silver** & Mary **Williams**.

16 Mar 1700, Thomas **Stevenson**, of Newtown, Queens Co., Long Island to Samuel **Browne**, of Flushing, Queens Co., Long Island, £112, 1000 acres in Salem Co. Signed Thomas **Stevenson**. Wit: William **Stevenson**, Edward **Humloke** & Mary **Humloke**.

20 Jan 1700, John **Hutchinson**, yeoman, of Hopewell, Burlington Co., West New Jersey to Samuel **Wright**, yeoman, of Nottingham Twp., Burlington Co., West New Jersey, £9.75, 150 acres...line of Caleb **Wheatley** & Mathew **Grange**. Signed John **Hutchinson**. Wit: Joshua **Wright**, Thomas **Emley** & William **Emley** Sr.

7 Feb 1697, Thomas **Brian**, husbandman, of Nottingham Twp., Burlington Co., West New Jersey to John **Jennings**, batchelour, of Burlington Co.,

West New Jersey, £10, 150 acres. Signed Thomas **Brian**. Wit: Peter **Frotwell**, John **Hollinshead** & John **Meredith**.

10 May 1699, John **Jennings**, batchelour, of Burlington Co., West New Jersey to Henry **Green**, batchelour, of Burlington Co., West New Jersey, £15, 150 acres. Signed John (X) **Jennings**. Wit: Thomas **Brian**, Nathaniel **Cripps** & John **Meredith**.

15 Feb 1689, Richard **Bassnett**, merchant, of Burlington, West New Jersey to John **Ingram**, brickmaker, of Northampton River, Burlington Co., West New Jersey, £5, 150 acres. Signed Richard **Bassnett**. Wit: John **Dewilde**, George **Elton** & Thomas **Revell**.

15 Aug 1685, Thomas **Cox** power of attorney to Francis **Collins**. Signed Thomas **Cox**. Wit: Thomas **Budd**, Edwawrd **Blake** & John **Day**.

10 Dec 1688, Thomas **Revell**, agent, of Burlington Co., West New Jersey to James **Melvin**, of Freehold, East New Jersey, £48, 500 acres. Signed Thomas **Revell**. Wit: Benjamin **Field**, Samuel **Hoffmeed** & Thomas **Killingworth**.

14 May 1700, Johannes **Lawrenson**, yeoman, of Maiden Head, Burlington Co., West New Jersey to Richard **Mott**, yeoman, of Housestead Bounty, Queens Co., Nassaw Island, New York, £200, 1050 acres. Signed Johannes **Lawrenson** & Catrina (X) **Updike**. Wit: Thomas **Potts**, Andrew (X) **Baylenahyten** & Thomas **Revell**.

19 Oct 1699, Thomas **Revell**, agent, of Burlington, West New Jersey to Elias **Bayley**, planter, of Long Island, Queens Co., New York, £30, 300 acres. Signed Thomas **Revell**. Wit: Joseph **Rowe**, Richard **Holt** & Hannah **Revell**.

10 Feb 1700, Mary **Joyner**, (widow of John **Joyner**, late of Burlington, West New Jersey), of St. Marys Parish, Southwall power of attorney to Capt. Nathan **Puckes**, of the ship Philadelphia. Signed Mary (X) **Joyner**. Wit: John **Harding**, Thomas **Baldwin**, Thomas **Morrall** & Thomas **Mourry**.

19 May 1701, Andrew **Hamilton**, agent, of Burlington, West New Jersey to Benjamin **Fields**, yeoman, of Burlington Co., West New Jersey, £550, 5000 acres. Signed Andrew **Hamilton**. Wit: George **Deacon**, Thomas **Gardiner** & Edward **Humloke**.

7 Nov 1699, Mary **Myers**, (widow of William **Myers**, butcher, late of Burlington, West New Jersey), late of Burlington, West New Jersey, Francis **Davenport** & John **Bunting**, yeomen, both of Chesterfield, Burlington Co., West New Jersey to Thomas **Gilberthorp**, yeoman, of

Nottingham Twp., Burlington Co., West New Jersey, £150, house in Burlington. Signed Mary **Myers**, Francis **Davenport** & John **Bunting**. Wit: John (X) **Murfin** & Benjamin **Fields**.

25 Jun 1701, Samuel **Kimbie**, yeoman, of Burlington Co., West New Jersey to John **Scott**, yeoman, of same, £60, 300 acres plantation. Signed Samuel **Kimbie**. Wit: Joseph **Ausseth**, Samuel **Furris** Edward **Humloke**.

4 Apr 1701, Henry **Beck**, yeoman, of Chesterfield Twp. Burlington Co., West New Jersey to Joseph **Scattergood**, carpenter, of Burlington Co., West New Jersey, £5, 6 acres. Signed Henry **Beck**. Wit: Christopher **Weatherill**, Edward **Humloke** & Thomas **Gardiner**.

16 Oct 1699, Samuel & Elizabeth **Hooton**, guardian, of Shrewbury, Monmouth Co., West New Jersey & Thomas & Elizabeth **Hillborne**, (Elizabeth **Hillborne** is the daughter of Samuel **Hooton**) to Nathan **Allen**, planter, of Freehold, Monmouth Co., West New Jersey, £100, 8 acres... line of John **Snowden** & William **Bland**. Signed Elizabeth **Hillborne**, Thomas **Hillborne**, Elizabeth **Hooton** & Samuel **Hooton**. Wit: Thomas **White**, Benjamin **Fields** & Samuel **Demine**.

17 Jun 1700, Isaac **Horner**, yeoman, of Northampton, Burlington Co., West New Jersey to Restore **Lippincott**, yeoman, of same, £70, plantation. Signed Isaac **Horner**. Wit: George **Deason**, Henry **Grubb** & Edward **Humloke**.

11 Jul 1701, Susanna **Budd**, (widow of Thomas **Budd**), of Philadelphia, Pennsylvania to Restore **Lippincott**, yeoman, of Burlington Co., West New Jersey & John **Garwood**, yeoman, of Burlington Co., West New Jersey, £144, 2000 acres. Signed Susanna **Budd**. Wit: Herbert **Carrio**, Samuel **Wattsman** & John **Budd**.

28 Aug 1697, Thomas **Raper**, blacksmith, of Burlington, West New Jersey to Thomas **Scattergood**, carpenter, of same, £13, 5 acres. Signed Thomas **Raper**. Wit: John **Hollinshead**, Henry **Grubb** & Thomas (X) **Beverly**.

13 Feb 1699, Daniel **Leeds**, of Springfield, Burlington Co., West New Jersey to Alexander **Steward**, of same, £30, 100 acres. Signed Daniel **Leeds**.

20 Dec 1700, John **Hilliard**, yeoman, of Burlington Co., West New Jersey to John **Stokes**, yeoman, of same, £7, 300 acres. Signed John (X) **Hilliard**. Wit: Samuel **Furris**, Peter **Rainer**, Thomas **Stocks** & Edward **Humloke**.

7 May 1700, Michael **Russell**, weaver, of London to Joseph **Kirkbride**, (now in London), of Burk Co., Pennsylvania, £25, 1/2. Signed Michael

Russell. Wit: Herb **Springett** & William **Mason**.

16 Dec 1701, John **Hutchinson**, yeoman, of Hopewell, Burlington Co., West New Jersey to Andrew **Heath**, yeoman, of same, £18.5, 300 acres. Signed John **Hutchinson**. Wit: James **Wills**, Thomas **Hought** & George **Ely**.

22 Sep 1699, Col. Andrew **Hamilton**, agent, of Burlington Co., West New Jersey to Joseph **Crowell**, of Cape May, Burlington Co., West New Jersey, 200 acres. Signed Andrew **Hamilton**. Wit: Christopher **Weatherill** & Edward **Humloke**.

21 Oct 1701, Nathaniel **Pope**, taylor, of Burlington Co., West New Jersey to Joseph **Sackett**, yeoman, of Newtown, Queens Co., New York, £125, 525 acres. Signed Nathaniel **Pope**. Wit: Christopher **Weatherill**, Abraham **Bickley** & Edward **Humloke**.

21 Oct 1701, Christopher **Weatherill**, taylor, of Burlington, West New Jersey to Joseph **Sackett**, yeoman, of Newtown, Queens Co., New York, £160, 647 acres. Signed Christopher **Weatherill**. Wit: Richard **Ridgeway**, Abraham **Bickley**, Edward **Humloke** & Thomas **Weatherill**.

15 Jun 1701, Andrew **Heath**, yeoman, of Hopewell, Burlington Co., West New Jersey to William **Clark**, yeoman, of Freehold, Monmouth Co., East New Jersey, £48, 300 acres...line of Thomas **Lambert**. Signed Andrew **Heath**. Wit: Benjamin **Fields**, Nathan **Allen** & William **Emley** Sr.

18 Sep 1701, Sarah **Welsh**, (widow of William **Welsh**, late of London), of Philadelphia, Pennsylvania & John & Susanna **Guest**, of Philadelphia, Pennsylvania, (said Susanna is the daughter of said William **Welsh**) to William **Stevenson** & Benjamin **Fields**, yeomen, of Burlington, West New Jersey. Signed Sarah **Welsh**, John **Guest** & Susanna **Guest**. Wit: Nathan **Stanburg**, Thomas **Stacy**, Ralph **Ward** & Maurice **Loste**.

14 Nov 1699, Thomas **Bibbs**, of Burlington, West New Jersey mortgage to Nathaniel **Westland**, of same, £62, house & lot in Burlington. Signed Thomas **Bibbs**. Wit: Thomas **Potts**, John **Robard** & John **Meredith**.

21 Oct 1698, James **Stanfield**, merchant, of Philadelphia, Pennsylvania to William **Wait**, chapman, of same, £25, town lot in Burlington. Signed James **Stanfield**. Wit: Thomas **Revell**, Thomas **Bibbs** & Edward **Humloke**.

12 May 1699, John **Watson**, yeoman, of Nottingham, Burlington Co., West New Jersey to Thomas **Stevenson**, of Newtown, Queens Co., 250 acres. Signed John **Watson**. Wit: Benjamin **Fields**, Samuel **Overton** & Joshua **Wright**.

27 Mar 1699, William **Watson**, yeoman, of Nottingham, Burlington Co., West New Jersey to Thomas **Stevenson**, yeoman, of Newtown, Queens Co., Long Island, New York, £180, 400 acres plantation. Signed William **Watson**. Wit: Benjamin **Fields**, William **Emley** & Thomas (X) **Tindall**.

10 May 1699, John **Hutchinson**, yeoman, of Burlington Co., West New Jersey to Thomas **Stevenson**, yeoman, of Newtown, Queens Co., Long Island, New York, £8, 100 acres. Signed John **Hutchinson**. Wit: Benjamin **Fields**, Samuel **Overton** & William **Emley**.

23 Feb 1700, Thomas **Tindall**, of Nottingham, Burlington Co., West New Jersey to Thomas **Stevenson**, yeoman, of Newtown, Queens Co., Long Island, New York, 600 acres. Signed Thomas (X) **Tindall**. Wit: Benjamin **Fields**, William **Emley** Jr. & William **Emley** Sr.

14 Nov 1701, Benjamin **Fields**, of Burlington, West New Jersey to Thomas **Stevenson**, yeoman, of Newtown, Queens Co., Long Island, New York, 469 acres. Signed Benjamin **Fields**. Wit: Francis **Collins**, Isaac **Marrott** & Edward **Humloke**.

1701, Abraham **Hewlings**, cordwinder, of Pennsylvania to Joseph **Burden**, of West New Jersey, 356 acres. Signed Abraham **Hewlings**. Wit: Samuel **Jennings** & Samuel **Borden**.

17 Mar 1700, Thomas **Gardiner**, merchant, of Burlington, West New Jersey to Samuel **Jenings**, merchant, of same, £45, 200 acres & 7.5 acres in Burlington. Signed Thomas **Gardiner**. Wit: Isaac **Marriott** & Abraham **Bickley**.

2 Jun 1701, John **Brearley**, yeoman, of Maiden Head, Burlington Co., West New Jersey to William **Read**, of same, & John **Laning**, of same, to William **Read**, 50 acres & 150 acres respectfully. Signed John **Brearley** & John **Laning**. Wit: John **Roburt**, Robert **Laning** & William **Emley**.

1701, Marmaduke **Horteman** to Benjamin **Field**, £250, 33 acres. Signed Marmaduke **Horteman**. Wit: Thomas **Duggler** & Edward **Humloke**.

17 Oct 1700, Joseph & Mary **Smith**, of Maiden Head, Burlington Co., West New Jersey power of attorney to Thomas & Susanna **Smith**, yeoman, of same, (said Mary & Susanna are heirs of their brother Samuel **Matthew**, late of Jamaica, Queens Co. Signed Joseph **Smith** & Mary (X) **Smith**. Wit: William **Wardell** & William **Emley**.

17 Oct 1701, Benjamin **Fields**, yeoman, of Chesterfield, Burlington Co., West New Jersey to John **Day**, yeoman, of Freetown, Queens Co., Long Island, £105, 700 acres. Signed Benjamin **Fields**. Wit: Henry (X) **Oxley**,

Anthony (X) **Whitehead**, Marmaduke **Corfoman** & William **Emley**.

14 Nov 1701, Benjamin **Fields**, yeoman, of Chesterfield, Burlington Co., West New Jersey to Charity **Stevenson**, widow, of Newtown, Long Island, 1000 acres. Signed Benjamin **Fields**.

21 Nov, 1701, Benjamin **Fields**, yeoman, of Chesterfield, Burlington Co., West New Jersey to Marmaduke **Horseman**, yeoman, of same, 400 acres. Signed Benjamin **Fields**. Wit: Henry **Grubb**, Thomas **Houton** & Thomas **Gardiner**.

22 Nov 1701, Benjamin **Fields**, yeoman, of Chesterfield, Burlington Co., West New Jersey to Henry **Burr**, of Burlington Co., West New Jersey, £94, 600 acres. Signed Benjamin **Fields**. Wit: Henry **Grubb**, Thomas **Duggles** & Edward **Humloke**.

20 Nov 1701, Nathaniel **Pope**, yeoman, of Burlington, West New Jersey to Samuel **Jenings**, merchant, of same, £50, two lots in Burlington. Signed Nathaniel **Pope**. Wit: John **Hackney**, Sarah **Smoks** & Thomas **Gardiner**.

5 Nov 1701, Jonathan **Lovett**, saddler, of Burlington, West New Jersey to John **Rogers**, laborer, of Burlington Co., West New Jersey, £15, 75 acres. Signed Jonathan **Lovett**. Wit: Samuel **Furris**, Barnard **Lane**, Samuel **Gibson** & Edward **Humloke**.

Nov 1699, Christopher **Weatherill**, of Burlington Co., West New Jersey to Thomas **Scattergood**, carpenter, of same, lots in Burlington...Phobe **Weatherill**. Signed Christopher **Weatherill**. Wit: Francis **Davenport**, Thomas **Gardiner** & John **Wills**.

17 Sep 1694, John **Tatham** acquittance to Thomas **Parsone**. Signed John **Tatham**. Wit: James **Standfield** & Thomas **Fairman**.

22 May 1701, Richard **Stockton**, yeoman, of Burlington Co., West New Jersey to his son John **Stockton**, 400 acres. Signed Richard **Stockton**. Wit: Thomas **Douglas**, John **Tonkin** & Mordecai (X) **Andrew**.

5 Apr 1701, John **Briggs**, husbandman, of Overhaus, Burlington Co., West New Jersey to Thomas **Lambert**, yeoman, of Nottingham, Burlington Co., West New Jersey, 200 acres. Signed John **Briggs**. Wit: John **Scott**, Martin **Scott** & Sarah **South**.

15 Nov 1701, Francis **Collins**, of Burlington, West New Jersey to Benjamin **Fields**, of Chesterfield Twp., Burlington Co., West New Jersey, 1000 acres. Signed Francis **Collins**.

1687, Thomas **Fouke**, yeoman, of Crosswick, Chesterfield, West New Jersey to John **Smith**, husbandman, £6, 2/3 of 80 acres. Signed Thomas (X) **Fouke**. Wit: George **Hutchinson** & Sarah **Davenport**.

5 Nov 1701, Daniel **Smith**, butcher, of Burlington, West New Jersey to Christopher **Weatherill**, taylor, of same, £30, 1/3 of 80 acres...devised in the will of John **Smith** to his mother, brother & sister. Signed Daniel **Smith**. Wit: Samuel **Furris**, Barnard **Lane**, Samuel **Gibson** & Edward **Humloke**.

1701, Samuel **Jenings**, merchant, of Burlington, West New Jersey to Abraham **Hewlings**, yeoman, of Chester Twp., Burlington Co., West New Jersey, £150, 700 acres. Signed Samuel **Jenings**. Wit: Richard **Borden** & Samuel **Borden**.

5 Feb 1701, Katharine **Sullivan** to her son Thurlay **Sullivan**, for love and affection, house in Burlington...son Edward the younger son of Katharine **Sullivan**. Signed Katharine (X) **Sullivan**. Wit: Elizabeth **Rumley**, Mary **Waite** & Thomas **Gowne**.

1701, Thomas **Kendall**, bricklayer, of Burlington, West New Jersey to Katharine **Sullivan**, widow of Charles **Savaselak**, £20, house in Burlington. Signed Thomas **Kendall**. Wit: John **Kay**, Anthony (X) **Fryer** & Esther **Rose**.

1700, John **Borradall**, yeoman, late of Burlington Co., West New Jersey to Thomas **Weatherill**, £30. Signed John **Borradall**. Wit: Francis **Richardson**, John **Wills**, Thomas **Scattergood** & Christopher **Weatherill**.

17 Feb 1700, Francis **Davenport**, merchant, of Chesterfield, Burlington Co., West New Jersey to Thomas **Weatherill**, cooper, of Burlington, West New Jersey, £30, lot in Burlington. Signed Francis **Davenport**. Wit: Samuel **Furris**, Joseph **Salterthwaite** & Thomas **Scattergood**.

12 Nov 1701, Thomas **Duggles** & Nathaniel **Westland** to Robert **Dummer**, house & lot in Burlington. Signed Nathaniel **Westland** & Thomas **Duggles**. Wit: John **Rolander**, Emanual **Smith** & Isaac **Derow**.

10 Aug 1683, William **Lee**, carpenter, of Burlington Co., West New Jersey to Richard **Guy**, yeoman, of same, £25, house & plantation. Signed William **Lee**. Wit: William **Brightman** & Humphrey **Morrey**.

21 Dec 1693, Bridget **Guy**, widow of Richard **Guy**, late of Burlington, West New Jersey to Thomas **Williams**, carpenter, late of Bucks Co., Pennsylvania, house & plantation. Signed Bridget (X) **Guy**. Wit: Daniel **Wills**, Edward **Humloke** & John (X) **Day**.

17 Sep 1694, George **Hutchinson**, distiller, of Burlington, West New Jersey

to Thomas **Williams**, carpenter, of same, 160 acres. Signed George **Hutchinson**. Wit: Thomas **Clark**, John **Pears** & Joseph **Hutchinson**.

22 Nov 1699, Thomas **Williams**, of Burlington Co., West New Jersey to William **West**, yeoman, of same, 200 acres & plantation. Signed Thomas **Williams**. Wit: Thomas **Williamson** & Robert **Williams**.

4 Jan 1699, William & Margaret **West**, yeoman, of Burlington Co., West New Jersey to Eliakim **Wardell**, of same, 200 acres & plantation. Signed William **West** & Margaret **West**. Wit: John **Slorum**, John **Stuart** & Samuel **Deming**.

10 Dec, 1701, Susanna **Budd**, (widow of Thomas **Budd**), of Philadelphia, Pennsylvania & her son John **Budd** to Eliakim **Wardell**, of Burlington Co., West New Jersey, 100 acres. Signed Susanna **Budd** & John **Budd**. Wit: Toby **Leech**, James **Wood** & Mary **Allen**.

1701, Henry **Johnson**, of Talbot Co., Maryland to Nicholas **Kelly**.

Nicholas **Kelly** power of attorney to Edward **Rush**.

1701, Edward **Andrews** to Preserve **Brown**, 200 acres.

Benjamin **Fields** to Samuel **Browne**, 500 acres. Signed Benjamin **Fields**. Wit: Robert (X) **Chapman** & Edward **Humloke**.

Samuel **Jenings**, agent for John **Ridge**, of London to Josiah **Southwick** & Edward **Gaskitt**, 871 acres...line of John **Crosby**. Signed Samuel **Jenings**. Wit: Thomas **Gardiner**, Samuel **Furris** & Edward **Humloke**.

17 Oct 1701, John **Towley** power of attorney to Francis **Davenport**. Signed John **Towley**. Wit: Samuel **Richardson** & Nathaniel **Stanbury**.

14 Oct 1699, Thomas **Revell**, agent for society to John **Gilbert**, weaver, of Burlington Co., West New Jersey, £20, 200 acres. Signed Thomas **Revell**. Wit: Seth **Hill** & Robert **Duggles**.

16 Feb 1701, John **Gilbert**, weaver, of Burlington Co., West New Jersey to Richard **Martine**, joyner, of Burlington, West New Jersey, £11, 200 acres. Signed John **Gilbert**. Wit: Edward **Humloke**, Thomas **Revell** & John **Ogbourne**.

7 Feb 1701, William & John **Hollinshead**, (executors of the estate of their father, John **Hollinshead**), yeomen, of Burlington Co., West New Jersey to Joseph **Welch**, butcher, of same, £90, house & lot in Burlington. Signed William **Hollinshead** & John **Hollinshead**. Wit: Isaac **Marriott**, Nathan **Allen**

& Edward **Humloke**.

20 Apr 1699, John **Neve** marriage to Mary **Fryley**, by Nathaniel **Blackiston**. Wit: John **Sharpe**.

17 Mar 1700, Daniel **Leeds**, of Springfield, Burlington Co., West New Jersey mortgage to Francis **Tonicliff**, cordwinder, late of Pennsylvania, £10, lot in Burlington. Signed Francis **Tonicliff**. Wit: Joshua **Humphrey**, Jonas (X) **Mason** & Mary **Allen**.

10 May 1702, Eliakim **Wardell**, of Burlington Co., West New Jersey to John **Smith**, blacksmith, of same, £500, plantation. Signed Eliakim **Wardell**. Wit: Peter **Frotwell**, John **Guest** & Edward **Humloke**.

6 Feb 1701, Ralph **Hunt**, yeoman, of maiden Head, Burlington Co., West New Jersey to William **Albertus**, yeoman, of same, £105, 500 acres... line of Darnell **MacDaniel** & Johan **Lawrenson**. Signed Ralph **Hunt**. Wit: Samuel **Torwott** & Mahlon **Stacy**.

26 Oct 1698, John **Murfin**, husbandman, of Crosswicks Creek, West New Jersey to his sister-in-law Ann **Murfin**, widow, of same, 260 acres. Signed John (X) **Murfin**. Wit: Thomas **Lambert**, Daniel **Smith** & William **Emley**.

27 Apr 1702, Joseph **Adams**, taylor, of Burlington, West New Jersey to Samuel **Jenings**, of same, £4, 12.5 acres. Signed Joseph **Adams**. Wit: Thomas **Gardiner** & Edward **Humloke**.

20 May 1699, Samuel **Jenings**, (attorney for John **Ridges**, of London), merchant, of Burlington, West New Jersey to Thomas **Gardiner**, of same, £40, 200 acres...line of Symon **Charles** & Samuel **Lyon**. Signed Samuel **Jenings**. Wit: Henry **Grubb** & Daniel **Smith**.

24 Sep 1701, Andrew **Hamilton**, of Burlington, West New Jersey to Timothy **Brandereth**, of Cape May Co., West New Jersey, 300 acres. Signed Andrew **Hamilton**. Wit: Thomas **Revell**, Obadiah **Andrews** & Edward **Humloke**.

7 Feb 1701, George **Curtis**, cordwinder, of Burlington Co., West New Jersey to Henry **Wells**, yeoman, of same, £150, 260 acres. Signed George **Curtis**. Wit: Thomas **Gardiner**, John **Brown** & Peter **Jenkins**.

9 May 1700, John **Powell**, yeoman, of Burlington Co., West New Jersey to John & Martha **Hilliard**, yeoman, of same, a plantation. Signed John (X) **Powell**. Wit: Emanuel **Smith**, Joseph (X) **Devonish** & Edward **Humloke**.

11 May 1700, John & Martha **Hilliard**, yeoman, of Burlington Co., West

New Jersey to Joseph **Devonish**, yeoman, of same, £52, 100 acres plantation on Northampton River. Signed John (X) **Hilliard** & Martha (X) **Hilliard**. Wit: Emanuel **Smith**, John **Powell** & Edward **Humloke**.

19 Dec 1689, Bernard **Devonish**, husbandman, of Burlington Co., West New Jersey to John & Martha **Hilliard**, yeoman, of Burlington Co., West New Jersey, for love and affection of his daughter, said Martha, plantation. Signed Bernard **Devonish**. Wit: Persivall **Towle**, Christopher **Weatherill**, Richard **Love** & Symon **Charles**.

28 Mar 1702, Charles **Wolverton**, yeoman, of Burlington Co., West New Jersey to Gervas **Pharoe**, of same, £200, 150 acres plantation...in Chesterfield. Signed Charles **Wolverton**. Wit: Samuel **Furris**, John (X) **Dixson** & Edward **Humloke**.

10 Mar 1699, Gervas **Pharoe**, (heir of James **Pharoe**), batchler, of Burlington Co., West New Jersey to Daniel **Smith**, of Burlington, West New Jersey, £2.5, lot in Burlington. Signed Gervas **Pharoe**. Wit: Bridget **Scott**, Elizabeth **Meredith** & John **Meredith**.

16 Oct 1700, John & Sarah **Bainbridge** & Ralph & Susanna **Hunt**, yeomen, of Maiden Head, Burlington Co., West New Jersey to Vincent **Fountaine**, yeoman, of Straton Island, New York, £64. Signed John **Bainbridge**, Sarah **Bainbridge**, Ralph **Hunt** & Susanna **Hunt**. Wit: Thomas **Shawell** & Johannis **Lawrenson**.

13 Oct 1702, John **Bainbridge** & Ralph **Hunt**, yeomen, of Maiden Head, Burlington Co., West New Jersey to Richard **Burt**, millwright, Newtown, Queens Co., Nasaw Island, £76, 280 acres. Signed John **Bainbridge** & Ralph **Hunt**. Wit: Daniel **Thwaites**, Johannis **Lawrenson** & Samuel **Ketcham**.

12 Jun 1697, Joshua **Ely**, yeoman, of Burlington Co., West New Jersey to Samuel **Mathias**, yeoman, of Jamaica, Queens Co., Long Island, New York, ££29, 400 acres...line of Mahlon **Stacy**. Signed Joshua **Ely**. Wit: William **Emley** Jr., Thomas **Smith** & William **Emley**.

30 May 1684, Francis **Beswick**, yeoman, of Burlington, West New Jersey to Samuel **Lovett**, chandler, of same, £11, 74 acres. Signed Francis **Beswick**. Wit: Thomas **Willard**, Jeremiah **Richards**, John **Hollinshead** & Casper **Fisk**.

3 Nov 1702, Thomas **Revell** to Joseph **Sackett**, £6, 50 acres. Signed Thomas **Revell**. Wit: Hugh **Wright** & Ralph **Hunt**.

13 Sep 1697, Thomas **Gardiner** Jr., son & heir of Thomas **Gardiner** and

brother of John **Gardiner** to his sister Elizabeth **Buckley**, wife of Abraham **Buckley** & daughter of Thomas **Gardiner**, for love and affection, house & lot in Burlington. Signed Thomas **Gardiner**. Wit: Samuel **Furris**, Thomas **Raper** & Thomas **Revell**.

20 Feb 1692, William **Emley**, yeoman, of Nottingham, Burlington Co., West New Jersey to John **Gardiner**, carpenter, of Burlington, West New Jersey, £40, lot in Burlington. Signed William **Emley**. Wit: Richard **Bassnett**, John **Lambert** & Samuel **Furris**.

17 Nov 1699, Thomas **Revell**, gentleman, of Burlington, West New Jersey to John **Rue**, planter, of Hallan Island, providence of York, £20, 200 acres. Signed Thomas **Revell**. Wit: Johan **Lawrenson**, Enoch **Andris** & Henry (X) **Perine**.

19 Oct 1702, William **Allen**, cordwinder, of Newport, Rhode Island power of attorney to Joseph **Shippen**, merchant, of Philadelphia, Pennsylvania. Signed William **Allen**. Wit: John **Oldin** & Thomas **Potts**.

23 Dec 1702, Benjamin **Field**, of Chesterfield, Burlington Co., West New Jersey to his brother-in-law Eliasheb **Allen**, for love and affection, 100 acres. Signed Benjamin **Field**. Wit: Moses **Petit** & Jonathan (X) **Foveman**.

5 Jul 1702, Benjamin **Field**, of Chesterfield, Burlington Co., West New Jersey to his brother Ambrose **Field**, for love and affection, 20 acres. Signed Benjamin **Field**. Wit: William **Emley**.

12 Mar 1698, Thomas **Cork**, of Burlington Co., West New Jersey to Daniel **Smith**, £5.5. Signed Thomas **Cork**. Wit: John **Hollinshead**, John **Adams** & John **Meredith**.

10 Nov 1698, Henry **Beck**, yeoman, of Chesterfield Twp., Burlington Co., West New Jersey to Daniel **Smith**, of Burlington, West New Jersey, £7.25, lot in Burlington. Signed Henry **Beck**. Wit: Thomas **Bib**, Samuel **Taylor** & John **Meredith**.

10 Sep 1698, Robert **Wilson**, yeoman, of Crosswick Creek, Burlington Co., West New Jersey to Daniel **Smith**, felmonger, of Burlington, West New Jersey, £5.75, lot in Burlington. Signed Robert **Wilson**. Wit: Nathaniel **Westland** & John **Meredith**.

27 Feb 1698, John **Rogers**, yeoman, of Burlington Co., West New Jersey to Daniel **Smith**, felmonger, of Burlington, West New Jersey, £3.3, lot in Burlington. Signed John (X) **Rogers**. Wit: John **Meredith** & John **Zaner**.

5 Jan 1698, Michael **Newbold**, gentleman, of Mansfield Twp., Burlington

Co., West New Jersey to Daniel **Smith**, felmonger, of Burlington, West New Jersey, lot in Burlington. Signed Michael **Newbold**. Wit: John **Roberts**, Isaac **Derow** & John **Meredith**.

11 Mar 1699, William **Biddle**, gentleman, of Mount Hope, Burlington Co., West New Jersey to Daniel **Smith**, felmonger, of Burlington, West New Jersey, £13, lot in Burlington. Signed William **Biddle**. Wit: Thomas **Bibb**, Emanuel **Smith** & Thomas **Daight**.

10 Jun 1702, Daniel **Leeds**, of Little Egg Harbor, West New Jersey to Sarah **Org** and her son Jacob **Org**, of West New Jersey, £12, 100 acres, Mansfield Twp...line of Mordecai **Andrews**, John **Hooton** & Daniel **Bacon**. Signed Daniel **Leeds**. Wit: Robert **Young**, John **Arnold** & John (X) **Cluff**. Sarah releases her rights to her son Jacob. Signed Sarah (X) **Org** & Jacob (X) **Org**.

6 Feb 1702, Jacob **Org**, of Mansfield Twp., Burlington Co., West New Jersey to Abraham **Brown**, of same, £20, 100 acres. Signed Sarah (X) **Org** & Jacob (X) **Org**. Wit: Hugh **Hutchin**, Henry (X) **Thomson** & Caleb **Brown**.

27 Dec 1702, John **Housen**, planter, of Burlington Co., West New Jersey to power of attorney to Thomas **Briant**, planter, of same. Signed John **Housen**. Wit: Phebe **Scattergood**.

29 Jan 1701, articles of agreement between Henry **Beck** & Joseph **Scattergood**, yeomen, both of Burlington Co., West New Jersey. Signed Henry **Beck**. Wit: William **Wood**, Abraham **Brown**, Robert (X) **Chapman** & William **Emley**.

20 Aug 1702, Peter **Sommans**, (heir of Arant **Sommans**, late of Burlington Co., West New Jersey), of London to Jacob **Osterland** & John **Keyler**, of London, £309, 20,000 acres. Signed Peter **Sommans**. Wit: John **Rushingham**, Lamberd **Wreot** & William **Angett**.

17 Feb 1701, Francis **Collins**, bricklayer, of Burlington, West New Jersey to Henry **Cooke**, of same, £10, 100 acres. Signed Francis **Collins**. Wit: George **Barr** & Thomas **Gardiner**.

12 Jul 1688, will of Francis **Biswick**: wife Piscilla **Biswick**; Kinsman, Aaron **Bisnick**, kinswomen, Ann **Dickason** daughter of Arthur **Dickason** & Ann **Bland**, daughter of William **Bland**; to Thurman **Brow**, of Blackimore City, York Co., England; to friends Joseph **Pope** & James **Hill**. Signed Francis (X) **Biswick**. Wit: Christopher **Weatherill**, John **Smith** & Samuel **Houghton**.

13 Mar 1702, Thomas **Branson**, husbandman, of Springfield Twp., Burlington Co., West New Jersey to Thomas **Ridgway**, yeoman, of same,

£50, 100 acres. Signed Thomas (X) **Branson**. Wit: Edmund **Wely**, Richard **Ridgway** & Thomas **Gardner**.

2 Dec 1694, George **Hutchinson**, distiller, of Burlington, West New Jersey, (agent for Jonah **Penford**, Thomas **Penford** & Joshua **Penford**, watchmaker, of London, all sons of John **Penford**) to Thomas **Renshaw**, taylor, of same, £3.5, lot. Signed George **Hutchinson**. Wit: Peter **Ronner**, John **Joyner** & Jeremiah **Basse**.

2 Feb 1694, Mary **Myers**, (widow of William **Myers**), of Burlington, West New Jersey, Thomas **Gilberthorpe** & John **Bunting**, (executors of the estate of William **Myers**), of Burlington, West New Jersey to Thomas **Renshaw**, taylor, of same, £12.5, lot in Burlington. Signed Mary **Myers**, Thomas **Gilberthorpe** & John **Bunting**. Wit: Thomas **Revell**, Christopher **Weatherill** & Thomas **Kendall**.

10 Feb 1702, Thomas **Renshaw**, taylor, of Burlington, West New Jersey to Hugh **Huddy**, merchant, of same, £15, lot. Signed Thomas **Renshaw**. Wit: Margaret **Humloke** & Peter **Frotwell**.

1 Aug 1702, Thomas & Katharine **Makefield**, taylor, of Everhaus Twp., Burlington Co., West New Jersey to John **Middleton**, husbandman, of Burlington Co., West New Jersey, £5.5, 150 acres. Signed Thomas **Makefield** & Katharine (X) **Makefield**. Wit: Hendrig (X) **Ron** & John **Hollinshead**.

23 Apr 1703, Hugh **Huddy**, merchant, of Burlington, West New Jersey to George **Kendall**, currier, of same, £17, lot. Signed Hugh **Huddy**. Wit: Samuel **Furris**, Thomas **Middleton** & Samuel **Marriott**.

11 May 1702, John **Snape**, of Springfield, Burlington Co., West New Jersey to Daniel **Leeds**, of same, £13,85, 200 acres. Signed John **Snape**. Wit: Henry **Grubb** & Hugh **Hutchinson**.

25 Dec 1697, Henry **Grubb**, innholder, of Burlington, West New Jersey to William **Pancoast**, planter, of Mansfield Twp., Burlington Co., West New Jersey, £20, 1/16. Signed Henry **Grubb**. Wit: John **Hollinshead**, Benjamin **Wheat** & John **Meredith**.

11 Jan 1702, John **Brearly**, yeoman, of Maiden Head, Burlington Co., West New Jersey to John **Routledge**, yeoman, of Abbington Twp., Philadelphia Co., Pennsylvania, £100, 400 acres. Signed John **Brearly**. Wit: Samuel **Raker**, William **Emley** Jr., William **Emley** Sr. & Stephen **Wilson**.

20 Jul 1699, John **Hollinshead**, of Burlington, West New Jersey to Daniel **Smith**, of same. Signed John **Hollinshead**. Wit: Grace **Hollinshead**, Henry

Grubb & John **Meredith**.

19 Mar 1702, John **Polk**, of great Harroden, Northampton Co. to William **Biles**, of Bucks Co., £5, 1/30. Signed John **Polk**. Wit: John **Sheppard**, Daniel **Roe** & John **Francil**.

18 May 1703, Daniel **Wills**, John **Wills**, yeomen, of Burlington Co., West New Jersey, (sons & heir of Daniel **Wills**, of Northampton, Northampton Co., England), one of the executors of Thomas **Olive**, deceased, late of Wellingboron, Northampton Co., & Nathan & Mary **Stanbury**, also said executors to William **Biles**, land John **Smith** purchased of Daniel **Wills**. Signed John & Daniel **Wills**, Nathan **Stanbury**, Mary **Stanbury**. Wit: Edward **Shipper** & Richard **Armitt**.

10 Feb 1702, Nathaniel **Pope**, son of Joseph **Pope**, taylor, late of Burlington, Burlington Co., West New Jersey to Daniel **Smith**, butcher, of same, £3.2, .75 acre town lot...purchased 1677 of George **Nicholson**, Thomas **Hutchinson**, Thomas **Pearson**, Joseph **Holmsley**, George **Hutchinson** & Mahlon **Stacy**. Signed Nathaniel **Pope**. Wit: Christopher **Weatherill**, Thomas **Huntley**, & Joseph **Smith**.

6 Mar 1702, William & John **Hollinshead**, yeomen, of Chester Twp., Burlington Co., West New Jersey to Nathaniel **Westland**, Robert **Wheeler** & Hugh **Huddy**, merchants, of Burlington, West New Jersey, £20, lot in Burlington. Signed William **Hollinshead** & John **Hollinshead**. Wit: John **Jewel**, William **Hackney** & Thomas **Revell**.

17 Apr 1702, Henry **Beck**, yeoman, of Burlington Co., West New Jersey to Joseph **Scattergood**, yeoman, of same, £140. Signed Henry **Beck**. Wit: Joseph **Pancoast**, Richard **French** & Jacob **Derow**.

7 Dec 1702, Thomas **Stevenson**, yeoman, of Bucks Co., Pennsylvania to Joseph **Sackett**, yeoman, of Newtown, Queens Co., Nassaw Island, £25.25, 100 acres...line of William **Emley**. Signed Thomas **Stevenson**. Wit: John **Hunt**, John **Stevenson** & William **Glenn**.

13 Mar 1703, Richard **Ridgway** Jr., yeoman, of Springfield Twp., Burlington Co., West New Jersey to Jeffery **Cambs**, husbandman, of same, £35, 58 acres. Wit: John (X) **Day**, John **Carlile** & Thomas **Gardner**.

18 Jan, Samuel **Barker**, of Barloborugh, Darby Co., England power of attorney to William **Hunt**, of Springfield, Burlington Co., West New Jersey. Signed Samuel **Barker**. Wit: M. **Rhodes**, Mary **Bullus** & John **Barker**.

15 Aug, 1702, Isaac **Watson**, yeoman, of Nottingham, Burlington Co., West New Jersey to Johanna **Moursin**, spinster, of same, £20. Signed

Isaac **Watson**. Wit: John **Harrison**, Robert **Porton** & William **Emley** Sr.

Chapter 2

Deed Records
Volume AAA

Recorded in 1680-1719

10 Dec 1680, William **Penn**, merchant, late of Rickmanswoxth, Hertford Co., now of Waxmughurst, Southsex Co., Gawen **Lawry**, merchant, of London, Nicholas **Lucas**, maultster, of Hertford Co., & Edward **Byllings**, gentleman, of Westminster, Middlesex Co. to Henry **West**, gentleman, of Middletown, Lanras Co. & James **Fraser**, gentleman, of Westminster, Middlesex Co., £131...first granted to Kings Charles's brother, James **Duke of York**...then John Lord **Barkley** & Sir George **Carterett**. Signed William **Penn**, Gawen **Lawry**, Nicholas **Lucas** & Edward **Byllings**. Wit: Emanuel **Leavens**, W. **Smith**, Robert **Smith**, Edward **Aldrich**, William **Markingdale** Thomas **Rudyard**.

20 Sep 1703, Shamger **Hand**, of Cape May, New Jersey to his son Thomas **Hand**, £50, 500 acres...line of John **Taylor** & Arthur **Dwessy**...Gravity Run. Signed Shamger **Hand**. Wit: John **Jewell**, Joseph **Adams** & Joshua **Barkstead**.

2 Nov 1698, James **Standfield**, merchant, of Philadelphia, Pennsylvania, (executor of the estate of George **Hatherson**, merchant, of Philadelphia, Pennsylvania) to Henry Beck, yeoman, of Chesterfield, Burlington Co., West New Jersey, £30, 1/5...purchased of William **Harrison**, son & heir of James **Harrison**. Signed James **Standfield**. Wit: B. **Godfrey**, Joseph **Scattergood** & Thomas **Revell**.

29 Jul 1703, Daniel **Coxe**, doctor, of London to his son Daniel **Coxe**, gentleman, of London, for love and affection, 15,000. Signed Daniel **coxe**. Wit: J. **Basse**, Alex **Paxton**, Thomas **Norton**, Will **Gulfton**, Sarah **West**, Robert **West**, Rich **Ingoldesby** & Samuel **Finney**.

20 Nov 1703, Joanna **Applegate**, widow of Thomas **Applegate**, late of Middletown, West New Jersey & her son, Thomas **Applegate**, of same to Obadiah **Holmes**, yeoman, of Biswick, Salem Co., West New Jersey, £100,

600 acres. Signed Joanna **Applegate** & Thomas **Applegate**. Wit: Henry (X) **Harbutt** & John **Cole**.

27 Nov 1703, John **Langstaff** to his wife Elizabeth **Langstaff**, his daughter Deborah & Elizabeth **Langstaff**, his son James **Langstaff**, (when 18), for love and affection, plantation & chattel goods. Signed John **Langstaff**. Wit: John (X) **Garwood** & Christopher **Snoden**.

28 Mar 1702, John & Elizabeth **Dixson**, of Springfield, Burlington Co., West New Jersey, to their son-in-law, Charles **Woolverton**, who married the daughter of said Elizabeth, for love and affection, 50 acres...Mount Carmell. Signed John (X) **Dixson** & Elizabeth (X) **Dixson**. Wit: Samuel **Furnace**, Gervas **Pharo** & Edward **Humloke**.

3 Apr 1702, survey for Charles **Woolverton**, part of John **Dixson** 100 acres, by Thomas **Gardner**.

28 Mar 1702, Gervas **Pharoe**, yeoman, of Burlington Co., West New Jersey to Charles **Woolverton**, yeoman, of same, £200, 200 acres. Signed Gervas **Pharoe**. Wit: Samuel **Furris**, John (X) **Dixson** & Edward **Humloke**.

1 Mar 1704, William & Ann **Budd**, of Northampton, Burlington Co., West New Jersey to John **Whetherill**, tanner, of Burlington, West New Jersey, £25, 7.25 acres. Signed William **Budd** & Ann **Budd**. Wit: Emanuel **Smith**, Joshua **Barkstead** & John **Hammell**.

25 Apr 1703, John & Sarah **Ruckman** Sr., of Middletown, Monmouth Co., East New Jersey to their son Samuel **Ruckman**, of same, £300, 118 acres ...line of Thomas **Ruckman**. Signed John **Ruckman** & Sarah (X) **Ruckman**. Wit: James **Hubbard** & Daniel **Applegate**.

7 Mar 1704, Mathew **Blackford**, yeoman, of Pisrafaway, Middlesex Co., New York to Benjamin **Hull** Jr., of same, £40, bounded by Samuel **Blackford**. Signed Mathew **Blackford**. Wit: John **Harrison** & Thomas **Smith**.

10 May 1704, Robert & Elizabeth **Lucas**, (said Elizabeth is the daughter of Benjamin **Scot**, deceased), yeoman, of Burlington Co., West New Jersey to Thomas **Wallock**, gentleman, of Peleg, Suffix Co., England. Signed Robert **Lucas** & Elizabeth (X) **Lucas**. Wit: Elizabeth **Basse**, Susanna **Petty** & J. **Basse**.

12 May 1704, Edward **Barton**, (son & heir of Thomas **Barton**) to John **Browne**, £13.55. Signed Edward **Barton**. Wit: Thomas **Revell** & J. **Basse**.

14 Jun 1704, John **Pope**, of Elizabethtown, Sussex Co., New York to Phillip **Porter**, £15, 80 acres. Signed John (X) **Pope**. Wit: David **Durham** &

Jonathan **Durham**.

16 Jun 1701, Cowankeen, son of Joshua, Indian of this country to Benjamin **Hull**, £2, bounded by Samuel **Blackford**. Signed mark of Cowankeen. Wit: Samuel **Walker**, John **Boyce** & mark of Tenchoes.

10 Jun 1702, James **Robeson**, ship carpenter, of Pensoakin Creek, Burlington Co., West New Jersey to William **Bennett**, wheelwright, of same, £130, 300 acres...line of Stephen **Dayes**. Signed James **Robeson**. Wit: William **Henlings** & Jeremiah **Basse**.

20 Sep 1700, Samuel **Nichols**, lawyer, of Philadelphia, Pennsylvania to James **Robinson**, ship carpenter, of Pensoakin Creek, Burlington Co., West New Jersey, £45, 300 acres...line of Jonathan **Fox**. Signed Samuel **Nichols**. Wit: Francis **Cooke** & John **Ruddy**.

8 Jul 1682, Joseph **Holby**, darver, of Lynehouse, Middlesex Co. to John **Doltman**, mariner, of same, £122, 1/4. Signed Joseph **Holby**. Wit: John **Wheatley**, John **Booker**, Joseph **Brown**, Daniel **Hall**, John **Heald** & Samuel **Heald**, shoemaker, market street, of Philadelphia, Pennsylvania.

10 May 1699, Jeremiah **Basse**, of Burlington Co., West New Jersey surveyed for William **Penn**, 10,000...branch of Raritan River, Burlington Co., West New Jersey. Signed J. **Barkstead**.

John **Hutchinson**, of Hopewell, Burlington Co., West New Jersey to Andrew **Heath**, yeoman, of same, £122, 1000 acres...corner Thomas **Lambert** & Joshua **Weight**. Signed John **Hutchinson**. Wit: William **Emley** Jr., Joshua **Ely** & William **Emley** Sr.

27 Oct 1703, William **Biddle** Sr., yeoman, of Chesterfield, Burlington Co., West New Jersey to William **Murfin**, yeoman, of Nottingham, Burlington Co., West New Jersey, £10, 100 acres. Signed William **Biddle**. Wit: John **Wills**, Thomas **Biddle** & Isaac **Marriot**.

Indian deed to Thomas **Haines**, Thomas **Bishop** & John **Jennings**, £10, 100 acres...line of Jacob **Lamb**. Signed the marks of Lomorkom, Quelowawon, Moosunf & Rensque. Wit: John **Woolston**, Nathaniel **Dups**, William **Petty** & Indians.

29 Jan 1677, George **Hutchinson**, distiller, of Shefford, York Co., to Robert **Murfin**, husbandman, of Worksoppe, Nottingham Co., 1/30. Signed George **Hutchinson**. Wit: Robert **Scholey** & Robert **Woodall**.

28 Apr 1702, William **Stevenson**, yeoman, of Northampton, Burlington Co., West New Jersey to Thomas **Bishop**, yeoman, of same, 200 acres.

Signed William **Stevenson**. Wit: Henry **Burr**, Thomas (X) **Haines** & Thomas **Gardner**.

5 Nov 1693, Samuel **Jennings**, merchant, of Philadelphia, Pennsylvania to Thomas **Bishop**, husbandman, of Burlington Co., West New Jersey, £5, 100 acres. Signed Samuel **Jennings**. Wit: Phinehas **Pemberton**, Edmund **Lovett** & Charles **Read**.

28 Apr 1703, William **Stevenson**, of Northampton, Burlington Co., West New Jersey to Thomas **Haines**, yeoman, of same, £10.5, 100 acres. Signed William **Stevenson**. Wit: Thomas **Bishop**, Henry **Burr** & Thomas **Gardner**.

18 May 1704, Samuel & Elizabeth **Hooton**, yeoman, late of Shrewsbury, Monmouth Co., West New Jersey, but now of Wrights Town, Bucks Co., Pennsylvania & Thomas & Elizabeth **Hilburns**, (heir to said Samuel) to Nathan **Allen**, merchant, of Burlington, West New Jersey, £100. Signed Thomas **Hilburns**, Elizabeth (X) **Hilburns**, Samuel (X) **Hooton** & Elizabeth (X) **Hooton**. Wit: John **Croft**, Francis **Bourdon** & Joseph **Croft**.

19 Jul 1701, John **Browne**, merchant, of Middletown, Monmouth Co., East New Jersey to John **Lawrence**, planter, of Shrewsbury Twp., Monmouth Co., East New Jersey, £300, 500 acres...line of Samuel **Leonard**. Signed John **Browne**. Wit: James **Bollen**, William **Lawrence** Jr., Thomas **Winwright** & John **Tatham**.

21 Apr 1703, John **Deandall**, of Woodbridge, Middlesex Co., East New Jersey to John **Moore**, planter, of same, £26, 2 acres. Signed John (X) **Deandall**. Wit: Elisha **Parker** & Samuel **Shepard**.

30 Apr 1703, John **Stout**, of Middletown, Monmouth Co., East New Jersey to his son Richard **Stout**, £20, 200 acres...line of Richard **Mount**, William **Layton** & Benjamin **Denell**. Signed John **Stout**. Wit: Richard **Harkhorne**, John **Salton** & Katharine **Harkhorne**.

30 May 1703, John **Stout**, of Middletown, Monmouth Co., East New Jersey to his son Richard **Stout**, cordwinder, alias shoemaker, deed... line of John **Theoyinorfoe**, deceased, John **Wilson**, William **Theseman**. Signed John **Stout**. Wit: Richard **Hartshorne**, John **Salton** & Katherine **Hartshorne**.

3 Mar 1703, William **Biddle** Sr., merchant, of Mount Hope, Burlington Co., West New Jersey to William **Cladwin**, blacksmith, of Burlington, West New Jersey, £3.5, line of George **Willis** & John **Willis**. Signed William **Biddle**. Wit: Clem **Plumstead**, Sarah **Righton** & John **Weatherill**.

9 Mar 1688, Robert **Younge** to his son-in-law, Daniel **Leeds**. Signed Robert

(X) **Younge**. Wit: John **Shinn**.

7 Aug 1704, John & Mary **Cashell**, cordwinder, of West New Jersey to William **Cladwin**, blacksmith, of Burlington, West New Jersey, £40. Signed John **Cashell** & Mary **Cashell**. Wit: Jeremiah **Basse** & Thomas **Revell**.

30 Mar 1704, William **Chadwin**, blacksmith, of Burlington, West New Jersey, (with the consent of his sister Mary **Chadwin**) to Thomas **Middletown** Jr., taylor, of same, £120. Signed William **Chadwin**. Wit: John **Jewell**, Thomas **Revell** & Jeremiah **Basse**.

25 Mar 1704, Benjamin **Donell**, carpenter, of Salem Co., West New Jersey mortgage to John **Ithill**, baker, of Philadelphia, Pennsylvania. Signed Benjamin **Donell**. Wit: Daniel **Hall**, James **Clark** & John **Read**.

7 Jun 1704, Jonathan **Davis**, yeoman, of Hopewell Twp., Burlington Co., West New Jersey to Susanna **Adams**, widow, of same, £70, 500 acres. Signed Jonathan **Davis**. Wit: Alex **Lockart**, Isaac **Gibbs** & Thomas **Gardner**.

8 Mar 1700, John **Hutchinson**, yeoman, of Hopewell Twp., Burlington Co., West New Jersey to Benjamin **Field**, yeoman, of Shefferdfield, Burlington Co., West New Jersey, £50. Signed John **Hutchinson**. Wit: Thomas **Lambert**, Joshua **Wright**, Nathaniel **Allen**, William **Emley** Sr. & William **Emley** Jr.

29 May 1704, Experience **Field**, (widow of Benjamin **Field**), of Burlington Co., West New Jersey to Nathaniel **Allen**, yeoman, late of Freehold, East New Jersey. Signed Experience **Field**. Wit: Samuel **Jennings**.

27 Dec 1704, William **Chadwin**, blacksmith, of Burlington, West New Jersey to Thomas **Middletown**, taylor, of same, £34. Signed William **Chadwin**. Wit: Jeremiah **Basse** & John **Ward**.

26 Oct 1703, release of Daniel **Pope**, late of Philadelphia, Pennsylvania for Indian purchase, by Nathaniel **Pope**. Signed Thomas **Revell**.

26 Oct 1703, release of Daniel **Coxe**, late of Philadelphia, Pennsylvania for Indian purchase, by Christopher **Weatherill**. Signed Thomas **Revell**.

20 Jul 1704, Charles & Mary **Woolverton**, yeoman, of Springfield Twp., Burlington Co., West New Jersey to John **Dixson**, of same, £20, 50 acres. Signed Charles **Woolverton** & Mary (X) **Woolverton**. Wit: Daniel **Leeds**, William **Fisher** & Jeremiah **Basse**.

1 Jan 1699, Thomas **Weight**, yeoman, of Burlington Co., West New Jersey to his son-in-law, Henry & Ann **Scott**, of same, for love and

affection & £8, plantation. Signed Thomas **Weight**. Wit: John **Shefferd**, Joseph **Steward**, Thomas **Roberts**, Benjamin (X) **Weight** & Jonathan (X) **Weight**.

29 May 1702, Experience **Field**, (widow of Benjamin **Field**), of Burlington Co., West New Jersey to Nathaniel **Allen**, yeoman, late of Freehold, East New Jersey, £5, 650 acres said Benjamin previously sold to said Nathaniel. Signed Experience **Field**. Wit: Samuel **Furris**, Thomas **Gardner** & Isaac **Marriot**.

25 Mar 1704, Thomas & Phebe **Scattergood**, carpenter, of Burlington, West New Jersey to Nathaniel **Pope**, of Burlington Co., West New Jersey, £137, land in Burlington. Signed Thomas **Scattergood** & Phebe **Scattergood**. Wit: Peter **Frotwell**, Thomas **Stevenson** & Thomas **Gardner**.

14 Sep 1703, Daniel **Coxe**, of Philadelphia, Pennsylvania power of attorney to Thomas **Revell**, of Burlington, West New Jersey. Signed Daniel **Coxe**. Wit: John **Browne**.

15 Aug 1702, Isaac **Watson**, of Nottingham, Burlington Co., West New Jersey to Nathan **Allen**, merchant, of Burlington, West New Jersey, 1/4... Joseph **Kirkbride**. Signed Isaac **Watson**. Wit: Christopher **Snoden**, William **Emley** Jr. & William **Emley** Sr.

18 Dec 1702, Robert **Barclay**, (son & heir of Robert **Barclay**), of Ewey, Scotland power of attorney to John **Haddon**, of Rothorith. Signed Robert **Barclay**. Wit: Joseph **Browne**, Robert **Waple** & Thomas **Cooper**.

24 Feb 1702, Isaac **Marriot**, merchant, of Burlington, West New Jersey & Nathan **Allen**, yeoman, of same to Judidiah **Allen**, yeoman, of Shrewsbury, New Jersey, Edward **Rockhill**, yeoman, of Burlington Co., West New Jersey, Thomas **Gardner**, yeoman, of Burlington, West New Jersey & Samuel **Furris**, saddler, of same. Signed Isaac **Marriot**, Nathan **Allen**, Judidiah **Allen**, Thomas **Gardner**, Samuel **Furris**. Wit: Thomas **Stacy**, George **Gray** & Maurice **Lisle**.

27 Jan 1704, Samuel **Jennings**, of Burlington, West New Jersey to Edward **Andrews**, planter, of Little Egg Harbor, Burlington Co., West New Jersey, £100, 567 acres. Signed Samuel **Jennings**. Wit: Thomas **Stevenson** & Thomas **Gardner**.

18 Dec 1702, Robert **Barclay**, (son & heir of Robert **Barclay**), of Ewey, Scotland power of attorney to John **Haddon**, blacksmith, of Rothorith, Surry Co. Signed Robert **Barclay**. Wit: Joseph **Browne**, Robert **Waple**, George **Haselwood**, J. **Basse** & Thomas **Cooper**.

18 Dec 1702, Robert **Barclay**, (son & heir of Robert **Barclay**), of Ewey, Scotland power of attorney to John **Haddon**, blacksmith, of Rothorith, Surry Co., 1/48. Signed Robert **Barclay**. Wit: Joseph **Browne**, Robert **Waple**, George **Haselwood**, J. **Basse** & Thomas **Cooper**.

23 Nov 1704, John **Wills**, cooper, of Burlington, West New Jersey, (son & heir of James **Willis**, deceased, late of same) to Abraham **Howling**, yeoman, of same, £50, 250 acres...line of Hannah **Soots**, John **Chaued**, John **Ward** & Elizabeth **Frampton**. Signed John **Wills**. Wit: Henry **Grubb**, Restore (X) **Lippincott**, Joseph **Endvot** & Thomas **Gardner**.

1 Nov 1704, Nathan **Allen**, gentleman, of Burlington, West New Jersey to Robert **Eaton**, of Chesterfield Twp., Burlington Co., West New Jersey, 450 acres. Signed Nathan **Allen**. Wit: Isaac **Marriot**, Charles **Woolverton** & J. **Basse**.

20 Mar 1704, Indians to Anthony **Woodward**. Wit: Henry **Jacob**, Thomas **Foulke** & Robert **Whitlow**.

15 Nov 1704, William **Biddle** Sr., of Mount Hope, Burlington Co., West New Jersey to John **Shepherd**, yeoman, of Salem Co., New Jersey & Cue **Shepherd**, widow, of same, £4.5, 50 acres. Signed William **Biddle**. Wit: J. **Basse** & J. **Barkstead**.

14 Nov 1704, William **Biddle**, of Burlington Co., West New Jersey to Thomas **Shepherd**, yeoman, of Burlington Co., West New Jersey, £15.6, 170 acres. Signed William **Biddle**. Wit: J. **Basse**, J. **Barkstead**. & Jonathan **Lonet**. Warrent by Joshua **Barkstead**.

10 May 1700, Mathew **Champion**, yeoman, of Burlington Co., West New Jersey to John **Smith**, blacksmith, of Bucks Co., Pennsylvania, £100, water lot in Burlington. Signed Mathew **Champion**. Wit: Nathaniel **Westland**, Henry **Walter** & Edward **Humloke**.

1 Nov 1702, John **Smith**, blacksmith, of Burlington Co., West New Jersey to Robert **Edwards**, cooper, of Burlington, West New Jersey, £100, water lot in Burlington. Signed John **Smith**. Wit: William **Budd**, Joshua **Newbold** & Thomas **Rendall**.

15 Dec 1679, William **Penn**, late of Rukmansworth, Herford Co., now of Warminghurst, Sussex Co., Gawen **Lawry**, merchant, of London, Nicholas **Lucas**, maltster, of Herford, Herford Co. & Edward **Byllings**, gentleman, of Westminster, Middlesex Co. to Thomas **Dorman**, silk merchant, of London, Charles **Milson**, salter, of London, Isaac **Corkes**, shop merchant of London, John **Pawley**, merchant, of London & Thomas **Wilson**, gentleman, of London. Signed William **Penn**, Gawen **Lawry**, Nicholas **Lucas** & Edward **Byllings**. Wit: Harbert **Springett** & Benjamin **Griffith**.

15 Jul 1701, William **Lawrence**, of Middletown, Monmouth Co., East New Jersey to his son Benjamin **Lawrence**, 100 acres...line of Thomas **Westerly**, Walter **Tormoth**, John **Bears** & his son William **Lawrence**. Wit: Thomas **Leeds**, Thomas **Taylor** & William **Lawrence** Jr.

30 Jan 1704. John **Stout**, of Middletown, Monmouth Co., New Jersey to Jonathan **Stout**, £6, two tracts...line of Obadiah **Holmes**. Signed John **Stout**. Wit: John **Bowne** & Obadiah **Holmes**.

2 Jan 1704, John **Bowne**, merchant, of Middletown, Monmouth Co., New Jersey to Jonathan **Stout**, yeoman, of same, £5, 50 acres. Signed John **Bowne**. Wit: James **Hubbard** & John **Wilson**.

18 Dec 1704, Nathaniel **Pope**, taylor, of Burlington, West New Jersey, (son & heir of Joseph **Pope**) to John **Manners**, laborer, of Springfield, Burlington Co., West New Jersey, £12, 150 acres. Signed Nathaniel **Pope**. Wit: Jeremiah **Basse** & Jacob **Spicer**.

6 Jan 1704, Jonathan & Anne **Stout**, of Middletown, Monmouth Co., New Jersey to James **Hubbard**, yeoman, of same, £328, 250 acres...line of Obadiah **Holmes**, John & Parat **Schanly** & Richard **Harthorne**. Signed Jonathan **Stout** & Anne **Stout**. Wit: William **Bown**, James **Hide** & Obadiah **Bown**.

2 Sep 1701, John **Ladd**, yeoman, of Gloucester Co., New Jersey to Robert **Eaton**, husbandman, of Burlington Co., West New Jersey, £10, 100 acres. Signed John **Ladd**. Wit: John **Cabet**, Sarah **Bull** John **Reading**.

23 Dec 1701, Mary **Wright**, widow, of Chesterfield, Burlington Co., West New Jersey to Robert **Eaton**, taylor, of Burlington, West New Jersey, £62, 250 acres...line of William **Emley** & Joshua **Right**. Signed Mary **Wright**. Wit: Joseph **Shepherd**, Thomas **Folks** & Richard (X) **Harrison**.

6 Apr 1686, Thomas **Dormon**, silk merchant, of London to John **Baker**, soap maker, of London. Signed Thomas **Dormon**. Wit: Nathaniel **Brandon**.

20 May 1686, John **Baker**, soap maker, Charles **Wilson**, sailor, & Isaac **Cocke**, hopp merchant, all of London to Nathan **Somore**, gentleman, of same, £126. Signed John **Baker**, Charles **Wilson** & Isaac **Cocke**. Wit: Andrew **Brandon**, Robert **West** & Hastings **Hyde**.

21 Apr 1687, Nathan **Somore**, gentleman, of London to William **Crouch**, upholster, of London & James **West**, doctor, of London, £144. Signed Nathan **Somore**. Wit: Robert **West**, John **Browne**, Nick **Hayward**.

31 Jul 1702, William **Crouch**, upholster, of London & James **West**, doctor,

of London power of attorney to William **Bibbs**. Signed William **Crouch** & James **West**. Wit: Nathaniel **Cuckle**, John **Martin**. Richard **Cocke**, Edward **Beeson** & Edward **Shippen**.

2 Apr 1703, James **West** Sr., doctor, of London power of attorney to Joshua **Barkstead**, gentleman, of Cohansey, West New Jersey. Signed James **West**. Wit: Elizabeth **Bass**, Ann **Cast** & Elizabeth **Whitthorne**.

27 Aug 1702, John **Clarke**, gentleman, of Hackney, Middlesex Co., (son & heir of John **Clarke**, brewer, late of London) to Benjamin **Atford**, merchant, of Boston, New England, £150, 1/100. Signed John **Clarke**. Wit: George **Ball**, Howard **Lowder**, James **Barry** & James **Riffie**.

John **Clarke**, gentleman, of Hackney, Middlesex Co., (son & heir of John **Clarke**, brewer, late of London) to Benjamin **Atford**, merchant, of Boston, New England, £0.25. Signed John **Clarke**. Wit: George **Ball**, Howard **Lowder**, James **Barry** & James **Riffie**.

20 Nov 1704, Andziaen **Lane**, planter, of Middletown, Monmouth Co., East New Jersey to Adrian **Borum**, of Freehold, Monmouth Co., East New Jersey, £300. Signed Andziaen **Lane**. Wit: Andrew **Bowen** & Aaikoduwig to Hawt (X) **Mjiior**.

22 May 1696, George **Hutchinson**, merchant, of Burlington, West New Jersey to Daniel **England**, sailor, of same, £35, lot in Burlington. Signed George **Hutchinson**. Wit: Bartholomew **Minderman**, Robert **Wheeler** & Elizabeth **Bassnett**.

11 Apr 1705, Daniel **England**, sailor, of Philadelphia, Pennsylvania to Jeremiah **Bass**, of Burlington, West New Jersey, £65, lot in Burlington. Signed Daniel **England**. Wit: Elizabeth **Elton**, John **Tatham** Thomas **Revell**.

23 Apr 1705, Robert **Elton**, taylor, of Chesterfield Twp., Burlington Co., West New Jersey to Mary **Wright**, widow, of same, £120, 250 acres. Signed Robert (X) **Elton**. Wit: Jeremiah **Bass**, Peter **Frotwell** & Charles **Huddy**.

7 Jan 1704, Nathaniel **Westland**, merchant, of Burlington, West New Jersey to Hugh **Huddy**, merchant, of same, £130, house & lot in Burlington. Signed Nathaniel **Westland**. Wit: Daniel **Leeds**, Robert **Wheeler** & John **Roberts**.

2 Nov 1704, Jonathan **Davis**, yeoman, Hopewell Twp., Burlington Co., West New Jersey to Alexander **Lochart**, husbandman, of same, £30, 50 acres...line of Abigail **Davis**, Jonathan **Davis**, cooper & Susannah **Adams**. Signed Jonathan **Davis**. Wit: George **Wilhouse** & J. **Bass**.

20 Apr 1703, John **Hutchinson**, yeoman, of Hopewell Twp., Burlington Co., West New Jersey to Andrew **Heath**, Richard **Eayre**, Abull **Davis** & Zebelon **Heston**, yeomen, of same, £10, 2 acres. Signed John **Hutchinson**. Wit: Jonathan **Davis**, William **Wardle** & William **Emley** Sr.

2 May 1701, Andrew & Margaret **Hamilton**, taylor, of Elizabeth Town, Essex Co., New Jersey to John **Harrison**, merchant, of same, £300, house & lot in Elizabeth Town. Signed Andrew **Hamilton** & Margaret **Hamilton**. Wit: Richard **Crownley** & Samuel **Whitehead**.

14 Mar 1704, John & Elizabeth **Harrison**, merchant, of Doakie Hill, Middlesex Co., New Jersey to John **Barkley**, of same, for several lots in Perth Amboy, house & lot in Elizabeth Town...line of John **Hind**. Signed John **Harrison** & Elizabeth **Harrison**. Wit: John **Rogers** & John **Smalley**.

25 Mar 1698, Edward **Rockhill**, yeoman, of Chesterfield, Burlington Co., West New Jersey to Benjamin **Field**, yeoman, of same, 90 acres. Signed Edward **Rockhill**. Wit: Thomas **Allen**, Mathew **Hortyth** & John **Rockhill**.

15 May 1701, Joseph **Kirkbride**, merchant, of Bucks Co., Pennsylvania to John **Walton**, yeoman, of Nottingham, Burlington Co., West New Jersey, £30, 1/2. Signed Joseph **Kirkbride**. Wit: Richard **Eayre**, Samuel **Oldale** & William **Emley** Jr.

24 May 1704, William **Stephenson**, of Northampton, Burlington Co., West New Jersey to John **Stephenson**, Newtown, Queens Co., Nassaw Island, £344, 489 acres. Signed William **Stephenson**. Wit: John **Hixson** & Thomas **Hasard**.

5 Apr 1702, Samuel **Jennings**, merchant, of Burlington, West New Jersey to William **Stevenson**, of Northampton, Burlington Co., West New Jersey, £900, 525 acres...line of John **Antram**. Signed Samuel **Jennings**. Wit: Francis **Stevenson**, Sarah **Pennington** & Marcy **Jennings**.

15 Feb 1703, William **Biddle**, of Mansfield Twp., Burlington Co., West New Jersey to Bernard **Lane**, of Burlington, West New Jersey, £40, 120 acre lot in Burlington...line of Widow **Perkins** & Thomas **Hewling**. Signed William **Biddle**. Wit: William **Bushill**, John **Corliett**, Peter **Bern** & Thomas **Gardner**.

6 Jun 1704, John **Gosling**, gentleman, of Nottingham, Burlington Co., West New Jersey & Thomas **Brian**, yeoman, of same to Emanuel **Smith**, baker, of Burlington, West New Jersey, £8. Signed John **Gosling** & Thomas **Brian**. Wit: Abraham **Brown**, Samuel **Marriott** & Jeremiah **Bass**.

28 Sep 1697, Edward **Humloke**, merchant, of Burlington, West New Jersey to William **Dare**, sailor, £10, 100 acres. Signed Edward **Humloke**.

Wit: Thomas **Bridge,** Nathaniel **Westland** & Thomas **Revell.**

20 Apr 1703, Andrew **Heath,** Richard **Eayre,** Abull **Davis** & Zebelon **Heston,** yeomen, of Burlington Co., West New Jersey to John **Arants,** 2 acres for graveyard. Signed Andrew **Heath,** Richard **Eayre,** Abull **Davis** & Zebelon **Heston.** Wit: John **Rowland,** Jonathan **Davis** & William **Emley** Sr.

20 Apr 1700, John **Hutchinson,** merchant, of Hutchinson Mannor, of Burlington Co., West New Jersey to Benjamin **Field,** yeoman, of Chesterfield, Burlington Co., West New Jersey, £18, 300 acres. Signed John **Hutchinson.** Wit: Isaac **Marriot,** Nathaniel **Allen** & John **Humphires.**

20 Mar 1703, James **West.** Signed James **West** power of attorney to William **Biles,** Edward **Shippen** Jr., Joseph **Wasse** & Joshua **Barkstead,** of Burlington, West New Jersey. Wit: Walter **Groombridge,** David **Robertson,** Edward **Beeson** & James **Dunridge.**

5 May 1705, Joshua **Barkstead** & Benjamin **Field** to survey for Benjamin **Alford.** Signed Thomas **Gardner.**

8 May 1705, survey for Benjamin **Alford** of 7400 acres...line of John **Huddon,** Benjamin **Deill.** Signed Joshua **Barkstead.**

Apr 1684, Survey for John **Clarke** of 1000 acres...line of Peter **Rambo.** Signed Daniel **Leeds.**

7 Aug 1704, William **Lawrence,** of Middletown, Monmouth Co., New Jersey to his son John **Lawrence,** for love and affection, 40 acres. Signed William **Lawrence.** Wit: Thomas **Leeds,** Thomas **Taylor** & William **Lawrence** Jr.

26 Jul 1703, Henry **Green,** yeoman, of Kingsberry, Monmouth Co., East New Jersey power of attorney to John **Weatherill,** tanner, of Burlington, West New Jersey. Signed Henry **Green.** Wit: Seth **Hill,** Joseph **Welch** & Thomas **Gardner.**

7 Oct 1698, Joseph **Steward,** husbandman, of Chesterfield Twp., Burlington Co., West New Jersey to Thomas **Roberts,** husbandman, of same, £8, 60 acres...line of William **Black.** Signed Joseph **Steward.** Wit: Thomas **Gilberthrope,** John **Kimlow** & John **Meredith.**

28 Dec 1703, Jonathan & Mary **Wilson,** draper, of London power of attorney to Elizabeth & Sarah **Stacy,** spinsters, of Philadelphia, Pennsylvania. Signed Jonathan **Wilson** & Mary **Wilson.** Wit: Richard **Walker,** Michael **Conpigne** & James **Pickle.**

20 Jan 1703, Robert **Chapman**, yeoman, of Chesterfield Twp., Burlington Co., West New Jersey to Jonathan **Stout**, yeoman, of Middletown, New Jersey, £65, 300 acres. Signed Robert (X) **Chapman**. Wit: Isaac **Derow**, George (X) **Willis** & Thomas **Revell**.

23 Jan 1688, Thomas **Hutchinson**, yeoman, of Hutchinson Mannor, Burlington Co., West New Jersey to Mathew **Clayton**, yeoman, of Burlington, West New Jersey, £, 50 acres. Signed Thomas **Hutchinson**. Wit: Jonathan **Carter** & Thomas (X) **Butler**.

18 Mar 1683, John **Fullwood**, malt maker, late of Mansfield, Nottingham Co., England to Mathew **Clayton**, of St. Link, New Jersey, £0.5, 40 acres. Signed John **Fullwood**. Wit: Mahlon **Stacy**, Joshua **Wright** & John **Heath**.

5 Nov 1694, John **Rogers**, husbandman, of Nottingham Woodhouse, Burlington Co., West New Jersey, (executor of the will of Alice **Carter**, former wife of John **Fullwood**, deceased, of Hopewell, Burlington Co., West New Jersey) to Mathew **Clayton**, planter, of same, £1, 15 acres...conveyed to Sybill **Buckworth**, now wife of said Mathew **Clayton**, for four years service. Signed John (X) **Rogers**. Wit: William **Emley** Jr., Mary **Emley** & William **Emley** Sr.

16 Jul 1703, Samuel **Coles**, yeoman, (son & heir of Samuel **Coles**), of Gloucester Co., New Jersey to William **Hewlings**, yeoman, of Evershaus, New Jersey, £30, 150 acres. Signed Samuel **Coles**. Wit: Mordecai **Howell** & John (X) **Reading**.

1 Nov 1692, George **Taylor**, carpenter, of Cape May, Burlington Co., West New Jersey to Benjamin **Hand**, yeoman, of same, £27, 373 acres...Cape May...line of Joseph **Babbcock**. Signed George **Taylor**. Wit: Jeremiah **Bass**.

28 Mar 1684, Will of Henry **Stacy**, of Hmblett of Spittle, Parish of Stepney, Middlesex Co.: To his brother-in-law, James **Heogh**, merchant taylor of London; to his wife Mary **Stacy**; to his children, Samuel, Elizabeth & Sarah **Stacy**. Signed Henry **Stacy**. Wit: James **Pickle**.

10 Mar 1688, Richard **Bassnett**, innholder, of Burlington, West New Jersey to Mary **Stacy**, widow, of England, house in Burlington. Signed Richard **Bassnett**. Wit: James **Budd**, Robert **Young** & Thomas **Revell**.

13 Jan 1698, Jeremiah **Bass**, governor of New Jersey & Thomas **Revell**, gentleman, of Burlington, West New Jersey to Henry **Jacobs**, planter, of Burlington Co., West New Jersey, £40, 800 acres. Signed Jeremiah **Bass** & Thomas **Revell**. Wit: Nathaniel **Westland** & John **Jewell**.

7 May 1705, Daniel **Leeds**, of Springfield, Burlington Co., West New

Jersey to William **Leeds**, at or near, Little Egg Harbor, Burlington Co., West New Jersey, £15, 200 acres...line of Thomas **Budd** & Susannah **Budd**. Signed Daniel **Leeds**. Wit: Mordecai (X) **Andrews** & Jacob **Long**.

5 Jul 1705, Thomas **Harding**, carpenter, of Philadelphia, Pennsylvania to Henry **Pawling**, yeoman, of Middletown, Bucks Co., Pennsylvania, £190, 500 acres...near the head of Hemick River in Salem Co. Signed Thomas **Harding**. Wit: Henry **Tuckness**, John (X) **Reeves** & Thomas **Revell**.

22 Aug 1703, Samuel **Hunter**, yeoman, of Salem Co., West New Jersey to Thomas **Harding**, carpenter, of Philadelphia, Pennsylvania, £120, 500 acres. Signed Samuel **Hunter**. Wit: John **Woodruff**, William **Griffin**, James **Rickey**, Samuel **Hody** & William **Thompson**.

10 Apr 1683, Anna **Salter**, widow, of Tacony, Pennsylvania to Henry **Stacy**, merchant, of Philadelphia, Pennsylvania, £49.2, 182 acres. Signed Anna **Salter**. Wit: John **White** & John **Cripps**.

26 Sep 1704, John **Hough**, yeoman, of Mansfield, Bucks Co., Pennsylvania to William **Biles**, yeoman, of same, 1/16. Signed John **Hough**. Wit: John **Rutlidge**, Thomas **Watson**, John **Fisher** & John **Biles**.

26 Feb 1703, Mahlon **Stacy**, yeoman, of Batfield, of Burlington Co., West New Jersey to Peter **Frotwell**, yeoman, of Burlington, West New Jersey, £30, 3 acre lot in Burlington...line of **Smith**. Signed Mahlon **Stacy**. Wit: Joshua **Wright**, William **West**, Thomas **Scholey** & William **Emley**.

2 Aut 1701, William **Biles**, yeoman, of Bucks Co., Pennsylvania to Joseph **Steward**, yeoman, of Burlington Co., West New Jersey, £9, 100 acres. Signed William **Biles**. Wit: Peter **Frotwell**, Joseph **Kirkbride** & J. **Bass**.

11 Aug 1694, Elizabeth **Hooton**, executor of the estate of Thomas **Hooton**, of Philadelphia, Pennsylvania to George **Gleave**, banker, of Hankokos Creek, West New Jersey, £100, 600 acres. Signed Elizabeth **Hooton**. Wit: John **Hollinshead**, Patrick **Robinson** & E. (X) **Hooton**.

2 Oct 1704, George **Glave**, the younger, wheelwright, of Chester Twp., Burlington Co., West New Jersey, (son of George **Glave**) mortgage to Christopher **Wetherill**, taylor, of Burlington, West New Jersey & John **Ward**, yeoman, of Wellingbourough, Burlington Co., West New Jersey. Signed Christopher **Wetherill**, John **Ward** & George **Glave** Sr. Wit: William **Fisher** & Thomas **Gardner**.

9 May 1702, George **Glave**, yeoman, of Chester Twp., Burlington Co., West New Jersey to his son George **Glave** Jr., of same, for love and affection, 600 acres. Signed George **Glave**. Wit: Benjamin **Wheat**, John

Ward & Thomas **Gardner**.

14 Apr 1702, Joyce **Hutchinson**, (executor of the estate of John **Hutchinson**), of Hopewell, Burlington Co., West New Jersey to James **Harpin**, yeoman, of same, £4, 30 acres. Signed Joyce **Hutchinson**. Wit: William **Emley**, Edward **Kemp**, William **Wardell** & John (X) **Ely**.

20 Jul 1705, William **Crouch**, upholster, of London, England, James **Wasse**, doctor, of London, England & William **Biles**, yeoman, of Bucks Co., Pennsylvania to Jonathan **Stout**, yeoman, of Burlington Co., West New Jersey, £50. Wit: Ralph **Hunt**, Robert **Lansing** & Ebin **Meek**.

26 May 1704, Hanah **King**, spinster, of Norwich & James **King**, weaver, of North Malsham, Norf Worstead Co., (son & daughter & heir of James **King**) power of attorney to William **Petty**, late of England, now of Burlington, West New Jersey. Signed James **King** & Hanah (X) **King**. Wit: Jude **Benall** & John **Bourfeet**.

6 Dec 1704, William **Crouch**, upholster, of London, England, James **Wasse**, doctor, of London, England & William **Biles**, yeoman, of Bucks Co., Pennsylvania to John **Clark**, yeoman, of Hopewell, Burlington Co., West New Jersey. Signed William **Biles**.

2 June 1701. John **Reading**, yeoman, of Gloucester, Gloucester Co., New Jersey to Richard **Bull**, yeoman, of Bucks Co., Pennsylvania, £50, 500 acres. Signed John **Reading**. Wit: Thomas **Bull** & William **Cook**.

11 Sep 1705, Anthony **Morris**, baker, of Philadelphia, Pennsylvania to Thomas **Bull**, of same, £10. Signed Anthony **Morris**. Wit: Edward **Lord**, Pees (X) **Prees** & John **Ladd**.

1 Oct 1706, Anthony **Morris**, baker, of Philadelphia, Pennsylvania to Thomas **Bull**, gentleman, of same, £5, 12 acres. Signed Anthony **Morris**. Wit: Edward **Lord**, Pees (X) **Prees** & John **Ladd**.

2 Oct 1706, Anthony **Morris**, baker, of Philadelphia, Pennsylvania to Thomas **Bull**, gentleman, of same, 12 acres. Signed Anthony **Morris**. Wit: Edward **Lord**, Pees (X) **Prees** & John **Ladd**.

29 Apr 1705, Thomas **Bull**, gentleman, late of Stafford Co., England, now of Gloucester Co., New Jersey to Richard **Bull**, yeoman, of West New Jersey, £120. Signed Thomas **Bull**. Wit: Joseph **Liddon** & Mathew **McDralk**.

27 Mar 1705, William **Crouch**, upholster, of London, England, James **Wasse**, doctor, of London, England & William **Biles**, yeoman, of Bucks Co.,

Pennsylvania to John **Bryarley**, yeoman, of Maidenhead, West New Jersey, £20. Signed William **Biles**. Wit: Sarah **Bainbridge**, Mary **Bainbridge** & John **Bainbridge**.

25 Mar 1705, William **Crouch**, upholster, of London, England, James **Wasse**, doctor, of London, England & William **Biles**, yeoman, of Bucks Co., Pennsylvania to John **Swift**, yeoman, of Southampton, Bucks Co., Pennsylvania. Signed William **Biles**. Wit: William **Biddle** & William **Bagley**.

6 Dec 1704, William **Crouch**, upholster, of London, England, James **Wasse**, doctor, of London, England & William **Biles**, yeoman, of Bucks Co., Pennsylvania to John **Hough**, yeoman, of Bucks Co., Pennsylvania, £50. Signed William **Biles**. Wit: John **Newbold**, Thomas **Watson**, John **Hixson** & John **Biles**.

6 Dec 1704, William **Crouch**, upholster, of London, England & William **Biles**, yeoman, of Bucks Co., Pennsylvania, to John **Swift**, yeoman, of Southampton, Bucks Co., Pennsylvania, £50. Signed William **Biles** & William **Crouch**. Wit: Samuel **Boaks**, Anthony **Borton** & John **Clark**.

20 May 1703, Gowen & Martha **Dummond**, yeoman, of Strewsberry, Monmouth Co., East New Jersey to Walter **Herbert**, yeoman, of same, £39, line of John **Heavens**, Thomas **Greens** & William **Goodbody**. Wit: Thomas **Swift**, John **Srott**, Samuel **Jennings** & Samuel **Dennis** Jr.

4 Jul 1700, Thomas **Killingsworth**, of Salem, Salem Co., New Jersey power of attorney to his wife, Prudence **Killingsworth**.

15 Dec 1701, Daniel **Robbins**, of Freehold, East New Jersey to his son Moses **Robbins**, for love and affection, formerly belonging to John **Baker**. Signed Daniel **Robbins**. Wit: William **Lawrence** & Benjamin **Lawrence**.

Freehold inhabitants, of Woodbridge, Middlesex Co., New Jersey to Samuel **Sheppard**, of same, for taxes due. Signed Samuel **Hall**, John **Monson**, Thomas **Blumfield**, Thomas **Colliyers**, Joseph **Eyes**, John **Compton**, John **Julee**, John **Ashton**, Goak **Bishop**, Benjamin **Cromwell**, Mathew **Moore**, Jonathan **Bishop**, William **Ellison**, John **Bloomfield**, Daniel **Britton**, John (X) **Carbitt**, Daniel **Dosil** Jr., Israel **Thomas**, Benjamin **Jones**, John **Julee**, Thomas **Cordand**, John **Taylor**, John **Moore**, Adam **Hoods**, Gawin **Lochart**, James **Clarke**, Nathan (X) **Fickrandlow**, William **Bright**, ? **Mable**, Jack **Tappon**, Jonathan **Darkam**, Elisha **Parker**, John **Hitchardalfe**, Thomas **Pike**, Thomas **Marin**, John (X) **Robison**, John **Bishop**, Robert **Wright**, John (X) **Conger**, John **Jaquias**, Richard **Skinner**, Joseph **Ralph**, John **Bide**, Benjamin **Ralph**, John **Skinner**, Thomas **Moore**, Daniel **Boke**, Joseph **Charge**, John **Tobin**, Daniel **Shiwel**, Nathaniel **Denham**, Henry **Freeman**, Ezekel **Bloomfield** & John **Allin** Sr.

12 Aug 1700, Anthony **Woodward**, yeoman, of Monmouth Co., New Jersey to John **Howler**, of Queens Co., Long Island, £20, 24 acres. Signed Anthony **Woodward**. Wit: John **King** & William **Emley**.

14 Apr 1705, Joyce **Hutchinson**, of Burlington, West New Jersey, (executor of the estate of John **Hutchinson**) to James **Harpin**, of same, £4, 30 acres. Signed Joyce **Hutchinson**. Wit: William **Emley**, Edward **Kenys**, William **Wardell** & John (X) **Ely**.

20 Dec 1687, Remembrance & Margaret **Lipmoutt**, of Shrewsberry, Monmouth Co., New Jersey to Restore **Lippincott**, yeoman, of same, £20, 200 acres. Signed Remeberance **Lipmott** & Margaret **Lipmott**. Wit: John **Hane**, William **Worth**, George **Cork** & John **Lippincott**.

20 Aug 1700, Nathaniel **Fritz Randolph**, planter, of Woodley, Middlesex Co., New Jersey to his son Edward **Fritz Randolph**, planter, of same, for love and affection, several plots of land...corner to his sons John & Samuel **Fritz Randolph**. Signed Nathaniel **Fritz Randolph**. Wit: Mathew **Bunn**, William **Hay** & Benjamin **Griffith**.

8 Jun 1703, Thomas & Hannah **Clarke**, yeoman, of Elizabeth Town, Essex Co., New Jersey to Richard **Clarke**, of same, 17 acres. Signed Thomas **Clarke** & Hannah (X) **Clarke**. Wit: Benjamin **Purdy** & Samuel **Clarke**.

29 Jun 1703, Richard & Hanah **Clark**, yeoman, of Elizabeth Town, Essex Co., New Jersey to Benjamin **Paine**, of same, £12, 17 acres. Signed Richard **Clark** & Hanah (X) **Clark**. Wit: Benjamin **Paine** III & Samuel **Clarke**.

20 Mar 1703, Nathaniel **Fritz Randolph**, planter, of Woodley, Middlesex Co., New Jersey to his son Joseph **Fritz Randolph**, planter, of same, for love and affection, 143 acres...corner to his brother Edward. Signed Nathaniel **Fritz Randolph**. Wit: Mathew **Bunn**, William **Hay** & Benjamin **Griffith**.

20 Mar 1703, Nathaniel **Fritz Randolph**, planter, of Woodley, Middlesex Co., New Jersey to his son Joseph **Fritz Randolph**, planter, of same, for love and affection, 20 acres. Signed Nathaniel (X) **Fritz Randolph**. Wit: Mathew **Bunn**, William **Hay** & Benjamin **Griffith**.

19 Nov 1703, Clement **Plumstead**, of London & Richard **Salter**, attorney, of Monmouth Co., New Jersey to John **Harrison**, merchant, of Middlesex Co., 2250 acres. Signed Clement **Plumstead** & Richard **Salter**. Wit: Andrew **Brown** & Jacob **Hall**.

14 Mar 1702, Clement **Plumstead**, merchant, of London power of attorney to Richard **Salter**, of Freehold, New Jersey. Signed Clement **Plumstead**.

Wit: Thomas **Jeffery**, Walter **Thong** & Nathaniel **Wasse**.

24 Mar 1702, William **Dockwra**, merchant, of London power of attorney to Richard **Salter**, of Freehold, Monmouth Co., New Jersey. Signed William **Dockwra**. Wit: Richard **Ingoldelby**, Charles **Coling** & Peter **Sommond**.

20 Nov 1704, Sarah **Sandford**, widow, of Barbados. Essex Co., New Jersey to Henry **Harding**, of Saint George Parish, Island of Barbados, at present in New York City, Henry & Hester **Applewhaite**, of same parish, John & Carding **Barry**, of Christs Church, on said Island, Mary **Walley**, widow, of Saint Michaels parish on said Island, Edmund **Kingsland**, gentleman, of New Barbados, Essex Co., New Jersey, Bartholomew **Lestewit** & Elias **Bondmott**, merchants, of New York City...Nathaniel & Mar **Kingsland** obtained deed in 1671. Signed Sarah **Sandford**. Wit: James **Davis** & Elizabeth **Davis**.

18 Dec 1703, Peter **Sommons**, of London, (son & heir of Brent **Sommons**, late of London) to William **Dockwra**, merchant, of London, £528, 1/24. Signed Peter **Sommons**. Wit: Philip **French**, Robert **Linxlair** & William **French**.

18 Dec 1703, Peter **Sommons**, of London, (son & heir of Brent **Sommons**, late of London) to William **Dockwra**, merchant, of London...Joseph & Johanna **Wright**, merchant, of London & Joseph & Rachell **Criston**, said Johanna & Rachell are daughters of said Brent **Sommons**. Signed Peter **Sommons**. Wit: Philip **French**, Robert **Linxlair** & William **French**.

6 Mar 1704, Miles **Foster**, merchant, of Perth Amboy, New Jersey to George **Willocks**, of same, 756 acres. Signed Miles **Foster**. Wit: John **Johnston** & Thomas **Gordon**.

9 mar 1704, William & Isabella **Davis**, gentleman, of New York City to George **Willocks**, merchant, of Perth Amboy, New Jersey, north of Charles **Gordon**...sold to David **Vilant**...Mary **Lawry**...the said Isabella is the daughter of James **Lawry**. Signed William **Davis** & Isabella **Davis**. Wit: John **Sohoell** & Thomas **Fell**.

31 Jan 1703, Agnes **Hamilton**, widow of Col. Andrew **Hamilton**, late governor of West New Jersey to George **Willocks**, merchant, of Perth Amboy, lot in Perth Amboy. Signed Agnes **Hamilton**. Wit: John **Hamilton** Thomas **Grub**.

10 Oct 1703, Restore & Hannah **Lippincott**, yeoman, of Burlington Co., West New Jersey to Robert **Ayer**, gentleman, of Rhode Island, 200 acres. Signed Restore **Lippincott** & Hannah (X) **Lippincott**. Wit: Hugh **Huddy**, John **Wills** & Richard **Ridgeway**.

21 Nov 1702, James **Wasse**, doctor, of London, William **Biles**, yeoman, of Bucks Co., Pennsylvania, Edward **Shippen** Jr., merchant, of Pennsylvania & Joseph **Wasse**, merchant, of London to Robert **Ayre**, yeoman, of Rhode Island, £240, 2200 acres. Signed James **Wasse**, William **Biles**, Edward **Shippen** & Joseph **Wasse**. Wit: Peter **Frotwell**, Samuel **Frotwell** & Thomas **Hullby**.

5 May 1705, Thomas & Anne **Wright**, yeoman, of Burlington Co., West New Jersey to Henry & Anne **Scott**, yeoman, of same, £8, 200 acres. Wit: Edward **Steward** Jr.

1 Jan 1705, Joshua **Homer**, son & heir of John & Mary **Homer**, yeoman, late of Mansfield Twp., Burlington Co., West New Jersey to his brother Isaac **Homer**, yeoman, of same, £200, 200 acres. Signed Joshua **Homer**. Wit: Joshua **Newbold**, Nathan **Allen** & Thomas **Raper**.

8 Jan 1705, Henry **Beck**, yeoman, of Chesterfield Twp., Burlington Co., West New Jersey to Joshua **Homer**, yeoman, of Mansfield Twp., Burlington Co., West New Jersey, £41.25, 750 acres. Signed Henry **Beck**. Wit: Daniel (X) **Sutton** & Charles **Huddy**.

17 Jan 1704, Nathaniel **Westland**, merchant, of Burlington, West New Jersey to Hugh **Huddy**, merchant, of same, £4, lot in Burlington. Signed Nathaniel **Westland**. Wit: Daniel **Leeds** & Robert **Wheeler**.

26 Jul 1705, Robert **Burnett**, late of Scotland, now of Middlesex Co., New Jersey to George **Ressarwick**, gentleman, of same, 1 acres lot in Perth Amboy. Signed Robert **Burnett**. Wit: Peter **Burnett** & William **Robertson**.

George & Mary **Ressarwick** to Zachariah **Week**, mariner, of Perth Amboy, Middlesex Co., New Jersey, £15, lot in Perth Amboy. Signed George **Ressarwick** & Mary **Ressarwick**. Wit: George **Millocks** & John **Barkley**.

6 Jul 1705, George **Ely**, of Hopewell, of Burlington Co., West New Jersey to Joseph **Hill**, planter, of same, £14, 150 acres...to Joshua **Ely**, late of Hopewell, of Burlington Co., West New Jersey. Signed George **Ely**. Wit: Thomas **Gardner** & Samuel (X) **Huff**.

27 Feb 1701, Thomas **Moore**, husbandman, late of Agnes Upon the Hill, Chester Co., Pennsylvania to John **Haynes**, of Eversham, of Burlington Co., West New Jersey, £1.5. Signed Thomas **Moore**. Wit: John **Willis** & Joseph **Hickman**.

2 Nov 1703, William **Mursen** & Caleb **Wheatly**, both of Nottingham, of Burlington Co., West New Jersey, establish a line between them. Signed William **Mursen** & Caleb **Wheatly**. Wit: John (X) **Mursen** & William **Emley**.

14 Jan 1703, William **Stevenson** & Nathan **Allen**, yeomen, of Burlington Co., West New Jersey to Samuel **Bowne**, yeoman, of Long Island, New York, £50, 500 acres. Signed William **Stevenson** & Nathan **Allen**. Wit: Henry **Grubb**, Thomas **Stevenson** & Thomas **Gardner**.

15 Sep 1705, Joseph & Rachel **Armstone**, merchant, of London, (Rachel is one of the daughters of Arent **Sonmons**, deceased) power of attorney to John **Armstone**, (other children are Peter **Sonmons** and Johanna, the wife of Joseph **Wright**). Signed Joseph **Armstone** & Rachel **Armstone**. Wit: Vincentius **Antonides**.

6 Jul 1696, Richard **Ridgeway**, yeoman, of Maidentown, of Burlington Co., West New Jersey to Joseph **Sackett**, yeoman, of Newtown, Queen Co., Long Island, New York, £38.6, line of Thomas **Green**. Signed Richard **Ridgeway**. Wit: Richard **Stockton**, Susannah **Stockton** & Richard **Ridgeway** Jr.

12 Jun 1705, John **Sheppard**, husbandman, of Precinct of Chansey, New Jersey to Enoch **Sheppard**, husbandman, of same, 385 acres. Signed John (X) **Sheppard**. Wit: James **Alexander**.

20 Jun 1705, John **Sheppard**, husbandman, of precinct of Chansey, New Jersey to John **Sheppard**, husbandman, of same, 200 acres. Signed John (X) **Sheppard**. Wit: James **Alexander**.

William **Biles**, Joshua **Barkstead**, Edward **Shippen** Jr. & Joseph **Wasse** to James **Wasse**, 300 acres. Signed William **Biles**, Edward **Shippen** Jr. & Joseph **Wasse**. Wit: Joseph **Shippen**, Edmund **Valentine**, for Joshua **Barkstead**, Elizabeth **Bass**, Charles **Huddly**, for **Biles**, Anthony **Morris**, Abraham **Carpenter** & Nathaniel **Edgecomb**.

9 Mar 1699, Daniel **Leeds**, gentleman, of Springfield, Burlington Co., West New Jersey to Michael **Buffin**, yeoman, of Mansfield, Burlington Co., West New Jersey, £12, 100 acres...line of Henry **Jacobs**. Signed Daniel **Leeds**. Wit: Joseph **Adams**, John ?? & Thomas **Revell**.

3 Apr 1700, Michael **Buffin**, yeoman, of Mansfield, Burlington Co., West New Jersey to Joseph **Willetts**, yeoman, of Long Island, New York, £265, 900 acres. Signed Michael **Buffin**. Wit: Thomas **Revell** & Thomas **Scattergood**.

25 Apr 1705, Obadiah **Holmes**, gentleman, of Greenwich, Salem Co., New Jersey to Samuel **Holmes**, yeoman, of same, £60, 190 acres. Signed Obadiah **Holmes**. Wit: Joseph **Seebye** & James **Alexander**.

5 Mar 1704, Charles **Read**, merchant, (executor of the estate of George

Hutchins), of Philadelphia, Pennsylvania to Isaac **Mariot**, merchant, of Burlington Co., West New Jersey, £50.3, lot in Burlington. Signed Charles **Read**. Wit: Abraham **Bickley** & Abraham **Scott**.

28 Feb 1705, Ponn **Townsend**, gentleman, (estate of James **Townsend**) of Suffolk Co., England power of attorney to Richard **Whitaker** & Joseph **Sayre**. Signed Ponn **Townsend**. Wit: Paul **Dudley** & Edward **Weaver**.

27 Aug 1705, Margaret **Lans**, widow, of Philadelphia, Pennsylvania power of attorney to John **Starkton**, planter, of Burlington Co., West New Jersey. Signed Margaret (X) **Lans**. Wit: Thomas **Press** & Thomas **Press** Jr.

Francis **Cushe** to Jeremiah **Bass**, of London (to marry Elizabeth **Cushe**), Michael **Queen**, William **Baldwin**, Widow **Barker**, Widow **Watson**, William **Randolph** & John **Headland**, after the death of Mary **Bass**, mother of said Jeremiah. Signed Jeremiah **Bass**. Wit: William **Pinhorne**, Robert **Whear** & Elizabeth **Hammer**.

15 May 1706, Edmund **Walls**, yeoman, of Mansfield Twp., Burlington Co., West New Jersey to Nathaniel **Paine**, yeoman, of Wellingbourgh, Burlington Co., West New Jersey, £190. Signed Edmund **Walls**. Wit: John **Woolman** & Edward **Burton**.

28 Oct 1699, Jeremiah **Bass** to Jacob **Loowly**, 500 acres. Signed Jeremiah **Bass**. Wit: Charles **Wooly**, John **Paesons** & William **Johnston**.

1 Apr 1706, John **Goshing**, merchant, of Burlington, West New Jersey to Henry **Webb**, 500 acres. Signed John **Goshing**.

15 Apr 1706, George **Crawford**, mariner, of Cape May, Burlington Co., West New Jersey to George **Eaglesforte**, taylor, late of Philadelphia, Pennsylvania, but now of Cape May, Burlington Co., West New Jersey, £70, 200 acres. Signed George **Crawford**. Wit: Thomas **Revell**.

25 May 1705, William & Isabella **Davis**, of New York to Peter **Fauronuier**, of same, £150, 200 acres. Signed William **Davis** & Isabella **Davis**. Wit: William **Carter** & James **Ewets**.

2 Apr 1705, Jonathan **Dunham**, yeoman, (son of Jonathan **Dunham**, deceased), of Woodbridge, Middlesex Co., New Jersey to his brother Benjamin **Dunham**, ...another brother David **Dunham**...line of Samuel **Smith**. Signed Jonathan **Dunham**. Wit: John **Bloomfield**, Ezekiel **Bloomfield** & Thomas **Pike**.

8 Jul 1706, Benjamin **Dunham**, innholder, of Woodbridge, Middlesex Co., New Jersey to his wife, Mary **Dunham**, with deed of trust to his friend

John **Fritzrandolph**, carpenter, of Woodbridge, Middlesex Co., New Jersey. Signed Benjamin **Dunham**. Wit: Thomas **Davis**, John **Coord** & Samuel **Poorwood**.

20 Jun 1705, Jacques **Portlon** receipt to John **Fritzrandolph**, carpenter, of woodbridge, Middlesex Co., New Jersey, £698. Signed Jacques **Portlon**. Wit: Joau **LaToweelebe** & Jeaq **Poullald**.

14 Aug 1706, Edward **Barton**, of Mansfield, Burlington Co., West New Jersey to Abraham **Browne** Sr., of same, £30, 350 acres. Signed Edward **Barton**. Wit: Robert **Young** & Daniel **Leeds**.

8 Aug 1705, William **Biles**, of Burlington Co., West New Jersey to Samuel **Forman**, of Freehold, Burlington Co., West New Jersey, £76, 700 acres. Signed William **Biles**. Wit: Alexander **Griffith**, J. **Bass** & Simon **Nightingale**.

20 May 1706, Jonathan & Mary **Wilson**, of London Draper, (said Mary is one of the sisters and heirs of Samuel **Stacy**, son of Henry **Stacy**, late of Aeney, of Middlesex Co., & William & Elizabeth **Burge**, merchant, [said Elizabeth is another sister], of Philadelphia, Pennsylvania & Sarah **Stacy**, of Philadelphia, Pennsylvania, another sister) to Hugh **Huddy**, gentleman, of Burlington, West New Jersey, £18, 4 acre lot in Burlington. Signed Jonathan **Wilson**, Mary **Wilson**, by power of attorney, William **Burge**, Elizabeth **Burge** & Sarah **Stacy**. Wit: John **Croswhit**, Joseph **Rodman** & Charles **Huddy**.

1 Feb 1705, John **Rudyard**, mariner, of New Jersey to power of attorney to his brother-in-law George **Willock**, New Jersey. Signed John **Rudyard**. Wit: Joseph **Jennings**, John **Tucker** & William **Wise**.

1678, William **Penn**, late of Rukmansworth, Herford Co., now of Warminghurst, Sussex Co., Gawen **Lawry**, merchant, of London, Nicholas **Lucas**, maltster, of Herford, Herford Co. & Edward **Byllings**, gentleman, of Westminster, Middlesex Co. to Thomas **Williams**, goldsmith, of London, £1050. Signed William **Penn**, Gawen **Lawry**, Nicholas **Lucas** & Edward **Byllings**.

26 Dec 1678, William **Penn**, late of Rukmansworth, Herford Co., now of Warminghurst, Sussex Co., Gawen **Lawry**, merchant, of London, Nicholas **Lucas**, maltster, of Herford, Herford Co. & Edward **Byllings**, gentleman, of Westminster, Middlesex Co. to Thomas **Williams**, goldsmith, of London.

31 Oct 1704, Thomas **Williams**, gentleman, of Surrey Co. to Daniel **Cox** Jr., of London. Signed Thomas **Williams**. Wit: Robert **Quarry**, John **Cugraw** & Joseph **Rolf**.

23 Dec 1706, Daniel **Leeds**, of Springfield, Burlington Co., West New Jersey to Jonathan **Leeds**, of Little Egg Harbor, Burlington Co., West New Jersey, £22.65, line of Peter **Coenouer** & Susanna **Budd**. Signed Daniel **Leeds**. Wit: Elizabeth **Ellow** & Hannah **Newbold**.

14 Dec 1706, Christopher **Swowden**, of Burlington, West New Jersey to John **Rogers**, yeoman, of same, £3, line of John **Cathauch**. Signed Christopher **Snowden**. Wit: Robert **Young** & Philip **Leeds**.

14 Mar 1706, Jarvis **Pharoe**, yeoman, of Burlington, West New Jersey to William **Kirby**, yeoman, of same, £230, 150 acres plantation. Signed Gervas **Pharoe** & Eliz (x) **Pharoe**. Wit: J. **Bass**, Charles **Wolverton** & John **Morehead**.

John **Haddon**, blacksmith, of Surry Co. power of attorney to

6 Jan 1705, Nathan **Tilson** & Jonathan **Johnson**, gentlemen, of London (Robert **Squibb**, the younger, Thomas **Hill**, Margaret **Westminster**, deceased) to Thomas **Byerley**, 1/100 part. Signed Nathan **Tilson** & Jonathan **Johnson**. Wit: William **Sutton**. Richard **Chefeldon** & Peniston **Lamb**.

8 May 1707, Daniel **Coxe**, of Burlington, West New Jersey to Joseph **Sackett**, of Newtown, Queen Co., New York, 647 acres...line of Thomas **Hutchinson** & 525 acres. Signed Daniel **Coxe**. Wit: Mary **Bukley**.

19 May 1707, John **Huddon**, blacksmith, of Sussex Co. power of attorney to John & Elizabeth **Chaugh**, of New Jersey. Signed John **Huddon**. Wit: Edward **Jones**, Joseph **Barton**, Joseph **Rich** & Nicholas **Winton**.

1706, Nathaniel **Pope**, taylor, of Burlington, West New Jersey to Elias **Hodain**, mariner, of same, £16.5, 150 acres...line of Thomas **Hutchinson**, Thomas **Peerson** & Joseph **Holmsley**. Signed Nathaniel **Pope**. Wit: J. **Bass** & Nicholas **Markneau**.

2 Feb 1693, William **Leed**, cooper, of Middletown, Monmouth Co., New Jersey to Jonathan **Leed**, of same, line of Sarah **Reap**, Katherine **Browne** & John **Chamber**. Signed William **Leed**. Wit: Isaak (X) **Ong** & John **Smart**.

16 Nov 1700, Abraham **Hewlings**, yeoman, of Burlington, West New Jersey to Richard **Fennimore**, yeoman, £140, 306 acres. Signed Abraham **Hewlings**. Wit: Isaac **Mariot**, William **Hewlings** & Thomas **Revell**.

8 May 1693, William **Leed**, cooper, of Burlington, West New Jersey to Daniel & Dorothea **Leed**, yeoman, of Springfield, Burlington Co., West New Jersey, for love and affection, line of James **Grover**. Signed William **Leed**.

Wit: Roger **Johns** & John **Horne**.

24 Mar 1706, Samuel **Lippencott**, (son & heir of Freedom **Lippencott**), footman, of Burlington Co., West New Jersey to Thomas **Lippencott**, yeoman, of Burlington, West New Jersey, £30, 200 acres...line of Thomas **Cues**. Signed Samuel **Lippencott**. Wit: Elizabeth **Bass**, John **Smith** & Jeremiah **Bass**.

12 Mar 1705, John **Smith** & John **Marshall**, yeomen, of Darby, Chester Co. to Samuel **Wright**, of Burlington Co., West New Jersey, £450. Signed John **Smith** & John **Marshall**. Wit: John **Black** & John **Hart**.

5 Jan 1705, William   (by his attorney Richard **Salter**, of Freehold, Monmouth Co., New Jersey), (with consent of Andrew **Brown** & Richard **Hart**) to John **Vanhorne**, merchant, of same, £140...

2 Sep 1707, William **Biles**, of Burk Co., Pennsylvania to Jonathan **Foreman**, yeoman, of New Jersey, £8, 100 acres. Signed William **Biles**. Wit: Jane **Biles** & J. **Bass**.

27 Sep 1701, William **Penn** power of attorney to Samuel **Jennings**, Thomas **Stacy** & James **Logan**, all of Philadelphia, Pennsylvania. Signed William **Penn**. Wit: Edward **Shippen**, Samuel **Carpenter**, Caleb **Pusey** & Griffith **Owen**.

5 Aug 1706, William **Budd**, of Northampton Twp, New Jersey to John **Smith**, cordwinder, of Burlington, West New Jersey, £24, 3 acre lot in Burlington. Signed William **Budd**. Wit: Rebeckah **Wheeler** & Thomas **Smith**.

18 Sep 1705, Robert **Edwards**, of Burlington Co., West New Jersey to Walter **Pomphery**, of same, £100, lot in Burlington. Signed Robert **Edwards**. Wit: Edward **Meyers**, John **Smith** & John **Day**.

21 Oct 1707, Walter **Pomphery**, carpenter, of Burlington Co., West New Jersey to John **Smith**, cordwinder, of same, £65, lot in Burlington. Signed Walter **Pomphery**. Wit: Samuel **Furris**, Edward **Magos**, Francis **Smith** & Joseph **Rockless**.

1 Apr 1707, John **Powell**, yeoman, of Northampton Twp., Burlington Co., West New Jersey to George **Beard**, of Burlington, West New Jersey, £20, 200 acres...Thomas **Newbold**, father of Thomas **Newbold** & his brother Michael **Newbold**. Signed John (X) **Powell**. Wit: Nathaniel **Dupps** & John (X) **Polar**.

19 Dec 1708, George **Beard**, yeoman, of Burlington Co., West New Jersey

to Daniel **Hall**, husbandman, of same, £120, 200 acres. Signed George **Beard**. Wit: Samuel **Furris** & John **Day**.

13 Sep 1707, John & Mary **Whitlock**, carpenter, of Freehold Twp., Monmouth Co., New Jersey to Jonathan **Swain**, (son & heir of Richard **Swain**), of Western Division, New Jersey, £75, 320 acres... Cape May. Signed John **Whitlock** & Mary **Whitlock**, Wit: Gawin **Watson**, Peter **Watson** Jr. & John **Whitlock** Jr.

9 Jun 1705, William & Eliza **Wardell**, of Hopewell, Burlington Co., West New Jersey to Daniel **Howell**, blacksmith, of same, £43, 91 acres. Signed William **Wardell** & Eliza (X) **Wardell**. Wit: Thomas **Lambert**, Ebenezer **Prout**, & William **Gosen**.

1702, John **Hutchinson**, of Hopewell Twp., Burlington Co., West New Jersey to Daniel **Howell**, blacksmith, of Burlington Co., West New Jersey, £25, 40 acres...line of Andrew **Heath**. Signed John **Hutchinson**. Wit: Thomas **Smith**, Joshua **Wright** & William **Emley**.

1 Nov 1705, Andrew **Heath**, gentleman, of Hopewell, Burlington Co., West New Jersey to Daniel **Howell**, blacksmith, of same, £13, 13.5 acres. Signed Andrew **Heath**. Wit: Edward **Kemp**, Ebenezer **Prout** & William **Emley**.

13 Jan 1699, John **Ogbourne**, of Burlington Co., West New Jersey to Ebenezer **Fenton**, of same, £40, 300 acres...line of Thomas **Brant**. Signed John **Ogbourne**. Wit: Daniel **Leed** & Benjamin **Wheat**.

29 Jan Samuel & Elizabeth **Holdy**, (said Elizabeth is the former wife & heir of Ebenezer **Fenton**), of Springfield Twp., Burlington Co., West New Jersey to Thomas **Branson**, yeoman, of same. Signed Samuel **Holdy** & Elizabeth **Holdy**. Wit: John (X) **Day**, Maby (X) **Here** & J **Bass**.

6 Nov 1705, Joseph **Kirkbride**, yeoman, of Bucks Co., Pennsylvania to John **Job**, yeoman, of Middletown, £90. Signed Joseph **Kirkbride**. Wit: John **Seabourgh**, John **Hutchinson** & Joseph **Kirkbride** Jr.

5 Mar 1695, John **Harwood**, of Springfield, Burlington Co., West New Jersey to Jane **Ogborn**, widow, of Burlington, West New Jersey, £80, 90 acres...line of John **Townsend**. Signed John (X) **Harwood**. Wit: William (X) **Atkinson**, Thomas **Budd** & William **Budd**.

14 May 1708, John **Budd**, brewer, of Philadelphia, Pennsylvania to William **Leeds**, cooper, of Burlington Co., West New Jersey...line of John **Sohull** Signed John **Budd**. Wit: William **Budd**, Robert **White** & Mary **Smith**.

16 Jun 1706, Susanna **Farnsworth**, of Burlington Co., West New Jersey to her son, John **Farnsworth**, of same. Signed Susanna **Farnsworth**. Wit: Isaac **Horner**, John **Smith** & Edward **Wheatcroff**.

1704. Edward **Rockhill**, of Chesterfield Twp., Burlington Co., West New Jersey to William **Salterthwaite**, yeoman, of same, £6, 50 acres. Signed Edward **Rockhill**. Wit: Thomas **Roper**, Gervas **Pharoe** & Thomas **Gardiner**.

13 Sep 1707, Robert **Dimsdale**, doctor, of Essex Co. power of attorney to John **Shinn**, yeoman, of Burlington Co., West New Jersey. Signed Robert **Dinsdale**. Wit: Evan **Ware** & William **Brandon**.

6 May 1708, Indians to Daniel **Wills** & Henry **Burr**, of Burlington Co., West New Jersey. Indians signed with their mark.

7 Mar 1706, William **Penn**, late of Rukmansworth, Herford Co., now of Warminghurst, Sussex Co., Gawen **Lawry**, merchant, of London, Nicholas **Lucas**, maltster, of Herford, Herford Co. & Edward **Byllings**, gentleman, of Westminster, Middlesex Co. to John **Ridges**, skinner, of London & Thomas **Rudyard**, gentleman, of London. Signed William **Penn**, Gawen **Lawry**, Nicholas **Lucas** & Edward **Byllings**. Wit: Harb **Springett**, Ben **Griffith**, John **Burley** & Richard **Townley**.

1 Nov 1707, Robert **Wheeler**, merchant, of Burlington, West New Jersey to Hugh **Huddy**, merchant, of same, £2, lot in Burlington. Signed Robert **Wheeler**. Wit: Charles **Huddy**.

13 Apr 1707, William **Biddle**, gentleman, of Burlington, West New Jersey to Hugh **Huddy**, merchant, of same, £9, purchased of indians. Signed William **Biddle**. Wit: Latheson (X) **Anderson** & Charles **Huddy**.

3 Mar 1707, Thomas **Gilberthorp**, yeoman, of Nottingham Twp., Burlington Co., West New Jersey to Hugh **Huddy**, merchant, of Burlington, West New Jersey, £180, ...line of William **Myers** & Walter **Humphrey**. Signed Thomas **Gilberthorp**. Wit: Asher **Clayton**, Joseph **Myer** & Thomas **Humloke**.

25 Mar 1707, Joseph **Myer**, of Chesterfield Twp., Burlington Co., West New Jersey, (son & heir of William **Myer**, butcher, late of Burlington, West New Jersey) to Hugh **Huddy**, merchant, of Burlington Co., West New Jersey, £25, lot in Burlington. Signed Joseph **Myer**. Wit: Thomas **Gilberthorp**, Asher **Clayton** & Thomas **Humloke**.

27 Jan 1708, Edward & John **Barton**, yeomen, of Burlington Co., West New Jersey to John **Brown**, (sons of Thomas **Barton** & brother of Thomas **Barton**, deceased) yeoman, of same. Signed Edward **Barton** & John **Barton**. Wit: George (X) **Wehouse** & Jer **Bass**.

27 Jan 1691, George **Parker**, yeoman, of Burlington Co., West New Jersey to John **Powell**, yeoman, of same, £140,...line of John **Woolson** & Sarah **Parker**. Signed George **Parker**. Wit: John **Robards**, Joseph **Cross** & Thomas **Revell**.

10 Apr 1708, Henry & Jane **Mayonum** of Bucks Co., Pennsylvania to Robert **Rigy**, of Burlington, West New Jersey. Signed Henry **Mayonum** & Jane (X) **Mayonum**. Wit: Thomas **Lambert**, Thomas **Murray** & William (X) **Byler**.

1701, Anthony **Woodward** to Simon **Steward**, 170 acres. Signed Anthony **Woodward**. Wit: Joseph **Steward** & Richard (X) **Harrison**.

11 Jul 1709, Benjamin **Jerall** to William **Biskley**, £45. Signed Benjamin **Jerall**. Wit: Eliza **Cooke**.

2 May 1677, William **Penn**, late of Rukmansworth, Herford Co., now of Warminghurst, Sussex Co., Gawen **Lawry**, merchant, of London, Nicholas **Lucas**, maltster, of Herford, Herford Co. & Edward **Byllings**, gentleman, of Westminster, Middlesex Co. to George **Rudyard**, gentleman, of London. Signed William **Penn**, Gawen **Lawry**, Nicholas **Lucas** & Edward **Byllings**. Wit: Harb **Springett**, Ben **Griffith**, John **Burley** & Richard **Townley**.

20 Oct 1701, Jacob **Cofting**, yeoman, of Philadelphia, Pennsylvania to Howell **James**, yeoman, of same, £50, 500 acres. Signed Jacob **Cofting**. Wit: William **James**, Francis **Books** & Joseph **Jointenson**.

27 Mar 1704, James **Whittal**, yeoman, of Rodbank, New Jersey to William **Norton**, taylor, of Philadelphia, Pennsylvania. Signed James **Whittal**.

John **Test**, of Burlington, West New Jersey to John **Ward**, of Visher, New York, £530. Signed John **Test**. Wit: Abraham **Beckley**, William **Wood** & George **Parker**.

5 Jun 1708, Christopher **Snowden**, yeoman, of Burlington, West New Jersey to William **Wellin**, of Hopewell Twp., Burlington Co., West New Jersey, £133, 370 acres. Signed Christopher **Snowden**. Wit: William **Osborne**, Jonathan **Roberts** & Edward **Kempe**.

15 Nov 1708, Peter **Rainer**, (Reynear), carpenter, of Philadelphia, Pennsylvania to Richard **Frances**, carpenter, of Burlington, West New Jersey, . Signed Peter **Rainer**. Wit: J. **Bass**, Anthony **Smith** & Simon **Rightgant**.

30 May 1683, Peter **Jegow**, planter, of Leasey Point, West New Jersey to

Thomas **Bowman**, merchant, of Manhattan, New York City, New York, £25. Signed Peter **Jegow**. Wit: James **Lyen**, Thomas **Revell** & Thomas **Revell**.

1 May 1708, Jonathan & Mary **Wilson**, William & Elizabeth **Burge**, merchant, of Philadelphia, Pennsylvania & Sarah **Stacy**, spinster, of Philadelphia, Pennsylvania, (said Mary, Elizabeth & Sarah or sisters of Samuel **Stacy**, deceased, who is the son of Henry **Stacy**, late of Stepney, Middlesex Co.) to Nathaniel **Allen**, merchant, of Burlington, West New Jersey, 112 acres...line of Robert **Murlin**, Anthony **Wood**, William **Black**, William **Read** & John **Snowden**. Signed Jonathan **Wilson**, Mary **Wilson**, William **Burge**, Elizabeth **Burge** & Sarah **Stacy**. Wit: Thomas **Haddon**, Samuel **Chester** & Joseph **Rodman**.

8 Mar 1707, William **Righton**, merchant, of Philadelphia, Pennsylvania to Nathaniel **Allen**, merchant, of Burlington, West New Jersey, £28.5, 48.5 acres...line of James **Bude**. Signed William **Righton**. Wit: John **Jones**.

5 Aug 1709, John **Renshaw**, of Philadelphia, Pennsylvania to Daniel **Leeds**, of Burlington, West New Jersey, £17. Signed John **Renshaw**. Wit: John **Stacy**, Robert **Stacy** & Samuel **Godig**.

9 Nov 1698, John **Antram**, of Springfield, Burlington Co., West New Jersey to William **Pancoast**, Mansfield, Burlington Co., West New Jersey, £200, 325 acres...line of Richard & Isaac **Gibbs**. Signed John **Antram**. Wit: George **Deason** & Daniel **Leeds**.

7 Jan 1708, Garit **Garrison**, Peter **Garrison**, Jacob **Garrison** & John **Garrison** to their mother Christiana **Garrison**. Signed Garit (X) **Garrison**, Peter (X) **Garrison**, Jacob (X) **Garrison** & John (X) **Garrison**. Wit: M. (X) **Garrison** & James **Paget**.

8 Oct 1709, John **Rudyard**, line of George **Willock** & John **Johnson**. Signed John **Rudyard**. Wit: John **Talbot** & Edward **Vaughan**.

8 Oct 1709, George & Margaret **Willock**. Signed George **Willock** & Margaret **Willock**. Wit: John **Talbot** & Edward **Vaughan**.

10 Oct 1709, Francis **Collins** & Thomas **Bryan** yeomen, of Burlington, West New Jersey to Robert **Wheeler**, merchant, of same. Signed Francis **Collins** & Thomas **Bryan**. Wit: Christopher **Weatherill**, Richard **Wright**, Joseph **Collins** & J. **Bass**.

1 Jun 1708, Benjamin **Clark**, of Stoney Brook, Middlesex Co., East New Jersey to Richard **Stockton**, Joseph **Worth**, Isaac **Horner**, Samuel **Willson** & Samuel **Buntin**. Signed Benjamin **Clark**. Wit: Anthony **Morris** & John

Warden.

1 Jun 1708, Benjamin **Clark**, of Stoney Brook, Middlesex Co., East New Jersey to Richard **Stockton**, Joseph **Worth**, both of Stoney Brook, Middlesex Co., East New Jersey, Isaac **Horner**, Samuel **Willson** & Samuel **Buntin** Jr, both of Chesterfield, Burlington Co., West New Jersey. Signed Benjamin **Clark**. Wit: Joshua **Wright**, John **Bunting** & William **Emley**.

2 Oct 1708, Daniel **Cox**, of Philadelphia, Pennsylvania to Joseph **Sackett**, gentleman, of Nassu Island, New York, £75. Signed Daniel **Cox**. Wit: Richard (X) **Lanneley**, John **Finney** & Edward **Kempe**.

4 Nov 1708, Mary **Hancock**, of Burlington Co., West New Jersey to John **Hancock**, of same, for love and affection. Signed Mary (X) **Hancock**. Wit: Judith (X) **Tully** & Samuel **Goldy**.

4 Nov 1709, Daniel **Coxe** Jr., of Burlington, West New Jersey to Thomas **Read**, yeoman, of Queens Co., 220 ounces of silver, 374 acres. Signed Daniel **Coxe**. Wit: Hugh **Huddy**, Jeremiah **Bass** & Samuel **Farris**.

3 Nov 1709, Daniel **Coxe** Jr., of Burlington, West New Jersey to Thomas **Read**, yeoman, of Queens Co., £0.05, 3 parts. Signed Daniel **Coxe**. Wit: Hugh **Huddy**, Jeremiah **Bass** & Samuel **Farris**.

26 Apr 1709, John **Budd**, brewer, of Philadelphia, Pennsylvania to Henry **Mallows**, yeoman, of Tackony, Philadelphia Co., Pennsylvania, £1, 12 acres. Signed John **Budd**. Wit: Anthony **Morris** Jr., James **Morris** & Francis **Knowles**.

9 Nov 1708, Nathan **Allen**, merchant, of Burlington Co., West New Jersey to Robert **Wheeler**, merchant, of Burlington, West New Jersey, £210. Signed Nathan **Allen**. Wit: Hugh **Huddy**, Martha **Huddy** & Charles **Huddy**.

27 Oct 1709, Daniel **Leeds**, of Springfield, Burlington Co., West New Jersey to John **Rogers**, of Burlington, West New Jersey, line of Christopher **Wheeler** & John **Tatham**. Signed Daniel **Leeds**. Wit: Thomas **Revell** & John **Pinhorne**.

1 Aug 1709, John **Ward**, yeoman, of Wellingbourgh, Burlington Co., West New Jersey to Hugh **Sharp**, yeoman, of Chester Twp., Burlington Co., West New Jersey, £390, 860 acres. Signed John **Ward**. Wit: Robert **Wheeler**, Samuel **Furris** & Joshua **Humphry**.

11 May 1702, Robert **Powell**, yeoman, of Burlington Co., West New Jersey, (son & heir of Robert **Powell**, late, of same) to Edmond **Wells**, yeoman, of same, £5. Signed Robert (X) **Powell**. Wit: Margaret **Humloke**

& Edward **Humloke**.

14 Mar 1708, Erek **Steelman**, yeoman, of Burlington Co., West New Jersey to Henry **Mallow**, yeoman, of Philadelphia Co., Pennsylvania, £6. Signed Erek (X) **Steelman**. Wit: John **Rudderow**, Phillip (X) **Planker** & William **Brinmidgham**.

24 Nov 1700, William **Budd**, yeoman, of Burlington Co., West New Jersey to John **Butcher**, yeoman, of Mannor of Mooreland, Philadelphia Co., Pennsylvania, £40. Signed William **Budd**. Wit: John **Eaton**, Mary **Burke** & Henry **Larke**.

2 Nov 1709, Thomas **Gardner**, yeoman, of Burlington Co., West New Jersey to Thomas **Stevenson**, yeoman, of Bucks Co., Pennsylvania, (Samuel **Jennings** named in his will, his three daughters, Sarah, Anne & Mary, said Sarah now the wife of Thomas **Stevenson**, said Anne now the wife of William **Stevenson** & said Mary is now the wife of John **Stevenson**), £1000. Signed Thomas **Gardner**. Wit: John **Wills**, Isaac **Marriott**, Peter **Frotwell** & Samuel **Frotwell**.

1 Nov Thomas & Sarah **Stevenson**, of Bucks Co., Pennsylvania, William & Anne **Stevenson**, yeoman, of Northampton, New Jersey, of second part & John & Mary **Stevenson**, yeoman, of Nottingham, Burlington Co., West New Jersey & Thomas **Gardner**, yeoman, of Burlington, West New Jersey, of the fourth part. Signed Sarah **Stevenson**, Thomas **Stevenson**, Anne **Stevenson**, William **Stevenson**, Mary **Stevenson** & John **Stevenson**. Wit: John **Wills**, Isaac **Marriott**, Peter **Frotwell** & Samuel **Frotwell**.

2 Nov 1703, Samuel **Harriot**, mariner, of Philadelphia, Pennsylvania to Alexander **Griffith**, of Burlington, West New Jersey, £300, 245 acres. Signed Samuel **Harriot**. Wit: Abraham **Bickley**, William **Griffith** & Thomas **Revell**.

26 Jul 1706, Alexander **Griffith** mortgage to Samuel **Harriot**, £300. Signed Alexander **Griffith**. Wit: Shershaw **Cary** & Hugh **Huddy**.

18 Sep 1706, Samuel **Harriot**, mariner, of Philadelphia, Pennsylvania to Shershaw **Carey**, of Burlington Co., West New Jersey, £300, two tracts ...line of William **Righton**. Signed Samuel **Harriot**. Wit: Thomas **Ockly**, Anne **Hubbard**, F. **Clarke**, George **Lowkey**, John **Wills** & Richard **Wright**.

9 Mar 1708, John **Meridith**, of England power of attorney to John **Roberts**. Signed John **Meridith**. Wit: Emanuel **Smith** & Benjamin **Frauss**.

29 Aug 1691, Anthony **Elton**, yeoman, of Burlington Co., West New Jersey, (son of Anthony **Elton**, deceased) to George **Willis**, husbandman,

of same, 48 acres. Signed Anthony **Elton**. Wit: John **Wills** & Simon **Charles**.

30 Aug 1691, George **Willis**, of Burlington Co., West New Jersey to Daniel **Warner**, cordwinder, of same, £20, 48 acres. Signed George (X) **Willis**. Wit: Christopher **Snowden**, Charles **Sheepe** & john **Mendith**.

19 Dec 1709, John **Jopling**, of Burlington Co., West New Jersey to John **Woolston**, of Northampton, Burlington Co., West New Jersey, £8. Signed John **Jopling**. Wit: William **Hewlings**, Felix **Leeds** & Philo **Leeds**.

20 May 1709, John **Jopling**, of Burlington Co., West New Jersey to Samuel **Woolston**, of Northampton, Burlington Co., West New Jersey. £24, 100 acres. Signed John **Jopling**. Wit: John **Ogborne** Jr. & William **Petty** Jr.

1 Sep 1709, John **Woolston**, of Northampton to his son John **Woolston** Jr., of same, line of Jacob **Lamb**. Signed John **Woolston**. Wit: Samuel **Goldy** & Joseph **Endicote**.

15 May 1709, Thomas **Wetherill**, cooper, of Burlington, West New Jersey, (son & heir of Christopher **Wetherill**, taylor) to John **Woolston**, of Northampton Twp., Burlington Co., West New Jersey, £20.5, 300 acres. Signed Thomas **Wetherill**. Wit: George **Willis**, Hannah **Newboonld** & Samuel **Terrott**.

31 Dec 1709, John **Woolston**, yeoman, of Northampton, Burlington Co., West New Jersey to his son Samuel **Woolston**. Signed John **Woolston**. Wit: Daniel **Leeds** & Philo **Leeds**.

Indians to John **Hancock**. Signed Eyeesooaha, Hoksoomark & Macfoppe. Wit: James (X) **Craft**.

30 May 1708, Sarah **Evans**, widow, of Burlington, West New Jersey to Nicholas **Markneau**, joyner, of Hope May, Burlington Co., West New Jersey. Signed Sarah **Evans**. Wit: Jacque **Verner** & Christopher **Snowden**.

7 May 1704, Nathaniel **Westland**, merchant, of Burlington, West New Jersey to James **Wild**, wheelwright, of same, £45. Signed Nathaniel **Westland**. Wit: Nathan **Allen** & John **Robards**.

6 Jan 1704, James **Wild**, wheelwright, of Burlington, West New Jersey to John **Ogborne**, of Burlington Co., West New Jersey, £45. Signed James **Wild**, Wit: Nathaniel **Westland**, John **Willis** & John **Whetherill**.

19 Oct 1710, John **Ogborne**, carpenter, of Burlington Co., West New

Jersey to Samuel **Furris**, innholder, of same, house in Burlington. Signed John **Ogborne**. Wit: J **Bass**, Samuel **Goldy** & John **Roberts**.

30 Oct 1710, Samuel **Furris**, innholder, of Burlington, West New Jersey to Martha **Middleton**, widow, of same, £20, house in Burlington. Signed Samuel **Furris**. Wit: John **Wells**, Nathaniel **Pope** & Jeremiah **Bass**.

27 Feb 1709, Elizabeth **Cockborn**, widow, of London, (which appear as grandmother & also grandson Martha **Johnson**, John **Johnson** & Thomas **Johnson**, children of John **Johnson**, merchant, deceased, late of London, but now of Salem, New Jersey) power of attorney to Edmond **Valentine**, merchant, of Philadelphia, Pennsylvania. Signed Elizabeth **Cockborn**. Wit: John **Briscoe**, Samuel **Cary**, Joseph **Foy** & Nathaniel **Vrall**.

15 Oct 1710, John **Valentine**, notary, of Manchester, New England certified that Samuel **Lynde** is a judge.

14 Dec 1710, Jonathan **Fox**, yeoman, of Lancaster Co. power of attorney to Thomas **Fox**, yeoman, of same, but now on a ship to America & John **Dag**, yeoman, of West New Jersey. Signed Jonathan **Fox**. Wit: John **Bradford**, Joshua **Bradford** & Susanna **Robenson**.

1 Nov 1710, Mary **Hancock**, (widow of Godfrey **Hancock** & her son Godfrey **Hancock**), of Mansfield, Burlington Co., West New Jersey to her granddaughter, Phebe **Leeds**, of Springfield, Burlington Co., West New Jersey, 140 acres...line of John **Woolstone** Jr. & John **Hancock**. Signed Mary (X) **Hancock**. Wit: Peter **Burnes**, Samuel **Godig** & Daniel **Leeds**.

25 Feb 1707, Joseph **English**, yeoman, of Mansfield Twp., Burlington Co., West New Jersey to Henry **Peep**, husbandman, of same, £100, 300 acres...line of Samuel **Coals**, William **Bushill** & Thomas **Shinn**. Signed Joseph **English**. Wit: Thomas **Gardner**.

5 Jun 1708, William **Wellin**, yeoman, of Burlington Co., West New Jersey to Cornelius **Sleiht**, yeoman, of same, £75, 180 acres...Maidenhead Twp. Signed William (X) **Wellin**. Wit: Christopher **Snowden**, William **Osbourne** & Edward **Kemp**.

29 Mar 1705, Thomas & Margaret **Lambert**, yeoman, of Nottingham, New Jersey, Edward & Bridget **Lucas**, yeoman, of Burks Co., Pennsylvania & Robert & Elizabeth **Lucas**, yeoman, of Burlington Co., West New Jersey to John **Lambert**, yeoman, of Nottingham, Burlington Co., West New Jersey, £200, 140 acres. Signed Thomas **Lambert**, Margaret **Lambert**, Edward **Lucas**, Bridget **Lucas**, Robert **Lucas** & Elizabeth **Lucas**. Wit: William **Wood**, A. **Scott** & George **Urchham**.

24 Feb 1710, Hugh **Huddy**, of Burlington, West New Jersey & John **Newman**, railer, of Philadelphia, Pennsylvania, (heirs of Edward **Humlock**) to Thomas **Humlock**, £40, 326 acres. Signed Hugh **Huddy** & John **Newman**. Wit: J. **Bass** & Asher **Clayton**.

1 Nov 1708, Henry **Cooke**, yeoman, of Burlington Co., West New Jersey to Henry **Peep**, husbandman, of same, £1, 100 acres. Signed Henry (X) **Cooke**.Wit: James **Thompson** & Thomas **Gardner**.

8 Mar 1710, Elnathan **Davis**, yeoman, of Hopewell, Burlington Co., West New Jersey to Joseph **Sackett**, yeoman, of Nassaw Island, New York, £22, 242 acres. Signed Elnathan **Davis**. Wit: Andrew **Steath**, Nathaniel **Pent** & Edward **Kemp**.

19 May 1709, Richard **Mew**, of Newport, Rhode Island to William **Hewlings**, yeoman, of Burlington Co., West New Jersey, £20, 140 acres. Signed Richard **Mew**. Wit: John **Mills**, Michael **Wanton** & Simon **Bosworth**.

13 Feb 1705, Mordecai **Andrews**, yeoman, of Little Egg Harbor, Burlington Co., West New Jersey, (his father Samuel **Andrews**, late of Springhill, Burlington Co., West New Jersey did devise to his daughter Mary **Andrews**, 100 acres purchased of his son Edward **Andrews**) to his sister Mary **Andrews**, his right in said 100 acres. Signed Mordecai (X) **Andrews**. Wit: Jacob **Delow** & Joseph **Welch**.

12 Aug 1682, John **Penford**, yeoman, of Lancaster, Lancaster Co. to John **Evans**, husbandman, of Great Wighton, Lancaster Co., £100. Signed John **Penford**. Wit: Francis **Ward**, Ed **Shergre** & John **Ward**.

4 Apr John **Evans**, husbandman, of Great Wighton, Lancaster Co. to Jonathan **Fox**, laborer, of Burlington, West New Jersey, £12.5. Signed John **Evans**. Wit: John **Fox**, Thomas **Preston** & John **Hood**.

23 Apr 1711, Henry **Peep**, yeoman, of Chesterfield Twp., Burlington Co., West New Jersey to John **Arthur**, husbandman, of same, £83, 212 acres. Signed Henry (X) **Peep**. Wit: Nathaniel **Cripps**, John **Borradall** & Isaac **Decow**.

22 Dec 1708, John **Gosling**, yeoman, of Everham Twp., Burlington Co., West New Jersey to Thomas **Lippincott**, carpenter, now or late of Wellingborrow, Burlington Co., West New Jersey, £300, 200 acres...line of Richard **Haines** & Francis **Austinhead** & 40 acres. Signed John **Gosling**. Wit: William **Petty** Jr., Obadiah **Eldridge** & Simeon (X) **Wooroff**.

20 Jun 1709, William **Biddle**, gentleman, of Burlington Co., West New Jersey to Mordecai **Andrews**, of Little Egg Harbor, Burlington Co., West

New Jersey. Signed William **Biddle**. Wit: William **Biddle** Jr. & John **Hancock**.

1710, Nathan **Allen**, merchant, of Burlington Co., West New Jersey to Nicholas **Stephens**, yeoman, of Freehole, Mommouth Co., East New Jersey, £112, 650 acres...Mount Arnell Twp., Burlington Co., West New Jersey. Signed Nathan **Allen**. Wit: John **Campbell**, Jonathan **Ruckman**, William **Emley** & Thomas (X) **Ruckman**.

13 Mar 1710, Nathan **Allen**, merchant, of Mansfield, Burlington Co., West New Jersey to Thomas **Ruckman**, yeoman, of Freehold, East New Jersey, £100, 650 acres...line of Henry **Howell**. Signed Nathan **Allen**. Wit: John **Campbell**, William **Emley** & Nicholas (X) **Stephens**.

25 Oct 1710, Nathan **Allen**, merchant, of Mansfield, Burlington Co., West New Jersey to Jonathan **Ruckman**, yeoman, of Middletown, Mommouth Co., East New Jersey, £50, 150 acres...line of Benjamin **Fector**. Signed Nathan **Allen**. Wit: John **Campbell** & Nicholas (X) **Stephens**.

10 May 1710, John James **Getche**, merchant, of Parish of Anne Westminster, Middlesex Co. is naturalized.

14 Nov 1701, Benjamin **Field**, yeoman, of Burlington Co., West New Jersey to Samuel **Hofmine**, carpenter, of East New Jersey, £160, 1000 acres. Signed Benjamin **Field**. Wit: Francis **Collings**, Isacc **Manot** & Edward **Humlock**.

5 Apr 1711, John **Meredith**, school teacher, of Freehold, Freehold Co. To Barman **Lane**, laborer, of Burlington, West New Jersey, lot in Burlington. Signed John **Meredith**. Wit: Nathaniel **Shaw**, James **Jordane** & Robert **Batte**.

27 Sep 1694, George **Hutchinson**, merchant, of Burlington, West New Jersey, (attorney for Thomas **Penson**, distiller, of Leicester, England, executor for the estate of John **Penford**, gentleman, of same), Jonah **Penford**, of same, John **Penford** & Joshua **Penford**, another of the sons of said John **Penford** to John **Rudderow**, carpenter, of Pensuwkin Creek, of providence aforesaid, £6.85, 125 acres. Signed George **Hutchinson**. Wit: Daniel **Leeds**, Joseph (X) **Adams** & Francis **Austin**.

3 May 1711, Thomas **Weatherill**, (heir of Christopher **Weatherill**, taylor, deceased, of Burlington, West New Jersey), of Burlington, West New Jersey to the second son of Said Christopher, John **Weatherill**, all land on Rancocas Creek. Signed Thomas **Weatherill**. Wit: J. **Bass**, Thomas **Raper**, Edward **Boulton** & Ralph **Cowgill**.

1 May 1711, Thomas **Weatherill**, (heir of Christopher **Weatherill**, taylor, deceased, of Burlington, West New Jersey), of Burlington, West New Jersey to Thomas & Phebe **Scattergood**, house in Burlington...Jeremiah **Bass** on the east, late house of Martha **Dummer**, on the south...front street of the heirs of William **Talbot** house. Signed Thomas **Weatherill**. Wit: J. **Bass**, Thomas **Raper** & Edward **Boulton**.

21 May 1711, Thomas **Weatherill**, (heir of Christopher **Weatherill**, taylor, deceased, of Burlington, West New Jersey), of Burlington, West New Jersey to Christopher **Scattergood**, son of Thomas & Phebe **Scattergood**, house in Burlington. Signed Thomas **Weatherill**. Wit: J. **Bass**, Thomas **Raper**, Edward **Boulton** & Ralph **Cowgill**.

31 May 1711, Thomas **Weatherill**, (heir of Christopher **Weatherill**, taylor, deceased, of Burlington, West New Jersey), of Burlington, West New Jersey to Christopher **Scattergood**, son of Thomas & Phebe **Scattergood**, 25 acres...line of John **Ogbourne**, Samuel **Barker** & John **Day**. Signed Thomas **Weatherill**. Wit: J. **Bass**, Thomas **Raper**, Edward **Boulton** & Ralph **Cowgill**.

31 May 1711, Thomas **Weatherill**, (heir of Christopher **Weatherill**, taylor, deceased, of Burlington, West New Jersey), of Burlington, West New Jersey to Samuel **Scattergood**, son of Thomas & Phebe **Scattergood**, lot in Burlington...line of Thomas **Gardnier** & John **Weatherill**. Signed Thomas **Weatherill**. Wit: J. **Bass**, Thomas **Raper**, Edward **Boulton** & Ralph **Cowgill**.

15 Oct 1710, James **Pharoe**, yeoman, of Chesterfield, Burlington Co., West New Jersey to Daniel **Leet**, of same, £5, 1 acres. Signed James (X) **Pharoe**. Wit: Thomas **Gardner**.

25 Mar 1681, Samuel **Jennings**, yeoman, of Burlington, West New Jersey to Thomas **Budd**, merchant, of same, £25, 600 acres...line of John **Shinn** & John **Butcher**. Signed Samuel **Jennings**. Wit: George **Hutchinson**, William **Peachee** & Jonathan **Beers**.

23 Feb 1694, James **Read**, yeoman, of New Castle, Pennsylvania, (late husband of Sarah, former wife of John **Smith**) to John **Rudderow**, yeoman, of same, £31.5, 340 acres. Signed James **Read**. Wit: Jonathan **Beers**, Samuel **Furris** Thomas **Gardner**.

8 Jun 1711, Joshua & Mary **Ely**, of Hopewell, Burlington Co., West New Jersey to Joseph **Burroughs**, of Newtown, on Long Island, New York, £140, 200 acres...line of Roger **Parkes**. Signed Joshua **Ely** & Mary (X) **Ely**. Wit: Ralph **Hunt**, Thomas (X) **Burroughs** & Richard **Sackett**.

19 May 1699, Martin **Scott**, butcher, of Nottingham Twp., Burlington Co.,

West New Jersey & John **Scott**, yeoman, of Wellingberow, Burlington Co., West New Jersey to Samuel **Kemball**, yeoman, of Burlington, West New Jersey, £44, 300 acres...part of 500 acres laid out for Benjamin **Scott**. Signed Martin **Scott** & John **Scott**. Wit: Thomas **Lambert**, John **Laning** & John **Meredith**.

15 Dec 1710, Stephen **Hodgkins**, of Northampton Twp., Burlington Co., West New Jersey indentured to Samuel **Marrot**, of Burlington, West New Jersey, five years. Signed Stephen **Hodgkins**. Wit: William **Stevenson** & Thomas **Thompson**.

17 Feb 1704, Benjamin **Devill**, yeoman, of Pleasant Village, Salem Co., New Jersey to John **Kay** & Samuel **Coles**, yeomen, of Gloucester Co., New Jersey, £25, 200 acres. Signed Benjamin **Devill**. Wit: Benjamin **Devill** Jr., Moses (X) **Barbar** & Ragnold **Hawke**.

2 Aug 1711, Daniel **Coxe**, of Burlington, West New Jersey to Daniel **Howell**, blacksmith, of Hopewell, Burlington Co., West New Jersey, £2.45, 73 acres. Signed Daniel **Coxe**. Wit: Alexander **Lockart** & Charles **Weston**.

10 Jan 1690, George **Hutchinson**, merchant, of Burlington, West New Jersey to Nathaniel **Edgecomb**, of same, £12.5, lot in Burlington. Signed George **Hutchinson**. Wit: Robert **Wheeler** & Thomas **Clarke**.

14 Jul 1711, John **Shinn**, wheelwright, of Springfield Twp., Burlington Co., West New Jersey to John **Shinn** Jr., yeoman, of same, £14, 300 & 320 acres. Signed John **Shinn**. Wit: Samuel **Furris**, John **Borradall** & George **Franehard** Jr.

18 Sep 1680, William **Emley**, of Nottingham, New Jersey to John **Shinn**, wheelwright, of Burlington, West New Jersey, £6. Signed William **Emley**. Wit: Thomas **Gardner** & John **Lambert**.

11 Aug 1711, Thomas **Weatherill**, cooper, of Burlington, West New Jersey, (son & heir of Christopher **Weatherill**) to Ralph **Cowgill**, yeoman, of Springfield, Burlington Co., West New Jersey, £80, 310 acres. Signed Thomas **Weatherill**. Wit: Simon **Nightingale**, Richard **Marrot** & J. **Bass**.

11 Jan 1700, David **Curtis**, yeoman, of Mount Pleasant, Burlington Co., West New Jersey to Caleb **Shreeve**, of Burlington Co., West New Jersey, £43.5, 160 acres...line of Richard **Stocklous**, John **Tomlinson** & John **Dixous**. Signed David **Curtis**. Wit: Henry **Grubb**, Abraham **Browne** & Thomas **Gardner**.

26 Sep 1702, John **Antram**, cordwinder, of Northampton Twp., Burlington Co., West New Jersey to John **Stokes**, planter, of same, £100, 270

acres...line of John **Vanderhill** & William **Biddle**. Signed John **Antram**. Wit: Thomas **Stokes**, Robert **Hickman** & Thomas **Revell**.

25 Dec 1708, John **Gosling**, yeoman, of Everham Twp., Burlington Co., West New Jersey to Thomas **Lippincott**, carpenter, of Wellingborrow, Burlington Co., West New Jersey, 200 acres...line of Richard **Hanines**. Signed John **Gosling**. Wit: William **Petty** Jr., Obadiah **Eldridge** & Simon (X) **Woodroofe**.

10 Apr 1711, Jonathan **Fox**, yeoman, of Shenton, Leicester Co., England to John **Talbot**, of Burlington Co., West New Jersey, £30 line of William **Myers**. Signed Thomas **Fox**, Jonathan **Fox** & John (X) **Day**, attorney for Jonathan **Fox**. Wit: J. **Bass**, Robert **Wheeler** & Charles **Weston**.

26 Mar 1711, Hugh **Huddy**, of Burlington, West New Jersey to John **Talbort**, clerk, of Burlington, West New Jersey, £140. Signed Hugh **Huddy**.

3 Mar 1706, Daniel **Leeds**, of Springfield, Burlington Co., West New Jersey to Tunis **Titus**, of same, £6. Signed Daniel **Leeds**. Wit: William **Stevenson**, John **Hancock** & Samuel **Goldy**.

3 Jun 1711, Francis **Collins**, bricklayer, of Northampton Twp., Burlington Co., West New Jersey to Mordecai **Andrews**, yeoman, of Little Egg Harbor, Burlington Co., West New Jersey, 160 acres. Signed Francis **Collins**. Wit: John **Neale**, Thomas **Antram** & John **Wells**.

26 Feb 1704, Conradus & Anne **Rutter**, planter, of Burlington Co., West New Jersey to John & Mary **Milns**, planter, of same, £51. Signed Conradus **Rutter** & Anne (X) **Rutter**. Wit: Edward **Bolton**, Christopher **Swoden** & John (X) **Scholey**.

4 Mar 1703, John **Blacke**, yeoman, of Chesterfield Twp., Burlington Co., West New Jersey to Koonrad & Anne **Rutter**, of Burlington Co., West New Jersey, £15, 150 acres. Signed John **Blacke**. Wit: Mathew **Forsyth**, John **Hancock** & Henry **Beck**.

2 Nov 1709, John **Rudyard**, of Perth Amboy, New Jersey to John **Talbot**, of Burlington, West New Jersey, £5, line of George **Hutchinson** & John **Tatham**. Signed John **Rudyard**. Wit: Edward **Vaughan** & George **Willocks**.

14 Dec 1711, William **Cooper**, of Cooper, Gloucester Co., New Jersey to his son Joseph **Cooper**, for love and affection, adjoining John **Wills** & William **Bath**. Signed William **Cooper**. Wit: Jeremiah **Hopson** & John **Cooper**.

18 Feb 1708, William **Cooper**, of Newton, Gloucester Co., New Jersey to Joseph **Cooper**, of same, £300, 250 acres. Signed William **Cooper**. Wit: John **Kaigher**, John **Cooper** & Samuel **Mathew**.

23 Jul 1711, William & Elizabeth **Burge**, merchant, of Burlington, West New Jersey, Robert & Sarah **Montgomery**, of same, by power of attorney of Jonathan & Mary **Wilson**, of England, heirs of **Stacy** to John **Meredith**, formerly of Burlington, West New Jersey, but now of Fairfield, Connecticut, £0.25. Signed William **Burge**, Elizabeth **Burge**, Robert **Montgomery** & Sarah **Montgomery**. Wit: Simon **Nightingale** & Charles **Weston**.

2 Dec 1710, Mary **Corsby**, widow of John **Corsby**, of Springfield, Burlington Co., West New Jersey to her father John **Shinn**, £65. Signed Mary (X) **Corsby**. Wit: Felix **Leeds**. Philo **Leeds** & Daniel **Leeds**.

12 Oct 1708, George & Margaret **Willocks**, merchant, of Perth Amboy, Middlesex Co., New Jersey to John **Rudyard**, mariner, of same, (son of Thomas **Rudyard** & brother of Benjamin **Rudyard** & sister of said Margaret **Willocks**, £025, 200 acres. Signed George **Willocks** & Margaret **Willocks**. Wit: Samuel **Bunton**, Peter **Frotwell** & Thomas **Gardner**.

23 Oct 1708, John **Rudyard** to Samuel **Bunton**, Peter **Frotwell**, Thomas **Gardner** & Thomas **Raper**, £60. Signed John **Rudyard**. Wit: George (X) **Willis**.

11 May 1704, Nicholas **Brown**, of Chesterfield, Burlington Co., West New Jersey to Michael **Newbold**, of Mansfield, Burlington Co., West New Jersey, £100, 300 acres. Signed Nicholas **Brown**. Wit: Jeremiah **Bass** & J. **Barkstead**.

2 Sep 1710, Francis **Davenport**, merchant, of Chesterfield, Burlington Co., West New Jersey to Jonathan **Wright**, merchant, of same. Signed Francis **Davenport**. Wit: William **Emley**.

Hugh **Huddy** agreement with John **Tatham**. Signed Hugh **Huddy** & John **Tatham**. Wit: Alexander **Griffith**, Charles **Weston** & Thomas **Stevenson**.

13 Mar 1711, Nathaniel **Pope**, taylor, of Burlington Co., West New Jersey relinquishment of 545 acres. Signed Nathaniel **Pope**. Wit: Thomas **Gardner**.

1 Apr 1708, Samuel **Johnson** & William **Johnson** to John **Shepherd**, £60, 550 acres. Signed Samuel **Johnson** & William **Johnson**.

23 Sep 1708, Samuel **Hedge**, yeoman, of West New Jersey to Jonathan **Walling**, yeoman, of Salem, New Jersey, £235, 500 acres. Signed Samuel

Hedge. Wit: William **Griftin**, Nathaniel **Brading** & Obadiah **Holmes**.

13 Jan 1706, Benjamin **Wright**, yeoman, of Chesterfield Twp., Burlington Co., West New Jersey, (son & heir of Thomas **Wright**) to Mary **Myers**, widow of same, £125...line of Thomas **Roberts**. Signed Benjamin (X) **Wright**. Wit: Francis **Davenport**, Joshua **Newbold** & Richard **Ironeh**.

25 Aug 1707, Mary **Myers**, widow, of Chesterfield, Burlington Co., West New Jersey to her son Joseph **Myers**, carpenter, of same, £125, 260 acres...line of Thomas **Roberts**. Signed Mary **Myers**. Wit: Thomas **Gilberthorpe**, John **Bacon** & Richard (X) **Choppes**.

22 Jun 1709, John **Stokes**, yeoman, of Wellingbourgh, Burlington Co., West New Jersey to Moses **Pettit**, yeoman, of Mansfield, Burlington Co., West New Jersey, 100 acres. Signed John (X) **Stokes**. Wit: Ben **Furnis**, William **Rogers** & Thomas **Gardner**.

1 Mar 1711, Hugh **Hutchins**, yeoman, Mansfield, Burlington Co., West New Jersey to his son Hugh **Hutchins** Jr., yeoman, of same, £100, 120 acres. Signed Hugh **Hutchins**. Wit: Simon **Nightingale**, Francis **Smith** & Moses **Pettit**.

19 Nov 1709, John **Castaugh**, yeoman, of Gloucester, New Jersey to John **Robbins**, blacksmith, of Surry Co., England. Signed John **Castaugh**. Wit: Thomas **Scattergood**, Thomas **Folkes** & Thomas **Gardner**.

27 Nov 1711, Peter **Sonmans**, of New Jersey to Francis **Post**, Jan **Sip**, Harmanus **Gerritse**, Thomas **Jurianse**, Christopher **Stykeek**, Cornelis **D'Orenms**, Peter **Pouase** & Kessel **Proterse**, yeomen, of same, £560, 2,800 acres. Signed Peter **Sonmans**. Wit: Abraham **Governeur** & Thomas **Lawrence**.

12 May 1712, Daniel **Coxe**, of Burlington, West New Jersey to Solomon **Davis**, of Kingstown, Uster Co., New York, £140, 1000 acres. Signed Daniel **Coxe**. Wit: J. **Bass**, Charles **Western** & Elizabeth **Neale**.

16 Jan 1711, Capt. Richard **Cooke**, of the ship Vesell, of Philadelphia, Pennsylvania protests. Signed Richard **Cooke**. Wit: J. **Bass**.

16 Dec 1711, Capt. Richard **Cooke** reports weather problems. Signed Richard **Cooke**.

12 Jan 1711, appeared before Richard **Bull**, of Gloucester Co., New Jersey, Richard **Cooke**, Thomas **Engleford**, George **Webber** & George **Potterson**. Signed Richard **Bull**.

17 Jan 1711, appeared before Richard **Bull**, of Gloucester Co., New Jersey, Richard **Westly** reports ship conditions under Capt. Richard **Cooke**. Signed Richard **Bull**.

9 Dec 1685, survey for Edmund **Gibbons**, 5000 acres...William **Hughs**, John **Maddox** & Thomas **Androsso**. Signed Samuel **Hedge**.

25 Jul 1700, Edmund **Gibbons**, gentleman, of Berender, Kent Co. to Francis **Gibbon**, gentleman, of same, £0.25. Signed Edmund **Gibbon**. Wit: John **Munn** & John **Allen**.

5 Dec 1709, George **Shinn**, yeoman, of Burlington Co., West New Jersey to Francis **Smith**, cordwinder, of same, £12, 200 acres...granted by Robert **Stacy**, of Philadelphia, Pennsylvania, to his grandson, George **Shinn**. Signed George **Shinn**. Wit: Samuel **Frotwell**, John **Smith** & Thomas **Gardner**.

13 Mar 1710, Restore **Lippincott**, yeoman, of Northampton Twp., Burlington Co., West New Jersey to John **Garwood**, yeoman, of Springfield Twp., Burlington Co., West New Jersey, his share of land from Susannah **Budd** held in joint with said **Garwood**. Signed Restore (X) **Lippincott**. Wit: Samuel **Furris**, John **Gosling** & Thomas **Gardner**.

10 Jun 1711, Thomas **Marshall**, butcher, of Sileby, Leicester Co., England to Roger **Andrews**, yeoman, of Malborough, Witts Co., England, £0.25. Signed Thomas **Marshall**. Wit: Thomas **Penford** Jr., John **Clay**, Hannah **Chadburne** & Thomas **Andrews**.

11 May 1712, Obadiah **Holmes**, affidavit, that his son Jonathan **Holmes**, died from a fall from a horse at the age of 44 years. Signed Obadiah **Holmes**.

14 Nov 1702, Robert **Powell**, yeoman, of Springfield, Burlington Co., West New Jersey to John **Browne**, yeoman, of Mansfield, Burlington Co., West New Jersey, £130. Signed Robert (X) **Powell**. Wit: Samuel **Furris**, Peter **Fretwell** & Thomas **Revell**.

1702, Henry **Wells**, of Wellingborough, Burlington Co., West New Jersey to Robert **Powell**, yeoman, of Springfield, Burlington Co., West New Jersey, 150 acres...John **Wearne** devised to his wife Martha, who devised to their three children Elizabeth, Henry & Mary. Signed Henry (X) **Wells**. Wit: Samuel **Furris**, Joseph **Scattergood**, John **Wells** & Edward **Humloke**.

24 Mar 1710, William **Biles**, merchant, of Falls Twp., Bucks Co. Pennsylvania to Thomas **Lambert**, of Burlington Co., West New Jersey, 10,000 acres...line late of Jonathan **Beere** & William **Sewon**. Signed

William **Biles**. Wit: John **Biles**, Mary **Biles** & Henry **Paull**.

14 Mar 1711, William **Basnett**, yeoman, of Burlington, West New Jersey (heir of Richard **Basnett**) to Thomas **Stevenson**, gentleman, of Bucks Co., Pennsylvania, £10, house. Signed William **Basnett**. Wit: Reed **Allisson**, John **Bowadole** & Charles **Weston**.

21 Nov 1701, Rathra **Morris**, yeoman, of Salem Co., New Jersey to Samuel **Carpenter**, merchant, of Philadelphia, Pennsylvania, £1200, 1200 acres in Salem Co. Signed Rathra **Morris**. Wit: George **Beard**, William **Folwell**, James **Thompson**, David **Loyd**, William **Hale** & John **Woodroofe**. Mortgage of £600 assigned to Edward **Shippen** who assigned to John **Lewis**.

26 Mar 1700, Francis **Collins**, bricklayer, of Northampton Twp., Burlington Co., West New Jersey to Jonathan **Eldridge**, cordwinder, of Eversham Twp., Burlington Co., West New Jersey, £10, 140 acres. Signed Francis **Collins**. Wit: John **Ward**, Henry **Grubb** & John **Meredith**.

10 May 1710, Thomas **Humloke**, cooper, of Chesterfield Twp., Burlington Co., West New Jersey, (son & heir of Edward **Humloke**) to John **Allen**, of same, £292, house in Burlington. Signed Thomas **Humloke**. Wit: Isaac **Decow** & William **Biddle** Jr.

19 Mar 1711, Thomas **Stevenson**, of Burlington Co., West New Jersey to Hugh **Huddy**, of Burlington, West New Jersey, £100. Signed Thomas **Stevenson**. Wit: Daniel **Coxe**, Charles **Weston** & J. **Bass**.

14 Mar 1709, Samuel **Wright**, yeoman, of Nottingham Twp., Burlington Co., West New Jersey to Daniel **Robins**, yeoman, of Monmouth Co., West New Jersey, £25. Signed Samuel **Wright**. Wit: Samuel **Furris**, Francis **Davenport**, Jonathan **Wright** & Thomas **Gardner**.

27 Oct 1712, William **Stevenson**, yeoman, of Northampton, Burlington Co., West New Jersey to John **Stevenson**, yeoman, of same. Signed William **Stevenson**. Wit: Richard **Allisson** & Thomas **Scattergood**.

10 May 1710, Rachell **Curtis**, widow & heir of David **Curtis**, late of Mansfield Twp., Burlington Co., West New Jersey to John **Aaronson**, yeoman, of same, £140, 144 acres. Signed Rachell (X) **Curtis**. Wit: Thomas **Curtis** & Samuel **Wright**.

9 Dec 1712, Indians Sheeroppy, Kerhpotark & Oquarhsoon to Anthony **Woodward** & Thomas **Folkes**, £5. Signed with mark. Wit: Howabang (X), Woolan (X), Robert **Eaton**, John **King** & Surkoot (X).

18 Dec 1712, Susannah **Marriot** & Thomas **Marriot**, executors of the estate of Isaac **Marriot** to Samuel **Marriot**, saddler, £32. Signed Susannah **Marriot** & Thomas **Marriot**. Wit: J. **Bass**, Charles **Weston** & Simon **Nightingale**.

6 Dec 1712, Susannah **Marriot** & Thomas **Marriot**, executors of the estate of Isaac **Marriot** to Simon **Nightingale**, innholder, of Burlington, West New Jersey, £100. Signed Susannah **Marriot** & Thomas **Marriot**. Wit: J. **Bass**, John **Allen** & Richard **Webster**.

1711, Daniel **Coxe** to Peter **Fretwell**, line of Seth **Hill**, Daniel **Leeds** & Daniel **Smith**. Signed Daniel **Coxe**. Wit: John **Kay**, J. **Bass** & Charles **Weston**.

1711, Peter **Garbutt** & Francis **Bretton**, of Soarborough, York County, England power of attorney to William **Hudson**, tanner, of Philadelphia, Pennsylvania. Signed Peter **Garbutt** & Francis **Bretton**. Wit: William **Stockdale** & Lavell **Lazenby**.

17 Oct 1712, William **Collum**, baker, of Burlington, West New Jersey to George & Elizabeth **Guest**, cooper, of same, Richard **Smith**, merchant, late of York Co., England, but now of Burlington, West New Jersey & Samuel **Lovett**, shoemaker, of Burlington, West New Jersey, £37.5, mortgage. Signed William **Collum**. Wit: Arthur **Holton**, Anthony **Moms** Jr., Isaac **Decow** & Thomas **Wethers**.

13 Dec 1712, Peter **Sonmans**, of Perth Amboy, New Jersey to Michael **Newbold** & Michael **Buffin**, of Mansfield Twp., Burlington Co., West New Jersey, 40 acres. Signed Peter **Sonmans**. Wit: Peter **Fretwell** & J. **Bass**.

11 Nov 1703, Indians to Mahlon **Stacy**, Samuel **Jennings**, Thomas **Gardner**, George **Deason**, Christopher **Weatherill**, John **Wills**, John **Hunt** Jr., Isaac **Sharp** & John **Reading**. Signed Cononakonkikkon (X), Lurkaunsaman (X), Chekanshakaman (X) & Kelalaman **Thismaske**. Wit: Andrew **Heath**, William **Biddle** Jr., Benjamin **Furris**, William (X) **Albertus** & Mahlon **Stacy** Jr.

17 Jan 1712, Thomas **Frampton**, of Burlington, West New Jersey, son & heir of William & Elizabeth **Frampton**, deceased to Abraham **Bickley**, merchant, of Philadelphia, Pennsylvania, £300. Signed Thomas **Frampton**. Wit: J. **Bass**, Daniel **Leeds** & John **Borradall**.

John & Elizabeth **Wills**, cooper & John & Sarah **Borradall**, maulster, of Western New Jersey, (said Elizabeth & Sarah are daughters of William & Elizabeth **Frampton**, deceased) to Abraham **Bickley**, merchant, of Philadelphia, Pennsylvania, £0.25. Signed John **Wills**, Elizabeth **Wills**, John

Borradall & Sarah Borradall. Wit: J. Bass, Benjamin Furris & Thomas Frampton.

2 Jan 1712, Thomas Frampton, of Burlington, West New Jersey, son & heir of William & Elizabeth Frampton, deceased to Abraham Bickley, merchant, of Philadelphia, Pennsylvania, £300. Signed Thomas Frampton. Wit: J. Bass, Daniel Leeds & John Borradall.

16 Apr 1712, Hugh Huddy, of Burlington, West New Jersey to John Tatham, gentleman, of same, £175, line of Thomas Budd, William & Elizabeth Burge, Thomas Humloke, son of Edward Humloke. Signed Hugh Huddy. Wit: Alexander Griffith & Richard Allison.

19 Jan 1712, Susannah Marriott & Thomas Marriott, executors of the estate of Isaac Marriott, merchant, deceased, of Burlington Co., West New Jersey to Samuel Marriott, saddler, of Burlington, West New Jersey, £41.2, line of Anthony Morris, Thomas Foulkes & John Curtis. Signed Susannah Marriot & Thomas Marriot. Wit: J. Bass, Matthew Thompson, Simon Nightingale & Samuel Goldy.

5 Jun 1703, Indians to Mahlon Stacy, Samuel Jennings, Thomas Gardner, George Deacon, John Wills, Christopher Weatherill, John Hunt Jr., Isaac Sharp & John Reading. Signed Siyaum (X), Hyum (X), Numham (X) Maw, Noamm (X) Hamen, Hynum (X) Pokehautos, & Hynum (X) Wawaleafeed. Wit: Joseph Kirkbride, Andrew Heath & William Biddle Jr.

5 Mar 1712, Daniel Coxe, of Burlington, West New Jersey to Thomas Ruynion, yeoman, of Hopewell, Burlington Co., West New Jersey, 140 acres...line of William Hixson & Captain Hunt. Signed Daniel Coxe. Wit: J. Bass, Edward Kemp & Alexander Lochart.

19 Feb 1703, Thomas Gardiner, of Burlington, West New Jersey to Joseph Tatham, carpenter, of same, £25, 214 acres. Signed Thomas Gardiner.

18 Feb 1712, Daniel Leeds certifies a tract of land to be surveyed for William Titsort, the blacksmith. Signed Daniel Leeds.

10 Jul 1682, George Hutchinson, distiller, of Sheffield, York Co. to Thomas Singleton, shipmaker, of Shadwell Parish, London. Signed George Hutchinson. Wit: Joseph Nicholson.

12 Jan 1712, Abraham & Jane Marriot, (Jane is the daughter of Alexander & Jenny Steward, deceased, late of Springfield, Burlington Co., West New Jersey) £50, for executor of estate. Signed Abraham Marriot & Jane Marriot. Wit: J. Bass, Peter Fretwell & Alexander Griffith.

25 Sep 1706, Thomas **Williams**, gentleman, of Surrey Co. to Daniel **Cox** Jr., of London, £025. Signed Thomas **Williams**. Wit: Robert **Quarry**, John **Cugraw** & Joseph **Rolf**.

10 Mar 1707, John **Ruddrow**, gentleman, of Burlington, West New Jersey to Peter **Long**, gentleman, of same, land trade, 100 acres for 200 acres. Signed John **Ruddrow**. Wit: John **Budd**, Daniel **Cooper** & David (X) **Vanemma**.

13 May 1702, Richard **Pearce**, (son & heir of James **Pearce**, late of Salem Co.) to his sister Hannah **Pearce**, 100 acres. Signed Richard **Pearce**. Wit: Solomon **Smith**, Lidea **Gibson** & Thomas **Scattergood**.

2 May 1714, Daniel **Coxe**, of Burlington, West New Jersey to Thomas **Stevenson**, gentleman, of Bucks Co., Pennsylvania, £130.5, 622 acres... line of Thomas **Read**. Signed Daniel **Coxe**. Wit: Hugh **Huddy**.

4 Oct 1715, Thomas **Stevenson**, gentleman, of Bucks Co. Pennsylvania to John **Rodman** Jr., gentleman, of Queens Co., Long Island, New York, £235, 622 acres. Signed Thomas **Stevenson**. Wit: Anna **Marriott**, Mary **Macknoagh** & Thomas **Marriott**.

22 May 1719, John & Ann **Weatherill**, yeoman, of Burlington, West New Jersey, (son of Christopher **Weatherill**) to Joseph & Fran **Smith**, of same, (Fran is the sister of Abraham **Vanhyst**), £50, ...Cristiana **Nock**. Signed John **Weatherill** & Ann (X) **Weatherill**. Wit: Thomas **Scattergood**, Manewell **Smith**, Garrias **Hall** & Benjamin **Furris**.

9 Apr 1719, John & Ann **Weatherill**, yeoman, of Burlington, West New Jersey, (son of Christopher **Weatherill**) to Thomas **Humloke**, of same. Signed John **Weatherill** & Ann (X) **Weatherill**. Wit: Thomas **Scattergood**, Manewell **Smith**, George **Wills** & Samuel **Scattergood**.

Chapter 3

Deed Records
Volume BB

Recorded
in
1713-1721

25 Jul 1719, Robert **Walter**, of New York City, New York, Isaac **Hicks**, of Queens Co., New York, Allan **Garratt**, of New York City, New York, of first part, John **Johnston**, George **Willocks**, of eastern division of New Jersey, of the second part, & Joseph **Kirkbride**, John **Reading** & James **Alexander**, of the western division of New Jersey, of the third part. Signed Robert **Walter**, John **Johnston**, Joseph **Kirkbride**, Allan **Garratt**, Isaac **Hicks**, George **Willocks**, John **Reading** & James **Alexander**. Wit: James **Stool** & John **Harrison**.

27 Aug 1716, Richard **Mew**, (son & heir of Richard **Mew**, late of Radcliff, Middlesex Co., England), of Rhode Island to John **Mumford**, yeoman, of Newport, Rhode Island, £1200, 1638 acres...sister Mary **Mew**, deceased, married Michael **Wanton** & had son Stephen **Wanton**. Signed Richard **Mew**. Wit: John **Ford**, Rebecca **Budd** & John **Budd**.

6 Se[1717. John **Mumford**, yeoman, of Newport, Rhode Island power of attorney to John **Budd**, gentleman, of Philadelphia, Pennsylvania. Signed John **Munford**. Wit: John **Barber**, Edward **Wood** & James **Codon**.

2 Jun 1716, George **Hutchinson**, (grandson & heir of George **Hutchinson**, of Burlington, West New Jersey) power of attorney to Anthony **Morris**...James & Martha **Bullon**, one of the daughters of said George. Signed George **Hutchinson**. Wit: John **Haney**, Robert **Bolton** & Richard **Brockdon**.

4 May 1717, George **Hutchinson**, (grandson & heir of George **Hutchinson**, of Burlington, West New Jersey), of London power of attorney to Anthony **Morris**, of Burlington, New Jersey, (son of Anthony **Morris**), ...Mary & Rachel, daughters of grandfather George **Hutchinson**. Signed George **Hutchinson**. Wit: John **Richmond**, Lodwick Christain **Sprogoll** & Benjamin **Eyre**.

11 Dec 1717, signed before me John **Koy**, Gloucester Co., New Jersey George **Hutchinson** power of attorney before witnesses John **Richmand** & Benjamin **Cyoes**.

21 May 1718, Judith **Cant**, widow of William **Cantrige**, deceased, mariner, of Wapping, Middlesex Co., England, through her attorneys, Clement **Plumstead** & Samuel **Carpenter**, of Philadelphia, Pennsylvania to Joseph **Kirkbride**, of Bucks Co., Pennsylvania, £100, 833 acres...line of William **Scholey**, Joseph **Kirkbride** & Thomas **Gardner**...devised in will by William **Cant** to said Judith...Robert **Hopper** devised to his daughter, Alice **Hopper**, of Scarbrough, York Co., England, who sold to said William **Cant**. Signed Clout **Plumstead** & Samuel **Carpenter**. Wit: Samuel **Mickle**, Witt **Buffill**, Charles **Brockon** & John **Budd**.

30 Dec 1707, Susannah **Budd**, widow of Thomas **Budd**, of Philadelphia, Pennsylvania & John **Budd** to Elishu **Allen**, mariner, of Philadelphia, Pennsylvania, £130.5, 1730 acres...line of James **Mase**. Signed Susannah **Budd** & John **Budd**. Wit: Anthony **Morris** Jr., Charles **Plumley** & Sarah **Morrey**.

29 Dec 1718, John **Foke**, gentleman, of Oyster Bay, Queens Co., Nassau Island, New York to Jacob **Daughty**, of Chesterfield, Burlington Co., West New Jersey, £40. Signed John **Foak**. Wit: Samuel **Bowe**, Henry **Cock**, Robert **Hooke** & Robert **Townsend**.

4 Apr 1711, John **Reading**, yeoman, of Mount Anwell, New Jersey to William **Fitzworth**, blacksmith, of same, 400 acres. Signed John **Reading**. Wit: William **Budd** & John **Wills**.

23 Apr 1711, John **Reading**, yeoman, of Mount Anwell, New Jersey to William **Fitzworth**, blacksmith, of same, 400 acres. Signed John **Reading**. Wit: William **Budd**, John **Wills** & William **Shrewson**.

3 Mar 1716, Thomas **Cortise**, yeoman, of Burlington Co., New Jersey bound to William **Wood**, Robert **Chapman**, John **Warrant**, John **Moore**, Samuel **Taylor** & Mathew **Watson**, £200, to deliver Mary **Wheatcroft**. Signed Thomas **Curtis**. Wit: John **Richardson**, Daniel **Farnsworth** & Edward **Kemp**.

30 Jul 1719, Daniel **Leeds**, yeoman, of Springfield, Burlington Co., West New Jersey to James **Thompson**, of Burlington, West New Jersey, £12.2, line of William **Biddles** & John **Tatham**. Signed Daniel **Leeds**. Wit: Isaac **Decow**, Samuel **Furris** & William **Cotton**.

6 Mar 1718, John **Blackwell**, of London, (purchased of William **Freeman**, mariner, of Croncester, Gloucester Co. & Margrit **Freeman**, of London,

Widow of Anthony **Freeman**, of Gayohing, Gloucester Co., purchased of John **Freeman**) power of attorney to Rees **Jones**, of Philadelphia, Pennsylvania. Signed John **Blackwell**. Wit: Margrit & William **Freeman** & John **Dickinson**.

27 May 1713, William **Tiotsoort**, of New York to Jan Janson **Docker**, £300, 400 acres. Signed William **Tiotsoort**. Wit: David **Dubaier**, Charles **Brodhead** & William **Atingham**.

24 Aug 1719, Thomas **Humloke**, innholder, of Burlington, West New Jersey to Henry **Clothier**, of same, £65. Signed Thomas **Humloke**. Wit: William **Snowden**, John **Hunadail** & Thomas **Scattergood**.

22 May 1719, Jacob **Doughty**, of Chesterfield, Burlington Co., West New Jersey to William **Satterwaite**, yeoman, of same, £62.5, line of Samuel **Andrews**. Signed Jacob **Doughty**. Wit: E. **Walker**, David **Thomas** & Joseph **Rockless**.

13 Mar 1717, John & Esther **Middleton**, yeoman, of Nottingham Twp., Burlington Co., West New Jersey & Ann **Gilberthrope**, spinster, of same to Peter **Hearn**, glasser, of Burlington, West New Jersey, £5, 1.5 acres ...devised by Thomas **Gilberthrope**, line of Nathaniel **Cripps** & Daniel **Smith**. Signed John **Middleton**, Esther **Middleton** & Ann **Gilberthrope**. Wit: Edmund **Beakes**, John **Lawrence** & Morey **Sheueuson**.

10 Feb 1700, Thomas **Ridgway**, yeoman, of Burlington Co., West New Jersey to Richard **Ridgway**, yeoman, of same, £10, 20 acres...formerly sold to said Richard by his son Thomas. Signed Thomas (X) **Ridgway**. Wit: Samuel **Furris** & Thomas **Gardiner**.

6 Jun 1719, Thomas **Middleton**, taylor, of Burlington, West New Jersey to Mathew **Champion**, yeoman, of same, £55, 3 acres...line late of John **Weatherill**, now John **Allen**, Thomas **Humloke** & John **Hogborne**, deceased, late John **Tatham**, now Jeremiah **Basse**, Samuel **Marriot**, deceased. Signed Thomas **Middleton**. Wit: Thomas **Clarke** & Isaac **Decow**.

25 Feb 1717, William **Bassnett**, cooper, of Burlington, West New Jersey to Isaac **Pearson**, silver smith, of same & Isaac **Decow**, late of New York, but now of the same, £100, 6 acres...line of Edward **Robinson**. Signed William **Bassnett**. Wit: Thomas **Clarke** & Nicholas **Rouch**.

19 Jun 1719, Deborah **Westland**, widow, of Burlington, West New Jersey to John **Roberts**, gentleman, of same, £50. Signed Deborah **Westland**. Wit: Edward **Robinson** & Garvas **Hall**.

18 Jan 1716, Samuel **Barker**, gentleman, of Balbrough, Darby Co. power

of attorney to Thomas **Weatherill** & Isaac **Decow,** of Burlington, West New Jersey. Signed Samuel **Barker.** Wit: Thomas **Barber,** John **Raynes** & John **Barker.**

1718, Samuel **Barker,** gentleman, of Balbrough, Darby Co. power of attorney to Thomas **Weatherill** & Isaac **Decow,** of Burlington, West New Jersey. Signed Samuel **Barker.** Wit: Joseph **Kirk,** John **Barker** & William **Machon.**

28 Sep 1719, Mary **Hancock,** (widow of Godfrey **Hancock),** of Mansfield, Burlington Co., West New Jersey to Daniel **Leeds,** of Springfield, Burlington Co., West New Jersey, £10. Signed Mary (X) **Hancock.** Wit: Titan **Leeds,** Enock **Henton** & Bartholomew **Gibson.**

14 Nov 1719, Samuel **Barker,** gentleman, of Balbrough, Darby Co. power of attorney to John **French,** of Northampton Twp., Burlington Co., West New Jersey, £17, 100 acres & 120 acres...corner to Jacob **Lams.** Signed Samuel **Barker.** Wit: Rowland **Chris** & Mathew **Gardner.**

3 Sep 1718, James **Budd** to Peter **Bard,** £20, 120 acres... line of William **Budd** Jr. Signed James **Budd.** Wit: Deborah **Roe,** William **Budd** & Thomas **Budd.**

1717, Philo **Leeds,** of Burlington Co., West New Jersey to Peter **Bard,** of same, 120 acres. Signed Philo **Leeds.** Wit: Michael **Newbold,** Daniel **Wills** & Daniel **Leeds.**

24 Sep 1718, James **Budd** To Peter **Bard,** £20, 120 acres... line of William **Budd** Jr. Signed James **Budd.** Wit: Deborah **Roe,** William **Budd** & Thomas **Budd.**

27 Sep 1719, Thomas **Humloke,** yeoman, of Burlington Co., West New Jersey to Richard **Smith,** of same, £61, 7 acres. Signed Thomas **Humloke.** Wit: George **Willis,** John **Allen** & Isaac **Decow.**

22 Dec 1717, Charles **Weston,** of Burlington, West New Jersey to Peter **Bard,** of same, £12, 300 acres. Signed Charles **Weston.** Wit Emanuel **Smith** & George **Willis.**

24 Aug 1716, Daniel **Coxe,** of Burlington, West New Jersey to Charles **Weston,** of same, £20, 300 acres. Signed Daniel **Coxe.** Wit: William **Tront,** John **Porterfield** & Thomas **Hooton.**

13 Mar 17117, Revell **Elton,** yeoman, Nottingham Twp., of Burlington Co., West New Jersey to Peter **Bard,** of Burlington, West New Jersey, , £30, 300 acres...line of Daniel **Leeds.** Signed Revell **Elton.** Wit: John **Roberts** &

Isaac **Decow**.

8 May 1719, Charles **Woolverton**, of Anwell, Hunterdon Co., New Jersey to Thomas **Harrison**, carpenter, of Chesterfield, Burlington Co., West New Jersey, £67, 250 acres...line of John **Wright**. Signed Charles **Woolverton**. Wit: Simon **Nightingale** & Richard (X) **Harper**.

2 Nov 1717, Joshua & Elizabeth **Humphries**, yeoman, of Northampton Twp., Burlington Co., West New Jersey to Abraham **Brickley** & Joseph **Rodman**, of Philadelphia, Pennsylvania, £245. Signed Joshua **Humphries** & Elizabeth **Humphries**. Wit: Peter **Frotwell**, John **Borradall** & Charles **Weston**.

13 Feb 1713, Abraham **Brown**, yeoman, late of Springfield Twp., but now of Mansfield, Burlington Co., West New Jersey to John **Borradall**, gentleman, of Burlington, West New Jersey, £500, 150 acres...line of John **Ceasbyes**. Signed Abraham **Brown**. Wit: Isaac **Pearson**, Robert **Elton** & Thomas **Scattergood**.

17 Jul 1719, Mathew **Gardiner**, yeoman, of Burlington, West New Jersey to Benjamin **Furniss**, cooper, of same, £100, 625 acres...line of James **Salterthwaite**. Signed Mathew **Gardiner**. Wit: Joshua **Humphries**, Abraham **Bridley** & Thomas **Scattergood**.

17 Jul 1719, Mathew **Gardiner**, yeoman, of Burlington, West New Jersey, (son & heir of Thomas **Gardiner**) to Isaac **Pearson**, silver smith & Isaac **Doran**, yeoman, of same, £100, 400 acres...William & Sarah **Barnett**. Signed Mathew **Gardiner**. Wit: Isaac **Decow**, Joshua **Humpries**, Abraham **Brickley** & John **Wills**.

2 Jul 1718, Francis & Mary **Collings**, yeoman, of Northampton Twp., Burlington Co., West New Jersey to John **Gosling**, yeoman, of Eversham, Burlington Co., West New Jersey, £256, 256 acres...line of Benjamin **Sornoss** & William **Hains**. Signed Francis **Collings** & Mary **Collings**. Wit: Francis **Brian**, Simon (X) **Woodrow** & Thomas **Scattergood**.

18 May 1713, Nathaniel **Pope**, of Burlington, West New Jersey to Thomas **Stevenson**, of Bucks Co., Pennsylvania, £4, 100 acres. Signed Nathaniel **Pope**. Daniel **Leeds**, Peter **Frotwell** & Joshua **Humpries**.

16 Dec 1715, John **Borradall**, of Burlington, West New Jersey to Peter **Bard**, of same, £500, 150 acres...line of Abraham **Brown** & 600 acres...line of John **Hollinghead**. Signed John **Borradall**. Wit: Samuel **Goldy**, Simon **Nightingale** & Thomas **Scattergood**.

8 Apr 1713, Daniel **Leeds**, of Springfield, Burlington Co., West New Jersey

to John **Gosling**, of same, £3, 2 acres...line of William **Stevenson** & John **Day**. Signed Daniel **Leeds**. Wit: Samuel **Goldy**, Thomas **Leeds** & Enoch **Foutar**.

8 Feb 1685, Bernard **Devonish**, yeoman, of Northampton, Burlington Co., West New Jersey to Thomas **Gardiner** Sr., taylor, of Burlington, West New Jersey, £10.5, lot in Burlington...line of James **Hill**. Signed Bernard **Devonish**. Wit: James **Hill**, Henry **Tucker** & John **Gardiner**.

7 Mar 1678, Anthony **Elton**, yeoman, of Yatesbury, Wilts Co. to Thomas **Gardiner**, taylor, of Warmister, Wilts Co., £20.2. Signed Anthony **Elton**. Wit: John **Tilton**, James **Hill** & William **Forest**.

19 Apr 1716, John **Budd**, gentleman, of Philadelphia, Pennsylvania to Richard **Brown**, yeoman, of Burlington, West New Jersey, £100, 596 & 500 acres ...line of William **Howell**...Raccoon Creek...purchased of Jonathan & Elizabeth **Wilson** & Sarah **Stacy**, said Elizabeth & Sarah are heirs of Henry **Stacy**. Signed John **Budd**. Wit: Hugh **Huddy**, Martha **Huddy** & Joann **Fanchor**.

19 Jan 1719, Daniel & Mary **Smith**, of Burlington, West New Jersey to Peter **Frotwell**, of same, (Joseph **Smith**, Manwell **Smith**, Samuel **Smith** & Richard **Smith**, brothers of John **Smith**), £5, 0.5 acres. Signed Daniel **Smith** & Mary **Smith**. Wit: James **Thomson**, Garvas **Hall** & Isaac **Decow**.

5 Oct 1714, Joseph **Rockless**, miller, of Chesterfield, Burlington Co., West New Jersey to Jonathan **Wright**, merchant, of Burlington, West New Jersey, £15. Signed Joseph (X) **Rockless**. Wit: John **Chenowoth**, Benjamin (X) **Wright** & Thomas (X) **Rantisfield**.

5 Apr 1715, Benjamin **Wright**, yeoman, of Chesterfield, Burlington Co., West New Jersey to Jonathan **Wright**, merchant, of Burlington, West New Jersey. Signed Benjamin (X) **Wright**. Wit: John **Wills**, Peter **Frotwell** & John **Repedha**.

23 Feb 1712, Benjamin **Wright**, yeoman, of Chesterfield, Burlington Co., West New Jersey to Jonathan **Wright**, merchant, of Burlington, West New Jersey, 500 acres...line of John & Susanna **Bullock**. Signed Benjamin (X) **Wright**. Wit: John (X) **Bullock**, William **Allen** & Joseph **Rockless**.

27 Dec 1718, Benjamin **Wright**, yeoman, of Chesterfield, Burlington Co., West New Jersey to Jonathan **Wright**, merchant, of Burlington, West New Jersey, 400 acres. Signed Benjamin **Wright**. Wit: John (X) **Bullock**, Allan **Woodall** & Joseph **Rockless**.

23 Feb 1709, Benjamin **Wright**, yeoman, of Chesterfield, Burlington Co.,

West New Jersey to his brother, Jonathan **Wright**, merchant, of Burlington, West New Jersey, 315 acres. Signed Benjamin (X) **Wright**. Wit: Joshua **Wright**, Francis **Davenport**, John (X) **Thare** & William **Suiley**.

3 May 1705, Thomas **Wright**, yeoman, of Chesterfield, Burlington Co., West New Jersey to his son Jonathan **Wright**, merchant, of Burlington, West New Jersey, for love and affection, 315 acres. Signed Thomas **Wright**. Wit: Henry (X) **Scott**, Samuel **Frotwell**, Joshua **Frotwell** & James (X) **Pearson**.

13 May 1714, Peter **Frotwell**, tanner, of Burlington, West New Jersey to Jonathan **Wright**, merchant, of same, £0.25, 500 acres. Signed Peter **Frotwell**. Wit: Edward **Ruckhill**, Benjamin (X) **Wright** & Joseph **Rockless**.

22 Feb 1709, Benjamin **Wright**, yeoman, of Chesterfield, Burlington Co., West New Jersey to his brother, Jonathan **Wright**, merchant, of Burlington, West New Jersey. Signed Benjamin **Wright**. Joshua **Wright**, Francis **Davenport**, John (X) **Thorn** & William **Emley**.

5 Jan 1719, Joseph **Rodman**, merchant, of Philadelphia, Pennsylvania to Abraham **Bickley**, merchant, of Burlington, West New Jersey, £140, lot in Burlington...line of Francis **Smith** & Benjamin **Wheat**. Signed Joseph **Rodman**. Wit: Simon **Nightingale**, Martha **Nightingale** & Isaac **Decow**.

3 Jul 1718, Joseph **Collins**, yeoman, of Burlington, West New Jersey to Francis & Mary **Collins**, yeoman, of Northampton, Burlington Co., West New Jersey, 500 acres. Signed Joseph **Collins**. Wit: John **Gosling**, Thomas **Brian** & John **Collins**.

3 Jul 1719, John **Collins**, yeoman, of Northampton, Burlington Co., West New Jersey to John **Gosling**, gentleman, of same, £50556 acres. Signed John **Collins**. Wit: Henry **Burr**, Thomas **Brian**, Simon (X) **Woodrow** & Thomas **Scattergood**.

3 Jul 1718, Francis & Mary **Collins**, yeoman, of Northampton, Burlington Co., West New Jersey to John **Gosling**, gentleman, of same. Signed Francis **Collins** & Mary **Collins**. Wit: Thomas **Scattergood**, Thomas **Brian**, Thomas **Kemball**, Erif **Miller**, John **Collins** & Joseph **Collins**.

12 Jul 1716, Samuel **Bushill**, cooper, of Burlington, West New Jersey power of attorney to his wife Grace **Bushill** & Thomas **Humloke**, of same. Signed Samuel (X) **Bushill**. Wit: William **Feriblia** & Charles **Wastok**.

2 May 1716, William **Bassnett**, yeoman, of Burlington, West New Jersey power of attorney to his wife Sarah **Bassnett**, of same. Signed William **Bassnett**. Wit: Samuel **Smith**, (age about 41 in 1719) & Samuel **Bassnett**.

11 Mar 1678, Anthony **Elton**, yeoman, of Gatesburg, Wilts Co. to Thomas **Gardiner**, of Fromham, Chester Co. Signed Anthony **Elton**. Wit: John **Pillton**, James **Hill** & William **Forest**.

26 Dec 1716, Henry **Burr**, maulster, of Northampton Twp., Burlington, West New Jersey to his son Joseph **Burr**, of same, £300, 500 acres... line of Francis & John **Collins**. Signed Henry **Burr**. Wit: Richard **Ridgway**, Samuel **Woolman** & Thomas **Scattergood**.

8 Aug 1718, John **Hancock**, yeoman, of Mansfield Twp., Burlington Co., West New Jersey to Peter **Bard**, merchant, of Burlington, West New Jersey, £10.4, 155 acres. Signed John **Hancock**. Wit: Isaac **Decow** & Richard (X) **Francis**.

9 Nov 1707, John **Wills**, of Burlington, West New Jersey to Thomas **Gardiner**, yeoman, of same, £20, devised to said John by his uncle John **Gardiner**. Signed John **Wills**. Wit: James **Wills**, Jonathan **Lovett** & Benjamin **Furris**.

7 Sep 1716, George **Hutchinson**, of London, England, eldest son of Samuel **Hutchinson**, of Shiechfield, York Co., deceased, eldest son of George **Hutchinson**, late of New Jersey & Pennsylvania, Mary **Stanfield**, wife of James **Stanfield**, one of the daughters of George **Hutchinson**, daughter of said George, Rachell **Hutchinson**, James & Martha **Bollen**, of Chester Co., Pennsylvania, (said Martha is another daughter of said George **Hutchinson**) to Arthur **Morris**, £150, by power of attorney from Edward **Jones** & Daniel **Wilson**.

1719, Robert **Bolton**, mariner, late of Lune House, Middlesex Co., but now of Philadelphia, Pennsylvania to John **Budd**, £5, 616 acres. Signed Robert **Bolton**. Wit: Richard **Arnitt**, Daniel **Wilcox** & Humphrey **Morrey**.

1713, James **Logan**, of Philadelphia, Pennsylvania to John **Budd**, gentleman, of same, £25. Signed James **Logan**. Wit: Charles **Read**, Samuel **Davis**, Cadwallder **Colden** & George **Painter**.

19 Dec 1716, Joseph **Kirkbride**, gentleman, of Bucks Co., Pennsylvania to John **Budd**, gentleman, of Philadelphia, Pennsylvania, £200, 2880 acres. Signed Joseph **Kirkbride**. Wit: James **Hook**, Joseph **Dickinson** & James **Boydonn**.

6 Aug 1718, John **Budd**, gentleman, of Philadelphia, Pennsylvania to Robert **Bolton**, mariner, of Middlesex Co., England, £0.3, 119 acres. Signed John **Budd**. Wit: Richard **Armitt**, David **Wilcox** & Humphrey **Morrey**.

1709, Daniel **Cox**, gentleman, of Burlington, West New Jersey to William

Petty, gentleman, of same, £7, 1.25 acres. Signed Daniel **Cox**. Wit: Isaac **Decow**, John **Petty** & Charles **Weston**.

19 Jan 1717, James & Martha **Bolton**, millwright, of Chester Co., Pennsylvania, (said Martha is one of the daughters of George **Hutchinson**, also named daughter Elizabeth **Peers** and son Samuel's children in England, and another daughter Rachel) to Sarah **Morrey**, widow & distiller, of Philadelphia, Pennsylvania. Signed James **Bolton** & Martha **Bolton**. Wit: Edward **Genes**, Daniel **Wilcox** & John **Budd**.

7 Aug 1709, Nathaniel **Pope**, taylor, of Burlington, West New Jersey to John **Hancock**, yeoman, of Mansfield, Burlington Co., West New Jersey, £7, 135 acres. Signed Nathaniel **Pope**. Wit: Joshua **Frotwell**, Phebe **Voss** & Thomas **Scattergood**.

7 Jul 1719, Sarah **Bassnett**, wife of William **Bassnett** & daughter of Thomas **Gardiner**, deceased power of attorney to her brother Matthew **Gardiner**. Signed Sarah **Bassnett**. Wit: Isaac **Decow**, Abraham **Bickley** & John **Wills**.

7 Jul 1719, Mary **Gardiner**, of Philadelphia, Pennsylvania & daughter of Thomas **Gardiner**, deceased to her brother Thomas **Gardiner**, £1. Signed Mary **Gardiner**. Wit: Abraham **Bickley**, Joshua **Humphries** & Isaac **Decow**.

1 Jul 1719, Isaac & Hannah **Pearson**, of Burlington, West New Jersey to their brother Matthew **Gardiner**, son of Thomas **Gardiner** & grandson of Matthew **Gardiner**, £1. Signed Isaac **Pearson** & Hannah **Pearson**. Wit: Abraham **Bickley**, Joshua **Humphries** & Isaac **Decow**.

Jul 1719, Benjamin & Elizabeth **Furris**, (Elizabeth is a daughter of Thomas **Gardiner**, deceased), of Burlington, West New Jersey to Thomas **Gardiner**, son of said Thomas **Gardiner**, £0.25. Signed Benjamin **Furris** & Elizabeth **Furris**. Wit: Abraham **Bickley**, Joshua **Humphries** & Isaac **Decow**.

17 Jul 1719, Thomas **Humloke** & Grace **Bostill**, wife of Samuel **Bostill**, yeoman, of Burlington, West New Jersey, & daughter of Thomas **Gardiner**, deceased quit claim to Matthew **Gardiner**, £0.25. Signed Samuel **Bostill** by his attorney Thomas **Humloke** & Grace **Bastill**. Wit: Abraham **Bickley**, Joshua **Humphries** & John **Wills**.

31 Oct 1719, Abraham **Bickley**, of Burlington, West New Jersey to Matthew **Gardiner**, of same, £250, quit claim. Signed Abraham **Bickley**. Wit: George **Willis** & Isaac **Decow**.

Aug 1712, William **Bassnett**, (son & heir of Richard & Elizabeth **Bassnett**), of Burlington, West New Jersey to Thomas **Gardiner**, husband of the above said Elizabeth. Signed William **Bassnett**. Wit: William **Berge**, Isaac **Decow** & Thomas **Frampton**.

5 Oct 1705, William **Biddle**, gentleman, of Burlington, West New Jersey to Thomas **Gardiner**, yeoman, of same, £3. Signed William **Biddle**. Wit: William **Biles**, William **Hall** & John **Readme**.

4 Aug 1712, William **Bassnett**, (son & heir of Richard & Elizabeth **Bassnett**), of Burlington, West New Jersey to Thomas **Gardiner**, husband of the above said Elizabeth, £0.25, lot in Burlington. Signed William **Bassnett**. Wit: William **Berge**, Isaac **Decow** & Thomas **Frampton**.

10 Feb 1707, James **Read**, yeoman, of New Castle, Pennsylvania, husband of Sarah, formerly wife of John **Smith**, yeoman, deceased, late of Castoone Creek to Thomas **Gardiner**, of Burlington, West New Jersey, £40, 580 acres. Signed James **Read**. Wit: Peter **Frotwell**, William **Hollingshead** & Thomas **Revell**.

5 Aug 1712, William & Elizabeth **Bassnett**, of Burlington, West New Jersey to Thomas **Gardiner**, £250. Signed William **Bassnett**. Wit: William **Berge**, Isaac **Decow** & Thomas **Frampton**.

7 Feb 1697, Thomas **Brian**, husbandman, of Northampton Twp., Burlington Co., West New Jersey to James **Smith**, husbandman, of same, £4, 150 acres. Signed Thomas **Brian**. Wit: Peter **Frotwell**, John **Hollingshead** & John **Meredith**.

John **Day**, yeoman, of Springfield, Burlington Co., West New Jersey, Samuel **Bunting**, yeoman, of Chesterfield Twp., Burlington Co., West New Jersey & Edward **Rockhill**, ropemaker, of Chesterfield Twp., Burlington Co., West New Jersey to Peter **Foarn** & Richard **Smith**, of Burlington Co., West New Jersey, £150. Signed Samuel **Bunting**, Edward **Rockhill** & John (X) **Day**. Wit: Thomas **Weatherill**, Samuel **Billings** & Thomas **Scattergood**.

8 Dec 1707, Seth **Hill**, mariner, of Burlington, West New Jersey to William **Watson**, John **Day**, Samuel **Jennings** & Thomas **Gardiner**, yeomen, of Burlington, West New Jersey, £118.8, house & lot in Burlington. Signed Seth **Hill**. Wit: Peter **Frotwell**, Samuel **Frotwell** & John **Wills**.

29 May 1708, William **Watson**, John **Day**, Samuel **Jennings** & Thomas **Gardiner**, yeomen, of Burlington, West New Jersey to folks for a meeting house, house & lot in Burlington. Signed William **Watson**, John (X) **Day**, Samuel **Jennings** & Thomas **Gardiner**. Wit: Isaac **Marriott**, Samuel **Furris** & John **Wills**.

6 Mar 1713, Michael & Elizabeth **Koyle**, Samuel & Mary **Koffing** & Joseph

& Martha **Lyne** to John **Day,** Samuel **Bunting,** Peter **Frotwell,** Thomas **Raper** & Edward **Rockhill,** £22.6, house in Burlington, Persivall **Towle,** deceased, of Burlington, West New Jersey, devised a meeting house...Seth **Hill** devised to his daughters, Elizabeth, Mary, Martha, Susannah & Sarah. Signed Michael **Koyle,** Elizabeth **Koyle,** Samuel **Hoffing,** Mary **Hoffing,** Joseph **Lyne** & Mary **Lyne.** Wit: John **Kaighm,** Samuel **Smith** & Joshua **Humphries.**

6 Mar 1713, John & Elizabeth **Kaighm,** of Gloucester Co., New Jersey to John **Day,** Samuel **Bunting,** Peter **Frotwell,** Thomas **Raper** & Edward **Rockhill,** £12, meeting house in Burlington. Signed John **Kaighm** & Elizabeth **Kaighm.** Wit: Samuel **Furris** & Isaac **Decow.**

18 Feb 1813, Susannah **Hill** & Sarah **Hill,** both of Philadelphia, Pennsylvania to John **Day,** Samuel **Bunting,** Peter **Frotwell,** Thomas **Raper** & Edward **Rockhill,** £14.4, meeting house in Burlington. Signed Susannah **Hill** & Sarah (X) **Hill.** Wit: John **Wills** & Joshua **Humphries.**

29 Dec 1714, William & Sarah **Bassnett,** cooper, of Burlington, West New Jersey to Edward **Robinson,** cooper, of same, £20, 2 acres on an island in Burlington. Signed William **Bassnett** & Sarah **Bassnett.** Wit: Samuel **Bushill,** Thomas **Humloke** & Isaac **Decow.**

29 Oct 1717, John **Naylor,** carpenter, of Burlington, West New Jersey quit claim to Thomas & Sarah **Cutter.** Signed John **Naylor.** Wit: Nehemiah **Cowgill** & Samuel **Davis.**

4 Mar 1720, John **Weatherill,** tanner, of Burlington, West New Jersey quit claim to Thomas **Weatherill,** cooper, of same, £27. Signed John **Weatherill.** Wit: John **Bunt,** William **Polly** & Joshua **Humphries.**

24 Jan 1718, Susannah **Budd,** (widow & heir of Thomas **Budd),** of Philadelphia, Pennsylvania to John **Crapps,** doctor, of same, £40, two tracts. Signed Susannah **Budd** & John **Budd.** Wit: Nathaniel & Anna **Tylee** & Sarah **Morrey.**

4 May 1699, William **Watson,** yeoman, of Nottingham, Burlington Co., West New Jersey to Thomas **Lambert,** yeoman, of same, £140, John **Lambert,** deceased, plantation. Signed William **Watson.** Wit: Benjamin **Field,** Edward **Rockhill** & Samuel **Bunting.**

3 May 1691, Francis **Davenport,** yeoman, of Burlington, West New Jersey to William **Wilson,** yeoman, of Nottingham, Burlington Co., West New Jersey, £100. Signed Francis **Davenport,** Thomas **Lambert** & William **Emley.** Wit: Benjamin **Field,** Edward **Rockhill** & Samuel **Bunting.**

3 Apr 1717, Timothy **Baker**, yeoman, of Hunterdon Co., New Jersey to Thomas **Lambert**, tanner, Burlington Co., West New Jersey, £0.25. Signed Timothy **Baker**. Wit: Isaac **Watson**, George **Ely** & Edmund **Beakes**.

4 Apr 1717, Timothy **Baker**, yeoman, of Hunterdon Co., New Jersey to Thomas **Lambert**, tanner, of Burlington, West New Jersey, £50, 302 acres...Mahlon **Stacy**, Elizabeth, Mary, Ruth & Rebeckah, said Rebeckah married Joshua **Wright**, Burlington Co., West New Jersey. Signed Timothy **Baker**. Wit: Isaac **Watson**, George **Ely** & Edmund **Beakes**.

20 May 1701, Thomas **Lambert**, yeoman, of Nottingham, Burlington Co., West New Jersey to his brother John **Lambert**, of same. Signed Thomas **Lambert**. Wit: Joshua **Wright**, Martin **Troff** & Margaret **Lambert**.

20 Aug 1705, John **Lambert**, yeoman, of Nottingham, Burlington Co., West New Jersey to his brother, Thomas **Lambert**, tanner. of same. Signed John **Lambert**. Wit: Joshua **Wright** & John **Snowden**.

26 Dec 1718, Charles **Dockminique**, John **Bonnett**, Edward **Rickier**, Robert **Mitchell**, Thomas **Skinner** & Joseph **Brookbank**, all gentlemen, of London, England to Constant **Hughs**, of Cape May, New Jersey, £10, 9 acres. Signed Charles **Dockminique**, John **Bonnett**, Edward **Rickier**, Robert **Mitchell**, Thomas **Skinner** & Joseph **Brookbank**.

18 Jan 1717, Joseph **Willets**, of Little Egg Harbor, Burlington Co., West New Jersey to Thomas **Ridgway**, of same, £104, 300 acres. Signed Joseph **Willets**. Wit: David **Gold**, James (X) **Willets** & Richard **Philett**.

7 Apr 1720, Indians to William **Budd**, trade goods. Signed by several Indians. Wit: Thomas **Budd**, William **Limes**, Daniel **Mutked** & John **Woolston**.

20 May 1720, Martha **Huddy**, widow, of Burlington, West New Jersey to William **Patterson**, merchant, of same, £100, lot in Burlington...line of Abraham **Brickley**. Signed Martha **Huddy**. Wit: Thomas **Humloke**, Garvas **Hall** & Isaac **Decow**.

2 May 1714, Richard **French**, yeoman, of Mansfield, Burlington Co., West New Jersey to Hugh **Huddy**, Burlington Co., West New Jersey, £17. Signed Richard **French**. Wit: Richard **Allison** & Joseph **Rockless**.

22 Feb 1710, Hugh **Huddy**, merchant, of Burlington, West New Jersey to Joseph **Myers**, carpenter, of Chesterfield Twp., Burlington Co., West New Jersey, £50, 2 acres. Signed Hugh **Huddy**. Wit: Alexander **Griffith**, Richard **Allison** & Thomas **Humloke**.

8 Apr 1720, Richard **Stockton**, yeoman, Samuel **Stockton**, Joseph **Stockton** & Robert **Stockton**, of Summerset Co., New Jersey to John **Black**, yeoman, of Burlington, West New Jersey, £0.25, 255 acres... Springfield Twp., Burlington Co., West New Jersey...line of Robert **Slack** & Daniel **Liens**. Signed Richard **Stockton**, Samuel **Stockton**, Joseph **Stockton** & Robert **Stockton**. Wit: Nathaniel **Leonard**, James **Leonard** & Bear Foot **Brimsdale**.

25 Mar 1720, John **Haines**, yeoman, of Eversham, Burlington Co., West New Jersey to Zachary **Prickett**, yeoman, of Northampton, Burlington Co., West New Jersey, £50, 130 acres...line of Thomas **Garwood**. Signed John **Haines**. Wit: Richard **Eayre**, Thomas **Eayre** & Richard **Eayre** Jr.

26 Jan 1714, Joseph **Myers**, carpenter, of Freehold, Mommouth Co., New Jersey to Jasper **Moon**, of Burlington, West New Jersey, £50, 2 acres. Signed Joseph **Myers**. Wit: Thomas **Folkes**, Thomas **Folkes** Jr. & Edward **Kamp**.

10 Apr 1716, William **Bassnett**, cooper, of Burlington, West New Jersey to Jasper **Moon**, yeoman, of same, £10, lot on High Street Burlington ...line of William **Webster** & Richard **Wright**. Signed William **Bassnett**. Wit: Thomas **Clark** & Charles **Weston**.

26 Apr 1704, Henry & Mary **Grubb**, innholder, of Burlington, West New Jersey & Thomas & Abrigail **Raper**, white smith, of same to Nathaniel **Westland**, merchant, of same, executor of estate of Joseph **Adams**, taylor, of Burlington, West New Jersey, (said Mary & Abrigail are the daughters and heirs of Mary **Perkins**), £4.6. Signed Henry **Grubb**, Mary (X) **Grubb**, Thomas **Raper** & Abrigail (X) **Raper**. Wit: Thomas **Powell** & Robert **Wheeler**.

20 Apr 1720, Nicholas **Martincux**, joyner, of Burlington, West New Jersey to John **Wills**, yeoman, of Northampton, Burlington Co., West New Jersey, £3.5, 1 acre...line formerly of Henry **Jacobs**, now Judah **Allen**. Signed Nicholas **Martincux**. Wit: Joshua **Humphries**, Joseph **Yard** & Bartholomew **Harriot**.

7 Jun 1720, Jasper **Moon**, wagoner, of Burlington, West New Jersey to William **Pattison**, innholder, of same. Signed Jasper **Moon**. Wit: Peter **Bard**, Jacob **Lamb** & John **Weatherill**.

4 Jul 1719, John **Mallica**, yeoman, of Raccoon Creek, Gloucester Co., New Jersey to Thomas **Bishop**, yeoman, of Northampton, Burlington Co., West New Jersey, £50, 100 acres...line of Peter **Canahiers**. Signed John (X) **Mallica**. Wit: Thomas **Fenton**, Samuel **Woolman** & Peter **Stool**.

27 Feb 1713, Isaac **Horner**, Jacob **Horner**, of Gloucester Co., New Jersey & Bartholomew **Horner**, of Northampton Twp., Burlington Co., West New Jersey release, heirs of sons & heirs of Isaac **Horner** suit against Joshua **Humphries**, of Northampton Twp., Burlington Co., West New Jersey and Thomas **Stokes**, of Wettsford, Burlington Co., West New Jersey. Signed Isaac **Horner**, Jacob **Horner** & Bartholomew **Horner**. Wit: Thomas **Green**, Joseph (X) **Dough** & John **Wills**.

John & Esther **Middleton**, yeoman, of Nottingham, Burlington Co., West New Jersey to Anne **Gilberthorpe**, (said Hester & Anne are daughters & heirs of Thomas **Gilberthorpe**), £0.5, 300 acres. Signed John **Middleton** & Esther **Middleton**. Wit: Francis **Davenport**, Thomas (X) **Terry** & Gervas **Hall**.

4 Dec 1719, Mahlon **Stacy**, gentleman, Burlington Co., West New Jersey to Edmund & Ann **Beaks**, yeoman, of same, £500, 300 acres...line of Major **Lawrence**, William **Thompson**, John **Loasow** & William **Quicksell**. Signed Mahlon **Stacy**. Wit: Joshua **Wright**, Isaac (X) **Garkinton** & Hannah (X) **Allen**.

2 Dec 1719, Edmund & Ann **Beaks**, yeoman, Burlington Co., West New Jersey to Mahlon **Stacy**, gentleman, of same, £500, 300 acres...line of Major **Lawrence**, William **Thompson**, John **Loasow** & William **Quicksell**. Signed Edmund **Beaks** & Ann **Beaks**. Wit: Joshua **Wright**, Isaac (X) **Garkinton** & Hannah (X) **Allen**.

12 Jul 1720, Mathew **Gardiner**, yeoman, of Burlington, West New Jersey, (son & heir of Thomas **Gardiner** to John **Rogers**, yeoman, of same, £55, 55 & 45 acres...line of Peter **Foams** & John **Nasocraft**. Signed Mathew **Gardiner**. Wit: Rowland **Ellis**, Isaac **Pearson**, Charles **Watson** & Isaac **Decow**.

9 Apr 1714, Henry **Burr**, yeoman, of Northampton, Burlington Co., West New Jersey to his son John **Burr**, yeoman, of same, £5. Signed Henry **Burr**. Wit: Nathaniel **Cripps**, Thomas **Brian** & Thomas **Brian** Jr.

Thomas **Weatherill**, cooper, of Burlington, West New Jersey, (son & heir of Christopher **Weatherill**) to John Burr, husbandman, of same, £42, 200 acres...line of Richard **Eagres**. Signed Thomas **Weatherill**. Wit: Thomas **Shrow** & Thomas **Frampton**.

20 Sep 1702, Isaac **Decow**, butcher, of Burlington, West New Jersey to Emanual **Smith**, butcher, of same, £70, line of Thomas **Raper**...Isaac **Smith** devised to his brothers William **Smith** & Edward **Smith**. Isaac **Decow**. Wit: Robert **Wheeler**, Benjamin **Furris**, George **Willis** & Thomas **Gardner**.

2 Jul 1716, Francis **Collings**, yeoman, of Northampton, Burlington Co.,

West New Jersey to Samuel **Furris**, yeoman, of Burlington, West New Jersey, £20, 500 acres. Signed Francis **Collings**. Wit: Isaac **Decow** & William **Rogers**.

18 Dec 1705, John **Gosling**, yeoman, of Everham Twp., Burlington Co., West New Jersey to Samuel **Furris**, saddler, of Burlington, West New Jersey, £15, 200 acres. Signed John **Gosling**. Wit: John **Petty**, John **Hudson**, Thomas **Weatherill** & Thomas **Gardner**.

1694, Anthony **Elton**, yeoman, of Northampton, Burlington Co., West New Jersey to John **Gardiner**, carpenter, of Burlington, West New Jersey, £0.25. Signed Anthony **Elton**. Wit: Samuel **Jones** & Richard (X) **Baniss**.

1691, Thomas **Hooton**, cordwinder, of Philadelphia, Pennsylvania to Thomas **Gardiner**, taylor, of Burlington, West New Jersey, £4.25. Signed Thomas **Hooton**. Wit: James **Fox**, John **Focum** & Benjamin **Wald**.

20 Nov 1697, Anthony **Elton**, yeoman, of Northampton Twp., Burlington Co., West New Jersey to Thomas **Gardiner**, yeoman, of Burlington, West New Jersey, £1, his share from late father Anthony **Elton**. Signed Anthony **Elton**. Wit: Thomas **Revell**, Michael **Newbold** & George (X) **Willis**.

23 Jul 1717, Revell **Elton**, yeoman, of Northampton Twp., Burlington Co., West New Jersey, (son & heir of Anthony **Elton**) to Samuel **Goudly**, yeoman, of same, £30, 500 acres & 140 acres. Signed Revell **Elton**. Wit: John **Tuly**, Robert (X) **Younge** & Thomas (X) **Tuly**.

18 Oct 1718, Manuel **Smith**, yeoman, of Burlington, West New Jersey to Joshua **Raper**, cordwinder, of same, £195...line of Thomas **Raper**, deceased & Richard **Francis**. Signed Manuel **Smith**. Wit: Isaac **Decow**, George **Willis**, Caleb **Raper**, Garvas **Hall** & Solomon **Smith**.

11 Aug 1720, Samuel **Furris**, yeoman, of Burlington, West New Jersey to Thomas **Hains**, yeoman, of Northampton Twp., Burlington Co., West New Jersey, £66, 600 acres...line of Francis **Davenport**

12 Apr 1720, Joseph **Kirkbride**, yeoman, of Bucks Co., Pennsylvania to Joseph **Welsh**, yeoman, of Burlington Co., New Jersey, £20.25, 13 acres. Signed Joseph **Kirkbride**. Wit: Samuel **Furris**, Isaac **Decow** & George **Willis**.

17 Jun 1715, Thomas **Stevenson**, merchant, of Bucks Co., Pennsylvania to Samuel **Marman**, merchant, of Burlington, West New Jersey, (said Thomas & Sarah **Stevenson**, William & Anne **Stevenson** & John & Mavey **Stevenson** were executors of the estate of Samuel **Jennings**)

1720, Joseph **Welsh** to Thomas **Shirroe**. Signed Joseph **Welsh**. Wit: John

Weatherill & Isaac **Decow**.

8 May 1713, Preserve **Brown**, of Mayfield Twp., Burlington Co., West New Jersey to Solomon **Smith**, carpenter, of Burlington, West New Jersey, £235, house & lot in Burlington. Signed Preserve **Brown**. Wit: Thomas **Raper**, Thomas **Brian**, William **Pancoast** & Benjamin **Brian**.

14 May 1698, Lyonel **Britton**, smith, of Philadelphia, Pennsylvania to Thomas **Scattergood**, carpenter, of Burlington, West New Jersey, £25, lot in Burlington. Signed Lyonel **Britton**. Wit: Henry **Badcoke**, Samuel **Bunting** & John **Bunting**.

21 Mar 1714, John **Hilyard**, yeoman, of Northampton, Burlington Co., West New Jersey to Zachariah **Rozel**, carpenter, of same, £0.75. Signed John (X) **Hilyeard**. Wit: Richard **Sayre** & Nathaniel **Curtis**.

2 May 1716, Hugh & Martha **Huddy**, of Burlington, West New Jersey to John **Vanhorne**, merchant, of New York City, New York, £35, 0.5 acre lot in Burlington. signed Hugh **Huddy** & Martha **Huddy**. Wit: Isaac **Sharp** & John **Vernon**.

29 Aug 1710, John **Antram**, of Northampton, Burlington Co., West New Jersey to Obediah **Eldridge**, of Burlington, West New Jersey, £7, lot in Burlington...line of Peter **Frotwell** & Nathaniel **Allen**. Signed John (X) **Antram**. Wit: George **Deacon**, William **Harrison** & Joseph **Smith**.

2 Sep 1717, Abraham **Brown** Jr., yeoman, of Mansfield Twp., Burlington Co., West New Jersey to Simon **Woodrow**, yeoman, of same, £250, plantation in Mansfield Twp...line of Samuel **Woolton**, John **Harvey** & the **Scattergood's**....purchased of Joseph & Daniel **Cooper** sons of William **Cooper**. Signed Abraham **Brown** Jr. Wit: Phebe **Scattergood**, Phebe **Vaus** & Thomas **Scattergood**.

23 Sep 1720, Benjamin **Furris**, cooper, of Northampton Twp., Burlington Co., West New Jersey to Thomas **Hains**, of same, £105, 625 acres. Signed Benjamin **Furris**. Wit: Thomas **Weatherill**, William (X) **Hains**, John (X(**Stokes** & George **Salterthwaite**.

1 Oct 1720, Anamiah **Gant**, of Springfield Twp., Burlington Co., West New Jersey to his son Zebulon **Gant**, of same, £20. Signed Anamiah **Gant**. Wit: Peter **Bard** & Isaac **Decow**.

1 Oct 1720, Obediah **Eldridge**, yeoman, of Springfield Twp., Burlington Co., West New Jersey to Nicholas **Martimuse**, yeoman, of Burlington, West New Jersey, £100, lot in Burlington. Signed Obediah **Eldridge**. Wit: Isaac **Decow** & Richard **Eayre**.

31 Dec 1719, Daniel **Leeds**, of Springfield, Burlington Co., West New Jersey to his son Titan **Leeds**, for love and affection, 200 acres... line of John **Day** & **Fenton**. Signed Daniel **Leeds**. Wit: Thomas **Leeds** & Ann (X) **Sykes**.

7 Nov 1720, Elias **Toy**, of Chester Twp., Burlington Co., West New Jersey to Mary **Yosonbury**, of Dublin Twp., Philadelphia Co., Pennsylvania, for love and affection. Signed Elias **Toy**. Wit: Erick (X) **Nools**, George **Koon** & Hans **Stirke**.

13 Mar 1709, William **Biles**, merchant, of Bucks Co., Pennsylvania to Edward **Kempe**, yeoman, Burlington Co., West New Jersey, £16, 200 acres. Signed William **Biles**. Wit: Samuel **Furris**.

15 Feb 1708, Thomas **Lambert** survey.

6 Aug 1718, William **Emley**, yeoman, of Nottingham, Burlington Co., West New Jersey, (son & heir of William **Emley**) to Robert & Elizabeth **Lawrence**, of Freehold, Monmouth Co., New Jersey, 277 acres. Signed William **Emley**. Wit: James **Dillon**, John **Emley** & Sarah **Woodward**.

10 Mar 1714, Hannah **Scott** survey.

17 Sep 1715, Abraham **Hewling**, Burlington Co., West New Jersey to his son Abraham **Hewling**, for love and affection, 100 acres. Signed Abraham **Hewling**. Wit: Jacob **Hewling**, John **Tonkin** & Samuel **Bushill**.

4 May 1720, Joshua **Humphires** to Nathaniel **Cripps**, 65 acres...line of Benjamin **Brian**. Signed Joshua **Humphries**. Wit: Isaac **Decow**, John **Sharpe** & Hugh **Sharpe**.

1712, Jonathan **Fox**, of Shenton, Leicestershire Co., England to his brother, Thomas **Fox**, of Springfield, Burlington Co., West New Jersey, for love and affection. Signed Jonathan **Fox**. Wit: David **Fox** & Sarah **Fox**.

9 Apr 1720, Richard **Stockton**, Samuel **Stockton**, Joseph **Stockton** & Robert **Stockton**, yeomen, of Stoney Brook, Sommerset Co., New Jersey to John **Black**, yeoman, of Springfield, Twp., Burlington Co., West New Jersey, £120, 250 acres. Signed Richard **Stockton**, Samuel **Stockton**, Joseph **Stockton** & Robert **Stockton**. Wit: Nathaniel **Leonard**, James **Leonard** & Bearfoot **Brinsan**.

8 Dec 1720, Jonathan & Elizabeth **Wright**, merchant, of Burlington, West New Jersey to Daniel **Leet**, smith, of Springfield, Burlington Co., West New Jersey, £300, 650 acres...line of William **Biddle**. Signed Jonathan **Wright** & Elizabeth **Wright**. Wit: John **Weatherill**, Robert **Webb** & Joseph **Reckless**.

8 Jun 1716, Thomas **Kimsley** Jr., of Springfield, Burlington Co., West New Jersey to Daniel **Leet**, of same, £7, 2 acres. Signed Thomas **Kimsley**. Wit: Mary (X) **Jenkins**, John (X) **Dixon** & Daniel **Leeds**.

10 Dec 1715, Robert **Webb**, of Springfield, Burlington Co., West New Jersey to Daniel **Leet**, of same, £10. Signed Robert **Webb**. Wit: Hananiah **Ganlt**, William **Jemcomb** & Daniel **Leeds**.

8 May 1714, Thomas **Fox** & William **Fox**, of Springfield Twp., Burlington Co., West New Jersey, with power of attorney from Jonathan **Fox**, of Shenton, Leicester Co., England to Daniel **Leed**, of Springfield Twp., Burlington Co., West New Jersey, £6, 115 acres...surveyed by Isaac **Leet**. Signed Thomas **Fox** & William **Fox**. Wit: Elizabeth **Earl**, William (X) **Earl** & Mary **Webb**.

10 Apr 1710, Thomas **Stevenson**, gentleman, of Bucks Co., Pennsylvania to Joseph **White**, cooper, of Burlington, West New Jersey, £40, 100 acres ...line of Thomas **Gardiner**...Samuel **Jennings** devised to Thomas & Sarah **Stevenson**, William & Anne **Stevenson**, John & Mary **Stevenson**, daughters & sons-in-law. Signed Thomas **Stevenson**. Wit: Daniel **Leeds**, Isaac **Marriot**, Thomas **Gardiner** & Thomas **Revell**.

22 Oct 1713, John **Budd** survey...line of John **Brays**.

9 Sep 1712, William **Bassnett**, (son & heir of Richard **Bassnett**), cooper, of Burlington, West New Jersey to Joseph **White**, cooper, of same, £40, 24 acres. Signed William **Bassnett**. Wit: John **Weatherill**, Revell **Elton** & Thomas **Scattergood**.

13 Oct 1712, Thomas **Revell**, gentleman, of Burlington, West New Jersey to Joseph **White**, of same, lot in Burlington. Signed Thomas **Revell**. Wit: John **Allen**, Revell **Elton** & Thomas **Scattergood**.

14 Nov 1713, John **Budd** survey.

11 Apr 1719, Richard **Wright**, yeoman, of Burlington, West New Jersey to Henry **Clothier**, carrier, of same, £50, 3 acre lot in Burlington. Signed Richard **Wright**. Wit: James **Thompson** & Isaac **Decow**.

22 May 1713, Solomon **Smith**, carpenter, of Burlington, West New Jersey to Dickason **Sheppard**, yeoman, of same, £70, 135 acres...line of James **Keyly** & 300 acres. Signed Solomon **Smith**. Wit: Hugh **Huddy**, Joseph **Pancoast** & Thomas **Scattergood**.

22 May 1718, Perserve **Brown**, yeoman, of Mansfield Twp., Burlington Co., West New Jersey to Robert **Stork**, taylor, of Burlington, West New

Jersey, £60, purchased of his brother Abraham **Brown**, who received from his father, Abraham **Brown**. Signed Perserve **Brown**. Wit: Phebe **Gebton**, George (X) **Morris** & Thomas **Scattergood**.

2 Dec 1720, William **Petty**, distiller, of Burlington, West New Jersey to Richard **Smith** Jr., merchant, of same, £80, 1.25 acre lot in Burlington. Signed William **Petty** Jr. Wit: Samuel **Furris**, Thomas **Wetherill**, Allen **Vapper**, Samuel **Barton**, Samuel **Scattergood** & George (X) **Lenant**.

23 Aug 1720, Nathaniel **Leonard**, yeoman, of Hopewell, Burlington Co., West New Jersey, granted a patent for a ferry across the Delaware River. Signed John **Barclay** & Dopt **Barclay**.

29 Mar 1709, William **Biles**, yeoman, of Bucks Co., Pennsylvania to John **Bainbridge**, yeoman, of Maidenhead, Burlington Co., West New Jersey. Signed William **Biles**. Wit: Anthony **Burton**, William **Biles** Jr. & Jeremiah **Longhorn**.

16 Nov 1713, Enoch **Cone**, blacksmith, of Eversham, Burlington Co., West New Jersey to George **Smith**, yeoman, of same, £3, 40 acres. Signed Enoch **Cone**. Wit: Thomas (X) **Euees**, Samuel **Coles** & John **Barklet**.

15 May 1710, John **Budd**, gentleman, of Philadelphia, Pennsylvania to John **Hayward**, millwright, of Hunterdon Co., New Jersey, £120, 1600 acres. Signed John **Budd**. Wit: John **Wheeler**, Rebeckah **Wheeler** & Mary **Wheeler**.

2 Mary 1720, John **Hayward**, millwright, of Hanover, Hunterdon Co., New Jersey to John **Budd**. Signed John **Hayward**. Wit: John **Allen**, Charles **Weston** & Isaac **Decow**.

27 Dec 1716, John **Borton**, yeoman, of Eversham, Burlington Co., West New Jersey to Jonathan **Eldridge**, cordwinder, of same, £2, 50 acres. Signed John **Borton**. Wit: Hugh **Sharp**, Thomas **Antram** & John **Borradall**.

4 Nov 1717, Sarah **Morrey**, widow & distiller, of Philadelphia, Pennsylvania to John **French**, of Northampton Twp., Burlington Co., West New Jersey. Signed Saray **Morrey**. Wit: Philo **Leeds**, Issac **Decow** & John **Budd**.

29 Nov 1687, Bridgett **Bingham**, widow, of Burlington, West New Jersey to George **Elkinton**, blacksmith, of same, £8, 50 acres. Signed Bridgett (X) **Bingham**. Wit: Thomas **Euins**, William **Euins** & Thomas **Eues**.

7 Oct 1709, Indians to John **Reading**, chattel goods, 300 acres. Signed Squa (X) **Likkon**, Poke (X) **Hautes** & Nythu (X) **Lokes**. Wit: Thomas **Fotties**, Peter **Leften**. Richard **Bull** & Andrew **Heath**.

1720, Isaac & Hannah **Pearson**, silver smith, of Burlington, West New Jersey to Constantine **Wood**, yeoman, of Gloucester Co., New Jersey, £0.25, 100 acres. Signed Isaac **Pearson** & Hannah **Pearson**. Wit: Isaac **Decow** & John **Liscomb**.

11 May 1715, Indians to Isaac **Decow**, yeoman, of Burlington, West New Jersey, £13. Signed Kekehela (X) & Ashittaman (X). Wit: John **Wills** & Richard **Wright**.

10 Sep 1717, John **Eves**, yeoman, of Wellingborrough, Burlington, West New Jersey to Thomas **Eves** Jr., yeoman, of Everham, Burlington Co., New Jersey, £100, 150 acres...line of William **Hewling** & James **Bingham**. Signed John (X) **Eves**. Wit: John **Ward**, Joshua **Humphries** & Mary (X) **Cox**.

21 Mar 1712, Thomas **Garwood**, yeoman, of Northampton, Burlington Co., West New Jersey to Benjamin **Harris**, cooper, of same, £87, 100 acres. Signed Thomas (X) **Garwood**. Wit: George **Deacon**, Samuel **Furris** & Samuel **Smith**.

1 May 1721, Bethanah **Leeds**, late of Northampton Co., Virginia to Richard **Airs**, of Everham Twp., Burlington Co., West New Jersey, £68.25, 300 acres. Signed Bethanah **Leeds**. Wit: Richard **Allison**, Thomas **Kemble** & Titan **Leeds**.

4 Apr 1718, Joseph **Elkinton**, blacksmith, of Northampton, Burlington Co., West New Jersey to Samuel **Woolson**, yeoman, of Mansfield, Burlington Co., West New Jersey, £6.15, 225 acres. Signed Joseph **Elkinton**. Wit: Jonathan **Wright**, Thomas **Scattergood** & John **Wills**.

3 Aug 1721, William **Budd** Sr., of Northampton Twp., Burlington Co., West New Jersey to his son-in-law, James **Bingham**, of Philadelphia, Pennsylvania, for love and affection, lot in Burlington...line of Robert **Wheeler**. Signed William **Budd**. Wit: Caleb **Shreve** Jr., James (X) **Willis** & John **Budd**.

14 Jun 1721, William **Trent**, merchant, of Trenton, Hunterdon Co., New Jersey to Joseph **Peace**, miller, of same, £5, lot in Trenton. Signed William **Trent**. Wit: John **Porterfield**, Alexander **Lochart** & Philip **Hearny** Jr.

2 May 1702, Elizabeth **Marshall**, widow of John **Marshall**, mariner, of Lime Bouse, Stepney Parish, Middlesex Co. to Richard **Newcome**, yeoman, of Southworke, Surry Co., £0.25, 1/14. Signed Elizabeth **Marshall**. Wit: Edward **Beeson**, Christopher **Jopham** & Degorg **Marshall**.

15 Nov 1720, Jonathan **Wright**, tanner, of Burlington, West New Jersey

to Joshua **Trentwell**, yeoman, of Mansfield Twp., Burlington Co., West New Jersey, £0.25, 178 acres...line of William **Stostose**. Signed Jonathan **Wright**. Wit: Michael **Newbold**, John **Allen** & Thomas **Scattergood**.

17 Nov 1719, Abraham **Brown** Jr., yeoman, of Mansfield Twp., Burlington Co., West New Jersey to Joshua **Trentwell**, yeoman, of Springfield Twp., Burlington Co., West New Jersey, £85, 100 acres. Signed Abraham **Brown** Jr. Wit: Jonathan **Wright**, Thomas **Scattergood**, Gervas **Hall** & Samuel **Scattergood**.

21 Aug 1717, Elizabeth **King**, spinster, of Bristoll to John & Elizabeth **Hall**, doctor, of same, £0.25, 200 acres...line of William **Berkley** & Abraham **Brown**. Signed Elizabeth **King**. Wit: Henry **Neale**, Isaac **Jones**, Thomas **Morgan**, late of Bristoll, but now of Philadelphia, Pennsylvania & Abraham **Elton**, mayor of Bristoll.

25 Mar 1721, Humphrey **Morrey**, to Bethanah **Leeds**, late of Northampton Twp., Burlington Co., West New Jersey, £6.5, 200 acres. Signed Humphrey **Morrey**. Wit: John **Budd**, John **Wood** & Thomas **Budd**.

13 Feb 1713, Mary **Watts**, (widow of Michael **Watts**, late of London), of Newington Green, Middlesex Co. power of attorney to Thomas **Norton**, merchant, of London, to receive monies of Jeremiah **Bass**. Signed Mary **Watts**. Wit: John **Porterfield**, Peter **Evans** & Joseph **Davis**.

5 May 1720, Nicholas **Martinaux**, yeoman, of Burlington, West New Jersey to Michael **Newbold**, of Mansfield & Thomas **Branson**, of Springfield, yeomen, of Burlington Co., West New Jersey, £98, 323 acres...line of Robert **Dimsdabs**, Thomas **Olives**, Benjamin **Shute** & Thomas **Hardins**. Signed Nicholas **Martinaux**. Wit: James **Alexander**, Peter **Bard**, John **Allen** & Thomas **Budd**.

2 Apr 1722, William **Budd**, yeoman, of Northampton Twp., Burlington Co., West New Jersey to James **Bingham**, doctor, of Philadelphia, Pennsylvania, £120, 850 acres...line of Peter **Bard**. Signed William **Budd**. Wit: Josiah **Gaskett**, Thomas **Atkinson** & Rebeckah **Connorow**.

8 Oct 1703, Sarah **Parker**, widow, Burlington Co., West New Jersey to her son Joseph **Parker**, husbandman, of same, £50, 150 acres. Signed Sarah **Parker**. Wit: John (X) **Ponsel**, John **Harvey** & Joseph (X) **Devenish**.

15 Nov 1721, John **Butcher**, carpenter, of Springfield Twp., Burlington Co., West New Jersey to Job **Ridgway**, yeoman, of same, £50, 210 acres. Signed John **Butcher**. Wit: John (C) **Cusims**, Elisha **Wright** & Thomas **Scattergood**.

16 Jan 1721, Joseph & Rebecca **Pidgeon**, (son & heir of Mary **Pidgeon**, late wife of Joseph **Pidgeon**, merchant, deceased), of Philadelphia, Pennsylvania, (said Mary was the daughter of Robert **Turner**, merchant, deceased, late of Philadelphia, Pennsylvania) to Howard **Miramder**, merchant, of Philadelphia, Pennsylvania, £405, 3714 acres...line of Daniel **Robins**. Signed Joseph **Pidgeon** & Rebecca **Pidgeon**. Wit: James **Ralph** & Charles **Osborne**.

27 Jan 1709, Henry **Ballenger**, yeoman, of Eversham Twp., Burlington Co., West New Jersey to his son Josiah **Ballenger**, of same, £200, 347 acres. Signed Henry **Ballenger**. Wit: John **Ballenger**, Nathan **Fullwell**, Thomas **Shirroe** & Thomas **Scattergood**.

19 Jan 1721, Isaac **Miranda**, merchant, of Philadelphia, Pennsylvania to Joseph **Pidgeon**, merchant, of same, £400, 3714 acres...line of Benjamin **Wright**. Signed Isaac **Miranda**. Wit: James **Ralph** & Charles **Osborne**.

20 May 1718, Jacob & Martha **Reeder**, yeoman, of Hopewell, Hunterdon Co., West New Jersey to Daniel **Howell**, blacksmith, of same, £114, 129 acres. Signed Jacob **Reeder** & Martha (X) **Reeder**. Wit: Philip **Ringo**, John **Heath** & William **Embley**.

10 Sep 1714, Jonathan **Davis**, cooper, of Hopewell, Hunterdon Co., New Jersey to Daniel **Howell**, blacksmith, of same, £70.45. Signed Jonathan (X) **Davis**. Wit: Christopher **Howell**, Ebenezer **Prout** & William **Embley**.

16 Apr 1722, Enoch & Catharine **Andrus**, Burlington Co., West New Jersey to Nathaniel **Hazard**, merchant, of Queens Co., New York, £20, line of Ralph **Hunt**. Signed Enoch **Andrus** & Catharine (X) **Andrus**. Wit: Samuel **Firth** & James **McComb**.

1 Oct 1700, Daniel **Hooper**, of Parish of Christ Church, Barbados Island devises to two daughters Mary **Nersmith**, wife of Robert **Nersmith**,of England and Elizabeth **Haskell**, wife of Elias **Haskell**, two other daughters Anne **Hooper** & Elenor **Hooper**...two daughters of his sister **Dweight**, Marah & Lowin **Dweight**...brother Christopher **Hooper**...friends Col. Thomas **Maxwell**, Capt. Phillip **Rirlon**, Capt. Richard **Ryoroff**, Capt Thomas **Maxwell**, Lieut. Anthony **Barker**, Lieut. John **Holmes**, Thomas **Haselwood** & Clarbourne **Haselwood**...son of William **Hooper**...has four sons. Signed Daniel **Hooper**. Wit: Thomas **Maxwell** Jr., Peter **Maxwell** & Samuel **Dannall**.

17 May 1712, Daniel **Hooper**, of Barbados to William **Hooper**, of same. Signed Daniel **Hooper**. Wit: Stephen **Thomas** & James **Elliot**.

3 Aug 1720, William **Hooper**, merchant, of Parish of Michorelin, Barbados Island to Anthony **Barker**, gentleman, of Parish of Christ Church, Barbados

Island, £500, 640 acres. Signed William **Hooper**. Wit: James **Wier**, William **Chearnley** & John **Forserdow**.

25 Jul 1722, Anthony **Barker**, gentleman, of Parish of Christ Church, Barbados Island to David **Rycraft**, gentleman, of Barbados Island, £0.5. Signed Anthony **Barker**. Wit: James **Holmes** & John **Forserdow**.

4 Sep 1722, John **Hammell**, yeoman, late of New York, now of Wingerworth Point, Burlington Co., West New Jersey to Arent **Schuyler**, gentleman, of Bergen Co., New Jersey, £900, 500 acres. Signed John **Hammell**. Wit: Andrew **Fresnead**, John **Jones**, Samuel **Whitehead** & James **Thomson**.

6 May 1721, Thomas **Humloke**, of Burlington, West New Jersey, (nephew of Thomas **Bowman**, deceased & son of Edward **Humloke**, of Wingerworth Point, Burlington Co., West New Jersey, deceased) to John **Hammell**, of same. Signed Thomas **Humloke**. Wit: Joshua **Trofeo**, John **Harrison** & Jacob **Steulinger**.

2 Jan 1701, John **Moore**, of Northampton Co., England to Benjamin **Moore**, husbandman, of Everham, Burlington Co., West New Jersey, £0.5, 100 acres. Signed John (X) **Moore**. Wit: Thomas **Myer** & Thomas (X) **Johnson**.

19 Nov 1711, Francis **Collins**, yeoman, of Northampton Twp., Burlington Co., West New Jersey to Jeremiah **Adams**, of Egg Harbor, Gloucester Co., New Jersey, £200, 1050 acres...Egg Harbor. Signed Francis **Collins**. Wit: Thomas **Raper**, Samuel **Marriot** & Benjamin **Furris**.

1 Mar 1711, Nathan **Allen**, of Mansfield, Burlington Co., West New Jersey to Benjamin **Moore**, of Everham, Burlington Co., West New Jersey, £45, 1/4 of 100 acres. Signed Nathan **Allen**. Wit: Isaac **Horner**, Samuel **Atkinson** & Thomas **Botts**.

30 Jun 1722, John **Shinn**, yeoman, of Springfield Twp., Burlington Co., West New Jersey to Thomas **Budd**, of Northampton Twp., Burlington Co., West New Jersey, £1. Signed John **Shinn**. Wit: R. **Morgan**, John **Savenner** & Benjamin (X) **Jones**.

27 May 1721, Samuel **Barker**, of Balbrough, Derby Co., England to Richard **Ayres**, yeoman, of Northampton Twp., Burlington Co., West New Jersey, £10, 200 acres...line of Thomas **Haines** & Thomas **Middleton**. Signed Samuel **Barker**. Wit: Mathew **Forsyth** & Thomas **Shreve**.

17 Mar 1722, George & Hester **Parker**, innholder, late of Burlington Co., West New Jersey, but now of Philadelphia, Pennsylvania to Michael **Buffin**,

yeoman, of Mansfield, Burlington Co., West New Jersey, 40 acres. Signed George **Parker** & Hester **Parker**. Wit: Jonathan **Bensly**, George (X) **Morris** & Thomas **Scattergood**.

20 Jun 1722, George **Morris**, yeoman, of Mansfield Twp., Burlington Co., West New Jersey to William **Salterthwaite**, yeoman, of Chesterfield, Burlington Co., West New Jersey, £51, 40 acres...line of Caleb **Brown** & Thomas **Furris**. Signed George (X) **Morris**.Wit: Richard **French** Jr., John **Rockhill**, Samuel **Goldy** & Thomas **Scattergood**. Bond for £150.

28 Mar 1720, William & Mary **Walding**, Augustin & Rachel **Jones** & Hannah **Ellegar**, heirs of Marcus **Ellegar**, who was an heir in 1680 of William **Malster**, of Middleneck, Salem Co., New Jersey to Nathan **Smart**, of same, £180, 225 acres... line of Richard **Darkin**, John **Walker**, Thomas **Thompson** & Isaac **Smart**. Signed William (X) **Walding**, Mary (X) **Walding**, Augustin (X) **Jones**, Rachel (X) **Jones** & Hannah (X) **Ellegar**. Wit: John **Mason**, Andrew **Thompson**, John **Darkin** & Joseph **Ellis**.

2 Apr 1720, Nathan **Smart**, yeoman, of Middleneck, Salem Co., New Jersey to William **Walding**, yeoman, of Salem Co., New Jersey, £200, 225 acres... line of Richard **Darkin**, John **Walker**, Thomas **Thompson** & Isaac **Smart**. Signed Nathan **Smart**. Wit: Andrew **Thompson**, William **Doakster** & Josias **Murck**.

4 Jun 1701, Thomas **Hooton**, merchant, of Philadelphia, Pennsylvania, (son & heir of Thomas **Hooton**, deceased, of Philadelphia, Pennsylvania, formerly of Black Mryer, London, England, son & heir of Thomas **Hooton**) to Henry **Ballinger**, yeoman, of Burlington, West New Jersey, £10, 100 acres. Signed Thomas **Hooton**. Wit: William **Evans**, Edward **Kensley**, Mathew **Medvalf** & David **Sayre**.

27 Jan 1719, Henry **Ballinger**, yeoman, of Eversham Twp., Burlington Co., West New Jersey to his son Henry **Ballinger**, husbandman, of Salem Co., New Jersey, £100, 334 acres...line of Morgan **Drowel**...purchased of John & Anne **Dennis**, cordwinder & Samuel **Dennis**, cordwinder, all of Newtown, Gloucester Co., New Jersey. Signed Henry **Ballinger**. Wit: Nathan **Mallneell**, Thomas **Sheve**, Thomas **Scattergood** & John **Ballinger**.

27 Jan 1719, Henry **Ballinger**, yeoman, of Eversham Twp., Burlington Co., West New Jersey to his son Joseph **Ballinger**, husbandman, of same, £100, 340 acres...line of his brothers Josias **Ballinger** & Isaac **Ballinger**. Signed Henry **Ballinger**. Wit: Nathan **Mallneell**, Thomas **Sheve**, Thomas **Scattergood** & John **Ballinger**.

19 Dec 1710, John & Anne **Dennis**, cordwinder & Samuel **Dennis**, cordwinder, all of Newtown, Gloucester Co., New Jersey to Henry

Ballinger, yeoman, of Eversham Twp., Burlington Co., West New Jersey, £129, 1020 acres. Signed John (X) **Dennis**, Anne (X) **Dennis** & Samuel **Dennis**. Wit: Christopher **Blackbourn** & Thomas **Story**. Post bond for £1000.

11 April 1722, Jonathan **Wright**, tanner, of Burlington, West New Jersey to John **Eaton**, yeoman, of Shrosbury, Monmouth Co., New Jersey, £40, 400 acres...Thomas **Wright**, late of Chesterfield Twp., Burlington Co., West New Jersey devised 1705 to his son Benjamin **Wright** all except 400 acres he devised to Ann **Scott**, wife of Henry **Scott** & Susanah **Bullock**, wife of John **Bullock**...said Benjamin **Wright** sold (1718) to said Jonathan **Wright**. Signed Jonathan **Wright**. Wit: Peter **Bard**, Isaac **Decow** & Richard **Wright**.

4 Se[1725, Abraham **Brown**, yeoman, of Mansfield Twp., Burlington Co., West New Jersey to Nathan **Forwell**, weaver, of same, £142.5, 179 acres ...line of Thomas **Craft**, John **Harvey**, **Scattergood** & Samuel **Woolstons** & 7.5 acres. Signed Abraham **Brown**. Wit: John **Black**, Phebe **Scattergood** & Thomas **Scattergood**.

22 Mar 1689, Thomas **Olive**, merchant, of Wellingbourrow, Burlington Co., West New Jersey to John **Marston**, yeoman, Burlington Co., West New Jersey, £12, 100 acres. Signed Thomas **Olive**. Wit: Joseph **Satterthwaite**, Thomas **Olive** Jr. & Thomas **Eves**.

1711, Robert & Sarah **Montgomery** to Henry **Ballinger**, 100 acres. Signed Robert **Montgomery** & Sarah **Montgomery**. Wit: John **Redding**, Emanuel **Smith**, Charles **Weston**, John **Erwin** & James **Robison**.

Valentine **Huddleston**, yeoman, of Dartsmouth, Bristol Co., Massachusetts to his son-in-law Peleg **Chamberlain**, cordwinder, of New Port, Rhode Island, for love and affection, 566 acres...two tracts. Signed Valentine **Huddleston**. Wit: John **Mearyhew**, Richard **Huddleston** & Nathan **Dier**.

26 Oct 1719, John **Robardes**, doctor, of Burlington, West New Jersey to Thomas **Leeds**, cooper, of same, £40, lot in Burlington...purchased of Deborah **Westland** wife of Nathaniel **Westland**, deceased. Signed John **Robardes**. Wit: Oliver **Westland**, Samuel **Lowett**, William **Robinson**, Anthony **Elton** & Isaac **Decow**.

5 Mar 1713, Samuel **Coles**, yeoman, of Gloucester Co., New Jersey to Simon **Bozorth**, husbandman, of Eversham Twp., Burlington Co., West New Jersey, £4, 50 acres. Signed Samuel **Coles**. Wit: Ann (X) **Kendall**, John (X) **Fisher** & Joseph (X) **Brownin**.

7 Nov 1722, Robert **Townsend**, of Cape May Co., New Jersey to John

Willitts, of same, £57, 310 acres. Signed Robert **Townsend**. Wit: John **Cresse**, Samuel **Johnson** & Phebe (X) **Townsend**.

18 Feb, 1716, Charles **Dominique**, John **Bennet**, Edward **Richier**, Robert **Mitchell**, Thomas **Skinner** & Joseph **Brooksbank**, gentlemen, of London, England to Robert **Townsend**, of Cape May Co., New Jersey, £57, 310 acres. Signed thomas **Skinner**, Charles **Dominique**, Robert **Mitchell**, Edward **Richier**, Joseph **Brooksbank** & John **Bennet**. Wit: Andrew **Hamilton** & James **Alexander**.

20 Mar 1710, William **Biddle**, gentleman, of Mansfield Twp., Burlington Co., West New Jersey to Thomas **Woolly**, yeoman, of Shrowsbury, Monmouth Co., New Jersey, £1125, 500 acres. Signed William **Biddle**. Wit: Jacob **Doughty** & Lydia **Biddle**.

23 May 1723, Thomas **Weatherill**, cooper, of Burlington, West New Jersey to Thomas **Newbold**, yeoman, of Mansfield, Burlington Co., West New Jersey, £9, 141 acres...obtained from Ann **Newbold**, who received from her father James **Newbold**. Signed Thomas **Weatherill**. Wit: Asher **Clayton**, James **Costard** & Joshua **Newbold**.

17 Feb 1722, Peter **Bard**, esquire, Burlington Co., West New Jersey to Isaac **Horner**, yeoman, of Mansfield Twp., Burlington Co., West New Jersey, £25, 29 acres...William **Black** to his son John **Black** to John **Ness**. Signed Peter **Bard**. Wit: Joseph **Ridgeon**, Jacob **Hewlings** & Samuel **Bussitt**.

4 May 1710, Daniel **Leeds**, of Springfield, New Jersey to Charles **Milliard**, of Chesterfield, New Jersey, £40, 320 acres...Crosswicks Creek...line of Thomas **Douglas**, Christopher **Snowdon**, (formerly Arthur **Cook**) & 70 acres...line of Benjamin **Jones**. Signed Daniel **Leeds**. Wit: Thomas **Revell**, Nathaniel **Sykes** & Philo **Leeds**.

17 Mar 1711, Daniel **Leeds**, of Springfield, Burlington Co., West New Jersey to Charles **Milliard**, of Burlington Co., West New Jersey, £5, 50 acres. Signed Daniel **Leeds**. Wit: Emanuel **Smith** & Moses **Willis**.

1 May 1710, William **Dean**, of Springfield, Burlington Co., West New Jersey to Charles **Milliard**, of Chesterfield, Burlington Co., West New Jersey, £14.5, 10 acres. Signed William **Dean**. Wit: Isaac **Conaroe**.

13 Jan 1721, William **Cheefman**, millwright, of Northampton Twp., Burlington Co., West New Jersey power of attorney to Thomas **Budd**, of same. Signed William **Cheefman**. Wit: John **Woolston**, Saban **Longstaff** & John **Woolston** Jr.

23 Feb 1710, Hugh **Huddy**, merchant, of Burlington, West New Jersey to John **Newman**, saddle maker, of Philadelphia, Pennsylvania, £550, lot in Burlington. Signed Hugh **Huddy**. Wit: Jeremiah **Bass**, Asher **Clayton** & Thomas **Humloke**.

14 Jul 1722, Joseph **Shreeve**, yeoman, of Mansfield Twp., Burlington Co., West New Jersey to John **Brown**, doctor, of same, £4, 3 acres...line of Moses **Pettit** & William **Biddle**. Signed Joseph **Shreeve**. Wit: Richard **French**, John **Parson** & John **Richardson**.

13 Feb 1722, William & Lydia **Biddle** & their son William **Biddle** Jr., of Mansfield Twp., Burlington Co., West New Jersey to John **Brown**, doctor, of same, £23.6, 24 acres...line of Joseph **Shreeve**. Signed William **Biddle**, Lydia **Biddle** & William **Biddle** Jr. Wit: Charles **Weston**, Samuel **Scattergood**, Henry **Hale** & Penelope **Biddle**.

25 Mar 1712, Samuel **Furris**, saddle maker, of Burlington, West New Jersey to Samuel **Smith**, merchant, of same, £100, house & lot in Burlington...line of John **Wills** & James **Marshall**...John **Benford** devised to his sons, Thomas **Benford**, Jonah **Benford** & Joshua **Benford**. Signed Samuel **Furris**. Wit: George **Deacon**, Benjamin **Furris** & Isaac **Decow**.

19 Feb 1688, John **Woolman**, yeoman, of Rancocas Creek, Burlington Co., West New Jersey to his father William **Woolman**, of same, 75 acres. Signed John **Woolman**. Wit: Thomas **Olive** & Samuel **Jenings**.

25 Mar 1695, William **Woolman** to George & Mary **Elkinton**, 75 acres. Signed William (X) **Woolman**. Wit: Daniel **Wills** & Hannah (X) **Clark**.

May 1723, Nathan **Allen** to Henry **Franklin**, £150, 647 acres. Signed Nathan **Allen**. Wit: Peter **Frotwell**, John **Borradail**, Samuel **Lovett**, Thomas **Gardnier** & Benjamin **Wheat**.

10 May 1723, Japhel **Leeds**, (son & heir of Daniel **Leeds**), of Egg Harbor, Gloucester Co., New Jersey to Anthony **Elton**, of Burlington, West New Jersey, £10, 19 acres...line of John **Rogers**. Signed Japhel **Leeds**. Wit: Abraham **Hewling**, Joseph **Hewling** & Revell **Elton**.

10 Feb 1722, Revell **Elton**, of Northampton, Burlington Co., West New Jersey to Anthony **Elton**, Burlington Co., West New Jersey, £30, 19 acres. Signed Revell **Elton**. Wit: John **Gorish** & Titan **Leeds**.

12 Aug 1713, Joseph **Helbye**, (son & heir of Joseph **Helbye**), citizen, of London, England to power of attorney to John **Hamilton**, merchant, of New York. Signed Joseph **Helbye**. Wit: Thomas **Emley**, Owen **Moran**, Thomas **Mountford** & John **Bulfinch** Sr.

24 Sep 1722, Zachariah **Pricket**, yeoman, of Northampton Twp., Burlington Co., West New Jersey to his son, Zachariah **Pricket**, for love and affection, 130 acres & 50 acres...line of Thomas **Bryan**. Signed Zachariah **Pricket**. Wit: John **Gosling**, Thomas **Thornbruah** & William **Garwood**.

1 Jun 1711, William **Bowgar**, of Springfield, Burlington Co., West New Jersey to Robert **Smith**, of Egg Harbor, Gloucester Co., New Jersey, £70, 300 acres...line of Samuel **Caleb**...Susannah **Budd**, executor of Thomas **Budd** sold to Hannah **Herde**, late wife of William **Bowgar**. Signed William (X) **Bowgar**. Wit: Daniel **Leeds**, Thomas **Leeds** & Revell **Elton**.

14 May 1713, John **Gosling**, yeoman, of Springfield, Burlington Co., West New Jersey to Simon **Woodroofe**, yeoman, of Chester, Burlington Co., West New Jersey, £150, 200 acres...line of Thomas **Eves**. Signed John **Gosling**. Wit: Thomas **Scattergood**, Benjamin **Bryan** & Samuel **Bryan**.

4 Nov 1710, Perserve **Brown**, yeoman, of Burlington, West New Jersey to Caleb **Brown**, yeoman, of same, £200. Signed Perserve **Brown**. Wit: Isaac **Marriot**, Peter **Frotwell** & Thomas **Rapier**.

30 Sep 1724, Charles **Dockinimique**, John **Bennett**, Edward **Richier**, Robert **Mitchell**, Thomas **Skinner** & Joseph **Brooksbank**, all of London, England to Peter **Corsen**, of Cape May Co., £32.3, 200 acres. Signed Charles **Dockinimique**, John **Bennett**, Edward **Richier**, Robert **Mitchell**, Thomas **Skinner** & Joseph **Brooksbank**. Wit: Lewis **Morris**.

30 Dec 1719, Charles **Dockinimique**, John **Bennett**, Edward **Richier**, Robert **Mitchell**, Thomas **Skinner** & Joseph **Brooksbank**, all of London, England to Peter **Corsen**, of Cape May Co., £32.3, 208 acres. Signed Charles **Dockinimique**, John **Bennett**, Edward **Richier**, Robert **Mitchell**, Thomas **Skinner** & Joseph **Brooksbank**.

16 Jan 1721, Joseph & Rebecca **Pidgeon**, merchant, of Philadelphia, Pennsylvania, (only son & heir of Joseph & Mary **Pidgeon**) to Isaac **Miranda**, merchant, of same, £0.25, 314 acres...line of Daniel **Robins** & Benjamin **Wright**. Signed Joseph **Pidgeon** & Rebecca **Pidgeon**. Wit: James **Ralph** & Charles **Osborne**.

30 Dec 1719, Charles **Dockinimique**, John **Bennett**, Edward **Richier**, Robert **Mitchell**, Thomas **Skinner** & Joseph **Brooksbank**, all of London, England to Christain **Corsen**, of Cape May Co., £16, 208 acres. Signed Charles **Dockinimique**, John **Bennett**, Edward **Richier**, Robert **Mitchell**, Thomas **Skinner** & Joseph **Brooksbank**.

Chapter 4

Deed Records
Volume BBB

Recorded
in
1713-1721

8 Apr 1707, Thomas & Sarah **Stevenson** to William & Ann **Stevenson** & John & Mary **Stevenson**. Signed Thomas **Stevenson**.

12 Jun 1711, Lewis **Morris**, of Shrewsburg, Monmouth Co., New Jersey to Peter **Filton**, of same, £70. Signed Lewis **Morris**. Wit: John **Reid** & Samuel **Dennis** Jr.

2 Feb 1713, Richard **Salter** & Judian **Larkin**, of Freehold, Monmouth Co., New Jersey to John **Stone**. Signed Richard **Salter**. Wit: Thomas **Taylor**, Thomas **Vernon** & John **Salter**.

21 Jan 1676, William **Penn**, Gawen **Lawry**, Nicholas **Lucas** & Edward **Byllings** to Thomas **Williams**, goldsmith, of London, England. Signed William **Penn**, Gawen **Lawry**, Nicholas **Lucas** & Edward **Byllings**.

Mar 1707, surveyed for William **White** 125 acres deeded to him by Abraham **Browne**. Signed John **Reid**.

1713, surveyed for William **Lawrence** 225.25 acres...190 acres...35 acres. Signed John **Reid**.

26 Dec 1706, surveyed for William **Lawrence** 216 acres. Signed John **Reid**.

Surveyed for David **Johnston** 19 acres. Signed John **Reid**.

31 May 1707, Moses **Petty**, yeoman, of Hopewell, Burlington Co., West New Jersey to John **Daine**, yeoman, of Jamaica, 100 acres. Signed Moses (X) **Petty**. Wit: Jonathan **Roberts** & Ralph **Hart**.

21 Apr 1703, John & Susannah **Bond**, carpenter, of Freehold, Monmouth Co., New Jersey to Henry **Leonard**, yeoman, of Shrewsbury, Monmouth Co., New Jersey & Samuel **Leonard**, yeoman, of Perth Amboy Twp., Middlesex Co., New Jersey, £2.5. Signed John **Bond** & Susannah (X)

Bond. Wit: John **Hawkins** & Edward **Taylor**.

11 Nov 1707, Joseph **Tappan**, (son & heir of Abraham **Tappan**, labor, of Woodbridge, Middlesex Co., New Jersey to Ezekiel **Bloomfield**, carpenter, of same, £5. Signed Joseph **Tappan**. Wit: Rebeckah (X) **Ralph** & Joseph **Ralph**.

28 Dec 1695, Jonah **Prickell**, banker, of Burlington, West New Jersey to Nathan **Douglas**, of same, £308, house & lot in Burlington. Signed Jonah **Prickell**. Wit: George **Hutchinson**, Peter **Resimere** & Edward **Humloke**.

5 May 1706, Clement **Plumstead**, of London, England, by his attorney Richard **Salter**, of Freehold, Monmouth Co., New Jersey, with consent of Richard **Harthorn**, of Middletown, Monmouth Co., New Jersey to John **Okesson**, of Freehold, Monmouth Co., New Jersey, £110. Signed Richard **Salter**. Wit: John **Salter**, Richard **Harthorn** & John **Stout**.

16 May Jonathan **Woolston**, yeoman, of Mansfield Twp., Burlington Co., West New Jersey to Robert **Whaler**, merchant, of Burlington, West New Jersey, town lot. Signed Jonathan **Woolston**. Wit: J. **Bass**, Charles **Woolston** & Simon **Nightingale**.

1713, Thomas & **Wooley** to Christopher **Douglas** & Nathaniel **Budd**, £500. Signed Thomas **Wooley**. Wit: Samuel **Dennis**, Philo **Leeds**, Jacob **Dennis** & Thomas **Scattergood**.

9 Oct 1710, Joseph **Cooper** & Daniel **Cooper**, yeomen, of Gloucester, New Jersey, (sons & heirs of William **Cooper**) to Jonathan **Woolston**, yeoman, of Mansfield, Burlington Co., West New Jersey. Signed Joseph **Cooper** & Daniel **Cooper**. Wit: J. **Bass**.

1 Jun 1712, Thomas **Gordon**, esquire, of Amboy, Middlesex Co., New Jersey to Thomas **Budd** Jr., yeoman, of Shrewsbury, Monmouth Co., New Jersey, £5. Signed Thomas **Gordon**. Wit: J. **Bass**, Peter **Filton**, John **Chamber** & Jacob **Dennis**.

21 Mar 1711, Thomas **Williams**, (son & heir of Thomas **Williams**, late of London, England), of Ewel, Surry Co. to John **Evans**, gentleman, of Middlesex Co. & James **Logan**, gentleman, of Philadelphia, Pennsylvania, £80. Signed Thomas **Williams**. Wit: Robert **West**, Thomas **Grey**, Joseph **Parker**, Gib **Faultonner** & B. **Veneiny**.

Mar 1712, John **Johnston**, of Monmouth Co., New Jersey to Nathaniel **Ward**, of Newark, New Jersey. Signed John **Johnston**. Wit: John **Johnston** Jr., & Elizabeth **Taylor**.

8 Apr 1712, Hugh **Hutchins**, yeoman, of Mansfield, Burlington Co., West New Jersey to Moses **Pettit**, yeoman, of same, £141, 100 of 280 acres. Signed Hugh **Hutchins**. Wit: John **Moon**, John **Ness**, Samuel **Taylor** & Owen **Hughes**.

1713, William **Robinson**, of Woodbridge, Middlesex Co., New Jersey to Ezekiel **Bloomfield**, carpenter, of same, £100. Signed William **Robinson**. Wit: Nathaniel **Wade** & Jonathan **Browne**.

23 May 1712, Thomas **Frampton**, (son & heir of William & Elizabeth **Frampton**, late of Philadelphia, Pennsylvania) to John **Borradall**, of Burlington, West New Jersey, £44, 250 acres. Signed Thomas **Frampton**. Wit: Daniel **Leeds**, Isaac **Decow** & J. **Bass**.

4 Mar 1712, Thomas **Stevenson**, of Bucks Co., Pennsylvania to Peter **Frotwell**, of Burlington, West New Jersey, £8, lot in Burlington. Signed Thomas **Stevenson**. Wit: Andrew **Heath**, Samuel **Buckle**, Mahlon **Stacy** & J. **Bass**.

Thomas **White**, yeoman, late of Shrewsbury, Monmouth Co., New Jersey devised to his brother Amos **White** & his three sons, Samuel **White**, Thomas **White** & Amos **White**, also younger sons, Jacob **White** & Levi **White**.

25 Feb 1713, John **Evans**, of Middlesex Co., New Jersey, John **Moore**, of Philadelphia, Pennsylvania & James **Logan**, of Philadelphia, Pennsylvania to Joseph **Kirkbride**, of Bucks Co., Pennsylvania. Signed John **Moore** & James **Logan**. Wit: John **Budd** & Charles **Brockden**.

7 Jul 1712, Nathaniel **Pope**, taylor, of Burlington, West New Jersey to John **Smith**, cordwinder, of same, £10, town lot. Signed Nathaniel **Pope**. Wit: Thomas **Marriot**.

20 Aug 1700, Anne **Dean**, of Wapping, Middlesex Co., at law to Alice **Hopper**, only daughter of Robert **Hopper**, late of Burlington, West New Jersey to William **Cant**, mariner, of Wapping, Middlesex Co., £13. Signed Anne **Dean**.

1712, Thomas **Stevenson**, gentleman of Philadelphia, Pennsylvania to John **Rogers**, yeoman, of Burlington, West New Jersey, £12, town lot. Signed Thomas **Stevenson**.

1681, Richard **Finnimore** to Lydia **Horner**, Joshua **Humphrey** & Thomas **Stokes** Jr. Signed Richard **Finnimore**. Wit: J. **Bass** & Peter **Frotwell**.

10 Feb 1688, Richard **Finnimore** to Bernard **Devonish**, £5. Signed Richard

Finnimore. Wit: Thomas **Fox** & Joseph (X) **Gilbert**.

8 Jan 1711, Elizabeth **Townsley**, widow of Richard **Townsley**, of Elizabeth Town, Essex Co., New Jersey to her son Effingham **Townsley**, Lewis **Morris**, late of Finton, Monmouth Co., New Jersey, Alexander **Junes**, of Monmouth Co., New Jersey, James **Einolt**, of New York City, New York & George **Willock**, of Monmouth Co., New Jersey. Signed Effingham **Townsley** & Elizabeth (X) **Townsley**. Wit: Edward **Vaughan**, John (X) **Blanchard**, John **Thomas** & John **Barclay**.

15 Jul 1713, surveyed for Joseph **Lawrence**, 232 acres...line of John **Jones**. Signed John **Reid**.

4 Mar 1713, Lawrence **Coxe** & Rebekol **Coxe**, relict of Samuel **Hodge** Jr., deceased to William **Hall**, merchant, of Salem, New Jersey, West New Jersey, £8, 1000 acres...purchased of his father-in-law John **Fonwirts**. Signed Lawrence **Coxe** & Rebekol (X) **Coxe**. Wit: William **Griffin**, Nathaniel (X) **Tucker** & George **Grey** Jr.

12 May 1706, Robert **Burnett**, proprietor, of Freehold, Monmouth Co., New Jersey to his son-in-law William **Montgomery**, yeoman, of same, £100, 500 acres. Signed Robert **Burnett**. Wit: John **Reed**, Henry **Mans** & William (X) **Lumaks**.

11 Dec 1700, George & Rachel **Jobe**, of Monmouth Co., New Jersey to Andrew **Johnson**, of Kings Co., New York, £245, 112 acres...line of Richard **Stout** & John **Moeford**. Signed George (X) **Jobe** & Rachel (X) **Jobe**. Wit: Phebe Courkelyan, **Cornelius** Von Brant, ??? James Hubbard & Peter **Van Denker**.

24 Jan 1712, Henry & Sarah **Leonard**, of Shrewsbury, Monmouth Co., New Jersey to his brother Samuel **Leonard**, of Perth Amboy, Middlesex Co., New Jersey, £100, 920 acres...line of Thomas **Waeud**. Signed Henry **Leonard** & Sarah **Leonard**. Wit: Daniel **Cetcham** & Thomas **Mount**.

14 May 1706, Thomas **Ruckman**, yeoman, late of Middletown Twp., Monmouth Co., New Jersey, now of Freehold, Monmouth Co., New Jersey to Benjamin **Coleman**, blacksmith, of Middletown Twp., Monmouth Co., New Jersey, £60, town lot...line of formerly Edward **Tarts**, now of John **Wilson** & John **Whitlock**...formerly belonged to John **Ruckman** Sr.

12 Nov 1710, Benjamin **Allen**, yeoman, of Freehold Twp., Monmouth Co., New Jersey to Thomas **Hankinson**, yeoman, of same, £300. Signed Benjamin (X) **Allen**. Wit: John **Okeson**, William **Lawrence** & William **Lawrence** Jr.

7 Feb 1709, Archibald **Funes**, of Freehold, Monmouth Co., New Jersey to Albert **Covenhoven**, of same, £166. Signed Archibald **Funes**. Wit: John **Reid**, John **Anderson** & John **Reigh**.

12 Aug 1713, John **Reid**, of Monmouth Co., New Jersey to Benjamin **Allen**. Signed John **Reid**. Wit: John **Bowne** & John **Hanson**.

25 Feb 1707, Daniel **England**, mariner, of Philadelphia, Pennsylvania to Lionel **Britton**, shopkeeper, of same, £38, 3 acres in Burlington. Signed Daniel **England**. Wit: David **Loyd**, Richard **Heath** & John **Wells**.

5 Sep 1713, by order of Daniel **Leeds**, Bethanah **Leeds** surveyed 500 acres for Jeremiah **Bass**.

28 Mar 1713, Joseph **Wakeham**, yeoman, of Bexhill, Sussex Co., England power of attorney to William **Goodwin**, carpenter, of Rockester, England. Signed Joseph **Wakeham**. Wit: Thomas **Jeffers**, John **Tucker**, Henry **Gandet** & William **Williams**.

19 Nov 1713, Caleb **Heathcole**, mayor of New York City says Capt. Thomas **Jeffers** was witness to above signing. Also Reid **Jamison**.

27 May 1710, Richard & Elizabeth **Townley**, gentleman, of Elizabeth Town, Essex Co., New Jersey to Charles **Morgan**, yeoman, of Westchester, Westchester Co., New York, £415. Signed Richard **Townley** & Elizabeth **Townley**. Wit: Effingham **Townley** & Samuel **Whitehead**.

19 Nov 1713, Enoch **Andrus**, yeoman, of Maidenhead, Burlington Co., West New Jersey to Peter **Berrier**, gentleman, of Newtown, Queens Co., New York, £61, 330 acres, Hopewell Twp...line of John **Reid** & John **Bainbridge**. Signed Enoch **Andrus**. Wit: Philip **Kings**, Signer **Calmas** & William **Emley**.

1 Jan 1710, John **Clayton**, yeoman, of Chesterfield, Burlington Co., West New Jersey devised to his two sons, Asher **Clayton** & John **Clayton**, 823 acres...line of William **Wood** & said John quit claims to said Asher. Signed John **Clayton**. Wit: William **Wood**, Abraham **Browne** & Michael **Newbould**.

14 Apr 1682, Anna **Salter**, widow, of Tacony, Pennsylvania to William **Haigne**, merchant, of London, England, 300 acres, house & lot in Burlington. Signed Anna **Salter**. Wit: George **Forman** & Thomas **Revell**.

23 Mar 1712, John & Mary **Throckmorton**, yeoman, of Shrewsbury Twp., Monmouth Co., New Jersey, (son & heir of Job **Throckmorton**) to Anders **Willson**, yeoman, of Middletown, Monmouth Co., New Jersey, £10, 6 acres...granted to Joseph **Throckmorton**, brother of said John. Signed

John **Throckmorton** & Mary **Throckmorton**. Wit: William **Leeds**, John **Dowell** & Benjamin **Kille**.

25 Jun 1703, Jarat **Well**, of Middletown, Monmouth Co., New Jersey, (son & heir of Walter **Well**) to Anders **Willson**, of same, £7, 6 acres. Signed Jarat **Well**. Wit: John **Rickman**.

Robert **Burnett**, gentleman, of Freehold Twp., Monmouth Co., New Jersey to Benjamin **Johnson**, of same, £7, 110 acres...line of Benjamin **Allen**. Signed Robert **Burnett**. Wit: Lawrence **Hook** & William (X) **Lumaly**.

12 Oct 1686, George **Goforth**, yeoman, Crosswick Creek, Burlington Co., West New Jersey, (son & heir of William **Goforth**) & Anne **Oxley**, wife of William **Oxley** & mother of said George to Richard **Bassnett**, yeoman, of Burlington, West New Jersey, £16, lot in Burlington...line of Joseph **Brown**. Signed George **Goforth**. Wit: William (X) **Oxley** & Anne **Oxley**.

2 Apr , Proprietors of New Jersey to Cornwall **Compton**, of Middletown, Monmouth Co., New Jersey, (son & heir of William **Compton**), 220 acres... line of John **Smith**. Signed John **Bishop** & Benjamin **Griffith**. Wit: Samuel **Dennes**, Samuel **Hale**, William **Sandford** & Andrew **Hamilton**.

4 Dec 1694, Daniel **Leeds**, of Springfield, Burlington Co., West New Jersey to Elizabeth **Bassnett**, widow, of Burlington, West New Jersey, £4.5. Signed Daniel **Leeds**. Wit: Thomas **Raper** & Henry **Grubb**.

15 Oct 1711, Thomas **Lippincott**, carpenter, of Wellington Twp., Burlington Co., West New Jersey to Josias **Foster**, of Everham Twp., Burlington Co., West New Jersey, £240, 200 acres & 90 acres...several lots. Signed Thomas **Lippincott**. Wit: J. **Bass**, Thomas **Adams** & William (X) **Foster**.

2 Sep 1699, Robert **Hamilton**, gentleman, of Middletown, Monmouth Co., New Jersey to Peter **Vanderwater**, yeoman, of Eltrick, Nassu Island, New York, £190, line of Richard **Hartshorn**. Signed Robert **Hamilton**. Wit: John **Stout** & John **Brown**.

1 Apr 1703, Thomas & Elizabeth **Curtis**, yeoman, of Mansfield, Burlington Co., West New Jersey to John **Woolston**, yeoman, of Northampton Twp., Burlington Co., West New Jersey, £20, (said Elizabeth is the daughter of Thomas **Ellis**). Signed Thomas **Curtis** & Elizabeth (X) **Curtis**. Wit: George (X) **Williams** & Thomas **Revell**.

735 acres surveyed for Arthur **Cook**.

1 Apr 1713, John **Cook**, (son & heir of Arthur **Cook**), of Philadelphia,

Pennsylvania to Henry **Jacobs**, yeoman, of Egg Harbor, Burlington Co., West New Jersey, £5. Signed John **Cook**. Wit: Mark **Dalmot** & John **Budd**.

7 Mar 1711, Samuel **Molyen**, of Elizabeth Town, New Jersey to George **Jewell**, £100, house & lot...by Mill River. Signed Samuel **Molyen**. Wit: John **Woodriff**, Joseph **Ogden** & Samuel **Ogden**.

10 Sep 1686, Henry **Wood**, of West New Jersey to Mathew **Borden**, of Portsmouth, Rhode Island, £50, 350 acres. Signed Henry **Wood**. Wit: Henry **Flower** & Pat. **Robinson**.

19 Sep 1711, Richard **Borden**, (son of Mathew **Borden**), shipwright to John **Cock**, of Newton, Gloucester Co., New Jersey, £82.5, 350 acres ...line of Henry **Johnson**. Signed Richard **Borden**. Wit: John **Kaighm**, Tobias **Guicom** & William **Mordant**.

29 Jul 1702, Daniel **Coxe**, of Burlington, West New Jersey to Jacob **Reeder**, yeoman, of Hopewell, Burlington Co., West New Jersey, £116, 266 acres...line of William **Gison**. Signed Daniel **Coxe**. Wit: William **Trent**, Jacob **Baillerqeau** & Alexander **Lockart**.

1 Aug 1712, Daniel **Coxe**, of Burlington, West New Jersey to Jonathan **Davis**, cooper, of Hopewell, Burlington Co., West New Jersey, £24, 150 acres...line of Daniel **Howell**. Signed Daniel **Coxe**. Wit: William **Trent**, Jacob **Baillerqeau** & Alexander **Lockart**.

4 Sep 1713, John **Bowne**, cordwinder, of Middletown, Monmouth Co., New Jersey to Joseph **Smith**, of same, £6, 120 acres. Signed John **Bowne**. Wit: Mathias **Mount**, John **Whitlock** & Samuel **Bowne**.

2 Feb 1704, Society to Lewis **Morris**. Signed Robert **Michel**, Francis **Michel**, Paul **Dominique**, Joseph **Brooksbank**, E. **Richier**, John **Morton**, John **Moore**, John **Whiting**, Thomas **Lane**, John **Norton**, John **Poridges**, John **Bridges**, Lawrence **Reade**, Alexander **Paxton** & William **Glencross**. Also appointed Roger **Moingession**.

7 Sep 1703, Thomas **Lane**, knight & alderman of London, England to Lewis **Morris**. Signed Thomas **Lane**, E. **Richier**, Michael **Watts**, Joseph **Brooksbank**, John **Whiting**, Paul **Dominique**, Obadiah **Burnett**, Robert **Michel** & John **Bridges**.

10 Sep 1712, William **Penn** release of 20,000 acres. Wit: Thomas **Berg**, James **Logan**, Joseph **Kirkbride** & Charles **Read**.

10 Dec 1711, Nathaniel **Pope**, of Chesterfield, Burlington Co., West New Jersey to Simon **Woodroff**, of Gloucester Co., New Jersey, 1 acre. Signed

Nathaniel **Pope**. Wit: H. **Ouckness**, Joseph **Smith** & Thomas (X) **Hawley**.

11 Feb 1709, John **Kay**, yeoman, of Springwell, Gloucester Co., New Jersey to Thomas **Stock** Jr., husbandman, of same, £85, 200 acres... Cooper Creek. Signed John **Kay**. Wit: Thomas **Fokes** & John (X) **Jones**.

9 Nov 1709, survey of land in Essex Co., New Jersey for Peter **Sonmans**.

1710, will of Thomas **Barker**, of London, England

19 Nov 1711, Joseph **Myers**, carpenter, of Burlington, West New Jersey to Hugh **Huddy**, £4. Signed Joseph **Myers**. Wit: Anthony **Woodward**, John **Bunting** & Thomas **Humlock**.

1 Apr 1711, John **Tatham**, gentleman, of New York City, New York to Hugh **Huddy**, of Burlington, West New Jersey, 9 acres. Signed John **Tatham**. Wit: Robert **Weilward** & H. **Vernon**.

22 Jan 1713, Hugh & Martha **Huddy**, of Burlington, West New Jersey to Benjamin **Vining**, of Philadelphia, Pennsylvania, £130. Signed Hugh **Huddy** & Martha **Huddy**. Wit: John **Talbot**, J. **Bass** & Nathaniel **Leeds**.

14 Jan 1713, Susanna **Farnsworth**, of Burlington, West New Jersey, widow of Thomas **Farnworth** to her son Daniel **Farnsworth**, £100, 100 acres of 600 acres...158 acres. Signed Susanna (X) **Farnsworth**. Wit: John **Richardson** & Mary (X) **White**.

8 Nov 1707, Daniel **Hall**, yeoman, of Mansfield Twp., Burlington Co., West New Jersey to Joseph **Haines**, cordwinder, of Nottingham, Burlington Co., West New Jersey, £100, 200 acres. Signed Daniel **Hall**. Wit: Richard **French**, Abraham **Brown** & Thomas **Scattergood**.

20 May 1690, Samuel **Burden**, of Bucks Co., Pennsylvania to Samuel **Furnis**, of Burlington, West New Jersey, £3.75... line of Joseph **Emley**. Signed Samuel **Burden**. Wit: Samuel **Jones**, Edward (X) **Slade** & James **Hill**.

10 Dec 1688, William **Biddle**, yeoman, of Mount Hope, Burlington Co., West New Jersey to Samuel **Furnis**, saddler, of same, £15. Signed William **Biddle**. Wit: Henry **Grubb**, John **Budd** & Ebenezer **Fenton**.

25 Aug 1697, Thomas **Gardner**, of Burlington, West New Jersey to Samuel **Furnis**, of same, £7 to his brother John **Gardner**. Signed Thomas **Gardner**. Wit: Thomas **Bibb** & Hooper **Wills**.

20 Feb 1700, Francis **Davenport**, yeoman, of Chesterfield Twp., Burlington Co., West New Jersey to Samuel **Furnis**, saddler, of Burlington, West New

Jersey, £3, lot in Burlington. Signed Francis **Davenport**. Wit: Peter **Frotwell** & Thomas **Gardner**.

1 Jan 1705, Thomas **Kendall**, bricklayer, of Burlington, West New Jersey to Samuel **Furnis**, saddler, of same, £13, 25 acres. Signed Thomas **Kendall**. Wit: Nathaniel **Westland**, John **Robard** & John **Ogborn** Jr.

28 May 1713, Nathan **Allen**, of Mansfield, Burlington Co., West New Jersey to Thomas **Ruckman**, yeoman, of Freehold, Monmouth Co., New Jersey, £52, 100 acres. Signed Nathan **Allen**. Wit: John **Day** & John **Rockhill**.

11 Nov 1688, Will of Thomas **Eaton**, late of Shrewsbury, Monmouth Co., New Jersey
Thomas **Gordon**; wife Jequisah **Eaton**. Signed Thomas **Eaton**. Wit: Judah **Allen**, Thomas **Hilborn** & Samuel **Dennis**.

28 Sep 1703, William **Stevenson**, yeoman, of Northampton Twp., Burlington Co., West New Jersey to Zachary **Prickett**, yeoman, of Everham, Burlington Co., West New Jersey, £10. Signed William **Stevenson**. Wit: Henry **Grubb**, Jonah (X) **Prickell** & Thomas **Gardner**.

20 Jan 1700, William **Hains**, yeoman, of Everham, Burlington Co., West New Jersey to Zachary **Prickett**, yeoman, of same, £120, 240 acres. Signed William (X) **Hains**. Wit: James **Saterthoat** & Thomas (X) **Hains**.

1 Jan 1706, Asher **Clayton**, (son & heir of John **Clayton**), of Chesterfield, Burlington Co., West New Jersey to his brother John **Clayton**, of same, quit claim. Signed John **Clayton**. Wit: William **Wood**, Abraham **Browne** & Michael **Newbold**.

1 Dec 1707, Nathaniel **Pope**, taylor, (son & heir of Joseph **Pope**), of Burlington, West New Jersey to Thomas **Potts**, yeoman, of Mansfield Twp., Burlington Co., West New Jersey, £5.5, 100 acres. Signed Nathaniel **Pope**. Wit: James **Allen**, George (X) **Kendall**.

7 Feb 1710, Hugh **Huddy**, of Burlington, West New Jersey & John **Newman**, saddler, of Philadelphia, Pennsylvania to Sarah **Humlock**, (daughter of Edward **Humlock**), £150 of £250 by will. Signed Hugh **Huddy** & John **Newman**. Wit: J. **Bass** & Asher **Clayton**.

26 Oct 1712, Tunis **Titis**, yeoman, of Mansfield, Burlington Co., West New Jersey to John **Stevenson**, Westchester, Westchester Co., New York, £8, 118 acres. Signed Tunis **Titis**. Wit: Richard **Allison** & William **Stevenson**.

24 May 1708, Jacob **Spicer**, merchant, of Gloucester Co., New Jersey to

Obadiah **Holmes**, yeoman, of Greenwich, Salem Co., New Jersey, £14, 200 acres. Signed Jacob **Spicer**. Wit: Nicholas **Johnson** & John **Jay**.

15 Mar 1711, John **Reading** attests that John **Kay**, of Gloucester Co., New Jersey did lease from Joshua **Smith**, of York Co., England..

17 Feb 1710, John **Hart**, of Hopewell, Burlington Co., West New Jersey to Garrot **Cook**, £200, 170 acres...line of Peter **Bartherse**. Signed John **Hart**. Wit: Mary **Doane** & Daniel **Doane**.

10 Apr 1708, John **Pagett**, of Salem Co., New Jersey to Robert **Pagett**, of same, £112, 250 acres...line of Joseph **Dennis**. Signed John **Pagett**. Wit: Andrew **Pagett**, Margaret (X) **Alexander** & Barkstead Tracis **Pagett**.

2 Mar 1712, John **Wilkinson**, cordwinder, of Salem, Salem Co., New Jersey to John **Young**, yeoman, of Martin, Salem Co., New Jersey, £1, 120 acres. Signed John (X) **Wilkinson**. Wit: J. **Barkstead**, John **Goodwin** & George **Franchan**.

2 Mar 1712, John **Wilkinson**, cordwinder, of Salem, Salem Co., New Jersey, (son of Mary **Hixon** & William **Wilkinson**) to John **Young**, yeoman, of Martin, Salem Co., New Jersey, £50. Signed John (X) **Wilkinson**. Wit: J. **Barkstead**, John **Goodwin** & George **Franchan**.

24 May 1708, Jacob **Spicer**, merchant, of Gloucester Co., New Jersey to Timothy **Bandereth**, cordwinder, of Salem Co., New Jersey. Signed Jacob **Spicer**. Wit: Nicholas **Johnson** & John **Jay**.

20 Jul 1710, Timothy **Bandereth**, cordwinder, of Cope May, Salem Co., New Jersey to Samuel **Holmes**, yeoman, of Salem Co., New Jersey, 200 acres. Signed Timothy **Bandereth**. Wit: Obadiah **Holmes** & Richard **Robins**.

15 Oct 1706, George **Goforth**, son & heir of William **Goforth**, of Burlington, West New Jersey & William & Anne **Oxley**, (said Anne is the mother of said George) to Richard **Basnett**, yeoman, of Burlington, West New Jersey, £16, house in Burlington. Signed George **Goforth**, William (X) **Oxley** & Anne **Oxley**. Wit: Stephen **Pentton** & John **Hocnoi**.

13 Sep 1700, Edward **Humlock**, merchant, of Burlington, West New Jersey to William **Harkney**, yeoman, of same, £250. Signed Edward **Humlock**. Wit: George **Deacon**, Samuel **Furnis** & Thomas **Revell**.

5 Nov 1700, William **Biddle**, merchant, of Mount Hope, Burlington Co., West New Jersey to Mathew **Forsyth**, yeoman, of Burlington Co., West New Jersey, £8, 100 acres. Signed William **Biddle**. Wit: John **Adams**, Anthony **Woodward**, Daniel **England** & Thomas **Revell**.

14 May 1712, John **Garwood**, yeoman, of Springfield Twp., Burlington Co., West New Jersey to Robert **Wheeler**, merchant, of Burlington, West New Jersey. Signed John (X) **Garwood**. Wit: J. **Bass**, Mary **Wheeler** & William **Collum**.

7 Jul 1714, Rebeckah **Wheeler**, widow of Robert **Wheeler**, of Burlington, West New Jersey to John **Garwood**, of Springfield Twp., Burlington Co., West New Jersey, £357. Signed Rebecca **Wheeler**. Wit: John **Wheeler**, Mar. **Huddy** & J. **Bass**.

8 Jun 1714, Susanna **Budd**, widow of Thomas **Budd**, of Philadelphia, Pennsylvania to John **Garwood**, yeoman, of Springfield, Burlington Co., West New Jersey. Signed John **Budd**. Wit: George **Willis** & John **Smith**.

27 Jul 1714, John **Garwood**, yeoman, of Springfield, Burlington Co., West New Jersey to Marmaduke **Coaks**, yeoman, of same, line of James **Shinn**, William **Richards**, William **Budd** & Thomas **Shee**. Signed John (X) **Garwood**. Wit: J. **Bass**, John **Wheeler** & George **Willis**.

28 Jan 1697, Mahlon **Stacy**, tanner, of Handworth, York Co. to Samuel **Barker**. Signed Mahlon **Stacy**. Wit: John **Hasthurst**, Thomas **Lambert** & Thomas **Revell**.

29 Jan 1677, Mahlon **Stacy**, tanner, of Handworth, York Co. to Samuel **Barker**, carpenter of Barlborough, Darby Co...John Loard **Barkley**, James **Duke**, of York & George **Dasher**. Signed Mahlon **Stacy**. Wit: John **Hasthurst**, Thomas **Lambert** & Thomas **Revell**.

6 Nov 1676, William **Penn**, Gawen **Lawry**, Nicholas **Lucas** & Edward **Byllings** to Thomas **Hooton**. Signed William **Penn**, Gawen **Lawry**, Nicholas **Lucas** & Edward **Byllings**.

28 Dec 1712, Simeon **Woodrose**, yeoman, of Chester, Burlington Co., West New Jersey to John **Cox**, yeoman, of Welingbrough, Burlington Co., West New Jersey, £180. Signed Simeon (X) **Woodrose**. J. **Bass**, Reed **Webster** & John **Talbot**.

16 Aug 1714, Mahlon **Stacy**, (son of Mahlon **Stacy**), yeoman, of Nottingham, Burlington Co., West New Jersey to William **Trent**, merchant, of Philadelphia, Pennsylvania, £1500, 800 acres. Signed Mahlon **Stacy**. Wit: Daniel **Fox**, Peter **Ban**, William **Emley**, Alex **Lockhart**.

2 Aug 1701, Margaret **Cook**, (widow of Arthur **Cook**),of Philadelphia, Pennsylvania to William **Eivens**, of Everham, Burlington Co., West New Jersey, £120, 1000 acres...line of Howell **Mows**. Signed Margaret **Cook**. Wit: Thomas **Story**, Clement **Plumstead** & Maunce **Luke**.

Thomas **Gilberthrop**, yeoman gave to his two daughters, Esther **Middleton**, wife of John **Middleton**, yeoman & Anne **Gilberthrop**, spinster, all of Nottingham to Esther **Gilberthrop**, widow of Thomas **Gilberthrop**. Signed John **Middleton** & Esther **Middleton**. Wit: John **Jenkin** & John **Watson**.

10 Aug 1685, Noel **Mew**, merchant, of Rhode Island to John **Roberts**, yeoman, of Pernsawbus, New Jersey, £30, 300 acres. Signed Noel **Mew**. Wit: John **Wells**, John **Sharp** & Thomas **Eves**.

3 Nov 1701, John **Cowperthwait**, yeoman, of Chester, Burlington Co., West New Jersey to Thomas **Eves** Jr., yeoman, of same, £87, 548 acres ...line of John **Davenport**. Signed John **Cowperthwait**. Wit: Thomas **French**, Timothy (X) **Hancock** & Samuel (X) **Burrows**.

12 Dec 1711, James **Martin**, (brother of Thomas **Martin**, of Lynnhouse, Middlesex Co., England), yeoman, of Burlington, West New Jersey to Freedom **Lippencott**, yeoman, of Northampton, Burlington Co., West New Jersey, £37. Signed James **Martin**. Wit: Robert **Stacy** & Edward **Humloke**.

26 Mar 1711, William **Howlings**, of Everham, Burlington Co., West New Jersey to Robert & Elizabeth **Lodge**, yeoman, of same, (Elizabeth is the daughter of said William), for love and affection, 240 acres...line of Henry **Bolinger** & John **Paine**. Signed William **Howlings**. Wit: James **Bingham**, Samuel **Coles** & Nicholas **Edwards**.

12 Nov 1714, Robert & Elizabeth **Lodge**, yeoman, of Everham, Burlington Co., West New Jersey to Daniel **Jones**, taylor, of Philadelphia, Pennsylvania, £140. Signed Robert **Lodge**. Wit: John **Dumbar** David **Walker**.

25 Jun 1708, Robert **Burnett**, gentleman, of Freehold, Monmouth Co., New Jersey to Abraham **Dubois**, yeoman, of Newpole, Vesteg Co., £116.6, 690 acres. Signed Robert **Burnett**. Wit: William **Wood**, Robert **Montgomery**, Peter **Burnett** & William **Emley**.

5 Jan 1714, survey for Benjamin **Bartlett**.

7 Jun 1707, Robert **Burnett**, of Freehold, Monmouth Co., New Jersey to John **Cook**, carpenter, of Warbletown, New Jersey, £129, 690 acres. Signed Robert **Burnett**. Wit: Peter **Burnett**, John (X) **Martin** & William **Emley**.

18 Aug 1713, Indians, (several deeds) to committee, chattel goods & £5, 200 acres. Signed Maltamuca, Lappawerza, Naurcheka, Sasakernan, Wawapekeshot, Wenacanenoman, Queneemaka & Yhgovu. Wit: Jacob **Butler**, William **Yard**, Hugh **Huddy** & Solomon **Davis**.

19 Nov 1714, Elizabeth **Hackney**, widow of William **Hackney**, of Chester, Burlington Co., West New Jersey to her son Thomas **Hackney**. Signed Elizabeth **Hackney**. Wit: Jonathan **Eldridge**, Peter **Frotwell** & J. **Bass**.

19 Nov 1714, Elizabeth **Hackney**, widow of William **Hackney**, of Chester, Burlington Co., West New Jersey from her sons Thomas & William **Hackney**, said Elizabeth to marry Jonathan **Eldridge**. Signed Elizabeth **Hackney**. Wit: Jonathan **Eldridge**, Peter **Frotwell** & J. **Bass**.

16 May 1711, Thomas **Revell**, of Burlington, West New Jersey to Michael **Newbold** & John **Hancock**, yeomen, of Mansfield Twp., Burlington Co., West New Jersey. Signed Thomas **Revell**. Wit: Abraham **Buckley** & Isaac **Horner**.

2 Jan 1702, Francis & Rebecca **Davenport**, merchant, of Chesterfield Twp., Burlington Co., West New Jersey to John **Borradall**, yeoman, of Burlington, West New Jersey, £50, house & lot in Burlington. Signed Francis **Davenport** & Rebecca **Davenport**. Wit: Nathaniel **Pope**, George **Hickoison** & Thomas **Weatherell**.

23 May 1704, John **Borradall**, yeoman, of Burlington, West New Jersey to Samuel **Lovett**, cordwinder, of same, £50, house & lot in Burlington. Signed John **Borradall**. Wit: Peter **Frotwell**, Benjamin **Wheeler** & Nathan **Allen**.

1 May 1704, Thomas **Stevenson**, of Bucks Co., Pennsylvania to Abraham **Hewling**, of Wellingbrough, Burlington Co., West New Jersey, £30, 290 acres...Chester Twp. Signed Thomas **Stevenson**. Wit: Alexander **Griffith**, Jacob **Bailerway** & Peter **Band**.

1 Oct 1705, Samuel **Gibson**, yeoman, of Mansfield, Burlington Co., West New Jersey to Daniel **Smith**, butcher, of Burlington Co., West New Jersey, £105, house & lot in Burlington...line of Thomas **Gardner**. Signed Samuel **Gibson**. Wit: Samuel **Furnis**, Enmauel **Smith** & Joseph **Smith**.

4 Jun 1714, Alexander **Lockhart**, of Hopewell, Hunterdon Co., New York to John **Hunt**, of Newbury, Long Island, New York, £175, 500 acres...line of Samuel **Davis** & Johannes **Lawenson**. Signed Alexander **Lockhart**. Wit: George **Ely**, Ralph **Hunt** & John (X) **Frampton**.

10 Dec 1714, Nathaniel **Edgecomb**, shopkeeper, of Philadelphia, Pennsylvania to Simeon **Nightingale**, innholder, of Burlington, West New Jersey, lot in Burlington...line of James **Salterthwaite**. Signed Nathaniel (X) **Edgecomb**. Wit: J. **Bass** & Daniel **Wilcox**.

19 Apr 1708, Samuel **Jennings**, merchant, of Burlington, West New Jersey

to Thomas **Lippencott**, of Burlington Co., West New Jersey, £50. Signed Samuel **Jennings**. Wit: Peter **Fearon**, John **Hudson** & Thomas **Gardmer**.

25 Aug 1714, Thomas **Stevenson**, yeoman, of Bensalem Twp., Bucks Co., Pennsylvania to Daniel **Smith**, yeoman, of Burlington, West New Jersey, £5. Signed Thomas **Stevenson**. Wit: Thomas **Weatherell**, Henry **Enock** & Isaac **DeCow**.

15 Jan 1713, John **Wills**, (son & heir of James **Wills**), cooper, of Burlington, West New Jersey to John **Borradale**, of same, lot in Burlington. Signed John **Wills**. Wit: Samuel **Bushill** & Manuel **Smith**.

3 Nov 1714, Philip **Paul**, yeoman, of Gloucester Co., New Jersey to Daniel **Smith**, yeoman, of Burlington, West New Jersey, £14. Signed Philip **Paul**. Wit: Thomas **Gasnell**, Obadiah **Eldridge** & Isaac **DeCow**.

10 Sep 1700, survey for Thomas **Byerly**.

20 Apr 1709, Thomas & Sarah **Stevenson**, yeoman, of Bucks Co., Pennsylvania, William & Anne **Stevenson**, yeoman, of Northampton, Burlington Co., West New Jersey & John & Mary **Stevenson**, yeoman, of Nottingham, Burlington Co., West New Jersey to Daniel **Smith**, of Burlington, West New Jersey, (said Sarah, Anne & Mary are the daughters of Samuel **Jennings**). Signed Thomas **Stevenson**, Sarah **Stevenson**, William **Stevenson**, Anne **Stevenson**, John **Stevenson** & Mary **Stevenson**. Wit: John (X) **Furket**, Francis **Smith** & Thomas **Gardner**.

14 Sep 1709, John **Gosling**, yeoman, of Burlington Twp., West New Jersey to Emanuel **Smith**, of Burlington, West New Jersey, lot in Burlington. Signed John **Gosling**. Wit: Benjamin **Furnis**, Thomas **Showe**, Joseph **Furnis** & Joseph **Smith**.

20 Dec 1705, Francis & Mary **Collins**, bricklayer, of Gloucester Co., New Jersey to Emanuel **Smith**, butcher, of Burlington, West New Jersey. Signed Francis **Collins** & Mary **Collins**. Wit: Richard **Smith**, Jonathan **Lovett** & Thomas **Gardner**.

18 Dec 1714, James **Antram**, yeoman, of Mansfield Twp., Burlington Co., West New Jersey to Robert **Hunt**, yeoman, of same, £33.5. Signed James (X) **Antram**. Wit: Joshua **Frotwell**, Kalmer **Hammell**, Thomas **Scattergood** & Samuel **Scattergood**.

25 Aug 1714, Michael **Buffin**, yeoman, of Mansfield Twp., Burlington Co., West New Jersey to Robert **Hunt**, yeoman, of same, £40, 21.25 acres. Signed Michael (X) **Buffin**. Wit: Richard **French**, John **Buffin** & Thomas **Scattergood**.

18 Jul 1684, Thomas **Grace**, (brother-in-law of Thomas **Lambert**) to William **Watson**, yeoman, of Nottingham Co., , £8.75. Signed Thomas **Grace**.

28 Dec 1710, Lewis **Morris**, attorney for Paul **Docminique**, John **Bennet**, Edward **Richier**, Robert **Michell**, Thomas **Skiner**, Joseph **Brookbank** & the rest of the New Jersey society to Thomas **Smith**, yeoman, of Cape May Co., £25, 176 acres. All signed. Wit: George **Willcocks**, John **Furris** & Thomas **Folkes** Jr.

8 Nov 1706, Shamger **Hand**, yeoman, of Cape May, Cape May Co., New Jersey to his sons Joenolius **Hand** & Lolophohad **Hand**, of same, for love and affection. Signed Shamger **Hand**. Wit: Richard **Downes** & Jedidioh **Hughey**.

24 Mar 1714, Sarah **Dundale**, widow of Robert **Dundale**, of Essex Co. to John **Kay** & John **G**, of Gloucester Co., New Jersey. Signed Sarah **Dundale**. Wit: John **Cook**, Andrew **Wheeler**, Thomas **Puck**, Henry **Caldnot** & Jeihinonium **Venlaks**.

4 Aug 1710, John **Johnson**, of New York City, New York to George **Ryerson**, John **Moad**, Frederick **Mandevill** & Paulus **Vanderberk**, yeomen, of New York, £200...line of Col. Nicholas **Bayard**. Signed John **Johnson**. Wit: Michael **Basses**, H. **Lane** & John **Bartlay**.

10 Feb 1714, Paulus **Vanderberk**, yeoman, of Hunterdon Co., New York to George **Ryerson**, John **Moad** & Frederick **Mandevill**, yeomen, of Bergen Co., New York. Signed Paulus **Vanderberk**. Wit: As. **Schuyley**, Dyerk **Dey** & John **Bartlay**.

8 Nov 1697, Nathaniel **Douglas**, of Burlington, West New Jersey to Joseph **Smith**, of same, £45...line of Francis **Davenport** & Joseph **Scattergood**. Signed Nathaniel **Douglas**. Wit: Samuel **Tunis**, Daniel **Smith** & John **Barrodall**.

16 Dec 1699, Daniel **Smith**, butcher, of Burlington, West New Jersey to Joseph **Smith**, of same, £76. Signed Daniel **Smith**. Wit: Fred **Smith**, William **Murfin** & John (X) **Murfin**.

17 May 1714, Nathan **Allen**, merchant, of Mansfield, Burlington Co., West New Jersey to William **Luminarks**, yeoman, of Freehold, Monmouth Co., New Jersey, £68, 300 acres. Signed Nathan **Allen**. Wit: Ambrose **Field**, John **Richardson** & William **Emley**.

30 Dec 1712, William **Budd**, Gentleman, of Northampton, Burlington Co., West New Jersey to his son Thomas **Budd**, of same, for love and affection,

500 acres...line of John **Woolston**, Thomas **Bey** & John **Shinn**. Signed William **Budd**. Wit: J. **Bass**, Robert **Wheeler**, John **Wheeler** & Rowland **Elly**.

9 Mar 1715, Abigail **Stockton**, widow of Richard **Stockton**, of Springfield, Burlington Co., West New Jersey, where her two sons John & Job **Stockton** divided land. Signed Abigail **Stockton**, John **Stockton** & Job **Stockton**. Wit: William **Doan**, William (X) **Pauket** & Bethanah **Leeds**.

10 Nov 1702. Hugh **Huddy**, merchant, of Burlington, West New Jersey, executor of will of Edward **Humloke** to John **Petty**, bricklayer, of Burlington Twp., West New Jersey, 100 acres. Signed Hugh **Huddy**. Wit: Henry **Grubb**, Robert **Wheeler** & Thomas **Revell**.

14 Jan 1713, William **Story**, late of Springfield, Burlington Co., West New Jersey to Henry **Peeps**, of Chesterfield, Burlington Co., West New Jersey, £80, 120 acres...line of John **Butcher**, John **Shinn** & Edward **Fenton**. Signed William **Story**. Wit: Thomas **Leeds**, James **Morgan**, Daniel **Leeds** & Levi **Shinn**.

15 Feb 1707, William **Hall**, merchant, of Salem, New Jersey to Richard **Butcher**, yeoman, of Salem Co., New Jersey, £8, 100 acres. Signed William **Hall**. Wit: Ragnold **Hawke**, Thomas **Janney** & Nathaniel **Brading**.

1 Feb 1711, Survey for Elisha **Lawrence**, 39 acres.

29 Jan 1701, Anthony **Elton**, yeoman, of Northampton Twp., Burlington Co., West New Jersey to Thomas **Stokes**, baker, of same, £10. Signed Anthony **Elton**. Wit: Robert **Wheeler**, John **Shinn** Jr. & Thomas **Revell**.

23 May 1701, John **Stokes**, of Wentworth Street, Parish of Shebnog, Middlesex Co. to his brother Thomas **Stokes**, of Burlington, West New Jersey, 162 acres. Signed John **Stokes**. Wit: Thomas **Balson**, Thomas **Craven** Sr. & Thomas **Craven** Jr.

26 Feb 1714. Elizabeth **King**, (daughter of Charles **King** & heir of Nathaniel **Milner**), spinster, of Bristol to power of attorney to Charles **King**, (said Nathaniel also devised to Elizabeth **Child**, widow of Benjamin **Child**, malster, of Abington, Berks Co. & daughter of his sister Bershaba **Storman**). Signed Elizabeth **King**. Wit: William **Donne**, Giles **Jacob**, Edward **Foy** Jr. & Isaiah **Overy**.

20 Mar 1707, Judah **Allen**, yeoman, of Everham Twp., Burlington Co., West New Jersey to John **Brooks**, husbandman, of same, house in Burlington. Signed Judah **Allen**. Wit: Isaack **Gibbs**, John **Hollinghead**, William (X) **Burton** & Thomas **Gardner**.

10 Mar 1714, Thomas **Gardner**, of Burlington, West New Jersey, (for love and affection to his daughter Elizabeth **Gardner** and her forthcoming marriage) to Samuel **Jennings**, merchant, of Burlington, West New Jersey & Joshua **Humphries**, yeoman, of same, 500 acres. Signed Thomas **Gardner**. Wit: Isaak **Mang** & Abraham **Beckley**.

1 Sep 1709, Daniel **Leeds**, of Springfield, Burlington Co., West New Jersey to Mary **Wills**, widow of John **Wills**, of same, £6.5, 75 acres. Signed Daniel **Leeds**. Wit: Nathan **Folwell**, George **Wills** Jr. & Daniel (X) **Sulton**.

20 Apr 1701, John **Reading**, of Gloucester, Gloucester Co., New Jersey to Edward **Kemp**, of Bucks Co., Pennsylvania, £30, 300 acres. Signed John **Reading**. Wit: Samuel **Oldale**, John **Rentledge** & Robert **Eaton**.

31 Oct 1711, Joshua **Horner**, of Springfield, Burlington Co., West New Jersey to Mary **Wills**, widow, of same, £4. Signed Joshua **Horner**. Wit: Daniel **Leeds**, John **Wright** & Joshua **Chessman**.

20 Feb 1712, John **Roberts**, (son & heir of John **Roberts**), yeoman, of Ponfawquin, Burlington Co., West New Jersey to Thomas **Eves**, yeoman, of Wellingborough, Burlington Co., West New Jersey. Signed John **Roberts**. Wit: John **Satterthwaite** & Timothy **Malfack**.

5 Aug 1710. Paul **Dockqn**, of London, England, John **Horton**, Edward **Richin**, John **Bridges**, John **Moore**, Joseph **Brooksbank**, John **Whiteing**, Francis **Mitchell** & Robert **Mitchell**, merchants, all of London, England to John **Johnson**, of New York City, New York. All Signed. Wit: Samuel **Dennis** Jr. & John **Banlay**.

7 Nov 1713, bounds of Newark Twp. outlined. Signed John **Reid**.

16 Apr 1715, Andrew **Heath**, yeoman, of Hopewell, Burlington Co., West New Jersey to Rinhold **Thatcher** & Nicholas **Martinsux**. Signed Andrew **Heath**. Wit: J. **Bass** & Simon **Nightingale**.

9 Mar 1714, Peter & Susannah **Feayon**, (said Susannah is the widow of Isaac **Marriott**) & Thomas **Marriott** to Robert **Pearson**, gentleman, of Burlington Co., West New Jersey, £12.5, 23 acres. Signed Peter **Feayon** & Susannah **Feayon**. Wit: J. **Bass**, Samuel **Goldy** & James **Thompson**.

16 Mar 1695, John & Mary **Budd**, of Philadelphia, Pennsylvania to Joseph **Crope**, joyner, of Burlington, West New Jersey, £24. Signed John **Budd** & Mary **Budd**. Wit: Benjamin **Wheat**, Elizabeth **Barnett** & Thomas **Revell**.

16 Aug 1711, indians to society, £30. Signed mark of Minckhockamaik. Wit: Joseph **Hawland** & John **Sutham**.

30 Nov 1709, indians to society, chattel goods. Signed mark of Matamisco & Ochquaeten. Wit: George **Willocks** & Thomas **Folkes**.

29 May 1712, Mary **Brown**, (widow John **Brown**), late of Mansfield Twp.,Burlington Co., West New Jersey, but now of Bucks Co., Pennsylvania to John **Tomkin**, (son of Edward **Tomkin**), yeoman, of Springfield Twp., Burlington Co., West New Jersey, £45, 260 acres. Signed Mary **Brown**. Wit: Peter **Frotwell**, Samuel **Furnis** & Joshua **Brattwell**.

10 Mar 1715, survey for James **Logan**.

2 Oct 1714, Joseph **Myers**, carpenter, of Freehold, Monmouth Co., New Jersey, (son of William **Myers**) to John **Vickers**, woolcomber, of Springfield, Burlington Co., West New Jersey, £57.5. Signed Joseph **Myers**. Wit: Elizabeth **Folks**, Thomas **Folks** & William **Emley**.

31 Dec 1713, Daniel **Leeds**, of Springfield, Burlington Co., West New Jersey to Thomas **Ridgeway** & Richard **Willis**, 100 acres. Signed Daniel **Leeds**. Wit: Bathanah **Leeds** & Titan **Leeds**.

10 Apr 1704, Thomas **Gardner**, of Burlington, West New Jersey to Richard **Ayers**, carpenter, of Burlington Co., West New Jersey, £12, 100 acres. Signed Thomas **Gardner**. Wit: John **Hamell** & Walter **Pomphary**.

21 Mar 1699, John **Watson**, yeoman, of Nottingham, Burlington Co., West New Jersey to Richard **Ayers**, yeoman, of same, £94. Signed John **Watson**. Wit: William **Emley** Jr., Stephen **Wilson**, Thomas **Miller** & William **Emley** Sr.

10 May 1710, Eliakim **Wardell**, yeoman, of Burlington, West New Jersey to Joseph **Welsh**, yeoman, of Bristell, Bucks Co., Pennsylvania, 9 acres. Signed Eliakim **Wardell**. Wit: John **Reading**.

6 Jan 1706, John & Mary **Crosby**, yeoman, of Springfield Twp., Burlington Co., West New Jersey to John **Shinn** Jr., yeoman, of same, £300...John **Shinn** Sr. made as marriage portion for his daughter Mary. Signed John **Crosby** & Mary **Crosgy**. Wit: John **Mavey**.

16 Jul 1713, Daniel **Coxe**, of Burlington, West New Jersey to Samuel **Moret**, saddler, of same, £48, 8 acres. Signed Daniel **Coxe**. Wit: John **Balbot** & Charles **Weston**.

5 Apr 1716, Hugh **Huddy**, of Burlington, West New Jersey to Samuel **Marman**, merchant, of same, £10, 6 acre lot in Burlington. Signed Hugh

Huddy. Wit: Samuel **Bushill**, Isaac **Decow** & Anna **Pope**.

5 Apr 1716, Anna **Pope**, widow of Nathaniel **Pope**, of Burlington, West New Jersey to Samuel **Marman**, merchant, of same, £27. Signed Anna **Pope**. Wit: Samuel **Bushill**, Hugh **Huddy** & Isaac **Decow**.

26 Feb 1706, Thomas **Olive**, haberdasher, of Wolingbrough, Northampton Co. to John **Woolston**, yeoman, of Artlobrough, Northampton Co., £20. Signed Thomas **Olive**. Wit: John **Hollinshead**, John (X) **Roberts** & Thomas **Eves**.

21 Apr 1714, Abraham **Browne**, yeoman, of Mansfield, Burlington Co., West New Jersey to Thomas **Potter**, yeoman, of Freehold, Monmouth Co., New Jersey, 75 acres. Signed Abraham **Browne**. Wit: John **Clayton**, Joseph **Owe** & Isaac **Paons**.

30 Jun 1713, John **Woolston**, (son & heir of John **Woolston**), of Northampton, Burlington Co., West New Jersey to Josiah **Gashill**, of same, £35, two tracks...line of James **Longstaff**. Signed John **Woolston**. Wit: Daniel **Leeds**, John **Gwart** & Bethanah **Leeds**.

3 May 1716, William **Stevenson**, yeoman, of Northampton Twp., Burlington Co., West New Jersey to Richard **Eayre**, millwright, of same, £20. Signed William **Stevenson**. Wit: Martha **Huddy** & George **Deacon**.

16 Dec 17-3. Peter **Ramier**, carpenter, of Philadelphia, Pennsylvania to Eliakim **Wardell**, yeoman, of Burlington, West New Jersey, £100, line of Thomas **Budd**, Richard **Basnett** & Thomas **Gardner**. Signed Peter **Ramier**. Wit William **Bayley** & Joseph **Smith**.

1 Jun 1712, Jonathan **Wright**, merchant, of Chesterfield, Burlington Co., West New Jersey to Joseph **Rockles**, merchant, of same, £500, 6 acres... line of James **Pharo**. Signed Jonathan **Wright**. Wit: Peter **Frotwell**, Robert **Stork** & Joanna **Zanchov**.

24 May 1712, Peter **Frotwell**, tanner, of Burlington, West New Jersey to Jonathan **Wright**, yeoman, of Chesterfield Twp., Burlington Co., West New Jersey, £1, 55 acres & 30 acres...line of Mathew **Forsyth**. . Signed Peter **Frotwell**. Wit: Daniel **Coxe**, Hugh **Huddy** & Richard **Allison**.

25 Jun 1715, George **White**, (eldest son & heir of John **White**), malster, of Bucks, Pennsylvania to Peter **White**, yeoman, of Philadelphia, Pennsylvania, £150, 1000 acres. George **White**. Wit: John **Price**, George **Coats** & John **Cadwatader**.

7 Dec 1718, Daniel **Leeds**, of Springfield, Burlington Co., West New Jersey

to Thomas **Ridgeway**, £36, 200 acres. Signed Daniel **Leeds**. Wit: Richard **Array**, Samuel **Goldy** & William (X) **Hanson**.

15 Jun Eliakim **Wardell**, yeoman, of Burlington, West New Jersey to Joseph **Welsh**, butcher, of same, £100. Signed Eliakim **Wardell**. Wit: J. **Bass**, Daniel **Leeds** & Joseph **Smith**.

4 Jun 1716, Samuel **Morris**, yeoman, of Burlington Co., West New Jersey to Nathaniel **Cripps**, yeoman, of Northampton, Burlington Co., West New Jersey, £25. Signed Samuel **Morris**. Wit: Obadiah (X) **Horton**, Richard **Wright** & Thomas **Scattergood**.

22 Mar 1714, John **Dinsdale**, doctor, of Essex Co. & William **Dinsdale**, of Bishop Hatfort, Hertford Co. power of attorney to John **Burr**, of Nottingham, New Jersey. Signed John **Dinsdale** & William **Dinsdale**. Wit: Richard **Anthony**, James **Proeaux** & Edward **Limbrey**.

29 Dec 1715, Samuel **Marriot**, taylor, of Burlington, West New Jersey to Thomas **Middleton**, of same, £15, 20 acres. Signed Samuel **Marriot**. Wit: Simon **Nightingale** & William **Fonmore**.

29 Dec 1715, Samuel **Marriot**, taylor, of Burlington, West New Jersey to Thomas **Middleton**, of same, £42, 3 acres...line of Joseph **Welsh**, John **Wetherill** & **Tatham**. Signed Samuel **Marriot**. Wit: Simon **Nightingale**, William **Fonmore** & Isaac **Decow**.

23 Apr 1701, Thomas **Peachee**, yeoman, of Wellingborough Twp., Burlington Co., West New Jersey to Nathaniel **Cripps**, yeoman, of same, £15, 100 acres...line of Isaac **Horner**. Signed Thomas **Peachee**. Wit: William **Hewling**, John **Petty** & Thomas **Gardner**.

10 Mar 1716, Revell **Elton**, of Burlington, West New Jersey to John **Stockton**, of Springfield, Burlington Co., West New Jersey, £9, 220 acres. Signed Revell **Elton**. Wit: Daniel **Leeds**, Ann (X) **Sykes**, Bathanah **Leeds** & Titan **Leeds**.

7 Aug, Thomas **Potts**, miller, of Talbot Co., Maryland power of attorney to Joseph **Kirkbride**, yeoman, of Bucks Co., Pennsylvania. Signed Thomas **Potts**. Wit: Edward **Bolton**, Robert **Fletcher** & Thomas **Crosby**.

11 Dec 1716, Charles **Woolverton**, yeoman, late of Burlington Co., West New Jersey, but now of Amwell, Hunterdon Co., New Jersey to Marmanduke **Coats**, yeoman, of Springfield Twp., Burlington Co., West New Jersey, £300, 200 acres & 300 acres. Signed Charles **Woolverton**. Wit: Isaac **Decow**, John **Hancock** & Thomas **Scattergood**.

4 Oct 1709, Thomas **Brian**, yeoman, of Chesterfield, Burlington Co., West New Jersey to John **Cramer**, yeoman, of Elizabethtown, Essex Co., New Jersey, £20. Signed Thomas **Brian**. Wit: Elizabeth **Folks** & Mary **Folks**.

13 May 1710, John **Cramer**, yeoman, of Elizabethtown, Essex Co., New Jersey to Samuel **Potter**, yeoman, of same, £10. Signed John **Cramer**. Wit: Samuel **Clarke** & John **Gould** Jr.

24 Mar 1708, James **Burcham**, yeoman, of Burlington Co., West New Jersey to Richard **Brown**, yeoman, of same, £150,300 acres. Signed James **Burcham**. Wit: Thomas **Scattergood**, Ben **Furnis**, Richard (X) **Haines** & Samuel **Furnis**.

1 Dec 1701, John **Reading**, yeoman, of Gloucester, Gloucester Co., New Jersey to Richard **Harrison**, husbandman, of Burlington Co., West New Jersey, £10, 100 acres. Signed John **Reading**. Wit: Samuel **Harrison** & Thomas **Gardner**.

18 Apr 1715, John **Starkey**, (son & heir of John **Starkey**) to William **Pancoast**, 100 acres. Signed John (X) **Starkey**. Wit: Benjamin **Kirby**, Thomas **Scattergood** & Joseph **Pancoast**.

3 Nov 1701, Edward **Wells**, yeoman, of Burlington Co., West New Jersey to Edward **Boulton**, yeoman, of same, £80, 130 acres. Signed Edward **Wells**. Wit: Thomas **Revell**, Thomas **Lars** & James **Lain**.

8 Dec 1701, Benjamin **Field**, yeoman, of Chesterfield, Burlington Co., West New Jersey to Henry **Oxley**, yeoman, of same, 5000 acres. Signed Benjamin **Field**. Wit: Wilt **Stevenson** & Francis **Davenport**.

20 Aug 1714, Henry **Beck**, yeoman, of Chesterfield, Burlington Co., West New Jersey to Joseph **Rockless**, boulter, of same, £23, 6 acres...line of James **Pharoe** & 2 acres. Signed Henry **Beck**. Wit: Mathew **Forsyth**, Garvas **Hall** & James **Collings**.

4 May 1715, George **Nicholson**, yeoman, of Chesterfield, Burlington Co., West New Jersey, (son & heir of George **Nicholson**) to Joseph **Rockless**, miller, of same, £26, 8 acres. Signed George **Nicholson**. Wit: John (X) **Holloway**, James **Pharoe** & Mary **Holloway**.

3 May 1715, Francis **Davenport**, yeoman, of Nottingham, Burlington Co., West New Jersey, (son & heir of Francis **Davenport**) to Joseph **Rockless**, miller, of same, £60, 10 acres. Signed Francis **Davenport**. Wit: John (X) **Bullock**, John **Chesshire** & Susanah (X) **Bullock**.

2 Feb 1705, Thomas **Haines**, yeoman, of Northampton Twp., Burlington

Co., West New Jersey to James **Buchanan**, yeoman, of same, £30, 45 acres. Signed Thomas (X) **Haines**. Wit: Richard **Eayre**, Daniel **Wills** & Thomas **Bishop**.

1 Apr 1709, Thomas **Haines**, yeoman, of Northampton Twp., Burlington Co., West New Jersey to James **Buchanan**, yeoman, of same, £100, 172 acres...line of Robert **Dimsdale**. Signed Thomas (X) **Haines**. Wit: Benjamin **Furnis**, Richard **Brown** & Thomas **Scattergood**.

2 Feb 1701, Henry **Oxley**, of Chesterfield, Burlington Co., West New Jersey to James **Buchanan**, yeoman, of same, £58, 300 acres. Signed Henry (X) **Oxley**. Wit: William **Emley**, Anthony (X) **Whitehead** & William **Emley** Jr.

6 Feb 1711. Joshua **Horner**, yeoman, of Burlington Co., West New Jersey to Richard **Harrison**, yeoman, of same, £7.5, 70 acres &30 acres...line of John **Wright** & John **Mills**. Signed Joshua **Horner**. Wit: John **Wright**, David (X) **Starkey** & James **Starkey**.

1 Feb 1716, John **Engle**, yeoman, of Everham Twp., Burlington Co., West New Jersey to John **Gosling**, of same, £18, 312 acres. Signed John **Engle**. Wit: John **Brooks**, William (X) **Newbury** & Charles **Weston**.

6 Feb 1716, Thomas **Bryant**, yeoman, of Northampton Twp., Burlington Co., West New Jersey to John **Gosling**, of Everham Twp., Burlington Co., West New Jersey, £200, 220 acres. Signed Thomas **Brian**. Wit: William **Petty** Jr., James **Hancock** & Thomas **Bryan** Jr.

19 Feb 1716, Daniel **Smith**, merchant, Joseph **Smith**, Manovell **Smith**, butcher, Samuel **Smith**, merchant & Richard **Smith**, doctor, of Burlington, West New Jersey to Francis **Davenport**, yeoman, of Nottingham Twp., Burlington Co., West New Jersey, (John **Smith** devised to his mother and brothers). Signed Daniel **Smith**, Joseph **Smith**, Manovell **Smith**, Samuel **Smith** & Richard **Smith**. Wit: Peter **Bard** & Isaac **Decow**.

16 Feb 1714, John **Borradall**, of Burlington, West New Jersey to Daniel **Smith**, butcher, of same, line of John **Wells**, (son & heir of James **Wells**). Signed John **Borradall**. Wit: J. **Bass**, Samuel **Marriott** & Richard **Wright**.

22 Jun 1716, Daniel **Coxe**, of Burlington, West New Jersey to Daniel **Smith**, butcher, of same, £10.5, 2 acre lot in Burlington...line of Manuel **Smith**. Signed Daniel **Coxe**. Wit: Peter **Frotwell**, charles **Weston** & Samuel **Bushill**.

4 Apr 1707, Thomas **Kendall**, bricklayer, of Burlington, West New Jersey to John **Ogborne**, carpenter, of Springfield Twp., Burlington Co., West

New Jersey, £100, lot in Burlington. Signed Thomas **Kendall**. Wit: John **Woolston**, John **Tomkin**, Samuel **Goldy**, John **Shinn** & Thomas **Scattergood**.

23 Mar 1715, Judith **Cant**, (widow of William **Cant**), of Waping, Middlesex Co. to Peter **Fearon**, of Burlington, West New Jersey, £24...line of Solomon **Smith** & Joseph **White**. Signed Judith **Cant**. Wit: Joseph **Buckley**, Clement **Plumstead** & John **Richmind**.

2 Mar 1714, Richard **Ayers**, millwright, of Northampton Twp., Burlington Co., West New Jersey to Peter **Bard**, merchant, of Burlington, West New Jersey, £416, 4000 acres...line of John **Gosling**, Thomas **Scattergood**, Robert **Bradocks** & Abraham **Brown**. Signed Richard **Ayers**. Wit: Samuel **Goldy**, John **Gosling**, Nathaniel **Cripps**, Thomas **Brian** & Thomas **Scattergood**.

13 May 1717, Samuel **Barker**, gentleman, of Calbrough, Darby Co., England power of attorney to William **Hunt**, yeoman, of Springfield, Burlington Co., West New Jersey. Signed Samuel **Barker**. Wit: Jacob **Lamb**.

11 Jul 1715, William **Bennett**, wheelwright, late of Pimsakin Creek, Burlington Co., West New Jersey to John **Chambers**, yeoman, of same, £110, 300 acres...line of Jacob **Hewling**. Signed William **Bennett**. Wit: John **Smalneth**, Benjamin **Kay** & John **Kay**.

5 Dec 1711, Daniel **Coxe**, of Burlington, West New Jersey to John **Gosling**, yeoman, of Northampton Twp., Burlington Co., West New Jersey, £48.85. Signed Daniel **Coxe**. Wit: J. **Bass**, James **Thomson** & Charles **Weston**.

20 Dec 1718, Thomas **Lippincott**, carpenter, of Wellingborough, Burlington Co., West New Jersey to John **Gosling**, yeoman, of Everham, Burlington Co., West New Jersey, 200 acres. Signed Thomas **Lippincott**. Wit: William **Petty**, Obediah **Eldridge** & Simon (X) **Woodrose**.

23 Dec 1708, Thomas **Lippincott**, carpenter, of Wellingborough, Burlington Co., West New Jersey to John **Gosling**, yeoman, of Everham, Burlington Co., West New Jersey, £300, 6 acres & 200 acres...line of Nathan **Allen**. Signed Thomas **Lippincott**. Wit: William **Petty**, Obediah **Eldridge** & Simon (X) **Woodrose**.

10 Aug 1706, William **Haines**, yeoman, of Northampton Twp., Burlington Co., West New Jersey to John **Gosling**, yeoman, of Everham Twp., Burlington Co., West New Jersey, £300, 200 acres...line of Richard

Haines, Francis Auston, 50 acres & 40 acres. Signed William (X) Haines. Wit: William Stevenson, John Wills & Thomas Gardner.

23 May 1717, William Brown, carpenter, late of Burlington Co., West New Jersey to Nathan Fallwell, weaver, of Mansfield Twp., Burlington Co., West New Jersey, £75, 200 acres...line of John Brown. Signed William Brown. Wit: George Willis, Caleb (X) Brown & Isaac Decow.

21 Mar 1701, Edward Andrews, yeoman, of Mansfield Twp., Burlington Co., West New Jersey to Nathan Fallwell, yeoman, of same, £41, 115 acres...line of Joshua Newbold. Signed Edward Andrews. Wit: Joseph English, Nathaniel Records, Thomas Craft & Robert (X) Lowell.

27 Mar 1714, Caleb Brown, yeoman, of Mansfield Twp., Burlington Co., West New Jersey to Nathan Fallwell, weaver, of same, £19.4, 30 acres ...line of Mary Andrews. Signed Caleb (X) Brown. Wit: John Hancock, Phebe Vaus & Thomas Scattergood.

21 Apr 1710, Hannah Newbold & Michael Newbold, gentleman, executors of the will of Joshua Newbold of Burlington, West New Jersey to Nathan Fallwell, weaver, of Mansfield Twp., Burlington Co., West New Jersey, £27.5, 17 acres...line of Edward Andrews, William Salterthwaite & Jacob Decow. Signed Hannah Newbold & Michael Newbold. Wit: George Willis, Jonathan Lovett & Thomas Revell.

24 Sep 1689, Edward Vince, maulster, of Burlington, West New Jersey to George Hutchinson, merchant, of same, £3.5, lot in Burlington. Signed Edward Vince. Wit: Richard Love & James Wills.

23 Sep 1696, George Hutchinson, merchant, of Philadelphia, Pennsylvania to John & Elizabeth Pearce, of Burlington, West New Jersey, (said Elizabeth is the daughter of said George), for love and affection. Signed George Hutchinson. Wit: Edward Humloke, Thomas Revell & Daniel Leeds.

3 Feb 1698, Jeremiah Bass, governor of New Jersey to John Tatham, merchant, of Burlington, West New Jersey, £100, 2000 acres. Signed Jeremiah Bass. Wit: John Jewell & William Browne.

8 Aug 1698, Henry Grubb, innholder, of Burlington, West New Jersey to Isaac Decow, butcher, of same, £20, lot in Burlington. Signed Henry Grubb. Wit: Emanuel Smith, Barnard Lane & John Meredith.

30 Apr 1716, Bethanah Leeds, (son of Daniel Leeds), of Northampton, Burlington Co., West New Jersey to Thomas Leeds, of Springfield, Burlington Co., West New Jersey, £5.5, lot in Burlington. Signed Bethanah Leeds. Wit: Edmund Congill, Titan Leeds & Daniel Leeds.

27 Mar 1699, Thomas **Raper**, lock smith, of Burlington, West New Jersey to George **Willis**, innholder, of same, £140, lot in Burlington. Signed Thomas **Raper**. Wit: Christopher **Wetherill**, Samuel **Furris** & John **Meredith**.

11 Jul 1717, George & Mary **Emott**, merchant, of New York City to Francis **Smith**, cordwinder, of Burlington, West New Jersey, £24, 4 acres...line of George **Willis**. Signed George **Emott** & Mary **Emott**. Wit: Edward **Vanghan** & James **Emott**.

16 May 1719, Caleb **Shreeve**, for Mathew **Chapman**, Joseph **Atkinson** & John **Atkinson**, executors of the will of William **Atkinson** receive from Mary **Shreeve**, £44.95. Signed Caleb (X) **Shreeve**. Wit: Mary (x) **Shreeve**. (sister of Joseph **Atkinson**).

10 Jul 1717, George & Mary **Emott**, merchant, of New York City to George **Willis**, innholder, of Burlington, West New Jersey, £24, 4 acres. Signed George **Emott** & Mary **Emott**. Wit: Edward **Vanghan** & James **Emott**.

10 Jan 1710, Abraham **Bickley**, merchant, of Philadelphia, Pennsylvania to Thomas **Wetherill**, cooper, of Burlington, West New Jersey, £100, 40 acres...line of **Boothes**. Signed Abraham **Bickley**. Wit: John **Ogborn**, John **Smith**, Thomas **Frampton**, John **Watts** & Thomas **Scattergood**.

25 Jun 1717, George & Mary **Emott**, merchant, of New York City to Joshua **Humphries**, weaver, of Northampton Twp., Burlington Co., West New Jersey, £34, 300 acres...line of James **Salterthwaite** & Robert **Dinsdale**. Signed George **Emott** & Mary **Emott**. Wit: Edward **Vanghan** & James **Emott**.

29 Jun 1717, George & Mary **Emott**, merchant, of New York City to John **Wills**, yeoman, of Northampton, Burlington Co., West New Jersey, £26, 170 acres...line of Jonas **Smith**. Signed George **Emott** & Mary **Emott**. Wit: Edward **Vanghan** & James **Emott**.

8 May 1716, Robert **Field**, cooper, of Bucks Co., Pennsylvania to Thomas **Stevenson**, yeoman, of same, £60, 500 acres. Signed Robert **Field**. Wit: William **Stevenson** & Isaac **Decow**.

8 May 1716, Benjamin & Susannah **Fairman**, yeoman, of Burlington Co., West New Jersey to Thomas **Stevenson**, yeoman, of Bucks Co., Pennsylvania, £60, 500 acres. Signed Benjamin **Fairman** & Susannah **Fairman**. Wit: William **Bayley**, William **Stevenson**, Isaac **Decow**, Robert **Field** & John **Noss**.

24 Jul 1716, Daniel **Coxe**, of Burlington, West New Jersey to Joseph

Kirkbride & Thomas **Stevenson**, gentlemen, of Bucks Co., Pennsylvania, 5000 acres. Signed Daniel **Coxe**. Wit: William **Trent**, Cornelius **Anderson** & Charles **Weston**.

9 May 1716, William **Stevenson**, yeoman, of Burlington Co., West New Jersey to Thomas **Stevenson**, of Bucks Co., Pennsylvania, 1000 acres. Signed William **Stevenson**. Wit: Isaac **Decow** & Robert **Field**.

10 Apr 1715, survey of 500 acres for James **Logan**.

3 May 1711, Richard **Ridgway**, of Burlington, West New Jersey to John **Ogborn**, of same, £100, 150 acres... line of John **Crosby**. Signed Richard **Ridgway**. Wit: Nicholas **Martincux**, Thomas **Wetherill** & Isaac **Decow**.

16 May 1716, Joseph **Ambler**, wheelwright, of Philadelphia Co., Pennsylvania to John **Shinn**, yeoman, of Springfield, Burlington Co., West New Jersey, £30, 100 acres...line of Samuel **Barker**, Peter **Hanney** & Godfrey **Hancock**. Signed Joseph **Ambler**. Wit: Griffith **Lowollin**, William **Prichitt** Charles **Read**.

28 Nov 1714, Jonathan **Woolston**, yeoman, of Bucks Co., Pennsylvania to Abraham **Browne**, yeoman, of Mansfield Twp., Burlington Co., West New Jersey, £325, 300 acres. Signed Jonathan **Woolston**. Wit: Rafow **Cody**, Tasunos **Coonrott**, Joshua **Frottwell** & Thomas **Scattergood**.

1 Jul 1717, George & Mary **Emott**, merchant, of New York City to Isaac **Decow**, yeoman, of Burlington, West New Jersey, £20, 5 acres. Signed George **Emott** & Mary **Emott**. Wit: Edward **Vaughn** & James Emott.

10 Dec 1718. survey of 1207 acres for Jacob **Spies**.

6 May 1717, James **Smith**, of Nottingham Twp., for Joseph **Smith**, of North Cottingham, Nottingham Co. & Elizabeth **Garland**, of Mansfield, brother & sister of George **Smith**, yeoman, deceased, late of Burlington Co., West New Jersey power of attorney to Thomas **Smith**, for Jane **Smith**, widow of said George with William **Evans**. Signed James **Smith**, Joseph **Smith** & Elizabeth (X) **Garland**. Wit: William (X) **Gardler**, Richard **Marriot**, John **Marriot**, John (X) **Pimm**, William **Gosling**, Mahlon **Stacy** & Nathaniel **Hopewell**.

Mar 1717, Lewis **Morris**, agent for Charles **Ducimmquo**, John Bennett, Edward **Richards**, Robert **Mitchell**, Thomas **Skinner** & Joseph **Brooksbank** survey of 13, 160 acres...line of Robert **Johnson** & William **Hall**

Nov 1716, Lewis **Morris**, agent for Charles **Ducimmquo**, John Bennett, Edward **Richards**, Robert **Mitchell**, Thomas **Skinner** & Joseph **Brooksbank** survey of 3,000 acres...line of William **Dare** & Mark **Rives**.

Nov 1716, Lewis **Morris**, agent for Charles **Ducimmquo**, John **Bennett**, Edward **Richards**, Robert **Mitchell**, Thomas **Skinner** & Joseph **Brooksbank** survey of 11,000 acres...also 10,000 acres, 9,800 acres & 1,716 acres.

1 Apr 1694, survey for George **Hutchinson**...10,400 acres.

20 Jun 1717, Thomas **Stevenson**, gentleman, of Bucks Co., Pennsylvania to Joshua **Humphries**, yeoman, of Northampton Twp., Burlington Co., West New Jersey, £500, house in Burlington...line of Samuel **Marman**. Signed Thomas **Stevenson**. Wit: William **Watson**, Thomas **Wetherill** & Isaac **Decow**.

4 Nov 1717, Nathaniel **Cripps** & Thomas **Bryant**, yeomen, of Northampton Twp., Burlington Co., West New Jersey to Zackan **Prickett**, yeoman, of same, £340, 600 acres...line of John & Richard **Haines**. Signed Nathan **Cripps** & Thomas **Bryant**. Wit: Peter **Bard** & Isaac **Decow**.

31 Aug 1717, Zachariah **Prickett**, yeoman, of Everham Twp., Burlington Co., West New Jersey to Richard **Eayre**, millwright, of Northampton, Twp., Burlington Co., West New Jersey, £220, 266 acres...line of John **Haines** & Richard **Haines**. Signed Zachariah (X) **Prickett**. Wit: Daniel **Wills**, John **Burr** & Kozia (X) **Burr**.

11 Nov 1715, Daniel **Wills** & John **Wills**, yeomen, of Northampton Twp., Burlington Co., West New Jersey & Elizabeth **Wills**, widow, of John **Wills**, late of Burlington, West New Jersey to Isaac **Pearson**, of Burlington, West New Jersey, £112, lot in Burlington...line of Thomas **Middleton**. Signed Daniel **Wills**, John **Wills** & Elizabeth **Wills**. Wit: J. **Bass**, Richard **Allison** & James **Thomson**.

8 Oct 1700, Thomas **Gardiner**, of Burlington, West New Jersey to his daughter Hannah **Gardiner**, for love and affection, in her marriage...Mathews Branch, 140 acres & 100 acres...line of John **Wood**. Signed Thomas **Gardiner**. Wit: Isaac **Marriott** & Abraham **Brickley**.

3 Oct 1703, William **Satterwaite**, yeoman, of Chesterfield, Burlington Co., West New Jersey to Jacob **Decow**, yeoman, of Mansfield, Burlington Co., West New Jersey, £20, 8 acres...line of late Hugh **Hutchins**. Signed William **Satterwaite**. Wit: George **Nicholson**, Francis **Davenport** & Francis **Davenport** Jr.

15 Oct 1714, William **Potty**, woolcomber, of Burlington, West New Jersey to his son John **Potty**, brickmaker, of same, £70, 250 acres...line of Thomas **East** & Daniel **Leeds**. Signed William **Potty**. Wit: Samuel **Kimble**,

Thomas **Kimble** & Thomas **Scattergood**.

20 Oct 1712, John **Cook**, son of Arthur **Cook**, deceased, late of Philadelphia, Pennsylvania to Abraham **Bordon**, 800 acres...line of Daniel **Robbins** & William **Potty**. Signed John **Cook**. Wit: Joseph **Wood**, Jeremiah **Pratt** & William **Stooksall**.

1 Mar 1698, Nathaniel **Cripps**, yeoman, of Burlington, West New Jersey to Isaac **Decow**, butcher, of same, £22, 25 acres...line of Samuel **Furris**. Signed Nathaniel **Cripps**. Wit: Joseph **Cross**, John **Ogborn** & John **Ogborn** Jr.

21 Mar 1696, Thomas **Raper**, blacksmith, of Burlington, West New Jersey to John **Crosby**, millwright, of same, £100, lot in Burlington. Signed Thomas **Raper**. Wit: Thomas **Revell**, Isaac **Marriot** & Henry **Grubb**.

23 May 1718, Thomas **Stanford**, merchant, of Burlington, West New Jersey to Cornelius **Newkirk**, of Uster Co., New York, £200, 350 acres...line of James **Wasse**. Signed Thomas **Stanford**. Wit: Charles **Crosthowayt**, Joseph **James** & John **Read**.

11 Mar 1714, Tunis **Titis**, gentleman, of Burlington, West New Jersey to Richard **Allison**, innholder, of same, £60, 118 acres...line of Peter **Frotwell** & John **Hammil**. Signed Tunis **Titis**. Wit: Samuel **Taylor**, Robert **Case** & Charles **Watson**.

7 Jun 1715, Richard **Allison**, merchant, of Burlington, West New Jersey to John **Stevenson**, gentleman, of Long Island, New York, 118 acres... line of Jochonso **Vangress**. Signed Richard **Allison**. Wit: Samuel **Marriott**, Elnathan **Stevenson** & Charles **Weston**.

5 Dec 1716, John & Ann **Hancock** received £25 from their brother Edward **Fisher** per William **Fisher**, deceased. Signed John **Hancock** & Ann (X) **Hancock**.

26 Aug 1686, Mary **Gosling**, widow of John **Gosling**, of Burlington, West New Jersey to Thomas **Budd**, merchant, of same, £35, 50 acres. Signed Mary **Gosling** & Francis **Collins**. Wit: James **Budd**, William **Stanley** & Arthur **Kolton**.

12 Jul 1720, surveyed 55 acres for Mathew **Gardiner**.

30 Aug 1706, William **Budd** Sr, of Northampton, Burlington Co., West New Jersey to William **Budd** Jr., of same, £80, line of Restore **Lippincott**. Signed William **Budd**. Wit: Mary **Woolston** & Mary **Plumley**.

3 Apr 1717, William **Budd**, of Northampton Twp., Burlington Co., West New Jersey to James **Budd**, of Burlington Co., West New Jersey, £20. Signed William **Budd**. Wit: John **Wheeler**, Rebecca **Wheeler** & Mary **Wheeler**.

19 Oct 1709, George **Craford**, of Cape May Co., Burlington Co., West New Jersey to Joseph **Crowell**, of same, £40, 280 acres. Signed George **Craford**. Wit: Humphrey **Hughes** & John **Taylor**.

2 Feb 1709, surveyed 2244 acres for Joshua **Wright** & 152 acres.

10 Jul 1715, William **Leeds**, of Egg Harbor, Burlington Co., West New Jersey to Peter **White**, of same, £60, 250 acres...line of John **Cull**. Signed William **Leeds**. Wit: Ann (X) **Sykes**, Titan **Leeds** & Daniel **Leeds**.

28 Aug 1717, John **Dennis**, yeoman, of Springfield Twp., Burlington Co., West New Jersey to William **Satterthwaite**, yeoman, of Chesterfield, Burlington Co., West New Jersey, £30, 17 acres...line of Nathan **Folwell** & Thomas **Curtis**. Signed John (X) **Dennis**. Wit: Ralph **Cowgill**, William **Pancoast** & Joseph **Rockless**.

29 Jan 1712, Henry **Peeps**, yeoman, of Chester, Burlington Co., West New Jersey to William **Haines**, gentleman, of Chesterfield,Burlington Co., West New Jersey, £7.5. 150 acres. Signed Henry (X) **Peeps**. Wit: William **Forimere**, James **Thomson** & Isaac **Decow**.

25 May 1717, William **Satterthwaite**, yeoman, of Chester Twp., Burlington Co., West New Jersey to Simon **Nightingale**,innholder, of Burlington, West New Jersey, £45, lot in Burlington. Signed William **Satterthwaite**. Wit: Nicholas **Matincux**, Charles **Weston**, Manowell **Smith**, Thomas **Wetherill** & George **Satterthwaite**.

4 Jul 1713, John **Hancock**, yeoman, of Mansfield Twp., Burlington Co., West New Jersey to Samuel **Goldy**, yeoman, of Springfield, Burlington Co., West New Jersey, £45.3, 6 acres...line of Jacob **Lamb**'s. Signed John **Hancock**. Wit: Peter **Lott**, Johannis **Van Eeckotor** & Thomas **Scattergood**.

8 Nov 1710. Ortario **Coonnaas**, merchant, of New York City to Thomas **Lanconso**, merchant, of same

Mar 1698, Nathaniel **Cripps**, yeoman, of Burlington, West New Jersey to Isaac **Decow**, butcher, of same, £22, 25 acres. Signed Nathaniel **Cripps**. Wit: Joseph **Cross**, John **Ogborn** & John **Ogborn** Jr.

4 Nov 1703, John **Coltman**, mainer, of Linnhouse, of Stepney, Middlesex Co. to Robert **Boulton**, mariner, of same, £119.35. Signed John **Coltman**.

Wit: Thomas **Boulton**, Thomas **Dunne** & Edward **Burnham**.

11 Aug 1703, Abraham **Brown**, yeoman, of Mansfield, Twp., Burlington Co., West New Jersey to John **Aronson**, of Queens Co., Nassau Island, New York, £40, 100 acres. Signed Abraham **Brown**. Wit: Caleb **Shreve**, John **Ashton** & Thomas **Revell**.

4 Aug 1718, Samuel **Morris**, yeoman, of Northampton Twp., Burlington Co., West New Jersey to James **Collings**, carter, of Burlington, West New Jersey, £76, house in Burlington. Signed Samuel **Morris** & Nathaniel **Cripps**. Wit: Samuel **Furris**, Isaac **Decow** & Richard **Eayre**.

16 Sep 1707, James **Wasse**, doctor, of London to William **Biles**, merchant, of Bucks Co., Pennsylvania, £0.5. Signed James **Wasse**. Wit: Francis **Jones**, John **Gorisl** & John **Page**.

27 Aug 1718, John **Shinn**, yeoman, of Springfield Twp., Burlington Co., West New Jersey to John **Ogborn** Jr., planter, of same, £28, 30 acres... line of John **Steward** & James **Langstate**. Signed John **Shinn**. Wit: John **Roberts**, Isaac **Decow** & Thomas **Scattergood**.

16 May 1719, Mathew **Champion**, Joseph **Atkinson** & John **Atkinson**, executors of the estate of William **Atkinson**, £54.95 to the daughter of said William.

15 Sep 1715, Thomas **Stevenson**, yeoman, of Bucks Co., Pennsylvania to Isaac **Decow**, yeoman, of Burlington, West New Jersey, £4, 100 acres. Signed Thomas **Stevenson**. Wit: Joseph **Kirkbride**, John **Borradall** & Thomas **Scholey**.

15 Sep 1714, Thomas **Stevenson**, yeoman, of Bucks Co., Pennsylvania to Isaac **Decow**, yeoman, of Burlington, West New Jersey, £50. Signed Thomas **Stevenson**. Wit: William **Watson**, William **Bagley** & Richard **Wright**.

10 Apr 1714, Thomas **Stevenson**, yeoman, of Bucks Co., Pennsylvania to Isaac **Decow**, yeoman, of Burlington, West New Jersey, £50, 535 acres. Signed Thomas **Stevenson**. Wit: William **Watson**, William **Bagley** & Richard **Wright**.

2 May 1714, John **Cooke**, of Burlington, West New Jersey, (son & heir of Arthur **Cook**) to Isaac **Decow**, of Burlington, West New Jersey, £50, 400 acres...line of John **Tomlinson**. Signed John **Cooke**. Wit: Samuel **Furris** John **Tonkin**.

20 Aug 1716, Ralph **Hunt**, of Maiden Head, Hunterdon Co., New Jersey to John **Lewis**, tinker, of Bucks Co., Pennsylvania, £15, 60 acres. Signed

Ralph **Hunt**. Wit: Philys **Phillys**, Ralph **Hunt** Jr. & Stephen **Chalmas**.

20 Oct 1709, Col. Daniel **Coxe**, gentleman, of Burlington, West New Jersey to Hugh **Huddy**, of same, £30, 5 acres of swamp line in Burlington ...line of John **Tatham** & 9 acres. Signed Daniel **Coxe**. Wit: George (X) **Miller** & Daniel **Leeds**.

15 Oct 1718, Richard **Wright**, yeoman, of Burlington, West New Jersey to Joseph **Welch**, yeoman, of Bristol, Bucks Co., Pennsylvania, £19, 9 acres ...line of Eliakin **Wardell**, John **Tatham** & Daniel **Sutton**. Signed Richard **Wright**. Wit: Isaac **Decow** & John **Robards**.

1701, survey of 100 acres for John **Lambert**.

19 Apr 1718, William **Stevenson**, yeoman, of Burlington Co., West New Jersey to Jacob **Doughty**, of same, £150, 1100 acres. Signed William **Stevenson**. Wit: Thomas **Humlock**, Isaac **Pearson** & Garvas **Hall**.

4 Feb 1714, Marmaduke **Horseman**, yeoman, of Monmouth Co., New Jersey to Jacob **Doughty**, merchant, of Burlington, West New Jersey, £40, 50 acres...line of John **Moore**. Signed Marmaduke (X) **Horseman**. Wit: Jonas **Ingham**, Thomas **Folkes** & Edward **Kempe**.

12 Jun 1718, Edward **Kempe**, yeoman, of Amwell, Hunterdon Co., New Jersey to Jacob **Doughty**. of Chesterfield, Burlington Co., West New Jersey, £12.45, 150 acres. Signed Edward **Kempe**. Wit: Thomas **Folkes**, Thomas **Folkes** Jr. & Elizabeth **Folkes**.

2 Nov 1714, Francis & Martha **Davenport**, merchant, of Burlington, West New Jersey to Jacob **Doughty**, merchant, of same, £500, 315 acres. Signed Francis **Davenport** & Martha **Davenport**. Wit: Francis **Doughty**, James (X) **Wilits** & Isaac **Decow**.

530 acre survey for Thomas **Mathews**.

8 Jul 1714, Janson **Decker**, of New Jersey to Hendrick Janson **Decker**, late of New Jersey, £200, heirs Thomas **Decker**, Johannis **Decker**, Goorhe **Decker**, Fommehe **Decker**, Gorehe **Decker** & Sarah **Decker**, 400 acres. Signed Janson **Decker**. Wit: John **Rulson**, Johannis **Fokinnoes** & William **Nottingham**.

17 May 1718, Edward **Kempe**, yeoman, of Hunterdon Co., New Jersey to Jacob **Doughty**, of Chesterfield, Burlington Co., West New Jersey, £18, 300 acres. Signed Edward **Kempe**. Wit: Thomas **Folkes**, John **Woodward** & John **Jones**.

17 Jan 1715, Samuel **Mills**, saddler, of Greenage, Fairfield Co., Connecticut to Jacob **Doughty**, merchant, of Chesterfield, Burlington Co., West New Jersey, £100, 227 acres...line of Samuel **Bunting** & Marmaduke **Horseman**. Signed Samuel **Mills**. Wit: Thomas **Folkes**, John **Bunting** & William **Yard**.

3 Jun 1718, George & Mary **Emott**, merchant, of New York City to Mary **Marriott**, widow, of Burlington, West New Jersey, £7, lot in Burlington. Signed George **Emott** & Mary **Emott**. Wit: George **Emott** Jr., John **Allen**, Isaac **Decow**, Robert **King** & James **Emott**.

16 Sep 1700, Samuel **Terrell**, smith, of Burlington, West New Jersey to Henry **Low**, gardiner. of Burlington Co., West New Jersey, £5.3, 100 acres ...line of Richard **Boyer** & John **Woolman**. Signed Samuel **Terrell**. Wit: Henry **Grubb**, Edward **Boulton** & Edward **Humlock**.

20 Sep 1715, Thomas **Stevenson**, merchant, of Bucks Co., Pennsylvania to Samuel **Marman**, merchant, of Burlington, West New Jersey, £404, house in Burlington...line of John **Borradall** & Benjamin **Wheat**. Signed Thomas **Stevenson**. Wit: John **Borradall**, William **Bagley** & Peter **Bard**.

8 Jul 1718, George & Mary **Emott**, merchant, of New York City to Samuel **Furnis**, saddler, of Burlington, West New Jersey, £6, lot in Burlington ...line of Barnard **Lane**. Signed George **Emott** & Mary **Emott**. Wit: Isaac **Pearson**, Richard **Wright**, Isaac **Decow**, Robert **King** & James **Emott**.

13 Mar 1689, William **Hixson**, of Burlington, West New Jersey to Samuel **Jennings**, of Bloomhill, Burlington Co., West New Jersey, 650 acres. Signed William **Hixson**. Wit: George **Hutchinson**, John **Willsford** & Francis **Davenport**.

9 May, 1718, Thomas **Stevenson**, of Bucks Co., Pennsylvania to Phillip **Schuyler** & Jacob **Mead**, both of Burlington Co., West New Jersey, £26, 260 acres. Signed Thomas **Stevenson**. Wit: Solomon **Davis**, Jan **Gladson** & John **Budd**.

20 Feb 1693, Daniel **England**, mariner, of Burlington, West New Jersey to Samuel **Harriot**, yeoman, of Bermudas, Burlington Co., West New Jersey, £15, lot in Burlington. Signed Daniel **England**. Wit: Francis **Davenport**, John **Warren** & George **Hutchinson**.

12 Mar 1702, Benjamin **Field**, of Burlington, West New Jersey to his brother-in-law, Elisal **Allen**, 100 acres. Signed Benjamin **Field**. Wit: Moses **Poffit** & Jonathan (X) **Foreman**.

2 Jan 1711, Eliashal **Allen**, gentleman, of Chesterfield Twp., Burlington

Co., West New Jersey to Nathan **Allen**, merchant, of Mansfield Twp., Burlington Co., West New Jersey, £11, 100 acres. Signed Eliashal **Allen**. Wit: Robert **Burnet**, Samuel **Atkinson**, Susanah **Field**, Robert **Burnet** Jr. & Robert **Field** Jr.

10 Nov 1712, commissioners to John **Budd**. Signed Thomas **Story** & James **Logan**. Wit: Joseph **Kirkbride** & Charles **Read**.

12 Mar Judith **Cant**, widow, of Middlesex Co. power of attorney to Clement **Plumstead**, merchant, & Samuel **Carpenter**, merchant, both of Philadelphia, Pennsylvania. Signed Judith **Cant**. Wit: John **Richmond**, Stephen **Jackson** & Samuel **Heath**.

8 Jul 1718, George & Mary **Emott**, merchant, of New York City to Isaac **Pearson**, silversmith, of Burlington, West New Jersey, £20, 4 acres. Signed George **Emott** & Mary **Emott**. Wit: Samuel **Furnis**, R. **Wright**, George **Willis**, Robert **King** & James **Emott**.

8 Jul 1718, George & Mary **Emott**, merchant, of New York City to Richard **Wright**, yeoman, of Burlington, West New Jersey, £32, 14 acres. Signed George **Emott** & Mary **Emott**. Wit: Samuel **Furnis**, Isaac **Pearson**, George **Willis**, Robert **King** & James **Emott**.

29 Apr 1692, Thomas **Kindall**, bricklayer, of Burlington, West New Jersey to John **Ogborne**, carpenter, of same, £31, lot in Burlington...line of Daniel **Smith**. Signed Thomas **Kindall**. Wit: Nathaniel **Westland**, John **Ganott** & Thomas **Revell**.

8 Jan 1705, John **Ogborne** Jr., carpenter, of Burlington Co., West New Jersey to James **Wilde**, wheelwright, of Burlington, West New Jersey, £155, house & lot in Burlington...line of Daniel **Smith**. Signed John **Ogborne** Jr. Wit: John **Wills**, John **Weatherill** & Nathaniel **Westland**.

6 Dec 1710, James **Wilde**, wheelwright, of Waterford Twp., Gloucester Co., New Jersey to Richard **Webster**, merchant, of Burkoff Twp., Bucks Co., Pennsylvania, £104, house & lot in Burlington...line of Daniel **Smith**. Signed James **Wilde**. Wit: John **Wills**, Nicholas **Martincux** & Thomas **Revell**.

26 Dec 1718, John **Allen**, of Burlington, West New Jersey to Richard **Webster**, of same, £70.5, house & lot in Burlington. Signed John **Allen**, Wit: Simon **Nightingale**, Richard **Wright** & Charles **Weston**.

7 Jul 1713, Thomas **Hooton**, merchant, of Philadelphia, Pennsylvania to Richard **Webster**, apothecary, of Burlington, West New Jersey, £17.25, 50 acres. Signed Thomas **Hooton**. Wit: Peter **Bard**, Alexander **Tracy**, Charles

Weston.

31 Dec 1718, Richard **Webster**, apothecary, of Philadelphia, Pennsylvania to Thomas **Frampton**, of Burlington, West New Jersey, £200, house & lot in Burlington. Signed Richard **Webster**. Wit: Abram **Brickley** & Charles **Brackdon**.

10 Aug 1716, Nathaniel **Cripps**, yeoman, of Northampton Twp., Burlington Co., West New Jersey to Samuel **Morris**, yeoman, of Burlington Co., West New Jersey, £120, 150 acres...line of Benjamin **Scott** & John **Chasson**. Signed Nathaniel **Cripps**. Wit: Daniel **Smith**, John **Weatherill** & Thomas **Scattergood**.

31 Jan 1711, John **Tatham**, gentleman, of Burlington, West New Jersey to Thomas **Hough**, yeoman, of Springfield Twp., Burlington Co., West New Jersey, £700, 650 acres...line of Thomas **Shinn**. Signed John **Tatham**. Wit: John **Hooton**, Emanuel **Smith**, Peter **Frotwell** & Charles **Weston**.

1 May 1708, Abraham **Brown**, yeoman, of Mansfield Twp., Burlington Co., West New Jersey to Samuel **Maxbur**, yeoman, of Burlington Co., West New Jersey, £60, 200 acres. Signed Abraham **Brown**. Wit: John (X) **Stokes**, James (X) **Wells**, John **Harvey** & John **Clayton**.

4 May 1703, Henry **Beck**, yeoman, of Chesterfield Twp., Burlington Co., West New Jersey to Abraham **Brown**, yeoman, of Burlington Co., West New Jersey, £12, 200 acres. Signed Henry **Beck**. Wit: Francis **Davenport**, Nathan **Allen**, Thomas **Gardner** & Issac **Marriot**.

30 Sep 1699, Thomas **Bibb**, smith, of Burlington, West New Jersey to Lawrence **Morris**, sawyer, of same, £108.75. Signed Thomas **Bibb**. Wit: Henry **Grubb**, John **Neve** & John **Meredith**.

18 Feb 1716, Society to Humphrey **Hughes**, of Cape May Co., New Jersey, £5.8, 243 acres. Signed Thomas **Skinner**, Edward **Richier**, Charles **Dominique**, Joseph **Brooksbank**, Robert **Mitchell** & John **Bennett**. Wit: Andrew **Bass**, Louie **Morris** & Jacob **Spicer**.

21 Aug 1717, Society to John **Parson**, of Cape May Co., New Jersey, £10, 50 acres...line of William **Mumford**. Signed Thomas **Skinner**, Edward **Richier**, Charles **Dominique**, Joseph **Brooksbank**, Robert **Mitchell** & John **Bennett**. Wit: Louie **Morris** & James **Alexander**.

10 Nov 1718, William **Hollinghead**, yeoman, of Chester Twp., Burlington Co., West New Jersey to John **Hollinghead**, yeoman, of same, (John **Hollinghead** had sons William & John **Hollinghead**), £8. Signed William **Hollinghead**. Wit: Thomas **Hooton**, Abraham **Haines** & Thomas **Adams**.

18 Jun 1718, Hannah **Sirkett**, widow of John **Sirkett**, of Burlington, West New Jersey to Henry **Clothier**, of same, £150, house & lot in Burlington. Signed Hannah **Sirkett**. Wit: James **Atkinson**, Samuel **Woolston** & Thomas **Scattergood**.

p. 162

4 Feb 1718, John **Allen**, gentleman, of Burlington, West New Jersey to Henry **Clothier**, doctor, of same, £72, lot in Burlington, (Jonathan **Woolston**, grandson of William **Cooper**, father of Joseph & Daniel **Cooper**). Signed John **Allen**. Wit: R. **Wright**, George **Willis** & Isaac **Decow**.

13 Apr 1709, John **Rudyard**, mariner, of Port Amboy, Middlesex Co., New Jersey to Peter **Frotwell**, tanner, of Burlington, West New Jersey, £25, 7 acres. Signed John **Rudyard**. Wit: John **Barclay**, Samuel **Furnis** & Thomas **Gardiner**.

1700, Francis **Collings**, of Northampton, Burlington Co., West New Jersey to Jean **Engle**, of Everham Twp., Burlington Co., West New Jersey, £10, 150 acres. Signed Francis **Collings**. Wit: George **Willis** & Obadiah (X) **Hierton**.

16 Apr 1715, Henry & Joan **Cliffton**, weaver, of Philadelphia, Pennsylvania to Simon **Boroth**, yeoman, of Everham, Burlington Co., West New Jersey, £24, 100 acres...line of Robert **Bradock**. Signed Henry **Cliffton** & Joan **Cliffton**. Wit: Richard **Blackham**, John **Cliffton** & John **Engle**.

9 Apr 1719, Peter **Bard**, merchant, of Burlington, West New Jersey to Daniel **Haines**, yeoman, of Northampton Twp., Burlington Co., West New Jersey, £303, 150 acres...line of Richard **Ridgway**. Signed Peter **Bard**. Wit: Richard **Earye**, Garvus **Hall** & Isaac **Decow**.

18 Jan 1713, John **Shinn**, yeoman, of Springfield Twp., Burlington Co., West New Jersey to Abraham **Brickley**, merchant, of Philadelphia, Pennsylvania, £100, 100 acres...Springfield Twp., line of John **Crossboy**, John **Butcher** & Richard **Ridgway**. Signed John **Shinn**. Wit: Thomas **Weatherill**, William **Ogborn**, Isaac **Decow** & Nathaniel **Pope**.

27 Dec 1715, Abraham **Brickley**, merchant, of Philadelphia, Pennsylvania to Peter **Bard**, merchant, of Burlington, West New Jersey, £100, 100 acres...Springfield Twp., line of John **Crossboy**, John **Butcher** & Richard **Ridgway**. Signed Abraham **Brickley**. Wit: Simon **Nightingale**, Samuel **Goldy** & Isaac **Decow**.

31 Mar 1712, John **Ogborn**, yeoman, of Springfield Twp., Burlington Co., West New Jersey to Abraham **Brown**, yeoman, of Mansfield Twp.,

Burlington Co., West New Jersey, £400, 150 acres...line of George **Shinn** & Richard **Ridgway**. Signed John **Ogborn**. Wit: Thomas **Raper**, Nathaniel **Cripps**, Thomas **Scattergood** & Thomas **Brian**.

6 Dec 1717, William **Stevenson**, yeoman, of Northampton Twp., Burlington Co., West New Jersey to Henry **Burr**, yeoman, of same, £540, 500 acres. Signed William **Stevenson**. Wit: George **Deacon**, Richard **Smith** & Nathaniel **Cripps**.

9 May 1719, John **Petty**, yeoman, of Burlington, West New Jersey to Joseph **Burr**, yeoman, of Northampton Twp., Burlington Co., West New Jersey, £6, 50 acres...line of Samuel **Jennings**. Signed John **Petty**. Wit: Henry **Burr**, Samuel **Furnis** & Isaac **Decow**.

2 Mar 1714, William **Biddle**, gentleman, of Mount Hope, Burlington Co., West New Jersey to Charles **Woolston**, yeoman, of Springfield, Burlington Co., West New Jersey, £550, 1655 acres...line of John **Reading**, Jonathan **Wilson** & Nathan **Allen**. Signed William **Biddle**. Wit: William **Biddle** Jr. & John **Reading**.

25 Jun 1697, John **Antram**, of Springfield, Burlington Co., West New Jersey to Christopher **Wetherill**, of Burlington, West New Jersey, £7, 25 acres. Signed John (X) **Antram**. Wit: Robert **Young** & Daniel **Leeds**.

25 Mar 1705, Christopher **Wetherill**, taylor, of Burlington, West New Jersey to his son John **Wetherill**, tanner, of same, for love and affection & and an annual payment of £6.5, 63 acres...line of Thomas **Scattergood**. Signed Christopher **Wetherill**. Wit: Samuel **Terrott**, Obadiah (X) **Horton**, Elizabeth **Grubb**, Thomas **Wetherill** & Thomas **Scattergood**.

20 May 1713, Robert & Sarah **Montgomery**, yeoman, of Newtown, Gloucester Co., New Jersey to Robert **Wheeler**, merchant, of Burlington, West New Jersey, £7.5, lot in Burlington...line of Thomas **Hooton** & William **Budd**, (William & Elizabeth **Burge** & Jonathan & Mary **Wilson**, said Sarah, Elizabeth & Mary are heirs of Samuel **Stacy**, who was heir to Henry **Stacy**). Signed Robert **Montgomery** & Sarah **Montgomery**. Wit: John **Kay**.

15 May 1719, Indians to Nathaniel **Cripps**, & John & William **Dimsdale**, of Old England, £6. Signed Assoonamon(X) & Wolongmot(X). Wit: John **Burr**, Kojiah (X) **Burr**, Mamelaw (X) **Waygria**. Hollow (X) **Chuck** & Nocawnowholnig (X).

1717, Indians to Nathaniel **Cripps**, yeoman, of Northampton, Burlington Co., West New Jersey, & John & William **Dimsdale**, of Old England, £32.2. Signed Assoonamon(X) & Wolongmot(X). Wit: John **Burr**, Kojiah (X) **Burr**, Mamelaw (X) **Waygria**. Hollow (X) **Chuck** & Nocawnowholnig (X).

18 Apr 1719, Thomas **Stevenson**, of Bucks Co., Pennsylvania to Johannis **Westphalia**, Claus **Westphalia** & Simon **Westphalia**, with Tunis & Romora **Quick**, (his mother) & Cornelius **Doutcher**, 2000 acres. Signed Thomas **Stevenson**. Wit: Eors **Vizom**, Jacob **Rankinghand** & Edward **Kemp**.

INDEX

Aaronson
    John 203
Abbott
    Jane 28
    John 43, 58, 60, 69, 80, 87
    Mordecai 47
    Samuel 28
Abrathot
    Thomas 133
Abut
    John Jr. 116
Adams
    James 81, 94
    Jeremiah 229
    John 80, 94, 126
    Joseph 22, 38, 40, 56, 58-60, 63, 75, 84, 87, 89, 97, 99, 107, 120, 124, 130, 157, 182, 196, 219
    Mary 63
    Susanna 94, 168
    Susannah 172
    Thomas 240, 268
Aers
    John 137
Airs
    Richard 226
Akers
    William 139
Alberson
    John 47, 48
    William 22, 29, 30, 39
Albertus
    William 157, 204
Alder
    Mark 43
Aldrich
    Edward 164
Alexander
    James 182, 207, 227, 268
    Margaret 244
Alford
    Benjamin 174
Alkinson
    James 45
Allefouder
    John 127
Allen
    Benjamin 238-240
    Elias 109
    Eliashal 266
    Eliasheb 132, 159
    Elisal 266
    Elisha 148
    Elishu 208
    Indah 145
    Isaac 49
    Jacob 49
    Jeremiah 52
    John 202-204, 267, 269
    Joseph 47, 48
    Judah 145, 219, 250
    Judidiah 169
    Mahlon 17
    Mary 112, 156
    Mathew 10, 39, 42, 45, 49, 65, 68, 79, 90, 92, 97, 104, 124, 128, 129, 135, 138
    Nathan 151, 167, 169, 170, 181, 182, 191, 196, 229, 233, 243, 249, 267
    Nathaniel 168, 169, 190
    Thomas 6, 7

William 75, 145, 159, 212
Allin
  John Sr. 178
Allison
  Richard 114, 135, 243, 262
Allisson
  Reed 203
Ambler
  Joseph 22, 45, 140, 260
Anderson
  Andrew 11
  Cornelius 260
  John 239
  Latheson 188
  Thomas 58, 79, 96
Andrew
  Mordecai 154
Andrews
  Edward 117, 124, 133, 134, 138, 149, 156, 169, 195, 258
  Mary 117, 195, 258
  Mordecai 53, 69, 105, 106, 117, 122, 124, 133, 138, 160, 195, 199
  Obadiah 157
  Peter 53
  Roger 202
  Samuel 14, 38, 53, 59, 69, 122, 124, 133, 138, 195, 209
  Thomas 202
Andris
  Cornelius 139
  Enoch 139, 159
  Joshua 139
Androsso
  Thomas 202
Andrus
  Catharine 228

  Enoch 228, 239
Angett
  William 160
Anthony
  Richard 254
Antonides
  Vincentius 182
Antram
  James 37, 46, 67, 79, 98, 102, 120, 123, 248
  John 12, 14, 34, 41, 68, 78, 89, 90, 97, 100, 128, 173, 190, 198, 222, 270
  Thomas 199
Antrobus
  Benjamin 34, 86, 88
Applegate
  Daniel 165
  Joanna 164
  Thomas 164
Appleton
  Jane Jr. 43
  John 70, 133
  Joseph 54
  Josiah 54, 70, 133
  Richard 42, 133
Applewhaite
  Henry 180
  Hester 180
Aram
  William 56
Arants
  John 174
Arderley
  Ra. 128
Argar
  Anthony 53
Armitt
  Richard 162

Armstone
    John 182
    Joseph 182
    Rachel 182
Arney
    John 108
Arnitt
    Richard 214
Arnold
    John 160
Aronson
    John 264
Array
    Richard 254
Arthur
    John 195
Ashton
    John 41, 178
    Robert 38
Atford
    Benjamin 172
Atherton
    Thomas 8, 22
Atingham
    William 209
Atkinson
    Hannah 27
    James 27, 39
    John 259, 264
    Joseph 259, 264
    Samuel 229, 267
    Sarah 112
    Thomas 86, 112, 137, 146, 227
    William 187, 259, 264
Ausseth
    Joseph 151
Austin
    Francis 68, 79, 98, 99
Austinhead
    Francis 195
Auston
    Francis 258
Austwick
    Onesiphorus 3, 10
Autson

Arian 5, 6
Avan
    William 148
Ayer
    Robert 180
Ayers
    Richard 252, 257
Ayre
    Robert 181
Ayres
    Richard 229
Babbcock
    Joseph 175
Bacon
    Daniel 32, 33, 38, 39, 96, 100, 160
    Elizabeth 96, 100
    John 96, 100
    Katherine 76
    Nathaniel 76
    Widow 144
Badcoke
    Henry 222
Bagley
    William 178
Bailerway
    Jacob 247
Baillerqeau
    Jacob 241
Bainbridge
    John 32, 45, 82, 93, 106, 107, 133, 139, 158, 178, 225, 239
    John Jr. 29
    Mary 178
    Richard 133
    Sarah 17, 158, 178
Baings
    Martha 92
Baker
    John 115, 171,

178
Leavon 147
Mary 115
Timothy 218
Balbot
John 252
Baldwin
Thomas 150
William 183
Ball
George 172
Ballenger
Henry 228
John 228
Josiah 228
Ballinger
Henry 26, 29, 30, 39, 66, 77, 230, 231
Isaac 230
John 230
Joseph 230
Josias 230
Balmer
Samuel 26
Balson
Thomas 250
Balster
James 22
Ban
Peter 245
Band
Peter 247
Bandereth
Timothy 244
Baniss
Richard 221
Bankist
Rindare 51
Banlay
John 251
Banlow
John 144
Bant
John 40
Barbar

Barber
Moses 198
Edward 134
John 207
Robert 48
Samuel 86
Sarah 97
Thomas 210
Barclay
Dopt 225
John 225, 238
Robert 169, 170
Bard
Peter 210, 211, 214, 219, 222, 227, 232, 256, 257, 269
Bardett
Benjamin 6
Bards
John 80
Bark
John 140
Martha 140
Barker
Anthony 228
John 162, 210
Samuel 15, 22, 57, 111, 131, 162, 197, 209, 210, 229, 245, 257, 260
Thomas 242
Widow 183
William 20, 26, 29, 97
Barklet
John 225
Barkley
John 5, 14, 28, 116, 173, 181
John Lord 13, 164, 245

Barkstead
   Francis 76
   J. 166
   Joseph 71, 72
   Joshua 72, 111, 113, 114, 125, 130, 170, 172, 174, 182
Barlowe
   Obadiah 14, 24, 35
   Robert 42
Barnes
   John 50
   Martha 105
   William 4, 19, 104, 105
Barnett
   Elizabeth 251
   Obadiah 47, 48
   Sarah 211
   William 211
Baron
   Daniel 23, 80
   John 80
Barr
   George 32
Barrett
   James 77
   Jane 31
Barry
   Carding 180
   James 172
   John 180
Bartherse
   Peter 244
Bartholomew
   Daniel 105
   George 3, 16
   Mary 16
Bartlay
   John 249
Bartlett
   Benjamin 17, 47, 50, 70, 246
   Gratia 47
Barton
   Edward 165, 184, 188
   John 188
   Joseph 185
   Samuel 225
   Thomas 27, 29, 30, 34, 36, 39, 109, 165, 188
Barwick
   Truth 56
Baskie
   William 15, 115
Basnett
   Richard 203, 244
   William 203
Bason
   Daniel 29
Bass
   Elizabeth 172, 182
   Jeremiah 47, 48, 51, 172, 175, 227, 239, 258
   Mary 183
Basse
   Elizabeth 106
   J. 164
   Jeremiah 57, 63, 64, 66, 69, 71, 72, 75, 101, 114, 124, 127, 128, 130, 131, 133, 134, 136, 138, 139, 143, 166
   Jonathan 77
   Mary 76
   Peter 84
Basses
   Michael 249
Bassnett
   Elizabeth 137, 172, 215, 216,

240
Elizabeth Jr. 108
Mary 107
Richard 9-11, 13, 14,
  16, 18, 31, 37,
  40, 42, 58, 59,
  61, 65, 77,
  107, 137, 138,
  150, 175, 215,
  216, 224, 240
Samuel 213
Sarah 213, 215, 217
William 209, 213,
  215-217, 219,
  224
Bates
  John 46
  William 13, 27, 39, 45
Bath
  William 199
Batte
  Robert 196
Battersby
  Nicholas 47, 48
Baxter
  Thomas 5
Bayard
  Nicholas 249
Bayerley
  John 139
Baylenahyten
  Andrew 150
Bayley
  Elias 150
  William 259
Beakes
  Edmund 209, 218
Beaks
  Ann 220
  Edmund 220
Beard
  George 186
  Katherine 45, 103, 120
  William 31, 37, 39
Bears
  John 95, 112, 171

Beck
  Henry 97, 130,
    131, 151,
    159, 160,
    162, 164,
    181, 255,
    268
Beckley
  Abraham 189, 251
Beckstead
  Joshua 72
Beef
  Henry 111
Beere
  Jonathan 28, 109
Beers
  Jonathan 10, 12,
    34, 43, 77,
    135, 137
  Lawrence 138
  Lawrence Sr. 139
Beeson
  Edward 172, 174,
    226
Beethoon
  William 55
Bell
  Henry 116, 120
  John 32
  Nicholas 10
Bellers
  John 30
Bellows
  John 72
Benall
  Jude 177
Benford
  John 233
  Jonah 233
  Josiah 233
  Thomas 233
Benhoon
  Hezekiah 139
Benington
  Hen. 59
Bennet

277

Bennett
    John 232, 249
    Alexander 137
    John 75, 234, 260, 261
    William 166, 257
Benotson
    Andrew 138
Bensly
    Jonathan 230
Benson
    Edward Jr. 50
    Thomas 2
Bentley
    William 58
Berg
    Thomas 241
Berge
    William 216
Berk
    Henry 61, 120, 125
Berkley
    William 227
Bern
    Peter 173
Bernard
    John 12
Berrier
    Peter 239
Bersoum
    Robert 60
Beswick
    Francis 158
Beverly
    Thomas 151
Bey
    Thomas 250
Beyllis
    Mathias 75
Bib
    Thomas 159
Bibb
    Thomas 77, 99, 104, 114, 160, 268
Bibbs
    Thomas 152
Bickley
    William 172
    Abraham 152, 153, 183, 192, 204, 205, 213, 215, 259
Bicknell
    Robert 49, 67
    William 52
Bidden
    Samuel 135
Biddle
    Lydia 232, 233
    Penelope 233
    Sarah 14, 38, 41, 56, 58, 139
    Sarah Jr. 67
    Thomas 99, 139, 166
    William 3, 4, 7, 8, 18, 20-22, 25, 37-42, 46, 52-54, 56, 57, 58-60, 67, 69, 70, 78, 83, 84, 89, 92, 94, 98, 106, 117, 125, 136, 139, 140, 142, 160, 173, 188, 195, 199, 216, 232, 233, 242, 244, 270
    William Jr. 33, 38, 57, 139, 233
    William Sr. 166, 167, 170
Bide
    John 178
Biles

Alexander 140
Charles 116, 140
Jane 186
John 176, 178, 203
Mary 203
Sarah 140
William 129, 162, 174,
  176-178, 181,
  184, 186, 202,
  223, 225, 264
Billing
  Edward 147
Billingham
  Thomas 137
Billings
  Edward 88, 126, 127
  Samuel 216
Bingham
  Bridget 12
  Bridgett 225
  James 54, 62, 117,
    143, 226, 227
Bingley
  William 22
Binkens
  Isaac 138
Birby
  John 8
Birch
  Joseph 63, 103, 109
  Martha 109
Birkham
  Richard 136
Birkley
  Abraham 136
Birsham
  Henry 99
Birtham
  Henry 97
Bishop
  Goak 178
  John 178, 240
  Jonathan 178
  Thomas 54, 129, 166,
    167, 219
Biskley

William 189
Bisnick
  Aaron 160
Biswerton
  Elizabeth 8
Biswick
  Francis 160
  Piscilla 160
Black
  Alice 109
  Elias 23
  John 186, 219,
    223, 232
  Thomas 135
  William 2, 12, 14,
    19, 26, 38,
    58, 92,
    102, 109,
    117, 122,
    135, 174,
    190, 232
  William Jr. 126,
    135
Blackbourn
  Christopher 231
Blacke
  John 199
Blackford
  Mathew 165
  Samuel 165, 166
Blackham
  Richard 269
Blackiston
  Nathaniel 157
Blackson
  Edward 43
Blackwell
  John 127, 208
Blake
  Edward 150
  Hannah 62
Blanch
  William 87
Blanchard
  John 238
Bland

Ann 160
William 151, 160
Blank
William 116
Bloomfield
Ezekel 178
Ezekiel 183, 236, 237
John 178, 183
Blowers
John 22
Joseph 10, 11, 14
Blumfield
Thomas 178
Boaks
Samuel 178
Boardman
John 33
Mary 33
Boarton
John 36, 39, 83, 129
William 83, 146
Boddington
James 47, 48, 140
Boke
Daniel 178
Bolinger
Henry 246
Bollen
James 167, 214
Martha 214
Bolton
Edward 50, 254
James 215
Martha 215
Robert 207, 214
Bond
John 235
Susannah 235
Bondmott
Elias 180
Bonner
Mathew 30
Bonnett
John 218
Book
Henry 92, 122

Booker
John 166
Books
Francis 189
Boore
Lawrence Jr. 139
Booth
Alice 36, 128
Edward 36, 128
John 63, 100, 113
Boothes 259
Borden
Mathew 241
Richard 104, 241
Samuel 15, 23, 67, 91, 153
Bordon
Abraham 262
Borning
Samuel 39
Boroth
Simon 269
Borough
Samuel 75
Borradale
John 248
Borradall
John 155, 204, 211, 237, 247, 256
Sarah 204
Borton
Anthony 178
John 56, 138, 225
John Sr. 56
William 138
Borum
Adrian 172
Boss
Peter 15, 30, 142, 143
Bosse
Elizabeth 88
Peter 53
Bostill
Grace 215

Samuel 215
Bostock
  William 35
Boswick
  Aaron 122, 129
  Francis 3, 14, 18, 22,
    29, 30, 33, 39,
    129
Bosworth
  Simon 195
Botts
  Thomas 229
Bouleby
  Thomas 119
Boulton
  Edward 76, 97, 108,
    109, 114, 255
  Robert 263
  Thomas 264
Bourdon
  Francis 167
Bourfeet
  John 177
Bourton
  John 29, 30
Bouse
  William 127
Bowadole
  John 203
Bowde
  Alford 32, 33, 36
  Timothy 32
Bowden
  Mordecai 3, 33
  Morderay 41
Bowe
  Joseph 130
  Samuel 208
Bowen
  Andrew 172
Bowers
  Cyprion 127
Bowgar
  William 234

Bowman
  Thomas 7, 30, 41,
    51, 62,
    190, 229
Bown
  Obadiah 171
  William 171
Bowne
  John 105, 171,
    239, 241
  Samuel 148, 182,
    241
Bowyer
  Arthur 9
Boyce
  John 166
Boydonn
  James 214
Boyer
  Richard 64, 104
Bozorth
  Samuel 231
Brackdon
  Charles 268
Bradford
  John 194
  Joshua 194
Brading
  Nathaniel 201, 250
Bradock
  Robert 269
Bradocks
  Robert 257
Braman
  Joseph 130
Bramman
  Benjamin 13, 26,
    39, 47
Brandereth
  Timothy 157
Brandon
  Andrew 171
  Nathaniel 171
  William 188
Brandoth
  Timothy 115

Brandson
    Prineas 140
Brandt
    Albertus 121
Branson
    Thomas 160, 187, 227
Brant
    Thomas 187
Brassey
    Nathaniel 34
Brattwell
    Joshua 252
Braxton
    William 43
    William Sr. 30
Brays
    John 224
Brearley
    John 153
Brearly
    John 161
Breasly
    John 139
Brenson
    Daniel 38, 103
Brett
    John 49
Bretton
    Elizabeth 7
    Francis 18, 204
Brewster
    John 23
Brian
    Benjamin 222, 223
    Francis 211
    Thomas 121, 122, 124, 149, 173, 213, 216, 255, 256
Briant
    Thomas 160
Brickley
    Abraham 211, 269
Bridge
    Thomas 72, 113, 133, 140, 174

Bridges
    John 47, 48, 124, 140, 251
Bridley
    Abraham 211
Briemer
    W. 48
Briesley
    Joseph 113
Briesly
    John 126
Briggs
    John 154
Brigham
    Charles 10
    James 133
Bright
    William 178
Brightiben
    William 143
Brightman
    William 10, 23, 38
Brightwell
    William 1
Brigs
    Elizabeth 44
Brimsdale
    Bear Foot 219
Bringham
    James 97
Bringman
    Robert 16
Brinmidgham
    William 192
Brinsan
    Bearfoot 223
Briscoe
    John 194
Brisoe
    James 47
Bristell
    William 44
Bristow
    John 24
Britten
    Lyonel 71

Britton
    Daniel 178
    Lionel 239
    Lyonel 222
Broadhead
    Charles 138
Brockbells
    Anthony 106
Brockden
    Charles 237
Brockdon
    Richard 207
Brockon
    Charles 208
Brodhead
    Charles 209
Brois
    Jonathan 139
Brokesby
    John 58
Bromfield
    Thomas 47, 48
Bromhall
    Richard 47, 48
Bronston
    John 7
    Mathias 8
Brookbank
    Joseph 218, 249
Brooks
    Edward 7, 101
    John 250, 256
    William 15, 47, 48
Brooksbank
    Joseph 47, 48, 140, 232, 234, 251, 260, 261
Brothers
    Robert 26
Brow
    Jonathan 118
    Thurman 160
Brown
    Abraham 134, 149, 160, 173, 211, 225, 231, 264, 268, 269
    Abraham Jr. 222, 227
    Abraham Sr. 146
    Andrew 179, 186
    Caleb 160, 230, 234, 258
    John 146, 149, 157, 188, 233, 252, 258
    Joseph 166
    Mary 146, 252
    Nicholas 200
    Perserve 224, 234
    Preserve 156, 222
    Richard 212, 255
    William 146, 258
Browne
    Abraham 110, 115, 235, 253, 260
    Abraham Sr. 184
    Ann 109
    Hen. 59
    James 8
    John 3, 38, 46, 109, 115, 137, 165, 167, 171, 202
    John Jr. 54
    Joseph 169, 170
    Kathrine 185
    Nicholas 140
    Samuel 58, 149, 156
Brownin
    Joseph 231
Bryan
    Thomas 124, 190, 234
    Thomas Jr. 256
Bryant
    John 147

    Mary 86
    Thomas 84, 85, 96,
       256, 261
Bryarley
    John 178
Bryerley
    John 80, 87, 100
Bsse
    Jeremiah 127
Buchanan
    Hugh 121
    James 256
    Jane 121
Buckle
    Samuel 237
Buckley
    Abraham 159
    Elizabeth 159
    Joseph 257
Buckworth
    Sybill 175
Budd
    Ann 165
    James 15, 20, 29, 30,
       34, 38, 43, 210
    John 8, 10, 20, 29,
       93, 132, 134,
       151, 156, 187,
       191, 207, 208,
       212, 214, 217,
       224, 225, 251,
       267
    John Jr. 12, 28, 30,
       34, 43, 53
    John Sr. 34
    Martha 132
    Mary 30, 251
    Nathaniel 236
    Rebecca 207
    Susanna 30, 52, 132,
       151, 156, 185,
       245
    Susannah 134, 135,
       202, 208, 217,
       234
    Thomas 1-5, 7-11, 13-17,
       19, 22, 24, 26,
       28-30, 33, 34, 37,
       38, 39, 44, 49, 52,
       53, 55, 57, 80, 85,
       91, 98, 105, 109,
       110, 119, 132,
       134, 135, 144,
       151, 197, 205,
       217, 229, 232,
       234, 245, 249, 262
    Thomas Jr. 236
    William 10, 12, 14,
       18, 28-30,
       39, 44, 53,
       110, 124,
       132, 134,
       137, 165,
       186, 192,
       218, 227,
       249
    William Jr. 210,
       262
    William Sr. 226,
       262
Budden
    William 124
Budding
    William 79, 97
Bude
    James 190
Buff
    John 147
Buffill
    Witt 208
Buffin
    Christian 63
    John 248
    Michael 25, 33,
       39, 63, 89,
       123, 124,
       136, 140,
       146, 182,
       204, 229,
       248
Bukley

Mary 185
Bulfinch
   John Sr. 233
Bulkley
   Samuel 17, 33, 124,
      136
Bull
   Anne 149
   Richard 177, 201, 202,
      225
   Sarah 171
   Thomas 177
Bullock
   John 212, 231
   Susanah 231
   Susanna 212
Bullon
   James 207
   Martha 207
Bullus
   Mary 162
Bunn
   Mathew 179
Bunt
   John 217
Buntin
   Samuel 190
   Samuel Jr. 191
Bunting
   Job 22, 37, 57, 92,
      148
   John 14, 30, 39, 57,
      58, 60, 76, 82,
      83, 120, 141,
      150, 161, 191
   Samuel 14, 30, 44, 60,
      67, 117, 130,
      216, 217
   Sarah 57
Bunton
   Samuel 200
Burcham
   Henry 149
   James 144, 145, 255
   Samuel 149
Burchin

Henry 98
Burden
   Elizabeth 120
   Joseph 153
   Samuel 242
Burge
   Elizabeth 184, 190,
      200, 205,
      270
   William 184, 190,
      200, 205,
      270
Burgess
   Anthony 34
Burgesse
   Benjamin 121
   William 121
Burgin
   Joseph 96
Burke
   Mary 192
Burkett
   Nathaniel 134
Burkotea
   J. 129
Burley
   John 1, 13, 28,
      31, 35,
      147, 188,
      189
   Joseph 2
Burling
   Elias 60, 87, 95,
      144
   John 60, 95, 144
Burnby
   Christopher 22
Burnes
   Peter 194
Burnet
   Robert Jr. 267
Burnett
   Obadiah 241
   Peter 181
   Robert 181, 238,
      240, 246

Burnham
    Edward 264
Burnsall
    John 149
Burr
    Henry 81, 88, 95, 130, 144, 149, 154, 167, 188, 214, 220, 270
    John 220, 254, 261
    Joseph 214, 270
    Kojiah 270
    Kozia 261
Burradril
    John 146
Burrett
    Obadiah 124
Burroughs
    Edward 136
    Joseph 197
Burrows
    Samuel 33, 68
Bursham
    Henry 66
Burt
    Richard 158
Burton
    Anthony 225
    Edward 183
    Thomas 101
    William 24, 250
Bushill
    Grace 213
    Samuel 213, 217, 223
    William 36, 46, 103, 194
Busnett
    Luke 9
Bussitt
    Samuel 232
Bustall
    William 124
Bustill
    William 114, 131
Butcher
    Anne 1
    Edward 95
    John 1, 20, 38, 87, 103, 109, 126, 131, 134, 192, 227, 250
    Richard 250
    Robert 57
    Thomas 21
    William 109
Butler
    Jacob 246
    Thomas 175
    William 1
Button
    William 27
Buzley
    Susanna 136
Bye
    John 122
Byerley
    Thomas 185
Byerly
    Thomas 248
Byler
    William 189
Bylling
    Edward 133
Byllings
    Edward 1, 2, 4-6, 13, 16, 19, 23, 24, 26-28, 33, 49, 52, 53, 67, 101, 164, 170, 184, 188, 189, 235, 245
Bywater
    Gervas 49
    Jarvis 14
Cabet
    John 171
Cadwatader

John 253
Caldnot
    Henry 249
Caleb
    Samuel 234
Calmas
    Signer 239
Calow
    John 123, 129, 144
Calowe
    John 17, 31, 43, 48,
        65, 68-70, 82
Calyton
    Mathew 95
Cambs
    Jeffery 162
Campbell
    John 196
Canahiers
    Peter 219
Cant
    Judith 208, 257, 267
    William 208, 237, 257
Canterell
    Godfrey 22
Cantrige
    William 208
Capohon 137
Carbitt
    John 178
Cardon
    Samuel 30, 43
Carelton
    Thomas 45
Carey
    Shershaw 192
Carlile
    Abraham 101
    John 162
    Mary 142
Carman
    Caleb 74
    Carleb 36
    Elizabeth 73
    John 74
Carpenter

    Abraham 182
    Lewis 42, 113
    Samuel 12, 13, 35,
        40, 52,
        112, 130,
        186, 203,
        208, 267
Carrio
    Herbet 151
Carrott
    Hugh 149
Carter
    Alice 175
    Francis 54, 55
    John 95
    Jonathan 175
    William 183
Carterett
    George 8
    Sir George 13, 28,
        164
Cary
    Samuel 194
    Shershaw 192
    Thomas 23, 49
Case
    Robert 262
Cashell
    John 168
    Mary 168
Cast
    Ann 172
Castaugh
    John 201
Cathauch
    John 185
Causon
    John 73
    Peter 73
Ceasbyes
    John 211
Cetcham
    Daniel 238
Chadburne
    Hannah 202
Chadwick

John 53, 61
Chadwin
   Mary 168
   William 168
Chaffens
   John 64
Chalmas
   Stephen 265
Chamber
   John 185
Chamberlain
   Peleg 231
Chambers
   John 257
   Thomas 17, 50
Chammis
   Elizabeth 52
   John 52, 57
Champion
   Katharine 120
   Mathew 100, 102, 120, 144, 145, 170, 209, 264
   Matthew 143
Chandler
   Daniel 61
Chantry
   George 86
Chapman
   John 38
   Mary 63
   Mathew 259
   Robert 46, 87, 103, 105, 156, 175, 208
Charge
   Joseph 178
Charles
   Benjamin 59
   Martha 86
   Simon 193
   Squire 27
   Symon 15, 18, 29, 30, 39, 44, 45, 79, 86, 96
Chasson

John 268
Chaued
   John 170
Chaugh
   Elizabeth 185
   John 185
Chawkley
   John 103
Chearnley
   William 229
Cheefman
   William 232
Chefeldon
   Richard 185
Chenowoth
   John 212
Chesshire
   John 26
Chessman
   Joshua 251
Chester
   Samuel 190
Chick
   James 122
Child
   Benjamin 251
   Elizabeth 250
Chilton
   Edward 138
Chinton
   Robert 22
Choppes
   Richard 201
Chris
   Rowland 210
Chropp
   Samuel 146
Chuck
   Hollow 270
Cladwin
   William 167
Clark
   Benjamin 101, 190, 191
   Hanah 179
   James 168

John 60, 63, 177, 178
Joseph 117
Longhton 147
Sell 26
Thomas 82, 219
William 5, 8, 61, 152
Clarke
  F. 192
  Hannah 179
  James 178
  John 40, 172, 174
  Richard 179
  Samuel 125, 179, 255
  Sell 32
  Thomas 86, 95, 102, 110, 179
  Walter 2, 9, 11, 13, 15, 24
  William 16, 20, 25, 50
Clay
  John 202
  Samuel 8, 31
Claypoole
  James 62
  John 16
  John] 24
Clayton
  Asher 188, 232, 239, 243
  John 136, 239, 243
  Mathew 64, 175
  Richard 10
  Sibilla 114
  Sybill 175
  William 13
Clement
  James 80
Cliffe
  Samuel 4
Cliffton
  Henry 269
  Joan 269
  John 269
Clother
  Henery 224
  Henry 209

Clothier
  Henry 269
Clowes
  John 8
Cluff
  John 79, 160
Cluffe
  John 135
Coaks
  Marmaduke 245
Coals
  Richard 104
  Samuel 194
Coasher
  William 8
Coates
  Richard 7, 58
Coats
  George 253
  Marmanduke 254
Cock
  Henry 208
  John 241
Cockborn
  Elizabeth 194
Cocke
  Isaac 171
  Richard 172
Cockran
  George 105
Codon
  James 207
Cody
  Rafow 260
Coenouer
  Peter 185
Cofting
  Jacob 189
Cogs
  John 128
Colden
  Cadwallder 214
Cole
  Elizabeth 13
  John 165
  Samuel 6, 13, 54,

61
Coleman
   Benjamin 238
   Francis 71
   Mary 63
   Thomas 63, 139
Coles
   Samuel 15, 75, 175, 198, 225, 231
   William 36
Coling
   Charles 180
Colins
   Joseph 109
Collett
   John 5
Collier
   Christopher 132
Collings
   Francis 211, 220, 269
   James 255, 264
   Mary 211
Collins
   Francis 9, 10, 12, 20, 29, 39, 49, 78, 84, 108, 110, 144, 146, 147, 150, 154, 160, 190, 199, 203, 213, 229, 248, 262
   John 50, 213
   Joseph 190, 213
   Mary 108, 213, 248
   Prissilla 20
   Thomas 9
Colliyers
   Thomas 178
Collum
   William 204, 245
Coltman
   John 263
Compton
   Cornall 240
   John 178
   William 240

Conaroe
   Isaac 49, 93
   Jacob 49, 92, 129, 139
Cone
   Enoch 225
Conerse
   Isaac 79
Conger
   John 178
Congill
   Edmund 258
Connorow
   Rebeckah 227
Conpigne
   Michael 174
Cook
   Arthur 146, 232, 240, 245, 262, 264
   Francis 135, 144
   Garrot 244
   John 98, 146, 240, 246, 249, 262
   Joseph 146
   Margaret 146, 245
   Thomas 146
   William 177
Cooke
   Arthur 2, 11, 13-15, 21, 24, 146
   Eliza 189
   Francis 166
   Henry 160, 195
   John 264
   Richard 201
   William 27
Coole
   Samuel 1
Coonnaas
   Ortario 263
Coonrott
   Tasunos 260
Cooper

Alice 50
Daniel 85, 222, 236, 269
Hannah 85
John 199
Joseph 85, 199, 222, 236, 269
Lydia 85
Margaret 20
Thomas 169, 170
William 4, 16, 20, 29, 30, 39, 41, 63, 85, 109, 199, 222, 236, 269
William Jr. 53
Coord
  John 184
Cope
  Thomas 10
Corbs
  Isaac 47, 48
Cordand
  Thomas 178
Core
  Enoch 42
Corfoman
  Marmaduke 154
Coring
  John 88
Cork
  George 179
  Thomas 159
Corkes
  Isaac 170
Corliett
  John 173
Cornish
  John 3, 42, 79
Corsby
  John 200
  Mary 200
Corsen
  Christain 234
  Peter 234
Cortise
  Thomas 208

Cosby
  John 57
Costard
  James 232
Cotting
  Joseph 122
Cotton
  Thomas 119
  William 208
Courkelyan
  Phebe 238
Covenhoven
  Albert 239
Cowgill
  Nehemiah 217
  Ralph 196, 198
Cowley
  William 127
Cowper
  Hugh 80
Cowperthwait
  John 246
Cox
  Daniel 127, 191, 214
  Daniel Jr. 184, 206
  John 245
  Mary 226
  Thomas 127, 150
Coxe
  Daniel 32, 38, 43, 45, 47, 50-52, 60, 66, 106, 164, 168, 169, 185, 198, 201, 204-206, 210, 241, 252, 256, 257, 259, 265
  Daniel Jr. 45, 191
  Governor 33, 36
  Lawrence 238
  Rebecca 47

Rebeckah 48
Rebekol 238
Thomas 13, 19, 49
Coxley
    John 40
Cradock
    Samuel 49
Craford
    George 263
Craft
    James 193
    Samuel 10
    Thomas 231, 258
Cramer
    John 255
Crapps
    John 217
Craske
    Sell. 67
Craven
    Thomas Jr. 250
    Thomas Sr. 250
Crawford
    George 183
Crease
    John 122
Creek
    James 41
Cresse
    John 232
Crickson
    Peter 44
Cripps
    John 1, 3, 4, 7, 9, 21, 25, 38, 64, 85, 91, 97, 136
    Nathaniel 51, 58, 64, 85, 91, 110, 138, 223, 254, 261, 262, 263, 268, 270
    Theopheil 136
Criston
    Joseph 180
    Rachel 180
Croft

James 33
John 89, 167
Joseph 167
Cromwell
    Benjamin 178
Crope
    Joseph 251
Crosby
    Frances 21
    John 21, 32, 38, 71, 116, 156, 252, 260, 262
    Mary 32, 71, 252
Cross
    Joseph 189
    Thomas 128
Crossboy
    John 269
Crosse
    Joseph 139
    Thomas 109
Crossy
    Arthur 71
Crosthowayt
    Charles 262
Croswhit
    John 184
Crouch
    William 171, 177, 178
Crowell
    Joseph 152, 263
    Samuel 72, 74
Crownley
    Richard 173
Crues
    William 29, 30, 46
Cuckle
    Nathaniel 172
Cues
    Thomas 186
Cuff
    John 29
Cugraw
    John 184, 206

Cull
  John 263
Curbie
  Recompence 128
Curess
  John 19
Curries
  Elizabeth 97
Curtis
  David 113, 133, 198, 203
  Elizabeth 23, 240
  George 129, 157
  James 20
  Jane 23
  John 25, 43, 46, 89, 123
  Nathaniel 222
  Rachell 203
  Robert 47, 48
  Sarah 23
  Thomas 4, 23, 25, 37, 46, 203, 208, 240, 263
Cushe
  Elizabeth 183
  Francis 183
Cusims
  John 227
Cutsker
  John 62
Cutter
  Sarah 217
  Thomas 217
Cuzens
  Jacob 9, 47
Cyoes
  Benjamin 208
D'Orenms
  Cornelis 201
Dag
  John 194
Daight
  Thomas 160
Daine
  John 235

Dalbe
  William 39
Dalboe
  Peter 11
  Woolly 7
Dalby
  George 63
Dalmot
  Mark 241
Dannall
  Samuel 228
Darbe
  Samuel 2
Dare
  William 173
Darkam
  Jonathan 178
Darke
  Samuel 20, 52, 60, 108
Darkin
  John 230
  Richard 230
Dasher
  George 245
Daughty
  Jacob 208
Daul
  Samuel 61
Davenport
  Francis 12, 13, 15, 22, 39, 43, 48, 49, 55, 70, 77, 82, 86, 89, 99, 102, 109, 118, 122, 125, 131, 142, 143, 147, 150, 155, 156, 200, 217, 242, 247, 255, 256, 265
  Francis Jr. 261

John 246
Martha 265
Rebecca 247
Sarah 15
David
   John 25
Davidson
   Thomas 127
Davis
   Abigail 172
   Abull 173, 174
   Elizabeth 180
   Elnathan 195
   Hannah 141
   Isabella 180, 183
   James 180
   Jonathan 118, 139, 168, 172, 228, 241
   Joseph 227
   Mary 52, 105, 116, 139
   Richard 31
   Samuel 80, 139, 247
   Solomon 201, 246
   Thomas 184
   William 180, 183
Daws
   Joseph 32
Dawson
   Isaac 44
   Richard 77, 104
Day
   John 7, 36, 39, 48, 59, 70, 71, 109, 118, 122, 124, 131, 143, 144, 147, 153, 162, 186, 197, 199, 212, 216, 217
   Stephen 61, 70
Dayes
   Stephen 166
Dayton
   Jacob 74

Deacon
   George 100, 114
Dean
   Anne 237
   William 232
Deandall
   John 167
Deane
   William 139
Deareing
   William 15
Dearst
   John 105
Deason
   George 20, 109, 121, 128, 204
Deaton
   George 121
Decker
   Fommehe 265
   Goorhe 265
   Gorehe 265
   Hendrick Janson 265
   Janson 265
   Johannis 265
   Sarah 265
   Thomas 265
Decow
   Isaac 209, 210, 220, 226, 258, 263, 264
   Jacob 258, 261
Deill
   Benjamin 174
Delaplaine
   James 69
Dell
   Richard 64
Demine
   Samuel 151
Deming
   Samuel 156
Denell

Benjamin 167
Denham
    Nathaniel 178
Dennes
    Samuel 240
Dennis
    Anne 230
    Edward 59
    Jacob 236
    Joane 59
    John 230, 263
    Joseph 244
    Samuel 230, 236
    Samuel Jr. 178, 235
    Thomas 45
Dennyhiste
    Francis 80
Derow
    Isaac 46, 57, 104, 116, 134
    Jacob 57, 83, 102, 104, 137
    Rebecca 29
    Susannah 102
Desome
    Issac 38
    Jacob 38
Devenish
    Joseph 227
Devill
    Benjamin 198
    Benjamin Jr. 198
Devonish
    Barnard 56, 66, 96, 117, 148
    Bernard 1, 2, 29, 30, 34, 39-41, 46, 101, 141, 158, 212, 237
    Joseph 141, 148, 157, 158
    Martha 41, 117, 141, 148, 158
    William 47, 48
Dewilde
    John 39, 50, 76, 110

Dewsberry
    Jane 145
    John 145
Dewsbury
    Joan 8, 9
    John 2, 8, 9, 78, 91
Dey
    Dyerk 249
Dickason
    Ann 160
    Arthur 160
Dickinson
    John 209
    Joseph 214
Dier
    Nathan 231
Dillon
    James 223
Dimsdabs
    Robert 227
Dimsdale
    John 270
    Robert 34, 188
    William 270
Dinsdale
    John 254
    Robert 71, 100, 143
    William 254
Dissiomer
    Robert 135
Dixon
    John 224
Dixous
    John 198
Dixson
    Elizabeth 111, 118-120, 165
    John 111, 118-120, 158, 165, 168
Doakster
    William 230

Doan
    William 250
Doane
    Daniel 244
    Mary 244
    William 40
Docker
    Jan Janson 209
Dockinimique
    Charles 234
Dockminique
    Charles 218
Dockqn
    Paul 251
Dockwra
    William 180
Docminique
    Paul 249
Dod
    Daniel 137
Doltman
    John 166
Dominique
    Charles 232
Donell
    Benjamin 168
Donne
    William 250
Doran
    Isaac 211
Dorman
    Thomas 170
Dormon
    Thomas 171
Dosil
    Daniel Jr. 178
Doughty
    Francis 265
    Jacob 209, 232, 265, 266
Douglas
    Amy 36
    Christopher 236
    Nathan 236
    Nathaniel 36, 51, 249
    Thomas 46, 65, 154, 232
Dough
    Thomas 220
Doutcher
    Cornelius 271
Dowell
    John 240
Downe
    Joseph 105
Downes
    Richard 249
Downs
    Joseph 1
Drowel
    Morgan 230
Drumsdale
    Robert 8, 10, 81
Dubaier
    David 209
Dubois
    Abraham 246
Ducimmquo
    Charles 260, 261
Dudley
    Joseph 45
    Paul 183
    Thomas 45
Duggles
    Embling 107
    Nathaniel 101, 107, 113, 115
    Thomas 44, 104, 110, 115, 133, 155
Dugles
    Nathaniel 143
Duke
    James 9, 11, 245
Duke of York
    James 164
Dumbar
    John 246
Dummer
    Martha 197
    Robert 136, 155

Dummond
   Gowen 178
   Martha 178
Dundale
   Robert 249
   Sarah 249
Dungan
   Thomas 3
Dunham
   Benjamin 183
   David 183
   Jonathan 183
   Mary 183
Dunne
   Thomas 264
Dunridge
   James 147, 174
Dunsdale
   Robert 35
Dupps
   Nathaniel 186
Dups
   Nathaniel 166
Durham
   David 165
   Jonathan 166
   Robert 5
Dweight 228
   Lowin 228
Dwessy
   Arthur 164
Eaglesforte
   George 183
Eagres
   Richard 220
Earl
   Elizabeth 224
   William 224
East
   John 135
   Thomas 261
Easterfield
   George 142
Eastland
   Joseph 136
Eaton

   Jequisah 243
   John 192, 231
   Robert 170, 171, 203
   Thomas 243
Eayre
   Richard 139, 173, 174, 253, 261
   Richard Jr. 219
   Thomas 219
Eckley
   John 52
Edgecomb
   Nathaniel 182, 198, 247
Edmondson
   Margaret 22
   William 22
Edridge
   John 4, 56
Edwards
   Capt. Thomas 139
   Nichols 77
   Robert 170, 186
Eideman
   Edmond 53
Einolt
   James 238
Eivens
   William 245
Elamb
   Samuel 106
Eldridge
   Elizabeth 247
   Jonathan 95, 96, 117, 203, 225, 247
   Obadiah 195
   Obediah 222
Eley
   Joshua 115
Elkington
   George 54, 62, 77, 100
   Mary 77

Elkinton
   George 130, 225, 233
   Joseph 226
   Mary 233
Ellegar
   Hannah 230
   Marcus 230
Elliot
   Andrew 142
   James 228
Ellis
   Elizabeth 11, 125, 240
   George 42, 68
   Joseph 230
   Rowland 220
   Simeon 63
   Thomas 11, 125, 240
   William 25, 33, 56, 58, 59, 69, 85, 123, 124, 144
Ellison
   William 178
Ellow
   Elizabeth 185
Elly
   Rowland 250
Elridge
   John 28
   Jonathan 19, 97
Elry
   Mary 112
Eltinton
   Thomas 146
Elton
   Abraham 227
   Anthony 28, 31, 42, 46, 61, 62, 91, 104, 106, 118, 131, 134, 192, 212, 214, 221, 233, 250
   Elizabeth 62
   Jane 28
   Revell 210, 221, 233, 254
   Robert 172
   Susanna 28, 31, 42, 104
Ely
   George 181, 218
   John 177, 179
   Joshua 19, 98, 117, 148, 158, 181, 197
   Mary 197
Embley
   William 228
Emley
   Cortten 87
   John 223
   Joseph 242
   Mary 63, 103, 115, 129
   Mary Jr. 129
   Ruth 19, 37, 92
   Walter 15
   William 1, 2, 4, 7, 19, 22, 57, 67, 92, 101, 105, 120, 159, 162, 198, 223
   William Jr. 63, 103, 114, 120, 148
   William Sr. 103, 114, 129, 148
Emott
   George 259, 260, 266
   George Jr. 266
   James 259, 260, 266
   Mary 259, 260, 266
Empson
   Cornelius 37, 49
Endicote
   Joseph 193

Endvot
    Joseph 170
England
    Daniel 58, 59, 97, 108,
       113, 125, 145,
       172, 239, 266
Engle
    Jean 269
    John 256, 269
    Paul 136
Engleford
    Thomas 201
English
    Daniel 110
    Joseph 60, 79, 108,
       116, 123, 136,
       194
Enock
    Henry 248
Eokley
    John 40
Erwin
    John 231
    William 31
Erwing
    Nehemiah 47, 48
Estell
    John 27
Etheridge
    John 4
Euees
    Thomas 225
Eues
    Thomas 225
Euins
    Thomas 225
    William 225
Evans
    Elizabeth 94
    John 55, 195, 236,
       237
    Nicholas 94
    Peter 227
    Sarah 55, 193
    Thomas 55, 94

    William 8, 55, 75,
       90, 94,
       138, 260
Evered
    Phinehas 132
Everett
    Edward 7
    George 5
Eves
    John 90, 226
    Thomas 4, 9, 35,
       54, 78, 91
    Thomas Jr. 226,
       246
Ewer
    Mary 113, 124,
       136
    Robert 113, 121,
       136
Ewets
    James 183
Eyes
    Joseph 178
Eyre
    Benjamin 207
    John 7, 23, 37,
       76, 112
Fairbanks
    Robert 20
Fairman
    Benjamin 259
    Susannah 259
    Thomas 46, 76,
       122
Falkam
    John 44
Fallwell
    Nathan 258
Fambo
    Peter 7
Fanchor
    Joann 212
Farnsworth
    Daniel 208, 242
    John 188
    Susanna 188, 242

Thomas 2, 19, 30, 68
widow 104
Farnworth
    Thomas 242
Farr
    Elias 23, 25, 32, 33, 35, 39, 40, 45, 95, 97, 107, 131
    Sarah 57, 64, 65, 100, 114, 131
Farre
    Elias 3, 11, 20
    Jarvis 50
Fatham
    John 43
Faulk
    Sarah 57
    Thomas 57
    Thomas Jr. 57
Faultonner
    Gib. 236
Fauronuier
    Peter 183
Fauseman
    Thomas 7
Fayer
    Anthony 65
Feak
    John 55
Feake
    John 57, 105
Fearon
    Peter 248, 257
Feayon
    Peter 251
    Susannah 251
Fector
    Benjamin 196
Fell
    Thomas 180
Fennimore
    Richard 2, 93, 105, 185
Fenton
    Ebenezer 18, 35, 41, 7 9, 187
    Edward 250
    Elemer 132
    Elizabeth 187
    Thomas 219
    William 15
Fenwick
    John 4
Feriblia
    William 213
Fickrandlow
    Nathan 178
Fidoe
    Thomas 133
Field
    Ambrose 159
    Benjamin 60, 93, 104, 109, 143, 148, 153, 159, 168, 173, 174, 196, 255, 266
    Experience 93, 168, 169
    John 115
    Robert 259, 260
    Susanah 267
Fields
    Benjamin 104, 150, 152-154, 156
Filton
    Peter 235
Finney
    John 191
    Samuel 164
Finnimore
    Richard 34, 56, 237
Firth
    Samuel 228
Fisher
    Ann 262
    Edward 262

    John 176, 231
    Ro. 38
    William 100, 131, 143,
        168, 176, 262
Fisk
    Casper 5, 6, 15
Fisley
    William 66
Fitzworth
    William 208
Fleckerdy
    John 60
Fleetwood
    William 4, 6, 134
Flemming
    Mary 16
Fletcher
    Robert 254
    Thomas 56
Flight
    Thomas 76
Flood
    John 55
Flower
    Henry 241
Foak
    John 208
Foams
    Peter 220
Foarn
    Peter 216
Focum
    John 221
Foke
    John 208
Fokes
    Thomas 242
Fokinnoes
    Johannis 265
Folkes
    Elizabeth 265
    Thomas 138, 203
    Thomas Jr. 138, 219, 249
Folks
    Elizabeth 252, 255

    Hannah 42
    Mary 255
    Thomas 2, 42, 46, 60, 65, 90, 125
    Thomas Jr. 83, 93, 125
    Thomas Sr. 93
Folwell
    Nathan 251, 263
    William 203
Fonmore
    William 254
Fonton
    Eleazer 10
Fonwirts
    John 238
Fooston
    John 137
Forbes
    Timothy 90
Ford
    John 207
    Phillip 127
Foreman
    George 3, 5, 6
    Jonathan 74, 114, 186
Forest
    William 31, 212, 214
Forimere
    William 263
Forman
    George 239
    Samuel 184
Forserdow
    John 229
Forster
    Miles 133
Forsyth
    Mathew 84, 93, 96, 100, 244
Forwell
    Nathan 231

Foster
   Josias 240
   Miles 180
   Robert 104
   William 38, 40, 240
Fotties
   Thomas 225
Fouke
   Thomas 44, 155
Foulkes
   Thomas 205
Fountaine
   Vincent 158
Foutar
   Enoch 212
Foveman
   Jonathan 159
Fowke
   Thomas 34, 81
Fox
   Daniel 245
   David 223
   James 221
   John 55
   Jonathan 48, 55, 166, 194, 195, 199, 223
   Sarah 223
   Thomas 194, 199, 223, 224, 238
   William 224
Foy
   Edward Jr. 250
   Joseph 194
Frampton
   Elizabeth 170, 204, 205, 237
   John 247
   Sarah 204
   Thomas 204, 205, 216, 237, 268
   William 13, 33, 204, 205, 237
Frances
   Richard 189
Franchan
   George 244
Francil
   John 162
Francis
   Richard 99, 110, 111, 221
   Samuel 29
Franehard
   George Jr. 198
Franklin
   Henry 137, 233
Fraser
   James 164
Frauss
   Benjamin 192
Fredrickson
   Fredick 10
Freeman
   Anthony 209
   Henry 178
   John 209
   Margrit 208
   Ralph 148
   William 208
French
   Charles 68
   John 210, 225
   Philip 180
   Richard 56, 98, 123, 218
   Richard Jr. 230
   Thomas 4, 25, 56, 64, 80
   Thomas Jr. 68
   Thomas Sr. 64, 68
   William 180
Frenok
   Richard 134
   Sarah 134
Fresnead
   Andrew 229
Fretwell
   Peter 108, 111, 204
Friley
   William 55, 112

Fritz Randolph
    Edward 179
    John 179
    Joseph 179
    Nathaniel 179
    Samuel 179
Fritzrandolph
    John 184
Frottwell
    Joshau 260
Frotwell
    Joshua 213
    Peter 1, 58, 89, 119, 176, 200, 212, 213, 217, 237, 253, 269
    Samuel 181
Fryer
    Anthony 45, 92, 135, 155
Fryley
    Mary 157
    William 50, 52, 56
Fuller
    John 40, 50
    Thomas 45
Fullwell
    Nathan 228
Fullwood
    John 86, 101, 175
Funes
    Archibald 239
Furket
    John 248
Furnis
    Ben 201
    Joseph 248
    Samuel 137, 242, 266
Furniss
    Benjamin 211
Furris
    Benjamin 204, 214, 215, 222
    Elizabeth 215
    John 112, 130

    Samuel 29, 75, 84, 112, 130, 169, 194, 221, 233
    Thomas 230
G
    John 249
Gabitas
    Rachel 141
    William 117, 124, 141
Galloway
    Ambross 20
Galysen
    Samuel 103
Gandet
    Henry 239
Gands
    Robert 13
Ganlt
    Hananiah 224
Gant
    Anamiah 222
    Zebulon 222
Garbutt
    Peter 18, 204
Gardiner
    Elizabeth 159, 215, 216
    Grace 215
    Hannah 136, 215, 261
    John 159, 214, 221
    Mary 215
    Mathew 211, 220, 262
    Matthew 215
    Sarah 215
    Thomas 131, 136, 144, 153, 157, 205, 214-216, 220, 221, 261
    Thomas Jr. 158
    Thomas Sr. 212

Gardler
   William 260
Gardner
   Daniel 3
   Elizabeth 251
   John 85, 87, 108, 112, 242
   Mathew 210
   Thomas 1, 3-5, 9-11, 14, 29, 30, 39, 85, 169, 192, 200, 204, 208, 242, 251, 252
   Thomas Jr. 22, 53, 97
   Thomas. 7
Garkinton
   Isaac 220
Garland
   Elizabeth 260
   John 41, 61
Garratt
   Allan 207
Garrison
   Christiana 190
   Garit 190
   Jacob 190
   John 190
   M. 190
   Peter 190
Garsen
   Thomas 132
Garwood
   John 107, 151, 165, 202, 245
   Thomas 97, 107, 219, 226
   William 234
Gashill
   Josiah 253
Gaskett
   Josiah 227
Gaskin
   John 20
Gaskitt
   Edward 156
Gasnell
   Thomas 248
Gassopes
   Edward 137
Gaunt
   Hananiah 15, 46, 61, 83
Gay
   Richard 43
Gayon
   Peter 47, 48
Gazwood
   Thomas 112
Gearie
   James 98
Gebton
   Phebe 225
Genes
   Edward 215
George
   Deason 137
   Nicholas 139
Gerish
   Henry 77
Gerrett
   Samuel 142
Gerritse
   Harmanus 201
Getche
   John James 196
Getto
   Henry 24
Gibbon
   Edmund 202
   Francis 202
Gibbons
   Edmund 202
Gibbs
   Isaac 168, 190
   Isaack 250
   Richard 142, 190
   Thomas 131
Gibson
   Bartholomew 210
   Lidea 206
   Samuel 133, 154, 247

Giffett
    Thomas 4
Gilbert
    John 156
    John Jr. 129
    John Sr. 129
    Joseph 238
Gilberthorp
    Francis 91
    Thomas 39, 44, 55, 68, 82, 93, 128, 143, 150, 188
Gilberthorpe
    Anne 220
    Esther 220
    Thomas 161, 220
Gilberthrop
    Anne 246
    Esther 246
    Thomas 246
Gilberthrope
    Ann 209
    Thomas 209
Gill
    William 50
Gison
    William 241
Gladman
    Benjamin 1, 17, 23, 35, 59
Gladson
    Jan 266
Gladwin
    Thomas 66, 75, 84
Glave
    George Jr. 176
Glease
    George 136
Gleave
    George 176
Glen
    James 22
Glencross
    William 241
Glenn
    William 162
Glover
    Robert 10, 17, 19, 92
Goalinger
    Henry 142
Godfrey
    Benjamin 51, 73
Godig
    Samuel 190
Godowend
    Jacob 88
Goforth
    Anne 240, 244
    George 240, 244
    William 240, 244
Gold
    David 218
Goldy
    Samuel 191, 193, 199, 263
Goodall
    John 58
Goodbody
    William 178
Goodson
    John 62
Goodwin
    John 244
    William 239
Gordon
    Charles 180
    Thomas 128, 180, 236, 243
Gorish
    Henry 31
    John 233
    Thomas 31
Gorisl
    John 264
Gosen
    William 187
Goshing
    John 183

Gosling
    John 2, 9, 10, 13, 15, 24, 108, 173, 195, 199, 211, 213, 221, 234, 248, 256, 257, 262
    Mary 13, 24, 108, 262
    William 61
Goudly
    Samuel 221
Gough
    Mathew 31
Gould
    John Jr. 255
Goule
    Daniel 15
Gounbs
    Hananiah 100
Gowne
    Thomas 155
Grace
    Thomas 249
Graham
    James 8, 13, 50
Grange
    Mathew 103, 126, 149
Grantham
    William 24
Grass
    John 43
    Thomas 3
Gratton
    John 36
Gray
    George 169
    John 70, 88
Green
    Henry 150, 174
    John 147
    Thomas 119, 135, 182
    Unsula 147
Greenaway
    Richard 48
Greene
    John 57, 72, 108
    Richard 91
    Ruedos 108
    Thomas 66, 99, 102, 108, 113, 118, 129, 131
Greenhill
    Martha 61
Greenland
    Henry 33
Greens
    Thomas 178
Greenwood
    Jonathan 47, 48
Grent
    William 106
Grey
    George Jr. 238
    John 86
    Thomas 236
Griffin
    Wiliam 238
    William 176
Griffith
    Alexander 184, 192
    Ben 8
    Benjamin 1, 2, 13, 19, 179, 240
    William 192
Griftin
    William 201
Groes
    Susanna 94
Groombridge
    Walter 174
Groome
    Peter 52, 104, 110
    Samuel 49
    Samuel Jr. 49
Grove
    Joseph 52
Grover
    James 185
Growden

Grub
    Joseph 28
Grubb
    Thomas 180
    Elizabeth 270
    Henry 21, 22, 26, 43, 60, 81, 89, 92, 99, 118, 161, 219, 258
    Mary 81, 89, 99, 118, 219
Guant
    Hannaniah 147
Guest
    Elizabeth 9, 204
    George 9, 16, 204
    John 9, 152
    Mary 9
    Susanna 152
Guicom
    Tobias 241
Gulfton
    Will 164
Gunston
    John 47, 48
Guringhard
    John 140
Guy
    Bridget 155
    Richard 155
Gwart
    John 253
Habbersfield
    Edward 47, 48
Hackney
    Elizabeth 247
    John 154
    Thomas 247
    William 162, 247
Hackshaw
    Robert 47, 48, 66
Haddon
    John 169, 170, 185
    Thomas 190
Hahamping 134
Haige
    William 3, 5, 6, 8, 127
Haigne
    William 239
Haines
    Daniel 269
    John 79, 101, 138, 146, 219
    Joseph 242
    Richard 101, 130, 144, 145, 195
    Thomas 95, 101, 106, 130, 144, 166, 167, 229, 255, 256
    William 85, 95, 144, 258, 263
Hains
    Thomas 121, 122, 221, 222, 243
    William 211, 222, 243
Hale
    Henry 233
    William 203
Hall
    Daniel 166, 168, 187, 242
    Elizabeth 227
    Garrias 206
    Garvas 209, 212, 218
    Hugh 134
    Jacob 98
    John 227
    Samuel 178
    William 137, 238, 250, 260
Hames
    Thomas 166
Hamilton
    Agnes 180

    Andrew 51, 140, 150,
        157, 173, 180
    Col. Andrew 47, 152
    John 106, 180, 233
    Margaret 173
    Robert 240
Hammell
    John   78, 137, 138,
        229
    Kalmer 248
Hammer
    Elizabeth 183
Hampton
    Jane 146
    John 146
Hancock
    Ann 262
    Elizabeth 94
    Godfrey 8, 9, 18-20,
        25, 33, 37, 38,
        40,   44,   89,
        131, 194, 210,
        260
    Godfrey Jr. 14, 18, 37
    Godfrey Sr. 41, 69
    John   89, 126, 191,
        193, 194, 214,
        215, 247, 262,
        263
    Judith 38, 44
    Mary 38, 40, 44, 126,
        191, 194, 210
    Rachel 94
    Richard 4
    Susanna 94
    Timothy 75, 94
Hand
    Benjamin 175
    Joenolius 249
    Lolophohad 249
    Shamger 72, 74, 164,
        249
    Thomas 72, 135, 164
Hands
    John 64
Hane

    John 179
Haney
    John 207
Hanines
    Richard 199
Hankinson
    Thomas 238
Hanney
    Peter 260
Hanson
    John 239
    William 254
Harbutt
    Henry 165
Harden
    John 32
Hardin
    Benjamin 139
Harding
    Henry 180
    John 150
    Nathaniel 62
    Thomas 8, 29, 30,
        39, 65, 83,
        94,   101,
        115, 176
Hardins
    Thomas 227
Hardner
    Thomas 10
Hargrave
    Isaac 38
Harkett
    John 47
Harkhorne
    Katharine 167
    Richard 167
Harkney
    Thomas 125
    William 244
Harnsworth
    Thomas 42
Harper
    Richard 211
Harpin
    James 177, 179

Harrington
    Henry 47, 48
Harrinson
    James 119
Harriot
    Bartholomew 219
    John 30
    Jonathan 30
    Samuel 30, 60, 192, 266
Harriott
    Samuel 81, 112
Harris
    Benjamin 226
    Elizabeth 47
    John 31, 76
Harrison
    Edmond 47, 48
    Edmund 47
    Elizabeth 173
    James 119, 131, 164
    John 80, 117, 118, 138, 165, 173, 179, 207, 229
    Peter 24
    Richard 83, 92, 128, 133, 189, 255, 256
    Samuel 137, 143
    Samurl 255
    Thomas 211
    William 119, 131, 164
Harrlett
    John 34
Hart
    John 46, 76, 186, 244
    Ralph 235
    Richard 186
Harthorn
    Richard 236
Harthorne
    Richard 171
Hartman
    Anne 135
Hartshorn
    Richard 240
Hartshorne
    Katherine 167
    Richard 43, 167
Harvey
    John 222, 227, 231
    Peter 37, 44, 51, 87
    Sarah 37
Harwood
    John 187
Hasard
    Thomas 173
Haselwood
    Clarbourne 228
    George 169, 170
    Thomas 228
Haskell
    Elias 228
    Elizabeth 228
Hasker
    William 75, 138
Haslohie
    G. 2
Hasson
    John 147
Hast
    Robert 35
Hastehurst
    John 14, 17
    Robert 14
Hastshark
    John] 145
Hatherson
    George 164
Hawerk
    Godfrey 3
Hawes
    Samuel 3
Hawke
    Ragnold 198
Hawkins
    John 236
    Roger 19, 92
Hawland
    Joseph 251

Hawley
  Thomas 242
Hay
  William 179
Hayley
  Peter 10
Haynes
  John 181
Hayward
  John 225
  Nicholas 38, 47, 48
  Nick 171
  William 146
Hazard
  Nathaniel 228
Headland
  John 183
Heald
  John 166
  Samuel 166
Healhook
  George 19
Healings
  Abraham 93
Hearn
  Peter 209
Hearns
  William 77
Hearny
  Philip Jr. 226
Hearse
  Thomas 148
Heath
  Andrew 86, 145, 148, 152, 166, 173, 174, 187, 204, 225, 251
  Johh 45
  John 101, 228
  Richard 239
  Samuel 267
Heathcole
  Caleb 239
Heathsol
  George 98
Heavens
  John 178
Heck
  Thomas 41
Hedge
  Samuel 200, 202
Heesom
  John 37
Helbye
  Joseph 233
Helme
  Israel 21
Helmsby
  Joseph 119, 131
Helmsley
  Grace 54
  Joseph 3, 4, 16, 21, 25, 27, 28, 31, 49, 54, 56, 67, 101
Hemmingway
  Robert 100
Hendall
  Thomas 135
Henlings
  Abraham 78
  William 78
Henton
  Enock 210
Heogh
  James 175
Herb
  S. 68
Herbert
  Walter 178
Herde
  Hannah 234
Here
  Maby 187
Heston
  Zebelon 173, 174
Hewes
  Humphrey 72, 138
Hewitt
  Christopher 33
  Dorothy 74

310

Hewling
   Abraham 223, 247
   Jacob 223, 257
   Joseph 233
   Thomas 173
Hewlings
   Abraham 131, 139, 153, 155, 185
   William 175, 195
Hewson
   John 110
Heyland
   Thomas 15
Hickman
   John 87
   Joseph 181
   Robert 199
Hickoison
   George 247
Hicks
   Isaac 207
Hickson
   Mary 23
   William 23, 24, 26, 77
Hide
   James 171
Hierton
   Obadiah 69, 102, 131, 269
Higgins
   Alice 67
   Eliakim 23, 43, 44, 52, 66, 79
   Mary 67
   Thomas 44
Higham
   Thomas 113
Hilborn
   Thomas 243
Hilbourne
   Elizabeth 51, 52
   Thomas 51, 52
Hilburns
   Elizabeth 167
   Thomas 167
Hiliman

Hill
   William 129
   Benjamin 4
   Elizabeth 217
   James 21, 28, 31, 34, 37, 45, 52, 56, 62, 81, 84, 89, 94, 108, 112, 160, 212, 214
   Joseph 181
   Martha 217
   Mary 217
   Richard 65
   Sarah 217
   Seth 26, 45, 48, 121, 131, 174, 204, 216, 217
   Susannah 217
   Thomas 185
Hillard
   John 95, 141, 142
Hillborne
   Elizabeth 151
   Thomas 151
Hilliard
   John 148, 151, 157, 158
   Martha 157, 158
Hilyard
   John 222
Hind
   John 173
   Richard 20
Hinde
   John 47
Hiskson
   William 77
Hitchardalfe
   John 178
Hite
   Seth 143
Hixon
   Mary 244

Hixson
 John 113, 178
 William 26, 46, 83, 90, 92, 137, 139, 266
Hoadle
 John 12
Hoale
 Samuel 17
Hoastbofield
 John 132
Hocnoi
 John 244
Hodain
 Elias 185
Hodge
 Peter 66, 95
 Rebekol 238
 Samuel 30, 39, 137
 Samuel Jr. 238
Hodgkins
 Stephen 198
Hody
 Samuel 176
Hoesam
 John 44
Hoffmeed
 Samuel 150
Hofmine
 Samuel 196
Hogborne
 John 209
Hogg
 Priscilla 109
Holby
 Joseph 166
Holding
 Joseph 73
Holdy
 Elizabeth 187
 Samuel 187
Holland
 Shanks 35
Hollet
 William 116
Hollinghead
 John 211, 250, 268
 William 268
Hollinghouse
 John 31
Hollinshead
 Elizabeth 94
 Grace 161
 John 9, 14, 41, 64, 78, 81, 83, 90, 94, 107, 117, 125, 156, 161, 162
 John Jr. 104, 121, 129
 William 94, 156, 162
Holloway
 John 255
 Mary 255
Holmes
 James 229
 John 77, 228
 Jonathan 76, 202
 Obadiah 51, 75, 182, 202, 244
 Samuel 182, 244
 Thomas 17, 27
 William 17
Holmsley
 Joseph 2-5, 8
Holt
 Richard 150
Holton
 Arthur 204
Homer
 Isaac 181
 John 181
 Joshua 181
 Mary 181
Hommer
 John 8
Honnor
 John 31

Hood
  John 195
  Thomas 144
Hoods
  Adam 178
Hook
  James 214
  Lawrence 240
Hooke
  John 127
  Robert 208
Hooper
  Anne 228
  Christopher 228
  Daniel 228
  Elenor 228
  William 228
Hoosten
  John 78
Hooton
  E. 176
  Elizabeth 51, 151, 167, 176
  Elizabetyh 52
  John 3, 6, 7, 52, 61, 91, 135, 160
  Oliver 4, 52, 61
  Samuel 51, 52, 151, 167
  Thomas 1, 2, 31, 45, 52, 60, 61, 92, 106, 176, 221, 230, 245, 267
Hopewell
  Nathaniel 260
Hopman
  Fredrick 22
  Hause 14
Hopper
  Alice 208, 237
  Robert 5, 10, 12, 19, 208, 237
Hopson
  Jeremiah 199
Hoptenstull
  Francis 118

Horentz
  Jeremiah 17
Horfman
  Marmaduke 69, 98
  Suanna 98
  Susanna 19
Horne
  John 186
Horner
  Bartholomew 220
  Isaac 21, 55, 68, 117, 128, 151, 190, 191, 220, 229, 232, 254
  Isaack 40
  Jacob 220
  John 20, 38, 106, 116
  John Jr. 41
  Joshua 251, 256
  Lydia 55, 237
  Mary 116
Horseman
  Marmaduke 154, 265
Horsman
  Duglis 105
  Marmaduke 17, 75, 93
  Susanna 17
Horteman
  Marmaduke 153
Horton
  John 251
  Obadiah 270
Hortyth
  Mathew 173
Hoskins
  Casar 71
Host
  John 45
Hotcher
  Thomas 148
Hough

John 103, 176, 178
Richard 86
Thomas 268
Houghton
   John 36
   Samuel 29, 35, 50, 55, 86
Houldin
   Joseph 44, 72
Houldon
   Joseph 114
Hoult
   Benjamin 29
   Martin 10
Housen
   John 160
Houton
   Thomas 36
   Thomas Jr. 36
Howell
   Christopher 228
   Daniel 39, 70, 187, 198, 228, 241
   Edmund 107
   Henry 196
   Mordecai 70, 175
   Thomas 17, 70
   William 212
Howes
   Jeremiah 1, 35
Howler
   John 179
Howling
   Abraham 170
Howlings
   Abraham 4, 54, 117
   Elizabeth 246
   Mary 117
   William 17, 54, 75, 80, 117, 246
Hubbard
   Anne 192
   James 165, 171, 238
Huddleston
   Richard 231
   Valentine 231
Huddly
   Charles 182
Huddon
   John 174, 185
Huddy
   Charles 172, 181, 184, 188, 191
   Huddy 188
   Hugh 161, 162, 172, 180, 181, 184, 188, 191, 195, 199, 200, 203, 205, 218, 222, 233, 242, 243, 250, 252, 265
   Mar. 245
   Martha 191, 218, 222, 242
Hudson
   Abrimlock 80
   John 62, 71, 90, 111, 221, 248
   Mary 88
   Robert 4, 25
   William 68, 204
Huff
   Samuel 181
Hugg
   Elias 135
   John 21, 29, 30, 39
   Margaret 135
Huggs
   Elias 135
Hugh
   Mary 105
   Thomas 143
   William 5
Hughes
   Humphrey 263,

268
    Owen 237
Hughey
    Jedidioh 249
Hughs
    Constant 218
    Mary 128
    William 202
Huling
    John 49
Hulings
    Abraham 78
    William 26, 62, 78
Hull
    Benjamin 166
    Benjamin Jr. 165
Hullby
    Thomas 181
Humlock
    Edward 195, 243, 244
    Sarah 243
    Thomas 195
Humloke
    Edward 25, 29, 30, 36, 41, 43, 45, 51, 57, 62, 63, 65, 78, 80, 86, 88, 92, 99, 107, 109, 110, 113, 114, 118, 137, 139, 145, 146, 173, 203, 205, 229, 250
    Margaret 161
    Mary 107
    Thomas 203, 205, 206, 209, 210, 213, 215, 229
Humphires
    Joshua 223
Humphrey
    Anne 59
    Jonathan 5
    Joshua 41, 42, 237
    Walter 1, 18, 22, 41, 42, 188

Humphreys
    Thomas 115
Humphries
    Elizabeth 211
    Hester 94
    Joshua 56, 62, 66, 94, 103, 110, 121, 137, 211, 220, 251, 259, 261
    Mary 77
    Walter 56, 62, 76, 77, 94, 96, 103, 110, 128
Humphrys
    Walter 115
Hunadail
    John 209
Hunt
    Capt. 205
    Edward 112, 139
    John 162, 247
    John Jr. 204
    Ralph 65, 136, 139, 157, 158, 228, 264
    Ralph Jr. 265
    Robert 248
    Samuel 139
    Susanna 158
    William 26, 33, 51, 66, 80, 162, 257
Hunter
    Richard 22
    Robert 8
    Samuel 176
    William 24
Huntington
    Samuel 137
Huntley
    Thomas 162
Hurst

William 106
Huskley
    John 58
Hutchin
    Hugh 133, 134, 160
    Sarah 67
Hutchins
    Hugh 65, 102, 106, 201, 237, 261
    Hugh Jr. 201
Hutchinson
    Alice 63
    Allan 18
    Dorothy 122
    Elizabeth 215, 258
    George 1, 2, 4-6, 11, 12, 14-16, 18, 20, 21, 26-29, 32, 39, 40, 42, 43, 45, 50, 53, 55, 56, 58, 59, 61, 62, 63-65, 67, 69, 70, 76, 77, 79, 81, 83, 84, 86, 87, 88, 91-98, 100, 101, 103, 105, 106, 108, 109-112, 117, 119, 120, 122, 125, 130, 131, 132, 134, 142, 143, 155, 161, 166, 172, 196, 198, 205, 207, 214, 215, 258, 261
    George Jr. 67
    Hugh 161
    John 93, 98, 100, 103, 112, 115, 116, 119, 122, 129, 139, 145, 148, 149, 152, 153, 166, 168, 173, 174, 177, 179, 187
    Joseph 53, 63, 86-88, 101
    Joyce 177, 179
    Martha 51, 83, 207, 214, 215
    Mary 207, 214
    Rachel 207, 215
    Rachell 214
    Robert 61, 112
    Rochell 214
    Samuel 214, 215
    Thomas 2, 4, 5, 16, 18, 21-23, 27, 28, 40, 66, 88, 95, 96, 98, 100, 101, 103, 116, 119, 131, 148, 149, 162, 175, 185
Hyde
    Hastings 171
Hyerton
    Obadiah 76
Ible
    Nathaniel 28-30, 43
Iegon
    Peter 30
Inables
    Frances 145
Indians

Assoonamon 270
Nocawnowholnig 270
Wolongmot 270
Ingham
   Jonas 265
Ingle
   Robert 75
Ingoldelby
   Richard 180
Ingoldesby
   Rich 164
Ingot
   Richard 13
Ingram
   John 150
Ironeh
   Richard 201
Irvin
   Hath 4
Ithell
   John 15, 17, 24, 37, 39, 43, 45
Ithill
   John 168
Iuons
   George 50
Iurin
   John 47, 48
Jackson
   Stephen 267
Jacob
   Giles 250
   Henry 170
Jacobs
   Henry 3, 23, 33, 36, 134, 175, 182, 219, 241
   Homious 2
   James 117
   William 73, 135
James
   Howell 189
   Joseph 262
   William 189
Jamison
   Reid 239

Janney
   Thomas 250
Jaquias
   John 178
Jarvis
   John 72
Jay
   John 244
Jazins
   John 114
Jeffers
   Thomas 239
   Thomas, Capt. 239
Jeffery
   Thomas 180
Jeffes
   William 42
Jegow
   Peter 189
Jemcomb
   William 224
Jenings
   Samuel 141, 144, 146, 153-157
Jenkin
   John 246
Jenkins
   Jeremiah 43
   Mary 224
   Samuel 8, 16
Jennings
   Anne 192, 248
   John 149, 150, 166
   Marcy 173
   Mary 192, 248
   Peter 20

        Samuel 1, 3, 4, 6, 7, 9, 11, 12,
           17, 22, 26, 31-33, 39,
           44, 55, 60, 74, 77, 78,
           83, 85, 87, 95, 96, 101,
           111, 127, 131, 167,
           169, 173, 178, 186,
           192, 197, 204, 216,
           221,
        Sarah 192, 248
Jenny
        Thomas 27
Jerall
        Benjamin 189
Jerron
        Samuel 86
Jessopps
        William 19
Jewell
        George 241
        John   65, 101, 125,
           130, 138
Joanes
        Peter 106
Job
        John 187
Jobe
        George 238
        Rachel 238
Jobe, of 238
Johns
        Richard 149
        Roger 186
Johnson
        Andrew 238
        Benjamin 240
        Elizabeth 118
        Henry 156, 241
        John   25, 190, 194,
           249, 251
        Jonathan 185
        Martha 194
        Mathew 25
        Nicholas 244
        Oliver 44
        Persivall 84

        Robert 260
        Samuel 200, 232
        Thomas 194, 229
        William 73, 200
Johnston
        David 235
        John   180, 207,
           236
        John Jr. 236
        William 183
Johnstone
        James 43
Jointenson
        Joseph 189
Jolly
        Henry 111
Jonds
        William 15
Jones
        Augustin 230
        Benjamin 126, 133,
           135, 178,
           232
        Daniel 246
        Edward 185, 214
        Francis 264
        Isaac 227
        John   190, 229,
           238
        Rachel 230
        Rees 209
        Richard 125
        Samuel 242
        Sarah 126, 135
        Susane 125
        William 77
Joolsten
        John 78
Jooston
        Jan 116
        John 116
Jopham
        Christopher 226
Jopling
        John 193
Jordane

Joyner
   James 196
   John 44, 65, 106, 150
   Mary 150
   Peter 51
Juggler
   Nathaniel 94
Julee
   John 178
Junes
   Alexander 238
Jurianse
   Thomas 201
Kaigher
   John 200
Kaighm
   Elizabeth 217
   John 217, 241
Kamp
   Edward 219
Kay
   Benjamin 257
   John 20, 41, 63, 70, 75, 155, 198, 204, 242, 244, 249
Kedey
   Stephen 101
Keele
   Ann 147
   William 147
Keene
   John 31
   Jonas 7
Keith
   George 16
Kelly
   Nicholas 156
Kemball
   Samuel 57, 198
   Thomas 213
Kemble
   Joseph 77
   Samuel 54, 110, 128
   Thomas 226
Kemmer
   Rebecka 30
Kemp
   Edward 177, 187, 251
Kempe
   Edward 189, 191, 223, 265
Kendall
   Ann 231
   George 161
   Thomas 32, 42, 51, 67, 71, 76, 116, 117, 130, 141, 145, 155, 243, 256
Kensley
   Edward 230
Kent
   Walter 17
   William 54
Kenys
   Edward 179
Keshamebong 137
Ketcham
   Samuel 158
Keyen
   Joane 75
Keyler
   John 160
Keyly
   James 224
Kidd
   William 140
Kille
   Benjamin 240
Killingsworth
   Prudence 178
   Thomas 178
Killingworth
   Thomas 150
Kimball
   Hannah 10
Kimbie
   Samuel 151

Kimble
   Samuel 261
   Thomas 261
Kimley
   John 122
Kimlow
   John 113
Kimsley
   Thomas Jr. 224
Kindall
   Thomas 141, 267
King
   Charles 250
   Elizabeth 227, 250
   Frederick 75, 81
   Hanah 177
   James 177
   John 61, 139, 179, 203
   Robert 266
Kings
   Philip 239
Kingsland
   Mary 180
   Nathaniel 180
Kinlock
   David 121
Kinsley
   John 1, 2, 4, 10, 11, 35, 54
Kirby
   Benjamin 255
   William 185
Kirk
   Joseph 210
Kirkbride
   Joseph 151, 169, 173, 187, 207, 208, 214, 221, 237, 254, 260
   Joseph Jr. 187
Kirth
   Joseph 52
Kisnokamok 137
Knight
   Joseph 9, 17
   Nicholas 16
   Robert 16
   Simon 1
Knowles
   Francis 191
Koffing
   Mary 216
   Samuel 216
Kolton
   Arthur 262
Koon
   George 223
Koone
   Jonas 10
Koy
   John 208
Koye
   Jonas 41
Koyle
   Elizabeth 216
   Michael 216
Ladd
   John 39, 76, 171, 177
Lain
   James 255
Lamb
   Jacob 141, 166, 193, 257
   Peniston 185
Lamb's
   Jacob 263
Lambe
   Hugh 34, 35
   John 47, 48
Lambert
   Elizabeth 50, 60
   Elizabeth Jr. 83, 133
   James 129
   John 1-4, 15, 23, 37, 50, 80, 92, 100, 104, 108, 116, 194, 217, 218,

        265
  Margaret 194, 218
  Thomas 3-6, 10, 19,
      49, 50, 52, 56,
      60, 61, 80, 83,
      84, 87, 92,
      102, 132, 148,
      154, 166, 187,
      194, 202, 217,
      218, 223, 249
  Thomas Jr. 92
  Thomas Sr. 85
Lams
  Jacob 210
Lanconso
  Thomas 263
Lane
  Andziaen 172
  Barman 196
  Barnard 85, 100, 154
  Bernard 82, 173
  H. 249
  Sir Thomas 47
  Thomas 47, 69, 124,
      143, 241
Langford
  Ebenezer 15
  John 22, 25, 29, 36,
      147
Langstaff
  Deborah 165
  Elizabeth 165
  James 165
  John 165
Langstaffe
  John 77
Langstate
  James 264
Laning
  John 153
  Robert 153
Lanmen
  Robert 139
Lanneley
  Richard 191
Lans

  Margaret 183
Lansing
  Robert 177
Lap
  Nicholas 4, 5
Lappawerza 246
Larke
  Henry 192
Lars
  Thomas 140, 255
Lasory
  Gursen 1-3
Lasswell
  William 2, 3, 6, 83,
      92
LaToweelebe
  Joau 184
Laudon
  Joseph 75
Lavallod
  Charles 66
Lawenson
  Johannes 247
Lawrence
  Benjamin 171, 178
  Elisha 250
  Elizabeth 223
  John 167, 174
  Joseph 238
  Major 220
  Marcus 5, 6, 17
  Richard 18, 35, 49
  Robert 223
  Thomas 47, 201
  William 171, 174,
      178, 235,
      238
  William Jr. 167,
      171, 174,
      238
Lawrenson
  Johan 157
  Johannes 150
  Johannis 139
Lawrenson Van Dyrk
  Johannis 113, 116,

Lawry
- 118
- Gawen 1, 2, 4-6, 8, 10, 13, 16, 27, 28, 49, 52, 53, 88, 126, 127, 147, 164, 170, 184, 188, 189, 235, 245
- Isabella 180
- James 180
- Mary 16, 180

Lay
- Nicholas 10

Layton
- William 167

Laywork
- William 50

Lazenby
- Lavell 204

Leaman
- Thomas 107

Leaper
- Elizabeth 19
- John 19

Leavens
- Emanuel 164

Lebaley
- Isaiah 63

Lee
- John 75
- Joshua 50, 87, 92
- William 9, 155

Leech
- Toby 156

Leed
- Daniel 185
- Dorothea 185
- Jonathan 185
- William 185

Leeds
- Anne 14
- Bathanah 252
- Bethanah 226, 227, 239, 250, 258

- Daniel 2, 14, 30, 37, 51, 52, 61, 65, 79, 81, 114, 117, 128, 131, 133, 134, 141, 149, 151, 157, 160, 161, 167, 175, 182, 185, 190, 191, 199, 204, 205, 208, 210, 211, 223, 232, 233, 239, 240, 251, 252, 253, 258
- David 23
- Dorothy 142, 149
- Felix 193, 200
- Japhel 233
- John 15
- Jonathan 185
- Nathaniel 242
- Phebe 194
- Philip 185
- Philo 193, 210, 225
- Thomas 171, 174, 223, 231, 258
- Titan 210, 223
- William 131, 134, 176, 187, 263
- William Sr. 114, 149

Leeson
- John 55

Leet
- Daniel 111, 197, 223, 224
- Elizabeth 111
- Isaac 61, 111, 224

Leften
- Peter 225

Lenant
- George 225

Lenill
- John 119

Leonard
- Henry 235, 238

James 219, 223
Nathaniel 219, 223, 225
Samuel 167, 235, 238
Sarah 238
Leonards
   Samuel 43
Leperoft
   Jehashaphat 30
Lestewit
   Bartholomew 180
Levalles
   Charles 140
Levitt
   Stephen 33
Lewis
   John 203, 264
Liddon
   Joseph 177
Liens
   Daniel 219
Lillies
   David 22, 75
Limbrey
   Edward 254
Limes
   William 218
Linch
   Dennis 136
Linxlair
   Robert 180
Lipmoutt
   Margaret 179
   Rememberance 179
Lippencott
   Freedom 186, 246
   Samuel 186
   Thomas 186, 248
Lippincott
   Freedom 23, 26, 70, 93
   Hannah 180
   John 52, 179
   Restore 69, 90, 136, 151, 170, 179, 180, 202

Thomas 195, 199, 240, 257
Liscomb
   John 226
Lisle
   Maurice 169
Littlejohn
   Bernard 63
Livar
   Nicholas 2
Livingden
   Gilbert 90
Lloyd
   Daniel 40
   David 115, 124
   Thomas 33, 115
Lo
   Bernard 1
Loadbeaker
   George 54
Loar
   William 5
Loasow
   John 220
Lochart
   Alexander 172, 226
   Gawin 178
Lockart
   Alex 168
   Alexander 241
Lockhart
   Alexander 247
Lod
   Daniel 42
Lodge
   Elizabeth 246
   Robert 246
Logan
   Evan 237
   James 186, 214, 236, 237, 252, 260
Londayuah 134
Londy
   Richard 9

Lonet
    Jonathan 170
Long
    Eleanor 140
    Jacob 176
    John 1
    Peter 36, 50, 74, 101, 140, 206
Longhorn
    Jeremiah 225
Longstaff
    James 253
    John 125
    Saban 232
Longstaffe
    John 27
Lons
    Thomas 134
Loowly
    Jacob 183
Lord
    Edward 42, 177
    Samuel 42
    Thomas 41
Loste
    Maurice 152
Lott
    Peter 263
Love
    John 47, 48
    Richard 9, 11, 16, 45, 53, 66, 112, 125, 133
Lovejoy
    William 135
Lovett
    Edmund 167
    Jonathan 154
    Josias 32
    Samuel 2, 4, 158, 204, 247
Low
    Henry 76, 105, 266
    Joshua 146
Lowder
    Howard 172

Lowe
    Henry 128
Lowell
    Robert 258
Lowett
    Samuel 231
Lowkey
    George 192
Lowollin
    Griffith 260
Loyd
    David 24, 203, 239
    Joseph 14
Lucas
    Bridget 194
    Edward 194
    Elizabeth 165, 194
    Nicholas 1-6, 8, 13, 16, 27, 28, 35, 49, 52, 53, 88, 126, 127, 164, 170, 184, 188, 189, 235, 245
    Robert 165, 194
Luke
    Maunce 245
Lumaks
    William 238
Lumaly
    William 240
Luminarks
    William 249
Lyen
    James 190
Lyman
    John 25
Lynde
    Samuel 194
Lyne
    Joseph 217
    Martah 217
Lyon

Henry 138
Samuel 157
Mable
  ? 178
MacDaniel
  Darnell 157
Mace
  Gilbert 49
Machon
  William 210
Macknoagh
  Mary 206
Maddocks
  John 56, 83
Maddox
  John 202
Magos
  Edward 186
Makefield
  Katharine 161
  Thomas 161
Malfack
  Timothy 251
Mallica
  John 219
Mallneell
  Nathan 230
Mallow
  Henry 192
Mallows
  Henry 191
Malster
  Willim 230
Maltamuca 246
Man
  Abraham 1
Mand
  Joseph 111
Mandevill
  Frederick 249
Mang
  Isaak 251
Manners
  John 171
Manning
  Benjamin 88, 99

Mans
  Henry 238
Manson
  Haine 75
  John 75
Maple
  Benjamin 139
Mare
  Elizabeth 86
  Phineas 86
Margerom
  Henry 60
Marin
  Thomas 178
Mariot
  Isaac 183
Mariott
  Isaac 251
  Susannah 251
  Thomas 251
Marjerom
  Henry 86
  Jane 86
Markingdale
  William 164
Markneau
  Nicholas 185, 193
Markwell
  Edward 11, 102
  William 11, 102
Marman
  Samuel 221, 252, 266
Marriot
  Abraham 205
  Isaac 169, 204
  Jane 205
  John 260
  Richard 260
  Samuel 204, 209, 254
  Susannah 204
  Thomas 204
Marriott
  Anna 206

Isaac   12, 27, 54-56,
        69, 95, 97,
        108, 130, 205
Mary 266
Samuel 205
Susannah 205
Thomas 205
Marrot
    Samuel 198
Marsh
    Sarah 44
Marshall
    Anna 141
    Daniel 62, 104
    Degorg 226
    Elizabeth 141, 226
    James 26, 28, 34, 35,
        59, 68, 89, 95,
        134, 141, 144,
        233
    John 8, 186, 226
    Joseph 104
    Mary 141
    Rachel 89, 141
    Thomas 104, 202
    Tobias 59
    Tomalin 141
Marston
    John 231
Martimuse
    Nicholas 222
Martin
    James 16, 18, 21, 23,
        28, 51, 58, 61,
        88, 97, 246
    John 19, 51, 61, 97,
        172
    Martha 51, 97
    Thomas 16, 22, 28,
        246
Martinaux
    Nicholas 227
Martincux
    Nicholas 219
Martine
    Richard 156

Martinland
    Nicholas 58, 70
Martinson
    Nichol 67
Martinsux
    Nicholas 251
Martson
    Thomas 10
Mase
    James 208
Mason
    John 230
    Jonas 157
    William 72, 152
Masters
    Thomas 101
Matamisco 252
Mathews
    Richard 5, 10, 32,
        61, 77
    Samuel 72
    Thomas   13, 27,
        29, 30, 39,
        49,   135,
        265
    William 5, 32, 39,
        91
Mathias
    Samuel 158
Matthew
    Mary 153
    Samuel 153
    Susanna 153
Mavey
    John 252
Maxbur
    Samuel 268
Maxwell
    Peter 228
    Thomas 228
    Thomas Jr. 228
May
    Thomas 27
Mayo
    Richard 47, 48
Mayonum

Henry 189
Jane 189
McComb
    James 228
    John 50
McDralk
    Mathew 177
Mead
    Jacob 266
Mearyhew
    John 231
Medvalf
    Mathew 230
Meek
    Ebin 177
Melbourne
    John 46, 117
Melvin
    James 150
Mendith
    John 193
Menzies
    Alexander 36
Meo
    Richard 3
Meredith
    Elizabeth 158
    John   68, 86, 100, 102, 108, 196, 200
Meridith
    John 192
Mew
    Mary 207
    Newell 15
    Noel 23, 28, 246
    Noell 75
    Richard   10, 58, 91, 145, 195, 207
Meyers
    Edward 186
Michael
    Robert 143
Michel
    Robert 48
Michell
    Robert 140, 249
Michol
    Charles 47, 48
    Francis 47, 48
Mickle
    Samuel 208
Middleton
    Esther 209, 220, 246
    John 161, 209, 220, 246
    Martha 194
    Thomas 209, 229, 254
Middletown
    Thomas Jr. 168
Midgley
    Thomas 144
Mighells
    Elizabeth 16
    Thomas 16
Millard
    Charles 149
Miller
    Erif 213
    George 265
    Thomas 74, 114
Milliard
    Charles 232
Millocks
    George 181
Mills
    James 33
    John 195, 256
    Samuel 266
Millward
    Charles 38
Milner
    Mary 51, 101
    Nathaniel 250
Milns
    John 199
    Mary 199
Milson
    Charles 170
Milward

Charles 55
Joseph 138
Minckhockamaik 251
Minderman
   Barthelomew 114
   Bartholomew 56, 105, 116, 117, 138
Minshull
   Fran 124
Miramder
   Howard 228
Miranda
   Isaac 228, 234
Misbold
   Archibell 45
Mishell
   William 68
Mitchell
   Francis 251
   Robert 47, 48, 218, 232, 234, 251, 260, 261
Mjiior
   Aaikoduwig to Hawt 172
Moad
   John 249
Moeford
   John 238
Moers
   William 12
Moingession
   Roger 241
Molyen
   Samuel 241
Moms
   Anthony Jr. 204
Mongoatious 137
Monks
   James 89
Monseur
   Hame 41
   Hance 42
   Hanes 10
Monson
   John 178

Montgomery
   Robert 200, 231, 270
   Sarah 200, 231, 270
   William 238
Moon
   Jasper 219
   John 237
Moore
   Benjamin 229
   Benjamin Jr. 115, 129
   John 69, 93, 124, 140, 143, 167, 178, 208, 229, 237, 251, 265
   Jonas 142
   Mathew 178
   Sarah 115
   Thomas 178, 181
   William 7
Moran
   Owen 233
Mordant
   William 241
Morehead
   John 185
Moret
   Samuel 252
Morfin
   Robert 58
Morgan
   Charles 239
   Griffith 115
   James 250
   R. 229
   Thomas 227
Morley
   Henry 43, 63, 64, 95, 117, 130
   Thomas 118
Morrall

Morrey
    Thomas 150
    Humphery 214
    Humphrey 24, 40, 76, 227
    Humphry 45
    Sarah 208, 215, 225

Morris
    Anthony 10, 12, 14, 28, 30, 68, 80, 87, 111, 142, 177, 182, 190, 205, 207
    Anthony Jr. 191
    Authur 214
    George 225, 230
    Ibana 143
    Irigin 97
    James 191
    Lawrence 9, 20, 66, 83, 85, 86, 93, 98, 104, 109, 149, 268
    Lewis 234, 235, 238, 241, 249, 260, 261
    Louie 268
    Rathra 203
    Samuel 254, 264, 268
    Virgin 83, 149

Morsell
    Gilbert 45

Mosse
    Miriam 67
    Samuel 67
    Thomas 63

Mott
    Richard 150

Mound
    William 22

Mount
    Mathias 241
    Richard 167
    Thomas 238
    William 90

Mountford
    Thomas 233

Mourry
    Thomas 150

Moursin
    Johanna 162

Mow
    Richard 147

Mows
    Howell 245

Muglestone
    Margaret 58, 61

Mumford
    John 207
    William 268

Munn
    John 202

Murck
    Josias 230

Murfin
    Ann 157
    John 10, 39, 57, 63, 144, 157, 249
    Robert 1, 3, 6, 39, 43, 60, 63, 64, 166
    William 166, 249

Murlin
    Robert 190

Murray
    Thomas 189

Mursen
    John 84, 181
    Robert 116
    William 181

Mutked
    Daniel 218

Myer
    Joseph 188
    William 188

Myers
    Joseph 201, 218, 219, 242, 252
    Mary 67, 82, 150, 161, 201

William 12, 14, 22, 28,
37, 42, 46, 48,
61, 70, 81, 90,
150, 161, 188,
199, 252
Nasocraft
   John 220
Naurcheka 246
Navell
   James 43
Naylor
   John 217
   Joshua 149
Neale
   Elizabeth 201
   Henry 227
   John 199
Nealson
   Anthony 11, 16
Need
   John 110
Nersmith
   Mary 228
   Robert 228
Ness
   John 232, 237
Netheway
   Jonathan 47, 48
Neve
   John 115, 129, 157
Nevell
   James 32
Nevill
   James 4, 20, 83
Newberry
   Walter 2, 11, 146
Newbie
   Edward 27
   Hannah 27
   Mark 27
   Rathell 27
   Stephen 27
Newbis
   Hanna 12
   Mark 4
Newbol

   John 24
Newbold
   Ann 232
   Godfrey 111
   Hannah 185, 258
   James 232
   John 178
   Joshua 44, 59,
104, 122,
181, 232,
258
   Michael 59, 76,
134, 142,
146, 159,
186, 200,
204, 227,
247, 258
   Richard 88
   Thomas 186, 232
Newbole
   Godfrey 9, 14
   Michael 18, 115
Newboonld
   Hannah 193
Newbould
   Michael 239
Newbury
   William 256
Newcome
   Richard 226
Newkirk
   Cornelius 262
Newman
   John 20, 195, 233,
243
Newson
   Far. 25, 56
Newton
   Gosling 14
Nichols
   Margret 94
   Margrett 66
   Samuel 75, 76, 78,
166
   William 25
Nicholson

George 21, 37, 39, 99,
    162, 255
Grace 82
Joseph 15, 205
Nightengale
    Simon 263
Nightingale
    Dorothy 64
    Edward 64
    Emanuel 64
    Simeon 247
    Simon 184, 204
Niicoeni
    John 143
Nock
    Cristiana 206
Nodden
    John 15
Nools
    Erick 223
Norris
    Isaac 115
    Samuel 20, 41
Norton
    John 47, 48
    Thomas 164, 227
    William 189
Noss
    John 259
Nott
    Susanna 78
Nottingham
    William 265
Ochquaeten 252
Ockly
    Thomas 192
Ogborn
    Jane 187
    John 260, 269
    John Jr. 243, 264
Ogborne
    Jane 140
    John 135, 193, 256, 267
    John Jr. 193, 267
    Samuel 140

William 140
Ogbourne
    Jane 71, 85
    John 14, 22, 89, 96, 187
    Samuel 52, 69, 71, 85
    William 32
Ogden
    Abraham 119, 131
    Joseph 241
    Samuel 241
Ogle
    William 4
Okeson
    John 238
Okesson
    John 236
Oldale
    Lemuel 110
    Samuel 7, 8, 57, 62, 64
Oldin
    John 159
Olive
    John 34
    Mary 53, 55, 56, 69, 89, 101, 113
    Thomas 3, 4, 15, 18, 23, 35, 39, 41, 52, 53, 55, 56, 66, 69, 75, 78, 81, 90, 94, 101, 162, 231, 253
    Thomas Jr. 231
Olives
    Thomas 227
Ong
    Isaack 185
Ong.
    Jacob 117
Onyon

Thomas 138
Org
   Jacob 160
   Sarah 160
Ormston
   Joseph 128
   Rachel 128
Osborne
   Charles 228, 234
   Nathaniel 132
Osbourne
   Daniel 42
   Jonathan 71, 73
Osterland
   Jacob 160
Overton
   Ben 125
   Hannah 92
   Samuel 46, 92, 134
Overy
   Isaiah 250
Owe
   Joseph 253
Owen
   Griffith 186
Oxley
   Anne 244
   Henry 153, 255, 256
   William 240, 244
Oxtaby
   John 88
Pacell
   Philip 26
Padley
   Benjamin 37, 49
Paesons
   John 183
Page
   John 264
   William 51
Paget
   James 190
Pagett
   Andrew 244
   Barkstead Tracis 244
   John 244

Robert 244
Paine
   Benjamin 179
   Benjamin III 179
   John 32, 62, 65, 80, 90, 117, 129, 246
   John Jr. 66
   Joseph 47, 48
   Nathaniel 90, 102, 183
   Thomas 66, 90, 121
   Timothy 121
Painefort
   Edward 47, 48
Painter
   George 214
Paliner
   Sara 88
Palmer
   Henry 104
   T. 59
   Thomas 104
Pancoast
   John 7, 39
   Joseph 85, 129, 137, 255
   William 123, 161, 190, 255
Pancraft
   John 102
   Joseph 146
   William 102
Panwast
   John 39
Paons
   Isaac 253
Parfett
   John 53
Park
   Anne 128
   John 128
   Roger 126, 128
Parke

John　136
　　　Roger　7, 24, 82, 115,
　　　　136
Parker
　　　Elisha　167, 178
　　　George　117, 123, 137,
　　　　138, 189, 229
　　　Hester　123, 229
　　　John Sr.　40
　　　Joseph　227, 236
　　　Sarah　137, 189, 227
Parkes
　　　Francis　42
　　　Richard　94
　　　Roger　197
Parks
　　　Richard　94
　　　Roger　57
Parshell
　　　Nathaniel　132
　　　Susannah　132
Parson
　　　John　114, 268
Parsone
　　　Thomas　154
Patterson
　　　William　218
Pattison
　　　John　7, 23
　　　Margaret　7, 23
　　　Mary　23
　　　William　219
Pauket
　　　William　250
Paul
　　　Joseph　117
　　　Philip　248
　　　Porton　47
Paull
　　　Henry　203
Pawley
　　　John　170
Pawling
　　　Henry　176
Paxton
　　　Alex　164

Peace
　　　Joseph　226
Peachee
　　　Thomas　56, 139,
　　　　254
　　　William　1, 20, 38,
　　　　39, 197
Peacock
　　　John　133
Pearce
　　　Elizabeth　258
　　　Hannah　206
　　　James　206
　　　John　258
　　　Richard　206
Peare
　　　Edward　49
Pearhee
　　　William　20
Pearl
　　　John　148
Pearock
　　　William　54
Pears
　　　John　45, 51, 62,
　　　　104
Pearse
　　　Nicholas　122
Pearson
　　　Eliza　18
　　　Elizabeth　18
　　　Francis　18
　　　Hannah　215, 226
　　　Isaac　209, 211,
　　　　215, 226,
　　　　261, 267
　　　James　213
　　　John　18
　　　Robert　16, 86,
　　　　117, 142,
　　　　148, 251

　　　Thomas　3,
　　　　5, 8,
　　　　1 6 ,

Peashoe
  Thomas 64
Peep
  Henry 194, 195
Peeps
  Henry 250, 263
Peers
  Elizabeth 215
Peffit
  Moses 95, 104, 113
  Nathaniel 103
Pemberton
  Phinehas 77
Penehoe
  Thomas 86
  William 4
Penford
  John 35, 55, 58, 59, 104, 161, 195, 196
  Jonah 58, 120, 161, 196
  Joshua 58, 161
  Thomas 58, 59, 63, 71, 120, 161
  Thomas Jr. 202
Penn
  William 1-6, 8, 13, 16, 18, 21, 27, 28, 31, 101, 1 1 9 , 131, 27, 28, 52, 53, 127, 147, 164, 166, 170, 184, 186, 188, 189, 235, 241, 245
Pennford
  John 4
Pennington
  Sarah 173
Penson
  Thomas 4, 196
Penstone
  Stephen 31

Pent
  Nathaniel 195
Pentton
  Stephen 244
Pererisb
  Roger 36
Perine
  Henry 159
Perkins
  Abigail 4, 89
  Abrigail 219
  Jacob 54
  Mary 4, 89, 118, 219
  Thomas 4, 62, 85, 100, 119
  Widow 173
  William 4, 89, 100
Perry
  John 127
  Misajah 127
  Richard 127
Pershall
  Susannah 134
Peterson
  Hanes 11
Petit
  Moses 159
Pettit
  Moses 201, 233, 237
Petton
  John 31
Petty
  Edward 140
  John 53, 56, 86, 100, 119, 138, 250, 270
  Moses 235
  Susanna 165
  William 146, 215, 225
  William Jr. 177, 193, 225

334

Peynett
    Thomas 13
Pharoe
    Anne 14, 50
    Eliz 185
    Gervas 57, 120, 141,
        147, 158, 165,
        185
    James 5, 6, 10, 26,
        43, 158, 185,
        197
    Jarvis 60
Pharro
    James 185
Philett
    Richard 218
Phillips
    L. 66
    Philip 139
    Theophilus 65, 139
Phillys
    Philys 265
Phipps
    Thomas 47, 48
Pickering
    Charles 42, 46, 76
Pickett
    Josiah 134
Pickle
    James 174
Pidgeon
    Joseph 228, 234
    Mary 228, 234
    Rebecca 228, 234
Pike
    John 127
    Thomas 178, 183
Pillton
    John 214
Pimm
    John 260
Pine
    Abigail 72
Pinhorne
    John 191
    William 183

Pinskire
    Thomas 141
Pitchford
    William 52
Pitstow
    Thomas 55
Pitt
    Thomas 68
Pittman
    Richard 75
Planker
    Phillip 192
Pleas
    Joseph 40
Pleasant
    Elizabeth 135
Plumfled
    Francis 67
Plumley
    Charles 208
    Mary 262
Plumstead
    Clem 167
    Clement 179, 208,
        236, 267
Polar
    John 186
Polk
    John 162
Polly
    William 217
Pomphary
    Walter 252
Pomphery
    Walter 186
Poniliuson
    John 145
Ponnford
    John 2
Ponsel
    John 227
Poorvast
    John 83
Poorwood
    Samuel 184
Pope

Anna 253
Daniel 168
Jane 132
John 31, 165
Josenh 160
Joseph 21, 26, 27, 160, 162, 171, 243
Mathew 132
Nathaniel 152, 154, 162, 168, 169, 171, 185, 200, 211, 215, 237, 241, 243, 253
Poridges
  John 241
Porter
  George 5, 8, 16, 27, 37, 46, 63, 79, 106, 109, 114, 123, 132
  Phillip 165
  Ralph 67
Porterfield
  John 210, 226, 227
Portlon
  Jacques 184
Porton
  Robert 163
Post
  Francis 201
Potman
  Richard 97
Potter
  Samuel 255
  Thomas 14, 253
Potterson
  George 201
Potts
  Ann 146
  Thomas 8, 9, 17, 60, 108, 243, 254
  Thomas Jr. 52, 65, 123
  Thomas Sr. 146
Potty

John 3, 261
William 261
Pouase
  Peter 201
Poullald
  Jeaq 184
Povehoe
  Thomas 88
Powell
  John 58, 86, 100, 142, 157, 186, 189
  Robert 9, 35, 58, 64, 78, 86, 91, 141, 191, 202
  Thomas 219
  William 146
Poynett
  Thomas 1, 28
Prashee
  Thomas 34
Pratt
  Jeremiah 262
Prees
  Pees 177
Press
  Thomas 183
  Thomas Jr. 183
Preston
  James 117
  Thomas 195
Price
  James 139
  John 253
Prichitt
  William 260
Prickell
  Jonah 236
Pricket
  Zachariah 234
Prickett
  Josiah 46, 48, 77, 98, 101
  Nathaniel 134
  Zachariah 261

Zachary 219, 243
Zackan 261
Proeaux
   James 254
Proterse
   Kessel 201
Protheran
   Evan 40
Prout
   Ebenezer 187, 228
Publig
   Notley 51
Puck
   Thomas 249
Puckes
   Capt. Nathan 150
Puckle
   Nathaniel 143
Purdy
   Benjamin 179
Pusey
   Anne 59
   Caleb 59, 186
Quarry
   Robert 184, 206
Quckness
   H. 242
Queen
   Michael 183
Queneemaka 246
Quetayaba 134
Quick
   Romora 271
   Tunis 271
Quicksell
   William 39, 40, 46, 89, 92, 103, 220
Quiley
   William 6
Rainer
   Peter 151, 189
Raker
   Samuel 161
Ralph
   Benjamin 178
   James 228, 234

   Joseph 130, 178, 236
   Rebeckah 236
Rambo
   John 39
   Peter 174
Ramier
   Peter 253
Randolph
   Edward 118, 138
   William 183
Rankinghand
   Jacob 271
Rantisfield
   Thomas 212
Raper
   Abigail 81, 84, 89, 99, 119
   Abrigail 219
   Joshua 221
   Thomas 57, 62, 81, 84, 85, 87, 89, 99, 116, 133, 134, 141, 151, 181, 200, 217, 219-221, 259, 262
Rawle
   Francis 67
Rawlins
   William 103
Rawson
   Hendrick 5, 6
Raynes
   John 210
Read
   Charles 53, 182, 260
   James 197, 216
   John 168
   Sarag 216
   Sarah 39, 197
   Thomas 138, 191, 206

Reade
   William 153, 190
   Amy 86
   Charles 22, 37, 38, 51, 56, 63, 82, 89
   Edward 7
   James 39, 40, 49, 62, 78
   Lawrence 241
   Sarah 40, 49, 62, 78

Reading
   John 21, 24, 29, 30, 39, 43, 96, 135, 177, 204, 207, 208, 225, 244, 251, 255

Readme
   John 216

Reap
   Sarah 185

Reckless
   Joseph 223

Reckley
   Samuel 145

Records
   Nathaniel 109

Redding
   John 231

Redhead
   Gabriel 35

Reed
   John 238

Reeder
   Jacob 228, 241
   Martha 228

Reeves
   John 48, 100, 176
   Walter 49, 76, 95

Reid
   John 235, 239

Reigh
   John 239

Rendall
   Thomas 68

Renshaw
   John 190
   Thomas 161

Renshaws
   John 10-12, 14, 17, 18
   Thomas 14

Rentledge
   John 251

Repedha
   John 212

Reresby
   Francis 41

Resimere
   Peter 53, 57, 58, 61, 66, 94, 107, 113

Ressarwick
   George 181
   Mary 181

Revell
   Anne 52, 66, 140
   Elizabeth 7, 23
   Hannah 66, 109
   Thomas 1-8, 16, 17, 37, 44, 46, 47, 62, 66, 76, 105, 106, 107-109, 111-113, 117, 120, 124, 128, 130, 131, 133, 134, 136, 137, 139, 140, 143, 150, 156, 158, 159, 169, 175, 224, 247

Reverds
   Nathaniel 46

Revod
   John 45

Reynear
   Peter 189

Reynolds
    Henry 2
Rhodes
    M. 162
Ribie
    Mathew 25
Rich
    Joseph 185
Richard
    Thomas 126
Richards
    Edward 260, 261
    Jeremiah 10, 15, 158
    Nathaniel 37
    Philip 45, 57
    Philips 45
    William 106, 245
Richardson
    Christopher 148
    Christopher Jr. 56
    David 49
    Francis 33
    John 37, 49, 52, 71, 108, 134
    Joseph 102, 118
    Samuel 146
Richer
    Edward 47, 48
Richier
    E. 124
    Edward 140, 232, 234, 249
Richin
    Edward 251
Richmand
    John 208
Richmind
    John 257
Richmond
    James 61
    John 207, 267
Rickey
    James 176
Rickier
    Edward 218
Rickman

    John 240
Ridge
    John 156
Ridgeon
    Joseph 232
Ridges
    John 16, 31, 32, 55, 78, 85, 95, 96, 157, 188
Ridgeway
    Abigail 106
    Richard 62, 106, 107, 121, 152, 180, 182
    Richard Jr. 107, 182
    Thomas 252, 254
Ridgway
    Job 227
    Richard 140, 142, 161, 209, 260
    Richard Jr. 162
    Thomas 142, 145, 160, 209, 218
Riffie
    James 172
Riggs
    Jane 45, 86
    Robert 32, 41, 86
Right
    Joshua 171
    Walter 118
Rightgant
    Simon 189
Righton
    Sarah 93, 167
    William 30, 63, 93, 142, 143, 190, 192
Ringo
    Philip 228
Rirlon

Phillip 228
Risskett
    Josiah 115
Rives
    Mark 261
Roades
    John 5
Roadman
    Thomas 75
Robard
    John 152
Robardes
    John 121, 231
Robards
    John 189, 193
Robbins
    Daniel 178
    John 201
    Moses 178
Robenson
    Susanna 194
Roberdes
    John 231
Roberts
    John 9, 23, 61, 71, 81, 91, 160, 192, 209, 246, 251
    Jonathan 189
    Roger 8
    Thomas 169, 174, 201
Robertson
    David 174
    William 181
Robeson
    James 166
Robins
    Daniel 203, 228, 234
    Nathaniel 134
    Richard 244
Robinson
    Andrew 13, 16, 21, 26, 29, 30, 36, 37, 39
    Andrew Jr. 21, 36
    Edward 209, 217
    James 166
    John 56, 88, 148
    Pat 8, 13
    Pat. 241
    Patrick 37
    William 21, 88, 237
Robison
    James 231
    John 178
Roburt
    John 153
Rockford
    Dennis 24
Rockhill
    Edward 27, 60, 96, 102, 118, 125, 169, 173, 188, 216, 217
    John 173
Rockilas
    Edward 144
Rockles
    Joseph 253
Rockless
    Joseph 209, 212, 218, 255
Rodman
    John 21, 80
    John Jr. 206
    Joseph 184, 211, 213
    Mary 80
    Thomas 23, 28, 68
Roe
    Daniel 162
    Deborah 210
Rogers
    John 3, 6, 19, 39, 43, 86, 154, 159, 173, 175, 185, 191, 220, 233, 237

Nathaniel 61
William 201
Rolander
   John 155
Rolf
   Joseph 184, 206
Ron
   Hendrig 161
Ronner
   Peter 161
Roper
   Thomas 188
Rose
   Esther 155
Rouch
   Nicholas 209
Round
   Walter 108
Roundals
   Marmaduke 2
Routledge
   John 161
Rowe
   Jason 134
   Joseph 137, 150
Rowland
   John 174
Royden
   William 5, 7, 29, 30,
      35, 36, 39, 60
Rozel
   Zachariah 222
Ruckhill
   Edward 213
Ruckman
   John Sr. 165, 238
   Jonathan 196
   Samuel 165
   Sarah 165
   Thomas 165, 196,
      238, 243
Rudderow
   John 192, 196, 197
Ruddrow
   John 206
Ruddy

   John 166
Rudeson
   Andrew 97
Rudyard
   Benjamin 200
   George 189
   John 184, 190,
      199, 200,
      269
   Margaret 200
   Thomas 13, 16,
      31, 188,
      200
Rudyons
   Benjamin 132
   Margaret 132
Rue
   John 159
Rulson
   John 265
Rumian
   John 139
   Thomas 139
Rumley
   Elizabeth 155
Rumsey
   John 120
Rush
   Edward 156
   John 46, 54, 76,
      124
   Joseph 54
Rushingham
   John 160
Russell
   Elizabeth 16
   Michael 151
   Richard 16, 35, 52
   Samuel 47
Rutter
   Anne 199
   Conradus 199
   Koonrad 199
Rutters
   Anna 108
   Kenradt 112

Roncat 108
Ruynion
    Thomas 205
Rycraft
    David 229
Ryerson
    George 249
Ryoroff
    Richard 228
Ryser
    Thomas 71
Sackett
    Joseph 107, 117, 139, 152, 158, 162, 182, 185, 191, 195
Sadler
    Thomas 126
    William 127
Sagler
    Thomas 131
Salk
    John 3
Sallaway
    William 20, 22, 51, 95
Salt
    Marmaduke 3
Salter
    Anna 5, 6, 14, 17, 19, 36, 46, 76, 91, 145, 239
    Anne 3, 4
    Hannah 3
    Henry 3
    John 3, 36, 235, 236
    Richard 179, 186, 235, 236
Salterthwaite
    George 222
    James 14, 34, 38
    Joseph 37
    William 3, 35, 41, 188, 230
Salton
    John 167
Sanders
    Charles 119
    Charles Jr. 106
Sandford
    Sarah 180
    William 240
Sanford
    Abraham 113
Sanmans
    Arant 126
Sarbell
    George 29
Sarkett
    George 34
Sarson
    Edward 36
Sasakernan 246
Saskitt
    Joseph 112
Saterthoat
    James 243
Satterthwaite
    George 263
    John 251
    William 263
Satterwaite
    William 209, 261
Saunderland
    James 2, 11
Saunders
    Thomas 4
Savaselak
    Charles 155
Savenner
    John 229
Sayer
    John 51
Sayre
    David 230
    Joseph 140, 183
    Richard 222
Scattergood
    Benjamin 120
    Christopher 197
    Joseph 79, 86, 151, 160, 162

Phebe 160, 169, 197
Samuel 197
Thomas 68, 79, 84, 151, 154, 169, 197, 222
Thomas Jr. 56, 84, 98
Schanly
  John 171
  Parat 171
Scholey
  John 34, 61, 84, 103, 120
  Robert 2, 18, 19, 43, 50, 92
  Thomas 19, 61, 78, 92, 102
  William 208
Schryler
  Arent 106
Schuyler
  Arent 229
  Phillip 266
Schuyley
  As. 249
Scot
  Benjamin 165
  Elizabeth 165
Scott
  A. 194
  Abraham 183
  Ann 168, 231
  Anne 181
  Benjamin 2-4, 6, 7, 12, 14, 23, 37, 54, 198
  Benjamin Jr. 12
  Bridget 158
  Hannah 105, 128, 223
  Henry 129, 141, 142, 168, 181, 231
  John 49, 54, 143, 151, 198
  Martin 102, 141, 142, 197
  Phobe 144
  Robert 129

William 43, 54
William Jr. 54
Seabourgh
  John 187
Seabrook
  Daniel 116
Searson
  Edward 11, 12, 22, 125
Seebye
  Joseph 182
Seed
  John 106
Seeley
  Joseph 140
Seiner
  Abraham 16
Senior
  Abraham 17, 29, 70
  Joshua 67
Serase
  John 19
Serridge
  William 34
Sesweaton 134
Sewon
  William 202
Shallett
  Arthur 47, 48
Sharp
  Anthony 8
  Hugh 191, 225
  Isaac 204
  John 23, 65, 90
  Thomas 36, 39, 41, 45, 135
Sharpe
  John 157
Shattock
  William 69
Shaw
  Benjamin 107
  John 115, 146
  Nathaniel 196
Shawell

    Thomas 158
Shee
    Thomas 245
Sheels
    Ben 124
Sheepe
    Charles 193
Sheepey
    Charles 69
Sheet
    Daniel 45
Shefferd
    John 169
Shepard
    Samuel 167
Shepherd
    Cue 170
    John 170, 200
    Thomas 170
Sheppard
    Dickason 224
    Enoch 182
    John 162, 182
    Samuel 178
Shergre
    Ed 195
Sheriom
    James 90
Sherton
    William 77
Sherwin
    James 42, 76, 79, 105, 124, 125
Sheueuson
    Morey 209
Sheve
    Thomas 230
Shevonson
    Ann 235
    William 235
Shimm
    John 123
    Mary 123
    Thomas 123
Shinn
    Clement 69
    George 202
    James 126
    John 17, 34, 35, 38, 50, 51, 71, 112, 126, 143, 188, 198, 200, 229, 250, 260, 264, 269
    John Jr. 124, 198, 252
    John Sr. 39, 41, 252
    Levi 250
    Mary 71, 200, 252
    Sarah 112
    Thomas 34, 50, 51, 124, 194
Shippen
    Edward 124, 172, 203
    Edward Jr. 174, 181
    Joseph 159, 182
Shipper
    Edward 162
Shippin
    Edward 121
Shirroe
    Thomas 221
Shiwel
    Daniel 178
Shoafs
    Joseph 130
Short
    Nathaniel 72
Showe
    Thomas 248
Showen
    William 4
Shrane
    Caleb 134
Shreeve
    Caleb 198, 259

344

Shreve
    Joseph 233
    Mary 259
    Caleb Jr. 226
    Thomas 229
Shrewson
    William 208
Shuillivan
    Turrolas 140
Shute
    Benjamin 227
Siding
    Thomas 118
Siholey
    Robert 1
Silver
    Archibald 69, 71, 135
    James 25, 110
    John 71, 85, 110, 126, 144, 149
Simhart
    Thomas 2
Simmons
    William 115
Sincock
    John 146
Singleton
    Edward 127
    Thomas 61, 205
Sioff
    Benjamin 2
Sip
    Jan 201
Sirkett
    Hannah 269
    John 269
Sitman
    Richard 81
Skene
    Alexander 66
    Helen 66, 78, 88, 93
    Helena 100
    John 21, 35, 36, 40, 88, 90
    John Sr. 40
    Katharine 88

Skiner
    Thomas 249
Skinn
    John 26, 32, 44
    John Sr. 29, 32
    Mary 32
Skinner
    John 178
    Richard 178
    Thomas 47, 48, 218, 232, 234, 260, 261
Skoles
    Samuel 116
Skone
    John 19
Slack
    Robert 19
Slade
    Edward 132
    Hannah 132
    Mary 132
    William 40
Sleigh
    Joseph 13, 20
Sleiht
    Cornelius 194
Slorum
    John 156
Slowcom
    Peleg 46
Smalley
    Hester 87
    Isaac 87
    John 173
Smalneth
    John 257
Smart
    Elenor 86
    Isaac 230
    John 185
    Nathan 230

Smith
- Andrew 37, 83, 115, 132, 133
- Anthony 189
- Daniel 20, 58, 84, 96, 144, 155, 158, 159, 161, 162, 204, 212, 247-249, 256
- David 54
- Edward 87, 90, 126, 220
- Elizabeth 260
- Emanual 220
- Emanuel 57, 74, 112, 113, 144, 157, 173, 192, 231
- Fran 206
- Francis 186, 201, 202, 259
- Fred 249
- George 42, 43, 54, 133, 225, 260
- Isaac 28, 87, 220
- James 54, 71, 90, 137, 216, 260
- Jane 260
- Jasper 139
- John 1, 7, 10, 14, 17, 18, 29, 35, 39, 40, 42, 49, 62, 105, 126, 143, 155, 157, 162, 170, 186, 197, 212, 216, 237, 240, 256
- Jonah 26
- Jonas 259
- Joseph 83, 102, 153, 206, 212, 241, 249, 256, 260
- Joshua 244
- Manewell 206
- Manovell 256
- Manuel 221, 256
- Manwell 212
- Mary 19, 153, 187, 212
- Mathew 2
- Richard 204, 210, 212, 216, 256
- Richard Jr. 225
- Robert 164, 234
- Samuel 141, 183, 212, 213, 217, 233, 256
- Sarah 16, 39, 40, 62, 115, 197, 216
- Seth 19, 88
- Solomon 206, 222, 224
- Susanna 153
- Thomas 20, 26, 65, 133, 139, 153, 165, 186, 187, 249, 260
- W. 164
- William 32, 87, 220

Smoks
- Sarah 154

Smout
- Edward 46

Smyth
- John 9, 91

Snape
- John 69, 80, 84, 96, 106, 140, 144, 161

Snead
- William 119

Snoden
- Christopher 37, 41, 69
- John 39, 135

Snowden

Anna 6
Anne 7, 114, 142
Christopher 148, 189
John 3, 5, 6, 114, 142, 190
William 3, 91
Snowdon
    Christopher 232
Soames
    Stephen 50
Sohoell
    John 180
Sohull
    John 187
Sollitt
    Robert 67
Sommans
    Arant 160
    Peter 160
Sommond
    Peter 180
Sommons
    Brent 180
    Johanna 180
    Peter 180
    Rachell 180
Somore
    Nathan 171
Songburst
    John 35, 36
    John Jr. 35, 36
Songhurst
    John Jr. 36
Sonmans
    Peter 128, 201, 204, 242
Sonmons
    Arent 182
    Johanna 182
    Peter 182
    Rachel 182
Soots
    Hannah 170
Sornoss
    Benjamin 211
Sorridge

William 91
Sounder
    John 12
South
    Sarah 154
Southebe
    William 120
Southwick
    Josiah 156
Southworth
    John 76
Spencer
    William 80, 113
Spicer
    Jacob 101, 243
Spieds
    Samuel 45
Spies
    Jacob 260
Spnier
    Samuel 70
Spoget
    Thomas 132
Springett
    Harb 1, 2, 8
    Harbert 170
Sprogoll
    Lodwick Christain 207
Spry
    John 147
Squibb
    Robert 185
Srattergood
    Elizabeth 25
    Thomas Jr. 102
Sroff
    Benjammin 2
Srothorne
    Sarah 83
Srott
    John 62, 178
St John
    James 47
St Johns
    James 47, 48

Stacy
  Elazabeth 218
  Elizabeth 17, 32, 174,
      175, 184, 190,
      212
  Elton 17
  Henry 4, 7, 9, 10, 15,
      20, 25, 32, 43,
      45, 77, 175,
      176, 184, 190,
      212, 270
  John 32, 103
  Mahlon 1, 2, 4-6, 8,
      10, 11, 15, 16,
      21, 25, 27, 28,
      34, 39, 43, 49,
      50, 59, 66, 69,
      80, 86, 93, 98,
      101, 102, 108,
      115, 119, 125,
      129, 131, 132,
      145, 176, 204,
      218, 220, 245
  Mahlon Jr. 204
  Mary 20, 25, 32, 43,
      175, 184, 190,
      218
  Rebeckah 218
  Robert 2, 7, 8, 12, 14,
      42, 45, 46, 50,
      76, 81, 112,
      202
  Ruth 218
  Samuel 32, 43, 45, 61,
      77, 175, 184,
      190, 270
  Sarah 174, 175, 184,
      190, 212
  Thomas 152, 169, 186
Stamp
  Sir Thomas 48
Stanbawk
  John 3
Stanbunk
  John 3, 91
Stanburg

  Nathan 124, 152
Stanbury
  Mary 162
  Nathan 121, 136,
      162
  Nathaniel 156
Stanby
  William 30
Standard
  John 147
Standfield
  James 129, 131,
      164
Stanfield
  James 130, 152,
      214
  Mary 214
Stanford
  Thomas 262
Staniland
  Mary 140
Stanley
  John 47, 48
  Rebecca 29
  William 30, 34, 91,
      262
Stanton
  Daniel 8, 16, 34
Starbrough
  Sarah 8
Starkey
  David 256
  James 256
  John 255
  Thomas 8
Starkton
  John 183
Starley
  John 149
  John Sr. 32
  Mary 149
Starman
  Silvester 56
Stayner
  William 69
Steath

Steel
   Andrew 195
   Samuel 129
Steele
   Benjamin 47, 48
   William 15, 24, 37, 43, 45
Steelman
   Erek 192
Stelinger
   Cornelius 72
Stene
   John 22
Stephens
   Francis 11
   Frank 2
   Nicholas 196
Stephenson
   John 173
   William 173
Steulinger
   Jacob 229
Stevens
   Francis 15, 42
Stevenson
   Ann 235
   Anne 192, 221, 224, 248
   Charity 154
   Elnathan 262
   Francis 173
   John 162, 192, 203, 221, 224, 235, 243, 248, 262
   Mary 192, 224, 235, 248
   Mavey 221
   Sarah 192, 221, 224, 235, 248
   Thomas 148, 149, 152, 162, 182, 192, 203, 206, 211, 221, 224, 235, 237, 247, 248, 259-261, 264, 266, 271
   Thomas Jr. 148
   Thomas Sr. 141, 142
   William 144, 149, 152, 166, 167, 173, 182, 192, 203, 212, 221, 224, 235, 243, 248, 253, 260, 265, 270
   Wilt 255
Steward
   Alexander 151, 205
   Edward Jr. 181
   Jane 205
   Jenny 205
   John 264
   Joseph 133, 169, 174, 176, 189
   Simon 189
Stewart
   Alexander 66, 75
Stirke
   Hans 223
Stites
   Henry 72
Stoaks
   John 12
Stock
   Thomas Jr. 242
Stockdale
   William 204
Stockes
   Mary 66
Stocklous
   Richard 198
Stocks
   Thomas 151
Stockton
   Abigail 250
   Job 250

John 93, 123, 126,
   154, 250, 254
Joseph 219, 223
Mary 123
Richard 61, 107, 113,
   126, 129, 154,
   182, 190, 191,
   219, 223, 250
Richard Jr. 123
Robert 219, 223
Samuel 219, 223
Sarah 126
Susanna 107
Susannah 182
Stokes
   John 1, 96, 151, 198,
      201, 250
   Thomas 28, 62, 199,
      220, 250
   Thomas Jr. 237
Stone
   John 235
   William 51
Stones
   Joseph 36
   Jospeh 55
Stooksall
   William 262
Stool
   James 207
   Peter 219
Stork
   Robert 224, 253
Storman
   Bershaba 250
   Elizabeth 250
Storum
   Peleg 128
Story
   Robert 3
   Thomas 231, 245, 267
   William 250
Stostose
   William 227
Stouds
   Joseph 19

Stout
   Anne 171
   John 43, 167, 171,
      240
   Jonathan 171,
      175, 177
   Richard 167, 238
Stoward
   Edmond 89
Strott
   John 93
Stuart
   Edmond 9
   John 156
Sturgis
   Ev. 55
Stykeek
   Christopher 201
Suiley
   William 213
Suirsh
   William 140
Sulavan
   Charles 104
   Kathrine 141
   Turlas 141
Sullivan
   Edward 155
   Katharine 155
   Thurlay 155
Sulton
   Daniel 131
Sumton
   James 127
Sutham
   John 251
Sutton
   Daniel 17, 47, 60,
      122, 145,
      181
   John 26
   Thomas 19
   William 185
Swain
   Jonathan 187
   Richard 187

Swanson
   Andrew 2
   Lassey 2
   Swan 2
Sweetable
   John 47, 48
Swift
   John 178
   Thomas 178
Swoden
   Christopher 189
Swowden
   Christopher 185
Sykes
   Ann 223
   Nathaniel 2
   Samuel 26, 88
Talbot
   John 190, 199, 245
   William 197
Tantum
   John 148
Tappan
   Abraham 236
   Joseph 236
Tapphow
   137
Tappon
   Jack 178
Tarts
   Edward 238
Tatham
   Barbary 106
   Dorothy 88
   Elir. 66
   Elizabeth 138
   John 39, 51, 57, 60,
      62, 64, 66, 81,
      8 8 , 9 3 ,
      106-108, 113,
      130, 138, 154,
      191, 200, 205,
      242, 258, 268
   Joseph 205
Tay
   Elias 75, 81

   Susrmies 75
Taylor
   Christopher 14
   Edward 16, 20,
      236
   Elizabeth 236
   George 44, 51,
      175
   James 57
   John 16, 42, 45,
      164, 178
   Samuel 2, 19, 26,
      69, 75, 82,
      103, 130,
      144, 159,
      208, 237
   Thomas 119, 171,
      174, 235
   William 18, 103
Teridy
   Bryon 121
Terrell
   Samuel 266
Terrett
   Samuel 80, 100,
      104, 113
Terrott
   Samuel 113
Terry
   Thomas 220
Test
   John 18, 113, 121,
      124, 189
Thacker
   Thomas 36
Thackory
   Robert 13
Thare
   John 213
Tharker
   Thomas 2
Thatcher
   Rinhold 251
Theoyinorfoe
   John 167
Theseman

Thomas
    William 167
    David 209
    Israel 178
    John 125, 238
    Stephen 228
    Thomas 251
    Wallock 165
Thompson
    Andrew 20, 104, 230
    James 195, 203, 208, 224
    John 20
    Mary 51, 87
    Matthew 205
    Sarah 20
    Thomas 198, 230
    William 47, 48, 176, 220
Thomson
    Henry 160
    James 212, 229
Thong
    Walter 180
Thorn
    John 213
Thornbruah
    Thomas 234
Throckmorton
    Job 239
    John 239
    Joseph 239
    Mary 239
Throrkmorton
    Alice 43
    Job 43
    John 43
Thwaites
    Daniel 158
Tilson
    Nathan 185
Tilton
    John 212
Timoall
    Thomas 61
Tindall
    Thomas 55, 108, 153
Tiotsoort
    William 209
Titis
    Tunis 243, 262
Titsort
    William 205
Titus
    Tunis 199
Tobin
    John 178
Tokm
    John 36
Tomkin
    Edward 252
    John 252, 257
Tomlinson
    John 61, 88, 99, 105, 112-114, 198
    Peter 99
Tongeren
    William 138
Tonicliff
    Francis 157
Tonkan
    Edward 18
    John 18
Tonkin
    John 44, 89, 154
Toone
    William 82
Tormoth
    Walter 171
Torry
    Thomas 38, 40
Torwott
    Samuel 157
Tow
    John 94
Towel
    Thomason 122
Towle
    Elizabeth 147

John 147
John Jr. 147
Mary 147
Persivall 15, 21, 25-27,
  29, 39, 51, 54,
  59, 68, 84, 93,
  98, 101, 143,
  217
Peter 138
Richard 147
Samuel 147
Sarah 147
Sofeival 147
Thomas 147
Thomasin 59, 93
William 147
Towleson
  John 29
Towley
  John 156
Townley
  Effingham 239
  Elizabeth 239
  Richard 188, 189, 239
Townsend
  James 183
  John 72, 73, 81
  Phebe 232
  Ponn 183
  Robert 208, 231, 232
  Roger 146
  William 148
Townsley
  Effingham 238
  Elizabeth 238
  Richard 138, 238
Toy
  Elias 223
Tracy
  Alexander 267
Tradway
  Henry 11
Trenoweth
  Amy 36
  Embling 107
  Ralph 8, 16, 34, 36,
    107
Trent
  Maurice 88
  William 226, 241,
    245, 260
Trentwell
  Joshua 227
Trofeo
  Joshua 229
Troff
  Martin 218
Tront
  William 210
Tucker
  Henry 212
  John 184, 239
  Nathaniel 238
  Richard 132
Tuckness
  Henry 176
Tuehie
  John 27
Tueley
  John 40
Tully
  Judith 191
Tuly
  John 221
  Thomas 221
Tunicliff
  Francis 142
Turner
  Mary 228
  Robert 8, 13, 15,
    17, 20, 39,
    50, 228
Tusker
  Edward 135, 137
  Richard 137
Tylee
  Anna 217
  Nathaniel 217
Udauss
  James 141
Updike
  Catrina 150

Lawrence 139
Urchham
   George 194
Valentine
   Edmond 194
   Edmund 182
   John 194
Van Denker
   Peter 238
VAn Eeckotor
   Johannis 263
Vanderberk
   Paulus 249
Vanderhill
   John 14, 69, 199
Vanderwater
   Peter 240
Vanemma
   John 206
Vanghan
   Edward 259
Vangress
   Jochonso 262
Vanhorne
   John 186, 222
Vanhyst
   Abraham 206
   Fran 206
Vans
   Samuel 133
Vapper
   Allen 225
Varman
   Anthony 6
Vaughan
   Edward 190, 238
   Francis 127
   Joseph 33
   Thomas 128
   William 127
Vaughn
   Edward 260
Vaus
   Phebe 222
   Samuel Jr. 119
Veheeler

   Gilbert 29, 30
Veneiny
   B. 236
Venlaks
   Jeihinonium 249
Verier
   James 67, 98
Verner
   Jacque 193
Vernon
   H. 242
   Thomas 235
Vickers
   John 252
Vilant
   David 180
Vince
   Edward 258
Vining
   Benjamin 242
Vizom
   Eors 271
Von Brant
   Cornelius 238
Voss
   Phebe 215
Vrall
   Nathaniel 194
Wade
   Edward 83
   Robert 2, 13, 16,
      21, 26, 48
Waeud
   Thomas 238
Wagstaffs
   John 11
Wait
   William 152
Waite
   Daniel 127
   Mary 155
Wakeham
   Joseph 239
Wald
   Benjamin 221
Walding

Mary 230
William 230
Willim 230
Walker
   David 246
   E. 209
   John 230
   Richard 174
   Samuel 166
Wall
   Richard 5, 7, 34
Walley
   Mary 180
   Shadrack 8
Walling
   Jonathan 200
Wallis
   Eldton 137
   Robert 136
   Thomas 9, 64, 68, 133
Walls
   Edmund 183
   Edward 144
Walse
   James 101
Walter
   Henry 170
   Robert 207
Walton
   John 173
Walts
   Abraham 2
Wanton
   Mary 207
   Michael 195, 207
   Stephen 207
Waple
   Rob 134
   Robert 169, 170
Warcupp
   Richard 132
   Thomas 131, 132
Ward
   Francis 55
   John 55, 168, 170, 176, 189, 191, 203
   Joshua 128
   Nathan 137
   Nathaniel 236
   Ralph 152
Wardell
   Eliakim 69, 156, 1 5 7 , 252-254
   Joseph 22
   William 103, 113, 153, 177, 187
Warden
   John 191
Ware
   Evan 188
Warings
   Thomas 119
Warner
   Daniel 193
   Edmund 4, 28
   Isaac 20
   William 29, 31
Warrant
   John 208
Warren
   John 51, 104, 113, 146
Wasse
   James 4, 132, 134, 177, 178, 181, 182, 264
   Joseph 174, 181, 182
   Nathaniel 180
Wassoonaa 137
Wastok
   Charles 213
Watkins
   Christopher 35
   John 24, 26
Watson

Alexander 24
Charles 262
Gawin 187
Isaac 65, 162, 169, 218
John 120, 139, 141, 152, 246, 252
Mathew 39, 87, 92, 96, 208
Peter Jr. 187
Robert 12
Samuel 64
Thomas 2, 12, 178
Widow 183
William 29, 30, 33, 39, 55, 61, 120, 131, 153, 216, 217, 249
Watts
  John 259
  Mary 227
  Michael 47, 48, 124, 140, 227
Wattsman
  Samuel 151
Wawapekeshot 246
Waygria
  Mamelaw 270
Wearne
  Elizabeth 202
  Henry 202
  John 18, 83, 129, 202
  Martha 129, 202
  Mary 202
Weatherill
  Ann 206
  Christopher 12, 23, 28, 35, 39, 44, 63, 88, 90, 108, 120, 122, 125, 133, 144, 146, 152, 154, 155, 196, 197, 198, 204, 206, 220
  John 174, 196, 197, 206, 217

Phobe 154
Thomas 51, 152, 155, 196, 198, 210, 217, 220, 232
Weaver
  Edward 183
Webb
  Mary 224
  Robert 223, 224
  Samuel 146
  Thomas 24
Webber
  George 201
Webster
  John 45, 66
  Joseph 49
  Reed 245
  Richard 204, 267, 268
  William 219
Week
  Zachariah 181
Weekes
  Anne 31
  William 31
Wehouse
  George 188
Weight
  Ann 168
  Benjamin 169
  Jonathan 169
  Joshua 166
  Thomas 168
Weilward
  Robert 242
Welch
  Joseph 156, 195, 265
  William 53, 88
Well
  Jarat 240
  Walter 240
Wellin
  William 189, 194

Wells
   Edmond 191
   Edmund 143
   Edward 255
   Henry 157, 202
   James 5, 256
   John 194, 199, 202, 256
Welsh
   Joseph 221, 252, 254
   Robert 117, 133
   Sarah 152
   Susanna 152
   William 152
Wely
   Edmand 161
Wenacanenoman 246
Wescott
   Daniel 133
West
   Edward 47, 48
   Henry 164
   James 171
   James Sr. 172
   Margaret 156
   Nathaniel 10, 61
   Robert 164, 171, 236
   Sarah 164
   Thomas 17
   William 21, 156
Westerly
   Thomas 171
Western
   Charles 201
Westland
   Deborah 209, 231
   Elir: 113
   Nathaniel 57, 59, 61, 65, 69, 70, 95, 106, 112-116, 131, 138, 143, 152, 155, 162, 172, 181, 193, 219, 231
   Oliver 71
Westly
   Richard 202
Westminster
   Margaret 185
Weston
   Charles 198-200, 203, 210, 219, 256, 260
   Charles. 252
   Samuel 90
Westphalia
   Claus 271
   Johannis 271
   Simon 271
Wetherill
   Christopher 176, 193, 270
   John 254, 270
   Thomas 193, 259
Wethers
   Thomas 204
Wetton
   Benjamin 127
Whaler
   Robert 236
Whaley
   Reg. 127
Whear
   Robert 183
Wheat
   Benjamin 8, 12, 24, 34, 58, 82, 97
   Richard 34
Wheatcroff
   Edward 188
Wheatcroft
   Mary 208
Wheatley
   Caleb 103, 117, 126, 149
   John 166
   Sarah 126
Wheatly
   Caleb 181
Wheeler

Andrew 249
Christopher 191
Gilbert 39, 60, 140
John 225, 245
Mary 225, 245
Rebecca 149
Rebeckah 186, 245
Robert 56, 75, 83, 84,
    89, 133, 134,
    141, 149, 162,
    188, 190, 191,
    226, 245, 270
Wheldon
  Joseph 73
Whetherill
  John 165
Whetstone
  John 132
Whitaker
  Richard 183
White
  Amos 237
  Anne 66, 140
  George 253
  Jacob 237
  John 4, 9, 31, 42, 253
  Joseph 61, 66, 92,
    140, 224
  Levi 237
  Mary 242
  Peter 253, 263
  Robert 187
  Samuel 15, 237
  Thomas 151, 237
  William 78, 138, 235
Whitehead
  Anthony 154
  Samuel 173, 229, 239
Whiteing
  John 251
Whitfield
  Richard 76
Whitgame
  Richard 27
Whitlock
  John 118, 187, 238,
    241
  John Jr. 187
  Mary 187
  William 74
Whitlow
  Robert 170
Whitpaine
  John 61
  Richard 61
  Zachariah 35, 36,
    61
Whittal
  James 189
Whitthorne
  Elizabeth 172
Wier
  James 229
Wiggins
  Benjamin 145
Wilcocks
  John 47, 48, 124
Wilcox
  Daniel 214
  David 214
Wild
  James 193
Wilde
  James 267
Wilford
  John 59
  John Sr. 59
Wilhouse
  George 172
Wilits
  James 265
Wilkins
  John 59, 85
  Thomas 59, 62,
    75, 81, 85,
    100, 144
Wilkinson
  John 139, 244
  William 244
Willard
  George 32, 43
  Thomas 158

Willborne
    Joane 75
    John 75
Willets
    James 218
    Joseph 218
Willetts
    Joseph 182
Williams
    Elizabeth 148
    Gabriel 148
    George 240
    Mary 149
    Rebecca 136
    Robert 156
    Thomas 3, 14, 60, 70, 79, 136, 155, 184, 206, 235, 236
    William 239
Williamson
    Thomas 156
Willis
    George 131, 167, 175, 193, 245, 259
    James 170, 226
    John 31, 42, 62, 167, 181
    John Jr. 42
    Mary 9
    Moses 232
    Richard 252
    Samuel 9, 109
    William 31, 89
Willitts
    John 232
Willock
    George 184, 190, 238
    Margaret 190
Willocks
    George 128, 132, 138, 200, 207
    Geroge 180
    Margaret 132, 200
Wills
    Anne 114
    Daniel 2-4, 8, 14, 23, 33, 52, 53, 55, 71, 90, 94, 100, 101, 110, 114, 122-124, 129, 136, 138, 143, 162, 188, 261
    Daniel Jr. 53, 109, 130
    Daniel Sr. 29, 30, 39, 56, 109, 136
    Elizabeth 204, 261
    George Jr. 251
    Hooper 242
    Hope 71
    James 4, 8, 21, 77, 95, 96, 110, 119, 143, 248
    John 25, 33, 55, 56, 68, 90, 101, 123, 125, 130, 142, 143, 162, 166, 170, 180, 192, 199, 204, 214, 219, 233, 248, 251, 259, 261
    John Jr. 56
    Mary 251
Willsford
    John 56, 83
    John Jr. 60
Willson
    Anders 239
    Samuel 190, 191
Wilsford
    John 83, 120

Wilson
    Charles 171
    Daniel 214
    Elizabeth 212
    John 167, 171, 238
    Jonathan 174, 184, 190, 200, 212, 270
    Mary 174, 184, 190, 200, 270
    Robert 5, 39, 76, 81, 96, 112, 116, 159
    Stephen 58, 161
    Symon 20
    Thomas 83, 170
    William 217
Wilwicks
    John 134
Winder
    Samuel 16
Winell
    Edward 10
Wing
    John 26
    Mathew 128
Winton
    Jess 16
    Nicholas 185
Winwright
    Thomas 167
Wise
    John 111
    William 184
Withers
    Ralph 47
Woddall
    Robert 1, 20
Wolley
    Charles 130
Wollston
    Hannah 85
    John 85
Wolverton
    Charles 158, 185
Wood
    Anthony 190
    Constantine 226
    Edward 207
    Henry 13, 15, 16, 27, 241
    James 135, 156
    John 20, 26, 36, 63, 110
    Jonathan 39, 41
    Joseph 39, 106, 129, 140
    Mary 63
    Thomas 20, 24, 26, 82, 87, 116
    William 39, 45, 78, 93, 94, 99, 102, 110, 116, 120, 138, 189, 194, 208, 239
Woodall
    Allan 212
    Robert 166
Woodcock
    William 53
Wooddom
    Mary 24
Woodhouse
    Anthony 1, 4, 6, 19, 24, 27, 64
Woodland
    Nathaniel 106
Woodriff
    John 241
Woodroff
    Simon 241
Woodroof
    Thomas 67
Woodroofe
    John 203
    Simon 199, 234
Woodrose
    Simeon 245

Woodrow
    Simon 211, 222
Woodruff
    John 176
Woodward
    Anthony 42, 70, 89, 90, 103, 138, 170, 179, 189, 203
    Hannah 42, 104, 125
    John 265
    Sarah 223
Wooley
    Thomas 236
Woolly
    Thomas 232
Woolman
    John 1, 80, 95, 138, 183, 233
    Samuel 214, 219
    William 233
Woolrate
    Peter 97
Woolson
    John 189
    Samuel 226
Woolston
    Charles 40, 270
    Hannah 86
    John 4, 8, 9, 13, 18, 25, 69, 78, 79, 86, 137, 142, 193, 240, 250, 253
    John Jr. 53, 118, 136, 193
    John Sr. 37, 53, 55, 118, 122
    Jonathan 86, 236, 260, 269
    Mary 262
    Samuel 193
Woolstone
    John Jr. 194
Woolstons
    Samuel 231
Woolton
    Samuel 222
Woolverton
    Charles 57, 61, 84, 92, 102, 165, 168, 211, 254
    Mary 168
Wooly
    Charles 183
Wooroff
    Simeon 195
Worall
    Peter 58
Worbidge
    John 67
Worley
    Robert 111
Worlidge
    John 74, 123
Worth
    Joseph 190, 191
    William 179
Wossenraft
    William 134
Wowdesose 137
Wreot
    Lamberd 160
Wright
    Anne 181
    Benjamin 201, 212, 228, 231, 234
    Elisha 227
    Elizabeth 92, 223
    Hugh 158
    Joanna 128
    Johanna 180, 182
    John 33, 61, 211, 256
    Jonathan 200, 203, 212, 213, 223, 226, 231, 253

Joseph 119, 128, 180, 182
    Joseph Jr. 128
    Joshua 4, 6, 86, 128,
        187, 191, 213,
        218
    Mary 106, 171, 172
    Michael 61
    Richard 190, 192, 219,
        224, 231, 265,
        267
    Robert 125, 178
    Samuel 37, 126, 149,
        186, 203
    Thomas 2, 4, 5, 7, 8,
        29, 36, 37, 44,
        45, 57, 64, 87,
        88, 110, 128,
        149, 181, 201,
        213, 231
Wrightman
    William 47, 48
Wye
    Nathaniel 76
Yard
    Joseph 219
    William 246, 266
Yardley
    Thomas 103, 119
    William 103
Yeo
    John 5, 7, 8
    Somilia 5, 8
Yestoven
    James 2
Yhgovu 246
Yolthero
    John 146
York
    Thomas 148
Yosonbury
    Mary 223
Youle
    Richard 128
Young
    Barn 50
    John 244

Robert 5, 30, 32,
    39, 112,
    114, 126,
    140, 142,
    160, 184,
    185
Younge
    Robert 167
Zanchov
    Joanna 253
Zand
    Robert 20
Zane
    Robert 21
Zaner
    John 159

www.ingramcontent.com/pod-product-compliance
Lightning Source LLC
Chambersburg PA
CBHW060550230426
43670CB00011B/1769